Xpert.press

Springer-Verlag Berlin Heidelberg GmbH

Die Reihe **Xpert.press** des Springer-Verlags vermittelt Professionals in den Bereichen Betriebs- und Informationssysteme, Software Engineering und Programmiersprachen aktuell und kompetent relevantes Fachwissen über Technologien und Produkte zur Entwicklung und Anwendung moderner Informationstechnologien.

Jürgen Dunkel • Andreas Holitschke

Softwarearchitektur für die Praxis

Mit 186 Abbildungen

Springer

Jürgen Dunkel
Andreas Holitschke

FH Hannover
FB Informatik
Ricklinger Stadtweg 120
30459 Hannover
{juergen.dunkel, andreas.holitschke}@inform.fh-hannover.de

Bibliografische Information Der Deutschen Bibliothek
Die Deutsche Bibliothek verzeichnet diese Publikation in der Deutschen Nationalbibliografie; detaillierte bibliografische Daten sind im Internet über <http://dnb.ddb.de> abrufbar.

ISSN 1439-5428
ISBN 978-3-642-62433-9 ISBN 978-3-642-55552-7
DOI 10.1007/978-3-642-55552-7

http://www.springer.de

Ursprünglich erschienen bei Springer-Verlag Berlin Heidelberg New York 2003
Softcover reprint of the hardcover 1st edition 2003

Umschlaggestaltung: KünkelLopka Werbeagentur, Heidelberg
Satz: Word-Daten vom Autor, Belichtung: perform, Heidelberg

Vorwort

Eine Softwarearchitektur legt die wesentlichen Strukturen eines Softwaresystems fest und ist die Grundlage der gesamten Systementwicklung. Sie kann somit als Bauplan verstanden werden, der die Entwicklung komplexer und umfangreicher Software erst ermöglicht.

Leserkreis

Dieses Buch bietet eine fundierte Einführung in die Architektur großer Softwaresysteme. Es richtet sich gleichermaßen an Softwareentwickler, Studierende und Entscheidungsträger, die die grundlegenden Konzepte moderner Softwarearchitektur, aber auch deren praktische Umsetzung verstehen möchten.

Besonders IT-Experten aus der Praxis können davon profitieren, dass alle vorgestellten Konzepte konkret und vollständig realisiert werden. Anhand eines durchgehenden Beispiels entstehen so Referenzsysteme für verschiedene Architekturvarianten, die den Anforderungen und Bedürfnissen der Leser anpasst werden können. Diese Systeme sind einfach genug, um sie noch im Detail verstehen zu können, aber auch ausreichend komplex, um die grundlegenden Mechanismen guter Softwarearchitekturen aufzuzeigen.

Ziele des Buchs

Um schrittweise in das Thema Softwarearchitektur einzuführen, gehen wir in folgender Weise vor:

...allgemeine Leitlinien

- Zunächst werden die gemeinsamen Grundprinzipien tragfähiger Softwarearchitekturen herausgearbeitet und allgemeine Leitlinien für die Entwicklung eines Softwaresystems vorgestellt. Insbesondere diskutieren wir verteilte Mehrschichtenarchitekturen und grenzen die drei Standardschichten gegeneinander ab: Anwendungs-, Persistenz- und Präsentationsschicht.

...Architekturkonzepte

- Für jede Standardschicht werden die grundlegenden Entwurfsziele, Architekturkonzepte, Entwurfsmuster sowie mögliche Fehler im Detail präsentiert. Diese konzeptionellen Vorüberlegungen bilden die Grundlage und den Ausgangspunkt einer Implementierung.

...Implementierungen

- Für die Entwicklung einer Softwarearchitektur reichen allgemeine Konzepte nicht aus, sondern diese müssen auch praktisch umgesetzt werden. Deshalb stellen wir anhand eines durchge-

henden Beispiels vollständige Implementierungen für verschiedene Softwarearchitekturen vor.
Dabei wird für die Persistenzschicht ein eigenes *Framework* entwickelt oder *Enterprise JavaBeans* (EJB) eingesetzt.
Für die Präsentationsschicht stellen wir ein GUI-*Framework* auf Basis von Java-*Swing* vor und realisieren eine Weboberfläche mit *Java ServerPages* (JSP).

benötigtes Vorwissen

Zum Verständnis des Buches sind Grundkenntnisse der Softwareentwicklung erforderlich. Insbesondere werden die Konzepte objektorientierter Programmierung vorausgesetzt, wie sie bspw. in [Meye97] vermittelt werden.

Zur Darstellung der Softwarearchitekturen werden Klassendiagramme in der UML-Notation (*Unified Modeling Language*) verwendet, weshalb die Grundelemente der UML bekannt sein sollten. Eine gute und knappe Einführung bieten [FoSc97] und [Oest97].

Weil die Implementierung der Architekturkonzepte in Java erfolgt, sind Java-Basiskenntnisse hilfreich. Die Grundideen der Implementierungen können aber auch auf Basis anderer objektorientierter Programmiersprachen verstanden werden.

In den einzelnen Kapiteln ist Grundwissen der *Swing*-Bibliothek bzw. des Datenbankzugriffs mit JDBC hilfreich. Diese Konzepte werden hier nur sehr knapp dargestellt, als vertiefende Literatur seien bspw. [HoCo99], [HoCo00], und [FiSa99] empfohlen.

Hinweise zur Nutzung

Durch den modularen Aufbau des Buches können die verschiedenen Kapitel auch unabhängig voneinander gelesen werden.

Ein guter Startpunkt ist sicherlich der erste Teil mit einer allgemeinen Einführung in die Softwarearchitektur. Jede einzelne Softwareschicht kann dann getrennt voneinander betrachtet werden. Dabei sollte zunächst das Einführungskapitel mit den zentralen Ideen und Konzepten durchgearbeitet werden. Anschließend kann dann die Umsetzung einer konkreten Architekturvariante erarbeitet werden.

Mit welcher Intensität die Implementierungsbeispiele studiert werden, hängt vom Interesse ab. Für einen ersten Überblick müssen die Programmbeispiele nicht in allen Details verstanden werden.

Webseite zum Buch

Sämtliche Sourcen stehen auf der Webseite zum Buch unter www.inform.fh-hannover.de/softwarearchitektur zur Verfügung.

Um die vorgestellten Konzepte verstehen und verwenden zu können, empfehlen wir sehr, mit dem Programmcode „herumzuspielen" und ihn vielleicht durch eigene Ideen zu erweitern.

Der Programmcode auf der Webseite ist vollständig und ablauffähig, außerdem finden sich dort weitere nützliche Informationen sowie Installationshinweise.

Beim Stand der Drucklegung wurden die Beispiele in Java mit einer Oracle-Datenbank, einem *Bea WebLogic* 6.1 Applikationsserver und einer *Apache Tomcat Servlet Engine* erstellt. In Zukunft sollen auch weitere Systeme unterstützt werden. Aktuelle Hinweise dazu finden sich auf der Webseite.

Historie und Danksagung

Der Anstoß zu diesem Buch entstand aufgrund unserer Erfahrungen am Fachbereich Informatik der Fachhochschule Hannover.

Für viele Studierende bedeutet die Entwicklung der ersten größeren Softwaresysteme einen schwierigen Schritt. Zwar kennen sie eine Programmiersprache und ggf. auch einige Entwurfsmuster, aber sie wissen nicht, wie man Softwaresysteme mit flexiblen und tragfähigen Strukturen entwickelt.

Wir hoffen, mit dem vorliegenden Buch diese Lücke etwas schließen zu können und einen praktischen Leitfaden für die Entwicklung eigener Softwarearchitekturen zu bieten.

Zum Schluss möchten wir unseren Studenten und Kollegen für die vielen Diskussionen danken, die in dieses Buch eingegangen sind. Ein besonderer Dank gilt unserem Kollegen Prof. Dr. Ralf Bruns, der unser Buchprojekt kritisch begleitet und uns mit vielen Anregungen und Hinweisen geholfen hat.

Hannover, April 2003 Jürgen Dunkel Andreas Holitschke

Inhaltsverzeichnis

1 Softwarearchitektur

Die Softwarearchitektur legt die wesentlichen Strukturen eines Softwaresystems fest und ist die Grundlage der gesamten Systementwicklung. Sie kann somit als Bauplan verstanden werden, der die Entwicklung komplexer und umfangreicher Software erst ermöglicht.

Überblick

In diesem Kapitel geben wir eine allgemeine Einführung in die Aufgaben und den Sinn von Softwarearchitekturen. Zunächst beschreiben wir, was Softwarearchitektur ausmacht und motivieren, welche Vorteile mit ihr verbunden sind (Abschn.1.1). Anschließend werden die verschiedenen Abstraktionsebenen zur Beschreibung von Softwarearchitekturen diskutiert (Abschn.1.2). Danach stellen wir die Standard-Schichten vor, in welche die meisten Softwaresysteme zerlegt werden können und grenzen sie gegeneinander ab (Abschn. 1.3). Darauf folgend werden verschiedene Szenarien zur physikalischen Verteilung der Schichten auf mehrere Rechner diskutiert (Abschn. 1.4). Abschließend stellen wir die in diesem Buch behandelten Architekturvarianten im Überblick vor (Abschn.1.5).

1.1 Charakterisierung von Softwarearchitektur

Die Entwicklung umfangreicher Software erfordert eine Sicht des Gesamtsystems und die Spezifikation seiner Strukturen. Diese zentrale Aufgabe übernimmt die Softwarearchitektur.

1.1.1 Definitionen

In Anlehnung an gängige Definitionen [JaBr99], [GSOS92], [BaCK97], [Star02] lässt sich Softwarearchitektur wie folgt charakterisieren:

- Die Softwarearchitektur legt die übergeordnete Organisation des Softwaresystems mit ihren globalen Kontrollstrukturen fest.
- Sie definiert die Softwarekomponenten des Systems mit ihren Schnittstellen. Eine Schnittstelle ist die Menge aller Dienste, die eine Komponente nach außen anbietet[1].
- Die Summe aller Softwarekomponenten deckt alle an das Softwaresystem gestellten fachlichen und technischen Anforderungen ab.
- Die Softwarearchitektur beschreibt auch das dynamische Verhalten des Systems, indem sie die Beziehungen und die Interaktionen zwischen den Softwarekomponenten festlegt.

Vorteile von Softwarearchitektur

Eine Softwarearchitektur ist kein Selbstzweck, sondern ein entscheidender Erfolgsfaktor bei der Projektdurchführung. Eine gute Softwarearchitektur hilft:

- die Komplexität großer Softwaresysteme zu beherrschen,
- die Qualität der Software zu verbessern
- und eine Organisation zur Projektdurchführung aufzusetzen.

1.1.2 Softwarearchitektur und Komplexität

Die Bedeutung von Softwarearchitektur nimmt mit der Größe und Komplexität eines Softwaresystems zu. Die Komplexität kann durch den großen Umfang der fachlichen Anforderungen, aber auch den Einsatz verschiedener oder neuer Technologien verursacht werden.

Architektur reduziert die Komplexität des Softwaresystems, indem sie eine Zerlegung in Teilsysteme oder Softwarekomponenten vornimmt. Softwarekomponenten besitzen folgende Eigenschaften:

Softwarekomponenten

- Jede Softwarekomponente übernimmt einen bestimmten fachlichen oder technischen Aufgabenkomplex.
- Eine Softwarekomponente bietet ihrer Außenwelt eine Menge von Diensten, die über eine wohldefinierte Schnittstelle genutzt werden können. Die Realisierungsdetails der Softwarekomponente sind somit gekapselt oder verborgen (*information hiding*).

[1] In objektorientierten Softwaresystemen ist ein Dienst durch eine Methode mit festgelegter Parameterstruktur und Semantik beschrieben.

- Alle Softwarekomponenten werden benötigt, um die Systemanforderungen zu erfüllen. Dabei bedarf es der Zusammenarbeit mehrerer Softwarekomponenten, um komplexe fachliche oder technische Aufgaben zu lösen. Das Gesamtsystem lässt sich also als Verbund kooperierender Softwarekomponenten verstehen.

Die Dekomposition in Teilsysteme ist der Schlüssel für die Entwicklung komplexer Systeme. Wenn jedes einzelne Teilsystem nur eine begrenzte Aufgabe umfasst, ist es einfacher zu entwickeln und zu verstehen. Betrachtet man die Teilsysteme als mächtige und interagierende Bausteine, so lässt sich auch die Arbeitsweise des Gesamtsystems leichter beschreiben und begreifen.

Idealerweise besitzen Softwarekomponenten oder Teilsysteme zwei sich ergänzende Eigenschaften: sie weisen eine starke Kohärenz[2] auf und sind lose gekoppelt [WiWW90].

Kohärenz

Jedes Teilsystem soll eine klar umrissene Verantwortung für eine fachliche oder eine technische Aufgabe besitzen. Das heißt, alle im Teilsystem realisierten Funktionalitäten stehen in einem starken fachlichen oder technischen Zusammenhang, arbeiten an einer klar abgegrenzten Aufgabe und besitzen eine definierte Verantwortung für das Gesamtsystem. Insbesondere sollen fachliche und technische Aufgaben nicht miteinander vermischt werden.

Ein guter Ausgangspunkt zum Auffinden kohärenter Teilsysteme sind die Anwendungsfälle (*Use Cases*) der Anforderungsanalyse, die in der *Unified Modeling Language* (UML) im Anwendungsfall-Diagramm dargestellt werden [FoSc97]. Teilsysteme lassen sich dadurch definieren, dass sie eine definierte Menge fachlich oder technisch zusammenhängender Anwendungsfälle realisieren (Abb. 1.1).

Vorteile von Kohärenz

Ein kohärentes Teilsystem mit einer klar umrissenen Aufgabe kann leichter verstanden und implementiert werden, weil es nicht das Wissen vieler fachlicher oder technischer Aspekte erfordert. Diese Eigenschaft hilft sowohl den Entwicklern, die das System erstellen sollen, als auch Außenstehenden, die das Teilsystem verstehen möchten.

Probleme fehlender Kohärenz

Werden einem Teilsystem während der Projektlaufzeit immer neue Anforderungen und Verantwortlichkeiten zugeordnet, führt dies zu schlechter Kohärenz: das Teilsystem übernimmt zu viele und verschiedenartige Aufgaben. Es ist damit schwer zu durchschauen und

[2] Zusammenhang (lat.).

zu implementieren, denn für sein Gesamtverständnis wird vielfältiges fachliches und technisches Wissen benötigt.

Abbildung 1.1: Teilsysteme auf Basis der Anwendungsfälle

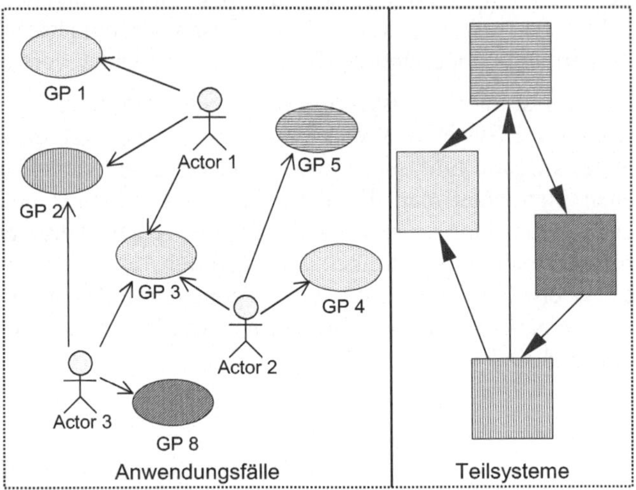

Lösung

Ein schwach kohärentes Teilsystem wird auf Basis seiner unterschiedlichen Verantwortungsbereiche in mehrere Teilsysteme zerlegt. Ist das Teilsystem trotz der Zerlegung noch zu komplex, so muss es noch weiter unterteilt werden.

Kohärente Komponenten verbessern auch die qualitativen Eigenschaften eines Softwaresystems, z.B. Wiederverwendbarkeit und Erweiterbarkeit, wie im nächsten Abschnitt noch ausführlicher diskutiert wird.

Lose Kopplung

Die Abhängigkeiten zwischen Teilsystemen sollen minimal sein, d.h. jedes Teilsystem sollte möglichst wenig andere Teilsysteme kennen, vgl. Abb. 1.2.

Alle Dienste, die ein Teilsystem der Außenwelt zur Verfügung stellt, bilden dessen Schnittstelle. Für eine lose Kopplung sollte darüber hinaus die Schnittstelle möglichst schmal sein, d.h. aus nur wenigen Diensten bestehen.

Vorteile loser Kopplung

Lose gekoppelte Teilsysteme sind aufgrund ihrer wenigen schmalen Schnittstellen robust, d.h. sie sind von Änderungen in anderen Systemteilen in nur geringem Maße betroffen. Nur Änderungen, die eine Schnittstelle betreffen, schlagen auf andere Teilsysteme durch.

Weil lose gekoppelte Teilsysteme nur mit wenigen anderen Teilsystemen kommunizieren, sind sie auch weniger von Änderungen betroffen: Nur Änderungen an den Schnittstellen der ihnen bekannten Teilsysteme müssen berücksichtigt werden.

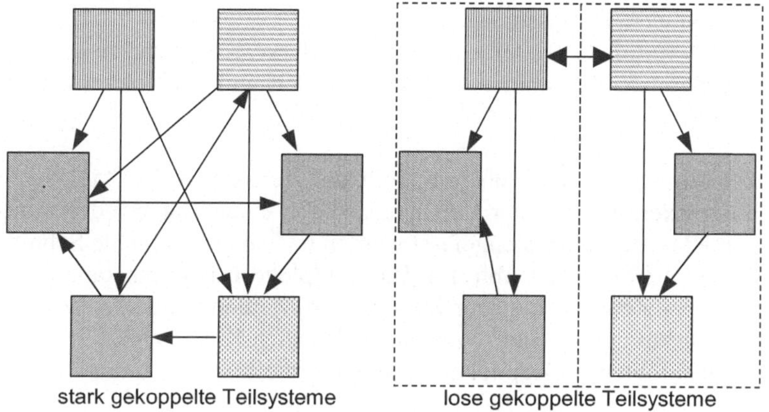

Abbildung 1.2: Teilsystem-Struktur mit starker und loser Kopplung

Moderne Softwaresysteme sind meistens verteilt, d.h. ihre Komponenten befinden sich auf verschiedenen Rechnern und kommunizieren über Protokolle miteinander. Damit ein Softwaresystem auf verschiedene Rechner verteilt werden kann, muss es in geeignete Teilsysteme zerlegt sein (siehe Abb. 1.3).

Zwischen lose gekoppelten Systemen finden wenige Interaktionen statt, sodass Häufigkeit und Menge der ausgetauschten Daten reduziert sind. Besonders verteilte Systeme, deren Teilsysteme über ein ggf. langsames Netz kommunizieren, profitieren davon und besitzen ein verbessertes Antwortzeitverhalten.

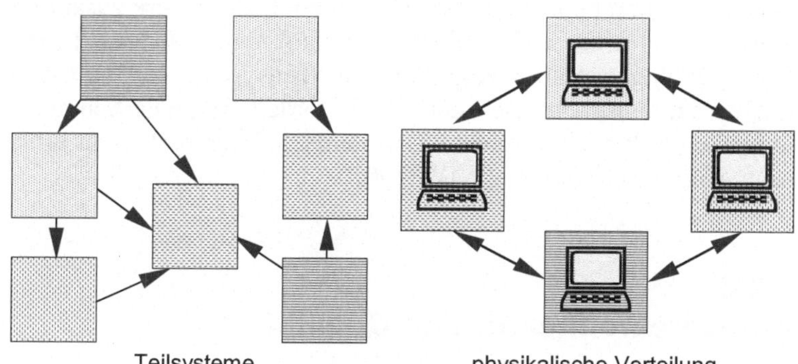

Abbildung 1.3: Software-Struktur und physikalische Verteilung

Probleme starker Kopplung

Teilsysteme, die in einer umfangreichen Schnittstelle viele Dienste anbieten, verursachen starke Kopplungen.

Je größer eine Schnittstelle ist, umso wahrscheinlicher ist sie Änderungen ausgesetzt, die sich dann auch auf andere Systemteile durchschlagen. Zusätzlich steigt mit der Anzahl der Schnittstellendienste meist auch die Anzahl der Stellen im Programmcode, an denen diese Dienste aufgerufen werden, die dann bei Änderungen angepasst werden müssen.

Bei verteilten Systemen führt eine starke Kopplung zu großem Datentransferaufkommen und damit schlechtem Antwortzeitverhalten.

Lösung

Zur Lösung dieser Probleme stellt das Teilsystem der Außenwelt komplexere Dienste zur Verfügung, die in einer Klasse (oder wenigen Klassen) zusammengefasst werden und so eine schmale Schnittstelle schaffen, siehe Abb. 1.4. Das komplette Teilsystem kann somit auch bei Kenntnis weniger Klassen und Methoden genutzt werden. Die Diskussion solcher sogenannter Fassaden-Klassen [GoF95] wird im nachfolgenden Kapitel noch weiter vertieft.

Abbildung 1.4: Teilsystem mit Fassade

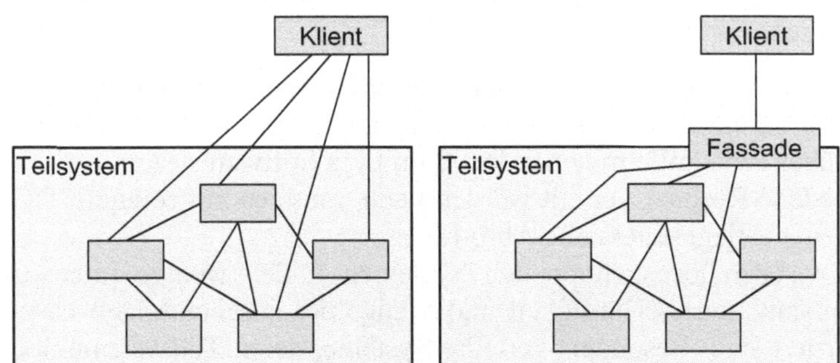

Die Eigenschaften Kohärenz und lose Kopplung können nicht voneinander isoliert betrachtet werden, sondern hängen stark zusammen. Kohärenz ist eine strukturelle Eigenschaft innerhalb des Teilsystems, wohingegen lose Kopplung ein Teilsystem von außen betrachtet und eine schmale Schnittstelle fordert. Schmale Schnittstellen lassen sich nur für kohärente Systeme definieren, die klar umrissene Aufgaben umfassen [WiWW90].

1.1.3 Softwarearchitektur und Qualität

Softwarearchitektur kann als Träger von Qualitätsmerkmalen, die nicht auf eine einzelne Softwarekomponente bezogen werden können, verstanden werden. Nur mit einer tragfähigen Softwarearchitektur, die eine lose gekoppelte Struktur kohärenter Teilsysteme festlegt, lassen sich die folgenden zentralen nicht-funktionalen Eigenschaften erreichen [Somm01].

Erweiterbarkeit und Wartbarkeit

Jedes Softwaresystem unterliegt im Laufe seines Lebenszyklus einer Vielzahl von Änderungen, bspw. um neue Funktionalitäten hinzuzufügen oder Fehler bzw. Mängel zu beseitigen. Einzelne Softwarebausteine ändern sich während der Projektlaufzeit oft stark, bspw. aufgrund technischer Probleme oder wegen unscharfer Anforderungen, die erst während der Projektdurchführung präzisiert werden – man spricht auch von sogenannten *moving targets*.

Moderne Entwicklungsprozesse (wie *Unified Process* [JaBR99] oder *eXtreme Programming* [Beck00]) erweitern und ändern stufenweise die zu entwickelnde Software. Sie sind durch eine inkrementelle und iterative Vorgehensweise gekennzeichnet: ausgehend von einem Kernsystem werden schrittweise im Funktionsumfang erweiterte Systeme erstellt.

Eine besonders starke Form einer Änderung ist der komplette Austausch eines Teilsystems, der mit möglichst wenigen Änderungen im Restsystem verbunden sein sollte. So könnte bspw. ein individuell erstelltes Teilsystem durch ein Standardprodukt ersetzt werden.

Robustheit

Gute Erweiterbarkeit und Wartbarkeit eines Softwaresystems bedeutet, Änderungen einfach und kostengünstig durchführen zu können. Dies gilt für robuste Systeme, in denen Änderungen nicht oder nur in geringem Umfang auf andere Teilsysteme durchschlagen. Gut änderbare Softwaresysteme besitzen zwei Kerneigenschaften:

...durch lose Kopplung

- Kritische Änderungen betreffen die Schnittstellen, weil man sie in anderen Teilsystemen berücksichtigen muss: Ändern sich Schnittstellenmethoden, so muss dies an sämtlichen Aufruforten nachgezogen werden. Offensichtlich führt eine lose Kopplung zwischen Teilsystemen zu einer Verringerung ihrer Abhängigkeiten und damit zu robusteren Strukturen.

...durch Redundanzfreiheit

- Ist eine Funktionalität mehrfach im System realisiert, so ist dies immer ein zu behebender Mangel [Fowl99]: Einerseits verursacht eine redundant implementierte Funktionalität erhöhten Entwicklungsaufwand. Andererseits müssen Modifikationen an redundantem Code an mehreren Stellen nachgezogen werden, was leicht zu Inkonsistenzen führt.

  Kohärente Teilsysteme besitzen eine feste Zuordnung von Verantwortlichkeiten und verhindern, dass Systemdienste redundant in mehreren Teilsystemen implementiert werden.

Insgesamt ist Robustheit gegenüber Änderungen eine Schlüsseleigenschaft jedes Softwaresystems, denn es kann nur dann effizient und kostengünstig entwickelt werden, wenn sich Änderungen an möglichst wenig Stellen auswirken. Eine gute Softwarearchitektur führt zu kohärenten und lose gekoppelten Strukturen und fördert damit die Erweiterbarkeit und Wartbarkeit eines Systems.

Wiederverwendung

Fast alle Softwaresysteme benötigen ähnliche technische Basisdienste: bspw. besitzen sie eine graphische Benutzungsoberfläche und verwalten Objektdaten dauerhaft in einem Datenbanksystem. Diese Aufgaben können projektunabhängig mit denselben Konzepten und Implementierungsansätzen realisiert werden.

Softwarearchitektur kann als Invariante über mehrere Softwareprojekte verstanden werden und soll somit Wiederverwendungspotentiale erschließen. In den meisten Softwaresystemen werden immer wieder ähnliche Grundstrukturen umgesetzt – wenn auch in leicht abgewandelter Form. Diese Strukturen lassen sich als archetypische Softwarearchitekturen verstehen.

Zur projektübergreifenden Wiederverwendung von Softwarekomponenten müssen zwei Aspekte berücksichtigt werden:

Identifizierung und...

- Die potentiell wiederverwendbaren Softwarekomponenten müssen zunächst identifiziert werden. Solche Komponenten übernehmen häufig technische Aufgaben, die unabhängig von der fachlichen Domäne sind und deshalb gut in anderen Projekten wiederverwendet werden können. Typische Beispiele sind *Frameworks*[3] zur Objekt-Persistenz oder zur Entwicklung von Benutzungsoberflächen.

  Grundsätzlich lassen sich auch fachliche Softwarekomponenten wiederverwenden, denn in vielen Projekten werden immer wieder ähnliche fachliche Aufgabenstellungen gelöst, bspw. Verwaltungen für Personen- und Adress-Objekte entwickelt. In jüngerer Zeit gibt es erste Ansätze wie das *San Francisco Framework* von IBM[4], aber die fachliche Einmaligkeit von Projekten erschwert die Wiederverwendung fachbezogener Software in hohem Maße.

...Konfiguration wiederverwendbarer Softwarekomponenten

- Wiederverwendbare Softwarekomponenten sind zwangsläufig anwendungsunabhängig. Für ihren Einsatz in einem speziellen fachlichen Kontext müssen sie in einer definierten Weise entsprechend angepasst und erweitert werden können.

---

[3] Eine Einführung in *Frameworks* wird in Abschnitt 4.4.1 gegeben.

[4] http://www-3.ibm.com/ad/sanfrancisco.

Insbesondere *Frameworks* bieten einen inhärenten und definierten Mechanismus für solche Anpassungen. So bietet bspw. ein Persistenz-*Framework* nur allgemeine Dienste zur Verwaltung von Objekten in einer Datenbank. Es muss mit zusätzlichen Informationen versorgt werden, damit es bspw. weiß, wie konkrete Anwendungsobjekte in einem Datenmodell abgelegt sind.

Insgesamt steckt eine Softwarearchitektur den Rahmen für Wiederverwendung ab: in ihr werden wiederverwendbare Softwarekomponenten identifiziert und es wird definiert, wie sie an die Erfordernisse des jeweiligen Kontextes angepasst werden können.

1.1.4 Softwarearchitektur und Projektorganisation

Umfangreiche Softwaresysteme lassen sich nur arbeitsteilig in einem Team, das einer Projektorganisation unterliegt, erstellen. Die Durchführung großer Projekte weist eine hohe organisatorische Komplexität auf, die durch die Menge der beteiligten Personen und Gruppen, aber auch durch andere Rahmenbedingungen, wie die Verteilung auf mehrere Standorte, geprägt ist.

Eine gute Softwarearchitektur kann helfen, eine Projektorganisation aufzubauen und die Kommunikation aller am Projekt beteiligten Gruppen zu erleichtern.

Projektorganisation

Die zu leistende Arbeit muss organisatorisch aufgeteilt werden. Dazu werden kleinere Teilteams gebildet, die für die konkrete Umsetzung einzelner Teilaufgaben verantwortlich sind und in folgender Weise arbeiten sollen:

autonome Teilteams

- Innerhalb eines Teilteams arbeiten die Mitarbeiter eng zusammen, um die gewünschten Ergebnisse zu erstellen.
- Jedes Teilteam handelt möglichst autonom und von den anderen Teams entkoppelt, sodass der Abstimmungsaufwand gering gehalten ist.

Diese Arbeitsweise ist der Schlüssel für die effiziente und kostengünstige Erstellung von Softwaresystemen. Sie erfordert, dass die in einem Teilsystem anfallenden Arbeiten möglichst unabhängig von Entscheidungen in anderen Teilsystemen sind.

Um eine solche Arbeitsteilung zu ermöglichen, sollte das Softwaresystem eine entsprechende Struktur aufweisen. Es muss in geeignete Teilsysteme zerlegt sein, die eine getrennte Bearbeitung durch unterschiedliche Teilteams erlauben, siehe Abb. 1.5.

Abbildung 1.5: Software-Struktur und Projekt-organisation

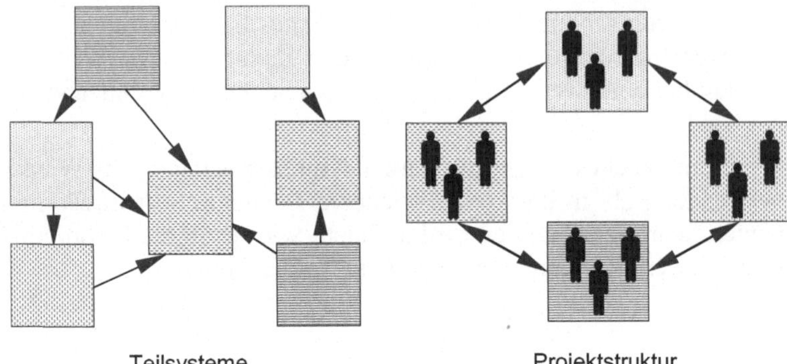

Eine Softwarearchitektur mit lose gekoppelten Teilsystemen schafft minimale Abhängigkeiten und gestattet damit eine weitgehend parallele und autonome Arbeitsaufteilung.

Kohärente Teilsysteme definieren eine eingegrenzte Aufgabe, die ein wohldefiniertes und eingeschränktes technisches bzw. fachliches Wissen erfordert. Dies hilft, die Aufgabe zu bewältigen oder neue Mitarbeiter in das Teilsystem einzusteuern.

Kommunikation

Die Softwarearchitektur bietet eine Beschreibung und Strukturierung des Gesamtsystems auf einer ausreichend hohen Abstraktionsebene, die allen Projektbeteiligten die Kommunikation erleichtert. Dies ist aus zweierlei Gesichtspunkten wichtig:

konzeptionelle Systembeschreibung

- Kunden, Geschäftsleitung, aber auch Mitarbeiter mit Querschnittsaufgaben wie Vertrieb, Dokumentation, Qualitätssicherung können und müssen die technische Umsetzung des Systems nicht im Einzelnen kennen. Die Softwarearchitektur verbirgt die technischen Details und hilft so diesem Personenkreis, ein Gesamtverständnis für das System zu entwickeln.
- Auch die Entwickler müssen ein Verständnis für das Gesamtsystem besitzen. In großen Systemen kann aber niemand mehr alle Entwurfsentscheidungen und Implementierungsaspekte kennen.

  Entwickler benötigen zwar detaillierte Kenntnisse ihres eigenen Arbeitsbereichs, jedoch nur eine grobe Sicht auf das Gesamtsystem. Oft ist eine technische oder fachliche Spezialisierung der Mitarbeiter erforderlich, die dem Verständnis anderer Teilbereiche des Systems entgegensteht.

Eine Softwarearchitektur verschafft einen Überblick, um sich über die Struktur und die Konzeption des Gesamtsystems auszutauschen, ohne sich im Detail zu verlieren.

1.2 Architekturebenen

Die Spezifikation und Entwicklung von Softwarearchitektur erfolgt auf verschiedenen Abstraktionsebenen mit entsprechenden Detaillierungsgraden. Im Folgenden unterscheiden wir:

- Architekturbasis,
- Makroarchitektur,
- Mikroarchitektur und
- technischer Architektur.

1.2.1 Architekturbasis

Die Basis der Architektur bildet eine Reihe von Vorgaben und Festlegungen, welche die Struktur und grundlegenden Mechanismen des Softwaresystems beeinflussen, aber noch nicht Bestandteil der eigentlichen Architektur sind.

Leitlinien

Zunächst gibt es allgemeine Leitlinien für die Entwicklung einer Softwarearchitektur, die wir bereits ausgiebig im vorhergehenden Abschnitt diskutiert haben: Eine gute Softwarearchitektur soll das System in kohärente und lose gekoppelte Teilsysteme strukturieren.

qualitative Ziele

Neben dieser strukturellen Eigenschaft sollen mit einer Softwarearchitektur auch qualitative Ziele erreicht werden, die im Vorfeld festgelegt werden sollten.

- Die Softwarearchitektur soll Träger verschiedener Qualitätsmerkmale sein. Wie bereits diskutiert, gehören dazu Erweiterbarkeit, Wartbarkeit, Redundanzfreiheit, Wiederverwendbarkeit und gute Verständlichkeit. Weil diese Merkmale nicht eindeutig quantifizierbar sind, kann nicht zweifelsfrei entschieden werden, in welchem Maße sie erreicht werden. Trotzdem ist ihre Berücksichtigung natürlich von großer Bedeutung.

- Darüber hinaus gibt es eine Reihe nichtfunktionaler aber quantifizierbarer Eigenschaften, wie Zuverlässigkeit, Sicherheit und Performanz, die als Zielvorgaben dienen. Allerdings ist es äußerst schwierig, den Einfluss der Softwarearchitektur auf diese Größen zu bewerten[5].

Architekturvorgaben

Schließlich sollen als Vorgabe in manchen Projekten bestimmte Standardarchitekturen verwendet werden.

- Solche Standardarchitekturen können sowohl allgemein zugänglich sein, wie die J2EE-Architektur[6], oder auch speziell für ein Unternehmen definiert sein.
- Auch wenn der Systementwicklung keine komplette Standardarchitektur zugrunde gelegt werden soll, so sind oft technische Rahmenbedingungen zu beachten und im Vorfeld festzulegen. Dazu zählen Entscheidungen über Betriebssystem-Plattformen, Datenbanksysteme, Internet-Einsatz sowie anzubindende *Legacy*-Systeme oder Standardsoftware.

Projektübergreifende Vorgaben für Architekturen werden im *Unified Process*-Entwicklungsprozess auch Architekturstil (*architectural style*) genannt [JaBR99].

1.2.2 Makroarchitektur

Die Makroarchitektur beschreibt die grundlegende Strukturierung des Softwaresystems und umfasst die folgenden Ergebnisse:

Struktur des Softwaresystems

- Für das Softwaresystem werden alle Softwarekomponenten oder Teilsysteme identifiziert.
- Jedes Teilsystem wird durch seine Verantwortlichkeiten genauer beschrieben. Dazu wird die Schnittstelle eines Teilsystems in Form der angebotenen Dienste spezifiziert.
- Die Dekomposition eines Systems ist die Grundlage für eine physikalische Verteilung auf verschiedene Rechner. Deshalb

[5] Das Antwortzeitverhalten hängt bspw. nicht nur von der Softwarearchitektur ab, sondern auch von der eingesetzten Hardware, den vorhandenen Datenmengen und der durch die Benutzer erzeugten Systemlast.

[6] *Java 2 Enterprise Edition* – Standardarchitektur von *Sun Microsystems* zur Entwicklung von internet-basierten verteilten Systemen. Sie wird genauer in den Kapiteln 6 und 8 vorgestellt.

wird bereits in der Makroarchitektur die grobe Verteilung des Systems konzipiert[7].

Die Darstellung der Makroarchitektur kann durch informelle Grafiken oder auch durch die UML (*Unified Modeling Language*) geschehen[8]. In der UML dienen dazu Klassendiagramme mit Subsystemen für die logische Struktur bzw. *Deployment*-Diagramme für die Verteilungsstruktur.

Entwurfsmuster

Beim Entwickeln einer Makroarchitektur helfen Entwurfsmuster (Pattern) [GOF95], die eine sehr wichtige Rolle bei der Softwareentwicklung einnehmen.

Allgemein bietet ein Entwurfsmuster eine Lösung für ein häufig auftretendes Entwurfsproblem. Die Darstellung des Problems und einer Lösung erfolgt dabei auf recht abstrakter Ebene, damit das Muster in möglichst vielen Situationen verwendet werden kann. Nach Erscheinen des Buches von Erich Gamma [GOF95] sind viele Muster veröffentlicht worden [POSA96], [POSA00], [AlCM01], [Larm98], [Fowl96], die auf sehr unterschiedliche Problembereiche ausgerichtet sind.

Architekturmuster

Muster können auf verschiedenen Abstraktionsebenen eingesetzt werden. Die Entwicklung einer Makroarchitektur, die der Dekomposition von Softwaresystemen dient, wird durch sogenannte Architekturmuster (*architectural patterns*) [POSA96] unterstützt.

Diese liefern grundlegende Ordnungsprinzipien, um ein Softwaresystem zu strukturieren. Sie helfen also bei der Zerlegung des Systems in Teilsysteme und veranschaulichen die Mechanismen, mit denen diese kommunizieren.

Ein grundlegendes Architekturmuster ist die Verwendung von Softwareschichten (*layers*), das im nachfolgenden Unterkapitel 1.3 vorgestellt wird.

1.2.3 Mikroarchitektur

Betrachtet man in der Makroarchitektur das Zusammenspiel von Komponenten und Teilsystemen, so werden in der Mikroarchitektur tragfähige Strukturen für die einzelnen Teilsysteme entwickelt.

[7] siehe Unterkapitel 1.4.

[8] Eine gute Einführung in die *Unified Modeling Language* (UML) liefern [FosC97], [Oest97].

Struktur eines Teilsystems

- In der Mikroarchitektur werden die Strukturen und Mechanismen eines Teilsystems festgelegt, um einen Ausgangspunkt für dessen Implementierung zu bieten.
- Die Mikroarchitektur kann klar von der Implementierung abgegrenzt werden: Sie befindet sich auf einer höheren Abstraktionsebene und kümmert sich nicht um technologieabhängige Realisierungsdetails. Grundsätzlich kann eine Mikroarchitektur mit unterschiedlichen Technologien realisiert werden.

Die Mikroarchitektur wird in objektorientierten Systemen mit Mitteln der UML beschrieben: Klassendiagramme stellen die beteiligten Klassen und ihre Beziehungen vor, die dynamische Struktur wird durch Sequenz-, Aktivitäts- und Zustandsdiagramme dargestellt.

Designmuster

Die Entwicklung der Mikroarchitektur wird durch eine Vielzahl von Entwurfsmustern, den sogenannten Designmustern (*design pattern*) unterstützt[9]. Ein Designmuster behandelt ein spezielles und meist sehr eingegrenztes Entwurfsproblem.

Für den vollständigen Entwurf einer Softwarearchitektur reicht ein einzelnes Muster nicht aus, sondern es müssen eine Vielzahl von Designmustern eingesetzt werden und ineinander greifen. Entwurfsmuster besitzen eine viel geringere Granularität als eine Softwarearchitektur, welche die Strukturen eines kompletten Softwaresystems beschreibt und somit eine Vielzahl von Entwurfsmustern enthält.

Die Auswahl der einzusetzenden Muster ist nicht einfach, weil inzwischen ein sehr großer Katalog mit Mustern entstanden ist und sich die Anzahl spezieller Entwurfsmuster fortlaufend erhöht.

In den nächsten Kapiteln wollen wir bei dieser Auswahlentscheidung helfen. Wir zeigen die für die einzelnen Standard-Softwareschichten wichtigsten Muster und wie sie zur Umsetzung einer Softwarearchitektur ineinander greifen. Im Einzelnen wollen wir die folgenden Muster im Detail präsentieren und zeigen, wie sie zielgerichtet in Softwarearchitekturen verwendet werden.

- Singleton,
- Fassade (*Facade*),
- Fabrikmethode (*Factory Method*),
- Schablonenmuster (*Template*),

[9] Die in der Literatur verwendete Terminologie ist hier leider ungenau. Der Begriff Entwurfsmuster wird sowohl als genereller Begriff für Muster als auch für Muster auf Ebene der Mikroarchitektur verwendet, um sie gegenüber Architekturmustern abzugrenzen. Wir verwenden im Folgenden den Begriff Designmuster, um Muster auf Ebene der Mikroarchitektur zu bezeichnen.

- Proxy,
- Kompositum (*Composite*),
- Beobachter (*Observer*),
- Strategie (*Strategy*),
- Befehl (*Command*).

1.2.4 Technische Architektur

Die Mikroarchitektur beschreibt die wesentlichen Mechanismen eines Teilsystems auf einer technologie-unabhängigen Ebene.

In der Technischen Architektur wird die Mikroarchitektur den Erfordernissen der eingesetzten Technologien angepasst. Beispielsweise müssen bei Einsatz der EJB-Technologie[10] die Klassen bestimmten Konventionen genügen. Die Mikroarchitektur muss also um entsprechende Informationen angereichert und ergänzt werden (*Annotation*), um in einer entsprechenden Technologie realisiert werden zu können.

Die Technische Architektur wird durch ein technologie-abhängiges Klassendiagramm beschrieben, das realisierungsnah ist und unmittelbar in Programmcode umgesetzt werden kann.

Model Driven Architecture (MDA)

Diese Sichtweise entspricht auch dem Ansatz der *Model Driven Architecture* (MDA), die von der *Object Management Group* (OMG)[11] vorgeschlagen wurde. Dort wird zwischen technologie-unabhängigen Modellen (*Platform Independent Models* - PIM) und technologie-abhängigen Modellen (*Platform Specific Models* - PSM) unterschieden. Durch *Annotation* der PIM und entsprechende Regeln kann eine weitgehend automatische Transformation der PIM in die PSM durchgeführt werden [Koch02], [Hube02].

In den nachfolgenden Kapiteln wollen wir Softwarearchitekturen bis auf Ebene der technischen Architektur und ihrer Implementierung vorstellen. Dadurch können die vorgestellten Architekturvarianten selber ausprobiert und für eigene Projekte angepasst und erweitert werden.

---

[10] *Enterprise Java Beans* zur Unterstützung verteilter und persistenter Objekte, siehe Kapitel 6.

[11] Die OMG ist ein von sehr vielen Unternehmen getragenes Konsortium, das Standards in objektorientierten Technologien setzt, bspw. wurde CORBA von der OMG spezifiziert.

1.3 Logische Softwareschichten

Der grundlegende Ansatz zur Strukturierung von Softwaresystemen ist eine Zerlegung in Schichten [POSA96]. Sie führen zu kohärenten und schwach gekoppelten Strukturen und bieten auch die Basis für eine physikalische Verteilung auf verschiedene Rechner.

1.3.1 Schichten als Strukturierungsprinzip

Softwareschichten lassen sich als spezielle Teilsysteme betrachten, die eine besonders lose Kopplung aufweisen und nur sehr eingeschränkt miteinander kommunizieren, wie Abb. 1.6 zeigt.

Abbildung 1.6: Schichtenarchitektur

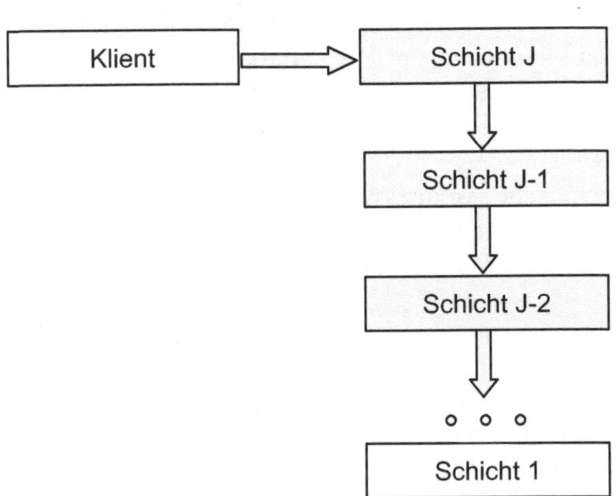

Die Verantwortung einer Schicht *J* lässt sich wie folgt charakterisieren:

- Eine Schicht *J* stellt Dienste zur Verfügung, die ausschließlich von der darüber liegenden Schicht *J+1* genutzt werden können. Eine Schicht kennt nicht die höher liegenden Schichten, die ihre Dienste nutzen.
- Die Schicht *J* delegiert ihrerseits Teilaufgaben an ihre tiefer liegende Schicht *J-1*.

Vorteile

In dieser Form kooperierende Softwareschichten sind lose gekoppelt, denn sie kennen nur ihre unmittelbar tiefer liegende Schicht. Damit bieten sie die bereits diskutierten Vorteile:

- Die Dienste einer Softwareschicht kapseln deren Komplexität vor der Außenwelt und bilden eine schmale Schnittstelle. Damit sind Architekturen, die auf Softwareschichten aufbauen, relativ robust, denn Änderungen innerhalb einer Schicht wirken sich nicht auf andere Schichten aus.
- Die lose gekoppelten Teilsysteme lassen sich auf verschiedene Rechner verteilen, weil die zwischen ihnen erforderliche Kommunikation über das Netzwerk reduziert ist.

Beispiele für Schichtenarchitekturen sind in der Informatik weit verbreitet, am bekanntesten sind wohl die sieben Schichten des OSI-Protokoll-*Stacks* [Tann96].

1.3.2 Drei-Schichten-Architektur

Die meisten Systeme sind aus drei Standard-Softwareschichten aufgebaut: der Präsentations-, Anwendungs- und Persistenzschicht (Abb. 1.7).

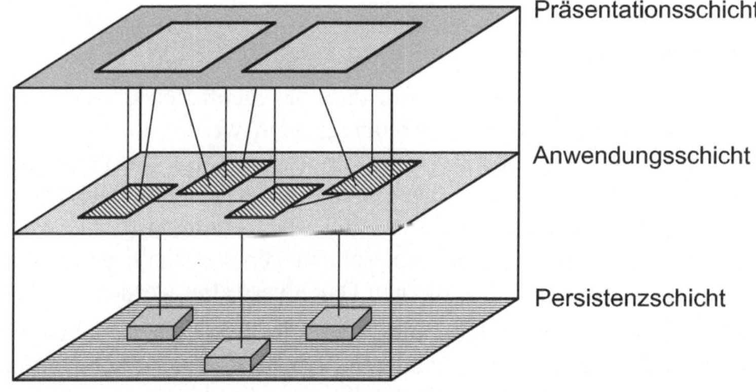

Abbildung 1.7: Standard-Software-schichten

Diese drei Schichten spiegeln die grundsätzlichen Aufgaben von Softwaresystemen wider. Standard-Softwaresysteme benötigen meistens:

- eine Benutzungsoberfläche, um Daten darzustellen und auf Benutzereingaben zu reagieren,
- fachliche Objekte und fachliche Logik, um Geschäftsprozesse abzubilden,
- und Dienste, die für die dauerhafte (persistente) Verwaltung der fachlichen Daten in einem Datenbanksystem sorgen.

In den drei nachfolgenden Teilen des Buches werden wir diese Schichten im Detail diskutieren und verschiedene Architekturvarianten mit ihren Implementierungen vorstellen. An dieser Stelle seien zunächst nur kurz die Verantwortlichkeiten der drei Schichten gegeneinander abgrenzt.

Verantwortungen der Schichten

Anwendungsschicht

In der Anwendungsschicht, die auch Geschäftslogik- oder Applikationsschicht genannt wird, werden sämtliche fachlichen Funktionalitäten der Anwendung realisiert. Dazu gehören datentragende Geschäftsobjekte[12], aber auch die Realisierung fachlicher Geschäftsprozesse.

Die Anwendungsschicht sollte eine lose Kopplung zu den beiden anderen Schichten aufweisen. Deswegen besitzt sie keinerlei Kenntnis über Fensterobjekte der Präsentationsschicht und greift auf die Persistenzschicht nur über eine wohldefinierte schmale Schnittstelle zu. Insbesondere besitzt sie kein konkretes Wissen darüber, wie Daten persistent verwaltet werden, bspw. ob eine relationale Datenbank genutzt wird und welche Datenbanktabellen es gibt.

Persistenzschicht

Die Persistenzschicht sorgt dafür, dass die fachlichen Objekte dauerhaft gespeichert und auch wieder geladen werden können. Wird ein relationales Datenbanksystem verwendet, sorgt die Persistenzschicht für die Abbildung der Objekte auf das relationale Datenbankmodell, sie erledigt das sogenannte O/R-Mapping (*object to relational mapping*). Die Persistenzschicht kennt deshalb das Datenbankschema, in dem die fachlichen Daten verwaltet werden.

Im Sinn einer losen Kopplung weiß die Persistenzschicht möglichst wenig von den beiden anderen Schichten, d.h. sie kennt weder die Präsentationsschicht noch detailliertere Strukturen der Anwendungsschicht.

Präsentationsschicht

Die Präsentationsschicht stellt einerseits die Daten der fachlichen Objekte auf einer Benutzungsoberfläche (*graphical user interface* – GUI) in geeigneter Form dar. Dies geschieht durch die typischen Darstellungsmittel wie Textfelder, Radiobuttons, Checkboxen, usw.

Andererseits kann ein Benutzer – bspw. durch Klick auf einen Button oder Selektion eines Menüeintrags – Ereignisse auf der Be-

[12] bspw. vom Typ: Kunde, Konto, Rechnung.

nutzungsoberfläche auslösen, die an die Anwendungsschicht weitergeleitet werden und dort einen Geschäftsprozess anstoßen.

Die Präsentationsschicht nimmt diese Aufgaben der Dialogkontrolle wahr, d.h. sie sendet Daten an die Anwendungsschicht, bereitet von dort erhaltene Daten geeignet auf und wählt ggf. ein neues Folgefenster für die Darstellung aus.

Zur Erreichung einer losen Kopplung soll die Präsentationsschicht möglichst wenig von der Geschäftslogik wissen. Darüber hinaus soll sie – im Sinne einer Schichtenarchitektur – keinerlei Kenntnisse über die Persistenzschicht besitzen.

1.3.3 Bewertung der Drei-Schichten-Architektur

Den einzelnen Schichten sind klar definierte Aufgaben und Verantwortlichkeiten zugeordnet (*separation of concerns*). Jede einzelne Schicht besitzt somit eine starke Kohärenz und lose Kopplung zu den anderen Schichten. Die Vorteile dieser Strukturen wurden bereits allgemein diskutiert. Wir möchten aber die Eigenschaften und Vorteile noch einmal aufgreifen und für die Drei-Schichten-Architektur konkretisieren.

- **Verständlichkeit**
  Jede Schicht behandelt eine abgegrenzte Aufgabe und kann deshalb besser implementiert und leichter verstanden werden. Das benötigte Wissen ist schichtenspezifisch: Anwendungswissen für die Anwendungsschicht, GUI-Programmierkenntnisse für die Präsentationsschicht und Erfahrungen mit Datenbanksystemen für die Persistenzschicht.
- **Verbesserte Projektorganisation**
  Es bietet sich an, jede Schicht durch ein oder mehrere Teilteams, in denen Experten mit entsprechenden Erfahrungen eingesetzt werden, zu implementieren.
- **Wiederverwendbarkeit**
  Viele technische Fragestellungen sind projektübergreifend und können deshalb wiederverwendet werden. Insbesondere die Dienste der Persistenz- und Präsentationsschicht sind nicht anwendungsspezifisch und besitzen ein hohes Wiederverwendungspotential. Die Persistenzschicht dient dazu, beliebige Objekte in einer Datenbank zu verwalten. Die Präsentationsschicht stellt Grundfunktionalitäten, bspw. spezielle Fenster und GUI-Controls, zur Verfügung, die an keine bestimmte Fachlichkeit gebunden sind.

- **Redundanzfreiheit**
  Jede Funktionalität ist eindeutig einer Schicht und damit auch einer Stelle im Programmcode zugeordnet, wodurch Mehrfachimplementierungen vermieden werden. So werden bspw. fachliche Plausibilitätsprüfungen in der Geschäftslogik implementiert und nicht in einer Vielzahl von Fensterobjekten. Dasselbe gilt für die Datenbankanbindung, der Zugriffscode ist an einer Stelle innerhalb der Persistenzschicht realisiert und nicht über viele fachliche Objekte verteilt.
- **Robustheit**
  Weil sich die Schichten untereinander nicht kennen, pflanzen sich Änderungen nicht auf benachbarte Schichten fort. So können bspw. Fensterobjekte oder das Datenbankschema ohne Auswirkung auf die Anwendungsschicht geändert werden. Grundsätzlich können sogar einzelne Schichten ausgetauscht werden: so kann bspw. eine Fensteroberfläche für ein Desktopsystem durch eine HTML-Oberfläche für einen Webbrowser ersetzt werden.
- **Reduzierter Datenaustausch**
  Die Schnittstellen zwischen den Schichten sind schmal und es finden deshalb relativ wenige Interaktionen zwischen ihnen statt. Dies ermöglicht eine effiziente Verteilung der Schichten auf verschiedene physikalische Rechner, die wir im nächsten Abschnitt diskutieren.

1.4 Physikalische Verteilung

Moderne Softwaresysteme sind meist auf mehrere Rechner verteilt, die über ein Netzwerk miteinander kommunizieren. Bei der Entwicklung einer Softwarearchitektur muss berücksichtigt werden, wie die Softwarekomponenten physikalisch auf Rechner verteilt werden und mithilfe welcher Protokolle sie miteinander kommunizieren.

Zunächst charakterisieren wir verteilte Systeme mit ihren grundlegenden Eigenschaften. Danach werden verschiedene Szenarien und Standardarchitekturen vorgestellt.

1.4.1 Charakterisierung verteilter Systeme

Zunächst wollen wir kurz definieren, was unter einem verteilten System und einer verteilten Anwendung zu verstehen ist:

- Ein verteiltes System besteht aus mehreren autonomen Rechnern, die durch ein Netzwerk miteinander verbunden sind.

verteiltes System

- Eine verteilte Anwendung ist ein Softwaresystem, dessen Komponenten auf mehreren Rechnern verteilt sind und die über ein Netz miteinander kooperieren, um eine gemeinsame Aufgabe zu bearbeiten.

  Dabei findet die Kommunikation nicht über einen gemeinsamen Speicher[13], sondern durch Interprozess-Kommunikation statt. Mögliche Mechanismen sind bspw. RMI (*Remote Method Invocation*) zum Aufruf einer Methode auf einem entfernten Rechner oder JDBC (*Java Database Connectivity*) zum Zugriff auf ein relationales Datenbanksystem [HoCo00].

verteilte Anwendung

Verteilte Systeme besitzen eine Reihe von Vorteilen [Tan92], [Boge99], von denen wir die wichtigsten hier kurz nennen möchten:

Vorteile verteilter Systeme:

- Verteilte Systeme spiegeln oft die realen Gegebenheiten wider. Im Normalfall gibt es mehrere Benutzer, die gleichzeitig auf denselben Datenbestand zugreifen, Informationen austauschen oder Systemdienste nutzen wollen. Besonders deutlich wird dies bei internet-basierten Anwendungen, die von sehr vielen Personen gleichzeitig und weltweit genutzt werden können.

... entsprechen der Realität

- Verteilte Systeme ermöglichen es, ein Softwaresystem auf mehreren Rechnern parallel ausführen zu lassen, indem bspw. die Objekte einer Software auf verschiedenen Rechnern verteilt werden. Auftretende Performanz-Probleme können dann durch die Hinzunahme weiterer Rechner gelöst werden. Ein verteiltes System lässt sich an die Leistungserfordernisse anpassen und ist somit gut skalierbar.

  Aktuell rücken verstärkt auch Endgeräte mit sehr geringem Leistungsvermögen, wie *Personal Digital Assistants* (PDA) und Mobiltelefone, in den Blickpunkt. Sie sind darauf angewiesen, dass rechenintensive Dienste auf anderen leistungsstärkeren Rechnern angeboten werden.

...Skalierbarkeit

- Softwarekomponenten können repliziert und auf mehreren Rechnern zur Verfügung gestellt werden. Trotz Ausfall eines Systems können alle Dienste aufrecht erhalten werden und so das Gesamtsystem verfügbar bleiben.

...Fehlertoleranz

Damit Software auf mehrere Rechner verteilt werden kann, muss sie eine geeignete Struktur besitzen. Eine gute Basis bietet die oben beschriebene Schichtenarchitektur. Je nach Anforderungen bzw. einge-

[13] genauer: Adressraum.

setzten Technologien lassen sich die einzelnen Schichten unterschiedlich auf verschiedene Rechner verteilen. Die möglichen Szenarien möchten wir nun genauer vorstellen.

1.4.2 Schwer- und leichtgewichtige Klienten

In verteilten Systemen lassen sich Arbeitsplatzrechner (*Clients*), die einem einzelnen Benutzer den Systemzugriff ermöglichen, von Serverrechnern, die zentrale Dienste für alle Benutzer anbieten, abgrenzen. Ein Unterscheidungsmerkmal dezentraler Systeme ist, wie die Softwareschichten auf den verschiedenen Rechnern verteilt sind [OrHE96]. Dabei kann zwischen schwer- und leichtgewichtigen Klienten differenziert werden, wie Abb. 1.8 zeigt.

Abbildung 1.8: Schwer- und leichtgewichtige Klienten

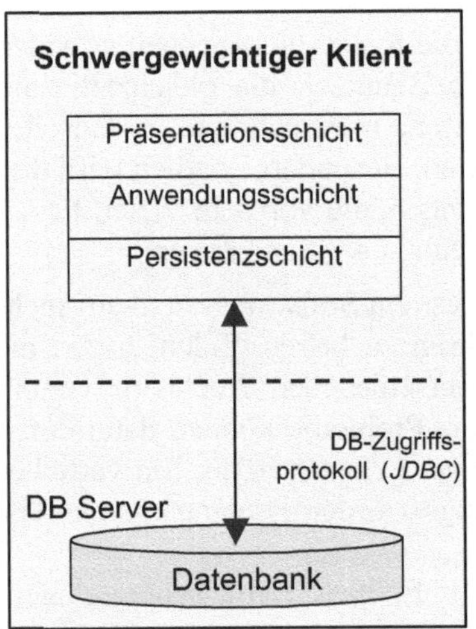

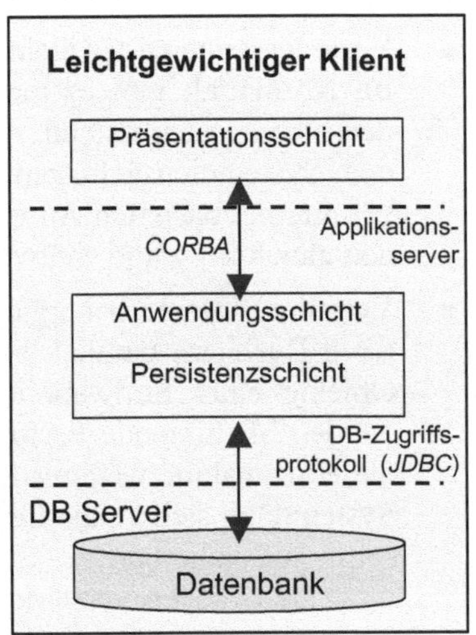

Schwergewichtige Klienten (Fat Clients)

Die linke Seite der Abbildung zeigt ein verteiltes System mit einem schwergewichtigen Klienten (*Fat Client*), bei dem sich alle drei Schichten auf dem Arbeitsplatzrechner befinden. Lediglich die eigentliche Datenhaltung in einem Datenbanksystem wird auf einem zentralen Server realisiert. Der Zugriff der Klienten auf die Datenbank erfolgt über ein entsprechendes Netzprotokoll, bspw. mit Hilfe von JDBC oder ODBC. Software-Architekturen mit schwergewichtigen Klienten wurden zumeist in den 90er Jahren entwickelt.

Der Vorteil dieser Architektur liegt in ihrer Einfachheit. Solche Systeme sind relativ leicht zu implementieren, weil nur der Datenbankzugriff über das Netz erfolgt. Alle weiteren Funktionalitäten werden lokal ausgeführt und sind deshalb technisch einfacher zu handhaben. Darüber hinaus sind sie im Vergleich zu entfernten Zugriffen performanter und können auch nicht aufgrund von Netzwerkproblemen fehlschlagen.

Vorteile von Fat Clients

Fat-Clients besitzen allerdings auch eine Reihe von Nachteilen: Es gibt bei diesem Modell keine verteilten Objekte, d.h. die Software arbeitet nur mit lokalen Objekten auf demselben Klienten[14]. Sämtliche Kooperation zwischen verschiedenen Klienten ist datengetrieben, indem sie Informationen über den Umweg der Datenbank austauschen.

Nachteile von Fat Clients

Weil die gesamte Applikation – bis auf die Ausführung der SQL-Befehle – auf den Arbeitsplatzrechnern ausgeführt wird, müssen diese entsprechend leistungsstark sein. Damit ist diese Architektur für kleine Geräte ohne ausreichende Rechenleistung, wie bspw. PDA's oder Mobiltelefone, nicht einsetzbar.

Systeme mit *Fat Clients* sind zudem schlecht skalierbar, denn sobald es zu Performanzproblemen kommt, müssen alle Arbeitsplatzrechner entsprechend aufgerüstet werden. Gerade bei Systemen mit sehr vielen Klienten ist dies aus Kostengründen oft undurchführbar.

Ein weiteres Problem ergibt sich bei der Softwareverteilung: eine neue Version des Systems muss auf allen Arbeitsplatzrechnern installiert werden.

Leichtgewichtige Klienten (Thin Clients)

Die rechte Seite der Abbildung 1.8 zeigt einen leichtgewichtigen Klienten (*Thin Client*), auf dem nur die Präsentationsschicht ausgeführt wird. Die Anwendungsschicht ist hier auf einem oder mehreren eigenen Rechnern, den sogenannten Applikationsservern, auf denen sich die fachlichen Objekte und die Geschäftslogik befinden, ausgelagert.

Bei diesem Architekturansatz handelt es sich um ein dezentrales System: die Objekte von Präsentations- und Anwendungsschicht sind auf verschiedenen Rechnern verteilt und müssen mit einem entsprechenden Protokoll über das Netz miteinander kommunizieren. Der Aufruf von Methoden entfernter Objekte kann in der Java-Welt

[14] Insofern lässt sich auch darüber streiten, ob es sich hier wirklich um ein verteiltes System handelt.

über RMI (*remote method invocation*) [Boge99] oder in nicht Java-basierten Systemen über CORBA[15] [OrHE96] erfolgen.

Die Zusammenarbeit von Klient und Applikationsserver erfolgt vereinfacht gemäß des folgenden Szenarios: Bei einem Ereignis in der Präsentationsschicht – wie dem Klick auf einen *Button* – wird bspw. per RMI eine Methode der Anwendungsschicht aufgerufen, der Daten aus dem Fenster übergeben werden. In der Anwendungsschicht wird dadurch ein Geschäftsprozess angestoßen, der z.B. Daten sucht oder ändert und sie anschließend an die Präsentationsschicht zurückreicht, wo sie angezeigt werden.

Vorteile von Thin Clients

Systeme mit *Thin Clients* sind besser skalierbar: werden fachliche Prozesse rechenintensiver, so muss nur der Applikationsserver entsprechend aufgerüstet werden. Außerdem erfordern Änderungen in der Anwendungsschicht keine Neuinstallationen auf den Klienten, die nur die Präsentationsschicht enthalten.

Weil auf dem Klienten nur die Präsentationsschicht ausgeführt wird, können auch leistungsschwache Geräte, wie PDA's oder Mobiltelefone, genutzt werden.

Eine besondere Rolle spielen Internet-basierte Systeme: sie besitzen ausschließlich leichtgewichtige Klienten, die in einem Browser Webseiten auf Basis einer Markup-Sprache (meist HTML, aber auch WML für Mobiltelefone) lediglich anzeigen. Die komplette Software befindet sich also auf Serverrechnern, weshalb Web-Clients manchmal auch *Ultra Thin Clients* genannt werden.

Nachteile von Thin Clients

Die Implementierung verteilter Architekturen ist aufwendig, weil komplexe Technologien genutzt werden. Insbesondere muss beachtet werden, dass sehr viele Zugriffe über das Netz erfolgen und damit langsam sind. Um solche Probleme zu umgehen, müssen spezielle Entwurfsmuster eingesetzt werden [DuMu02][16].

1.4.3 Standardarchitekturen für verteilte Systeme

Die oben vorgestellten Verteilungsszenarien lassen sich mit unterschiedlichen Technologien umsetzen, wobei in zunehmendem Maße Standardarchitekturen wie .NET von *Microsoft* [West02] oder J2EE von *Sun Microsystems* [Kass00] an Bedeutung gewinnen, die den Anwendungsentwicklern große Unterstützung bieten. Die nachfol-

[15] CORBA: *Common Object Request Broker*-Architektur der *Object Management Group* (OMG) ermöglicht den Aufruf von Methoden oder Funktionen auf entfernten Rechnern. Dabei können auch Softwarekomponenten, die in verschiedenen Programmiersprachen implementiert sind, miteinander kommunizieren.

[16] Dieses Thema werden wir in Kapitel 6 genauer vorstellen.

genden Abbildungen stellen verschiedene Szenarien einander gegenüber.

Fat-Client-Architektur

Zunächst zeigt Abb.1.9 eine Architektur mit schwergewichtigem Klienten. Es gibt hier eigentlich nur eine physikalische Schicht, nämlich den einzelnen Client-Rechner. Auf ihm befinden sich

- die GUI-Komponenten der Präsentationsschicht,
- die fachlichen Objekte der Anwendungsschicht zur Datenhaltung und zur Umsetzung der Geschäftsprozesse,
- und die Persistenzschicht, die u.a. für das O/R-*Mapping* und die Durchführung von Transaktionen sorgt.

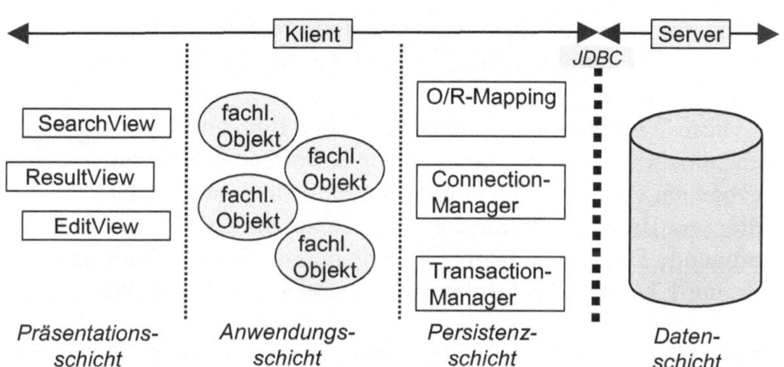

Abbildung 1.9: Fat-Client-Architektur

Lediglich das für die eigentliche Datenverwaltung genutzte Datenbanksystem befindet sich auf einem eigenen Server. Der netzweite Zugriff auf relationale Datenbanken erfolgt in Java bspw. über die Standardschnittstelle JDBC mit Hilfe einer entsprechenden Treiber-Software, vgl. [Fish00] und Kapitel 5.

Thin-Client-Architektur

Abbildung 1.10 stellt diesem Ansatz eine Mehrschichtenarchitektur mit leichtgewichtigem Klienten gegenüber. Man sieht, dass es dieselben logischen Schichten mit identischen Verantwortlichkeiten gibt, die nun allerdings in anderer Weise physikalisch verteilt werden.

Auf dem *Thin Client* befinden sich nur sämtliche Komponenten der Präsentationsschicht, die nun mit einem entsprechenden Protokoll (RMI oder CORBA) auf die Anwendungsschicht zugreifen. Diese befindet sich also auf (zumindest) einem Server und realisiert die gerade beschriebenen Verantwortlichkeiten der Anwendungs- und Persistenzschicht.

Abbildung 1.10: Thin-Client-Architektur

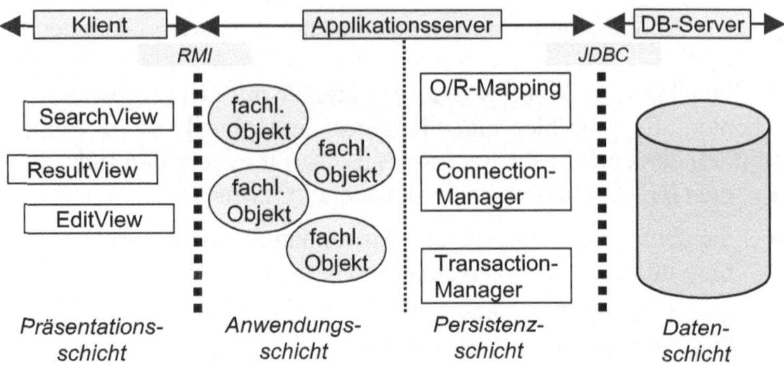

Internet-basierte Systeme

In Internet-basierten oder Web-Systemen besteht die Benutzeroberfläche aus Seiten einer *Markup*-Sprache, die in einem Browser angezeigt werden.

Diese Webseiten müssen auf dem Server dynamisch erzeugt werden, um in ihnen die den Benutzer betreffenden geschäftsprozessbezogenen Daten aufzunehmen. Sie enthalten sowohl statische Anteile, wie Bilder, Schaltflächen und Texte, als auch dynamisch einzufügende Daten, wie bspw. die Ergebnisse einer Suchanfrage. Abbildung 1.11 zeigt das Strukturbild einer solchen Architektur.

Abbildung 1.11: Internet-basierte Architektur

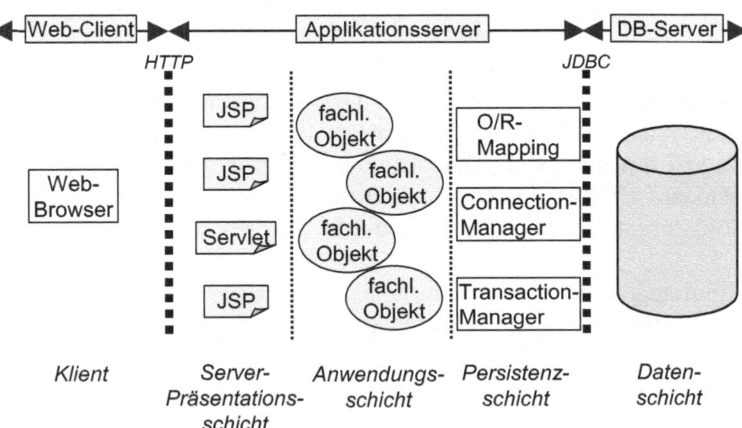

Der Applikationsserver enthält eine weitere Softwareschicht, die „Server-Präsentationsschicht“, die für die dynamische Erzeugung der Webseiten und den durch Benutzerereignisse ausgelösten Kontrollfluss verantwortlich ist.

Für diese Aufgabe stehen unterschiedliche Technologien zur Verfügung, bspw. *Servlets* und *JavaServer Pages* (JSP), die in Kapitel 8 genauer vorgestellt werden. Es können aber auch andere Technologien wie XML und XSLT [BrDH02] oder PHP genutzt werden.

Die Webseiten sind in einer *Markup*-Sprache beschrieben. Meist wird HTML verwendet, aber auch andere Formate wie WML für Mobiltelefon-*Clients* sind möglich.

Auf dem *Client* ist lediglich ein Internet-Browser erforderlich, der die Seite anzeigt und über das Standardprotokoll HTTP mit dem Applikationsserver kommuniziert.
Die beiden in Abbildung 1.10 und 1.11 gezeigten Architekturen finden sich auch in Standardumgebungen. Die Darstellungen orientieren sich an der *Java 2 Enterprise Edition* (J2EE) von *Sun Microsystems* [Kasse00], [J2EE99].

1.4.4 Makroarchitektur für das Beispielsystem

Im den folgenden Teilen dieses Buches sollen die wesentlichen Konzepte und Prinzipien einer tragfähigen Softwarearchitektur vorgestellt werden. Dabei werden verschiedene Architekturvarianten an einem durchgehenden Beispiel diskutiert und mit ihrer Implementierung präsentiert. An dieser Stelle möchten wir im Überblick die verschiedenen Strukturen des Systems anhand der Makroarchitekturen vorstellen und gegeneinander abgrenzen.

Fachliche Beschreibung

das Beispielsystem SamComm

Es wird ein System namens *SamComm* entwickelt, das den Austausch von Informationsbeiträgen innerhalb einer Gruppe, der sogenannten „*Community*", ermöglicht. Beiträge werden dabei sogenannten Foren thematisch zugeordnet. Benutzer können sich mit Hilfe des Systems in der *Community* anmelden, dort bestimmte Foren abonnieren, darin abgelegte Beiträge lesen und auch eigene Beiträge in den Foren einstellen[17].

Logische Schichtung und Architekturprinzipien

Die Architektur von *SamComm* soll die drei Standard-Softwareschichten aufweisen, die Abbildung 1.12 nochmals zeigt.

***SamComm* - Präsentationsschicht**
***SamComm* - Anwendungsschicht**
***SamComm* - Persistenzschicht**

Abbildung 1.12: Softwareschichten von SamComm

[17] eine genaue fachliche Beschreibung erfolgt in Kapitel 3.

Die drei Schichten sollen die diskutierten Eigenschaften einer guten Architektur erfüllen, also eine starke Kohärenz aufweisen und voneinander entkoppelt sein. Damit kann die Komplexität des Systems reduziert und Qualitätsansprüchen bzgl. Wiederverwendbarkeit, Wartbarkeit und Erweiterbarkeit genügt werden.

Technische Rahmenbedingungen

Für die Persistenz- und die Präsentationsschicht werden jeweils zwei unterschiedliche Architekturvarianten realisiert, sodass für *SamComm* insgesamt vier verschiedene Architekturen kombiniert werden können.

Swing-Client mit Persistenz-Framework

Die erste Architekturvariante verwendet einen *Fat Client*, der alle drei Schichten enthält, wie in Abb. 1.13 auf der linken Seite dargestellt. Die Präsentationsschicht ist mit einem kleinen GUI-*Framework* realisiert, das auf Java Swing aufsetzt[18], d.h. die Objekte der *SamComm*-Präsentationsschicht erweitern und spezialisieren die Framework-Klassen.

Abbildung 1.13: Architekturvarianten für SamComm mit Swing-Client

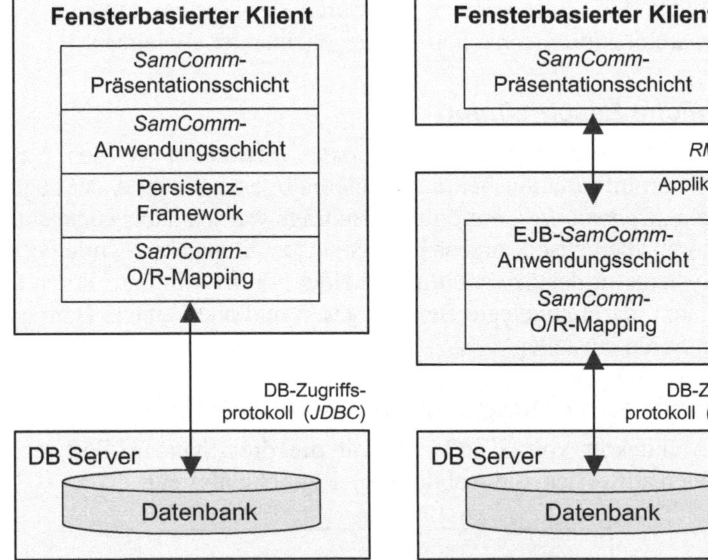

Weiterhin enthält der *Client* alle fachlichen *SamComm*-Objekte, die mithilfe des in Kapitel 5 entwickelten Persistenz-*Framework* in einer Datenbank verwaltet werden. Damit das *Framework* seine Aufgaben wahrnehmen kann, wird im *SamComm-O/R-Mapping*

[18] siehe Kapitel 9.

spezifiziert, wie Anwendungsobjekte auf die Datenbanktabellen abgebildet werden[19]. Der Klient greift per JDBC auf ein relationales Datenbanksystem zu, das sich auf einem eigenen Datenbankserver befinden kann.

Swing-Client mit EJB

In der zweiten Architekturvariante gibt es einen *Thin Client*, der nur die Präsentationsschicht enthält, die wiederum mit dem GUI-*Framework* realisiert ist (Abb. 1.13, rechte Seite).

In dieser Architektur wird aber ein *Enterprise JavaBeans* (EJB)-konformer Applikationsserver verwendet, auf den der *Thin Client* über ein RMI-IIOP-Protokoll zugreift.

Die Anwendungsschicht verwendet die EJB-Technologie und befindet sich vollständig auf dem Applikationsserver. Auch für diese Technologie muss im *O/R-Mapping* die Abbildung der *SamComm*-Objekte in der Datenbank beschrieben werden. Der Applikationsserver verwendet ebenfalls JDBC zum Zugriff auf die Datenbank[20].

Web-Client mit Persistenz-Framework

Außerdem entwickeln wir in Kapitel 8 eine Internetvariante für *SamComm* (siehe Abb. 1.14, linke Seite). Die Web-Clients nutzen einen Internetbrowser zum Anzeigen von HTML-Seiten und tauschen Daten über das HTTP-Protokoll mit dem Webserver aus.

Die angezeigten HTML-Seiten werden in der auf dem Webserver befindlichen *SamComm*-Server-Präsentationsschicht dynamisch mit Hilfe von *JavaServer Pages* (JSP) und *Servlets* generiert[21]. In die Webseiten werden Daten *der SamComm*-Geschäftsobjekte eingefügt, die sich ebenfalls auf dem Webserver befinden und das Persistenz-Framework wie nutzen.

---

[19] siehe Kapitel 5.
[20] siehe Kapitel 6
[21] siehe Kapitel 8.

Abbildung 1.14: Architekturvarianten für *SamComm* mit internetbasierten Klienten

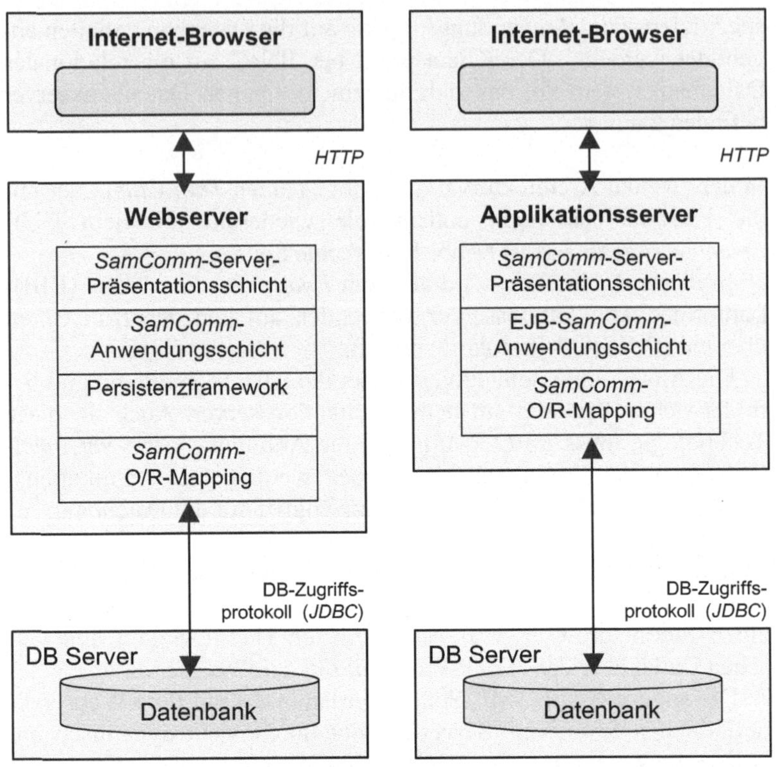

Web-Client mit EJB

Die letzte Variante verwendet schließlich die EJB-Technologie für einen Web-Client. Wie eben beschrieben gibt es auch hier eine mit JSP und *Servlets* realisierte Server-Präsentationsschicht. Diese residiert allerdings auf einem EJB-konformen Applikationsserver, der auch die *SamComm*-Anwendungsschicht enthält, die die EJB-Konventionen einhalten muss[22].

Die EJB-Technologie ermöglicht weitere physikalische Aufteilungen. So können sich Server-Präsentationsschicht und Anwendungsschicht auf verschiedenen Rechnern befinden, und auch die Objekte der Anwendungsschicht lassen sich ggf. verteilen.

Ausblick

In den nachfolgenden Kapiteln wird die Mikroarchitektur aller drei Schichten vorgestellt. Für jede Schicht widmet sich ein Eingangskapitel den grundlegenden und technologie-unabhängigen Zielen, Anforderungen, Funktionalitäten und Konzepten. Anschließend werden die dargestellten Konzepte realisiert und auf das *SamComm*-Beispiel angewendet. Für die Persistenz- und Präsentationsschicht werden dann – wie oben beschrieben – zwei Varianten umgesetzt.

[22] siehe Kapitel 6

2 Konzepte für den Entwurf der Anwendungsschicht

In der Anwendungsschicht werden sämtliche fachlichen Funktionalitäten der Applikation realisiert. In diesem Kapitel stellen wir die grundlegenden Konzepte für ihren Entwurf vor.

Überblick

Zunächst werden die allgemeinen Entwurfsziele für die Anwendungsschicht in Form ihrer Verantwortlichkeiten und strukturellen Eigenschaften (Abschn. 2.1) herausgearbeitet. Anschließend diskutieren wir häufige Entwurfsfehler (Abschn. 2.2) und stellen die wichtigsten Entwurfsmuster (Abschn. 2.3) vor.

In Kapitel 3 wird dann anhand einer Beispielanwendung gezeigt, wie die hier dargestellten Konzepte praktisch umgesetzt werden.

2.1 Entwurfsziele

Einmaligkeit der Anwendungsschicht

Die Anwendungsschicht muss normalerweise in jedem Projekt neu erstellt werden, denn in ihr werden die projekt-spezifischen fachlichen Anforderungen realisiert. Wegen dieser fachlichen Einmaligkeit ist das Potential für eine Wiederverwendung der Anwendungsschicht in Folgeprojekten recht gering.

Allerdings weist diese Schicht in den meisten Projekten ähnliche Strukturen auf, die damit im weiteren Sinne wiederverwendet werden. Das wesentliche Entwurfsziel für die Anwendungsschicht ist, sie von sämtlichen technischen Implementierungsaspekten zu befreien und ausschließlich fachliche Funktionalitäten in ihr zu implementieren.

2.1.1 Verantwortlichkeit der Anwendungsschicht

Die Anwendungsschicht enthält sämtliche fachlichen Klassen und realisiert die fachlichen Abläufe des Systems. Dabei lassen sich zwei verschiedene Arten von Klassen unterscheiden [JCJÖ92], [JaBR99].

Entitätsklassen

Entitätsklassen besitzen datentragende Attribute und dienen der Verwaltung dieser Daten. Sie bilden die zentralen fachlichen Objekte einer Domäne ab, bspw. Person, Konto, Rechnung, Adresse.

Objekte dieser Klassen werden meist in einem Datenbanksystem verwaltet, d.h. man findet sie bspw. in den Tabellen eines relationalen Datenbanksystems.

Leitlinien für Entitätsklassen

- Als zentrale Funktionalität bieten Entitätsklassen einen konsistenten Zugriff auf ihre Daten. Beim Schreiben von Attributen werden ggf. entsprechende Plausibilitätsprüfungen durchgeführt, damit bspw. die Attributwerte innerhalb sinnvoller Gültigkeitsbereiche liegen.
- Ein weiteres Merkmal von Entitätsklassen ist, dass zwischen ihnen Beziehungen bestehen, die eine Navigation zwischen Objekten ermöglichen. Zum Beispiel steht ein Personenobjekt typischerweise mit einer Vielzahl anderer Objekte in Beziehung, bspw. Adressobjekten, Konto-Objekten usw. Zur Pflege dieser Beziehungen stellen die Entitätsklassen entsprechende Methoden zur Verfügung.
- Die Methoden der Entitätsklassen sollten in erster Linie ihre eigenen Attribute verwenden. Nutzen sie auch Daten von Objekten anderer Klassen, so können sie oft keiner Klasse eindeutig zugeordnet werden und sollten dann in eine Geschäftsprozess-Klasse (s.u.) verschoben werden[1].
- Entitätsklassen bilden die Basis für alle Anwendungen einer fachlichen Domäne. Um sie applikations-übergreifend wiederverwenden zu können, sollten sie lediglich allgemeine Funktionalitäten, aber keine anwendungsspezifischen Sonderfunktionen enthalten. Diese sollten ebenfalls in Geschäftsprozess-Klassen ausgelagert werden.

---

[1] Die Eigenschaften guter Methoden werden im Detail im sehr empfehlenswerten [Fowl99] diskutiert.

Geschäftsprozess-Klassen

Die Geschäftsprozess-Klassen (*control classes*) dienen der Realisierung fachlicher Abläufe. Sie besitzen (Geschäftsprozess-)Methoden zur Implementierung der Geschäftslogik und enthalten meist keine Attribute.

Die Geschäftsprozess-Methoden realisieren oft Dienste, die mehrere Entitätsklassen nutzen. Sie bilden somit eine Art „Klebstoff" zwischen den verschiedenen Entitätsklassen und sorgen dafür, dass die Entitätsklassen kooperieren, um eine größere Aufgabe zu erledigen.

Leitlinien für Geschäftsprozess-Klassen

- Zu den Hauptaufgaben der Geschäftsprozess-Methoden gehört es, neue Entitätsobjekte zu erzeugen oder sie zu ändern.

  Die Geschäftsprozess-Methoden wissen, welche Objekte miteinander in Beziehung stehen und wie zwischen ihnen navigiert wird. Darüber hinaus kennen sie die für einen Geschäftsprozess erforderlichen Arbeitsschritte und Abläufe. Das heißt, in ihnen ist das Wissen über die genauen Voraussetzungen, Reihenfolgen und alternativen Verzweigungen innerhalb der Arbeitsabläufe implementiert.

  So wird zum Beispiel durch `withdraw(Account account, double amount)` erst dann ein Geldbetrag von einem Konto abgehoben, nachdem eine Bonitätsprüfung erfolgreich durchgeführt wurde. Diese Methode implementiert somit alle im Falle einer fehlgeschlagenen Bonitätsprüfung durchgeführten Abläufe.

- Darüber hinaus unterstützen Geschäftsprozess-Methoden die Durchführung von Transaktionen. Oft müssen mehrere Objekte innerhalb eines Geschäftsprozesses verarbeitet werden. Für einen konsistenten Systemzustand müssen dann alle oder keines der zur Transaktion gehörenden Objekte geändert werden. Die Geschäftsprozess-Methoden spezifizieren, welche Objekte zu einer Transaktion gehören, d.h. sie legen eine sogenannte Transaktionsklammer für die durchzuführenden Datenänderungen fest.

  Beispielsweise soll bei einer Flugbuchung sowohl eine Platzreservierung erfolgen, als auch der Rechnungsbetrag des Kunden erhöht werden. Nur wenn beide Objekte (Flug und Kunde) in der Datenbank geändert werden, sind beide Beteiligten, der Kunde und das Reisebüro, zufrieden. Eine Methode `book(Flight f, Customer c)` ändert deshalb die fachlichen Objekte vom Typ `Flight` und `Customer` zunächst in der Anwendungsschicht und speichert sie dann innerhalb einer Transaktion mithilfe der Persistenzschicht in der Datenbank.

- Offensichtlich können bei der Durchführung von Geschäftsprozessen auch Ausnahmesituationen auftreten. Diese Ausnahmen müssen zunächst auf fachlicher Ebene behandelt werden, bspw. indem eine aussagekräftige Fehlermeldung erzeugt wird. Darüber hinaus muss das Auftreten einer Ausnahme aber auch der Außenwelt – bspw. der Präsentationsschicht – angezeigt werden, damit diese geeignet reagieren kann.

  In Java wird beim Auftreten von Ausnahmen ein `Exception`-Objekt geworfen, das mit genaueren Informationen über den Fehler versorgt werden kann [HoCo99].

Vorgehen zum Auffinden der fachlichen Klassen

Anwendungsfälle als Ausgangspunkt

Eine guter Ausgangspunkt zum Auffinden der fachlichen Klassen sind die Anwendungsfälle (*Use Cases*) der Anforderungsanalyse, wie sie bspw. im *Unified Process* [JaBR99] erstellt werden. Ein Anwendungsfall [JCJÖ92] beschreibt die Benutzung des Systems aus Sicht der verschiedenen Benutzergruppen (Akteure, *Actors*). Jeder Dienst oder jede Funktionalität, die das System nach außen anbietet, wird in einem entsprechenden Anwendungsfall exemplarisch in Prosa beschrieben.

- Die Entitätsklassen sind meist recht einfach zu finden: Die in den Anwendungsfall-Beschreibungen genannten und zusammengehörenden Daten werden in entsprechenden Klassen zusammengefasst. Die Entitätsklassen lassen sich zudem leicht auf Objekte in der realen fachlichen Welt abbilden.
- Der Entwurf der Geschäftsprozess-Klassen fällt oft schwerer, weil sie keine direkte Entsprechung in der realen Welt besitzen. Meist korrespondiert jedoch jeder Anwendungsfall mit einer entsprechenden Geschäftsprozess-Methode. Fachlich zusammengehörende Geschäftsprozess-Methoden können dann in einer Geschäftsprozess-Klasse zusammengefasst werden.

  Ein weiteres Hilfsmittel zum Auffinden und zur Spezifikation der Geschäftsprozess-Klassen sind erste Entwürfe der Benutzungsoberfläche [CoMa99][2]: Ereignisse auf einem Fenster (bspw. ein *Button*-Klick) lösen einen entsprechenden Geschäftsprozess in der Anwendungsschicht aus und liefern ggf. Daten an das Fenster zur Anzeige zurück. Somit kann man durch eine genaue Analyse der Fenster die in der Geschäftslogik erforderlichen Methoden finden und herausbekommen, welche

---

[2] Diese Entwürfe enthalten noch keine Details der Benutzungsoberfläche und können auf Papier skizziert werden.

Daten als Parameter in die Methoden eingehen bzw. zurückgegeben werden.

2.1.2 Schnittstelle zur Präsentationsschicht

Die Präsentationsschicht benötigt eine Schnittstelle für einen kontrollierten Zugriff auf die Anwendungsschicht, damit sie Geschäftsprozesse anstoßen oder fachliche Objekte anzeigen kann.

Fassadenklassen

Eine solche Schnittstelle kann durch eine sogenannte Fassadenklasse angeboten werden, die den Objekten der Präsentationsschicht sämtliche benötigten Methoden zur Verfügung stellt, wie Abb. 2.1 veranschaulicht. Das Fassade-Entwurfsmuster wird am Ende dieses Kapitels genauer diskutiert.

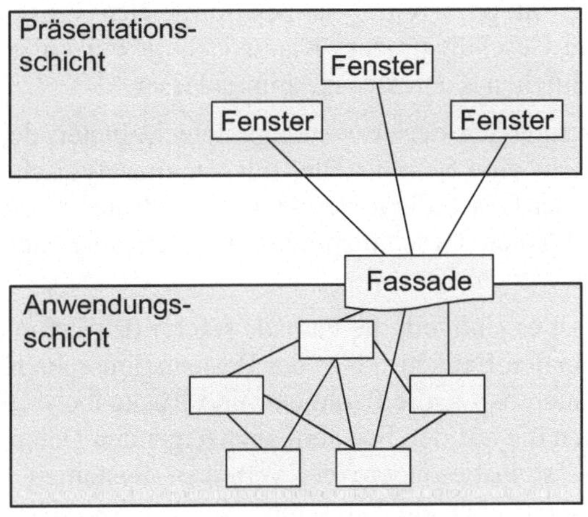

Abbildung 2.1: Fassadenklasse zum Zugriff auf die Anwendungsschicht

Fassadenklassen besitzen verschiedene Arten von Methoden, um ihrer Verantwortung gerecht zu werden:

...Erzeugung von Objekten

- Fabrikmethoden dienen der Erzeugung neuer Objekte, deren Initialisierung unter Umständen aufwändig ist.

  Zum Beispiel könnte die Methode `Customer create (String name, Date birthday, double amount)` bewirken, dass ein `Customer`- und ein `Account`-Objekt angelegt und mit einer eindeutigen Kontonummer und dem Startkapital initialisiert werden. Zurückgegeben wird dann ein `Customer`-Objekt mit einer Referenz auf sein `Account`-Objekt.

...Auffinden von Objekten

- Es gibt Fabrikmethoden, die bereits in der Anwendungsschicht vorhandene fachliche Objekte finden und zurückgeben.

  Beispielsweise liefert eine Methode der Form `findPersonByName(String name)` einen Vektor mit sämtlichen Objekten, die das übergebene Suchkriterium erfüllen.

...Anstoßen von Geschäftsprozessen

- Die Fassade bietet außerdem Methoden, um Geschäftsprozesse in der Anwendungsschicht auszulösen. Dabei können Ausnahmesituationen auftreten, die von den Fassadenmethoden an die Außenwelt hochgereicht werden. Sie ermöglichen der Präsentationsschicht, den Benutzer über das Misslingen eines Geschäftsprozesses zu informieren[3] und angemessen zu reagieren, indem sie bspw. ein entsprechendes Meldungsfenster anzeigt.

Geschäftsprozess- vs. Fassadenklassen

Abschließend wollen wir noch Geschäftsprozess- und Fassadenklassen voneinander abgrenzen, weil sie konzeptionell sehr ähnlich sind.

- Geschäftsprozess-Klassen dienen der Realisierung komplexer Abläufe. In größeren Systemen mit vielen Prozessen gibt es mehrere Geschäftsprozess-Klassen, die jeweils alle Abläufe eines fachlichen Kontextes zusammenfassen.
- Fassadenklassen der Anwendungsschicht bieten der Präsentationsschicht eine Schnittstelle, mit der man typischerweise Methoden der Geschäftsprozess-Klassen aufrufen kann. In solchen Fällen können Geschäftsprozess-Klassen auch unmittelbar als Fassade dienen.

Manchmal ist es sinnvoll, die Fassade stärker den Erfordernissen der darüberliegenden Schicht – hier der Präsentationsschicht – anzupassen. So können bspw. die Parameter und Rückgabewerte der Fassadenmethoden die auf den Fenstern anzuzeigenden Daten berücksichtigen. Dies ist insbesondere bei verteilten Systemen von Vorteil, wenn die Daten über ein langsames Netz transportiert werden und möglichst minimal sein sollen.

2.1.3 Schnittstelle zur Persistenzschicht

Nutzung von Persistenzdiensten in der Anwendungsschicht

Die Anwendungsschicht muss zwar nicht selbst für die Persistenz ihrer Objekte in der Datenbank sorgen, aber sie muss festlegen, wann welche Daten persistent gespeichert werden: Denn nur die fachlichen Prozesse wissen, welche Daten zusammengehören und in welcher Situation ein Zugriff auf die Datenbank sinnvoll ist.

[3] in Java bspw. durch eine `Exception` [HoCo99], in die entsprechende Informationen bei Auftreten eines Fehlers eingelagert werden können.

In einem Flugreservierungssystem setzt die Methode `book (Flight f, Customer c)` voraus, dass die als Parameter übergebenen Objekte entweder neu erzeugt oder aus der Datenbank geladen wurden. Dann werden in `book(...)` einige fachliche Aktionen durchgeführt, bspw. die Beziehung zwischen dem `Flight`- und dem `Customer`-Objekt hergestellt sowie ein neues Rechnungsobjekt `Account` erzeugt. Erst dann werden sämtliche Daten der beteiligten `Flight`-, `Customer`-, `Account`-Objekte mit ihren Beziehungen innerhalb einer Transaktion in die Datenbank geschrieben.

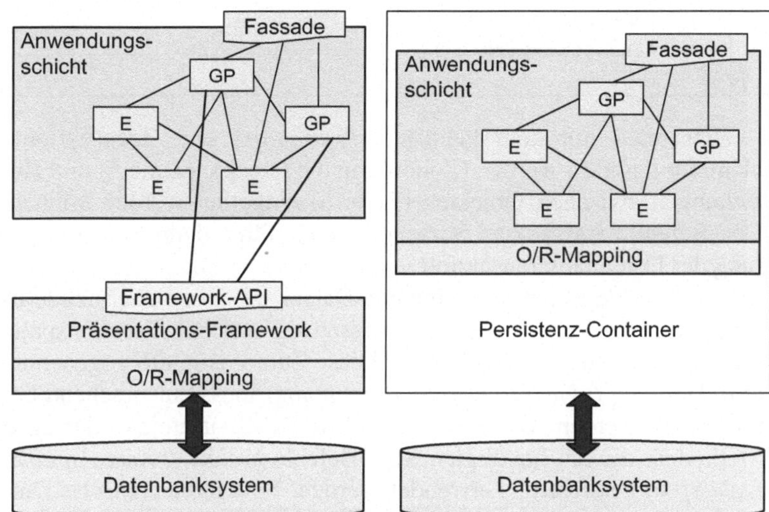

Abbildung 2.2: Persistenz-Schnittstellen in der Anwendungsschicht

Abhängigkeit zwischen Anwendungs- und Persistenzschicht

Die Anwendungsschicht verwendet die von der Persistenzschicht angebotenen Dienste, um Objekte in einer Datenbank zu verwalten. Damit entstehen Abhängigkeiten zwischen der Anwendungsschicht und dem eingesetzten Persistenzmechanismus[4].

Abbildung 2.2 zeigt zwei verschiedene technologische Szenarien, die im Detail in den Kapiteln 5 und 6 vorgestellt werden.

Verwendung eines Persistenz-Frameworks

Die linke Seite der Abbildung zeigt die Verwendung eines Persistenz-*Frameworks*, das Dienste zur Durchführung von Datenbanktransaktionen bereitstellt. In diesem Fall nutzen die Geschäftsprozess-Methoden die *Framework*-Dienste, um Objekte persistent zu speichern oder aus der Datenbank zu laden.

[4] Wie man diese Abhängigkeiten verringern kann, werden wir in Kapitel 3 noch ausführlicher diskutieren.

Das Abspeichern von Objekten in einer Methode `book(...)` könnte etwa folgendermaßen aussehen (Code 2.1).

Code 2.1: Transaktionen mit dem Persistenz-Framework

```
1 void book(Flight f, Customer c) throws BookingExcpetion{
2   // erzeuge neues Rechnungsobjekt a mit
    //                               dem Preis von Flug f
3   // setze die Beziehungen zwischen den Objekten
4   Transaction t = new Transaction();
5   t.add(f); t.add(c); t.add(a);
6   t.addRelation(c, c.flights() );
7   t.addRelation(c, c.accounts() );
8   t.transactionCommit();
9 }
```

Hier muss mit dem Persistenz-*Framework* eine Transaktionsklammer definiert werden (Zeile 4), in die Objekte (Zeile 5) und Beziehungen zwischen Objekten (Zeile 6) eingefügt werden können. Der Befehl `transactionCommmit()` führt dann zur Ausführung der Datenbanktransaktion.

Um Objekte in einer relationalen Datenbank abspeichern zu können, muss die Persistenzschicht wissen, in welcher Tabellenspalte jedes Objekt-Attribut abgelegt ist. Diese Zuordnung, das sogenannte *O/R-Mapping (object to relational mapping)* muss entsprechend bereitgestellt werden. Dazu können bspw. (XML-)Dateien oder auch Methoden, die die benötigten SQL-Befehle (*Select, Insert, Update, Delete*) zurückliefern, verwendet werden. Softwaretechnische Umsetzungen werden in den Kapiteln 4 bis 6 im Detail vorgestellt.

Verwendung eines Persistenz-Containers

Die rechte Seite von Abbildung 2.2 zeigt die Nutzung eines Persistenz-*Containers*, wie er bspw. im *Enterprise JavaBean* (EJB)-*Framework* zur Verfügung steht [EJB_01]. Bei diesem Ansatz werden alle fachlichen Objekte in einer speziellen Laufzeitumgebung, dem Persistenz-*Container*, verwaltet. Nur über den *Container* kann auf die Objekte zugegriffen werden, der dafür technische Basisdienste zur Verfügung stellt.

EJB-*Container* können automatisch für die Persistenz der fachlichen Objekte sorgen: bei jedem daten-ändernden Methodenaufruf, führt der *Container* unmittelbar ein Datenbank-*Update* durch[5]. Die Informationen zum O/R-*Mapping* werden in einer XML-Datei spezifiziert und dem *Container* zur Verfügung gestellt.

[5] Eine detaillierte Darstellung erfolgt in Kapitel 6.

Auch bei Verwendung von EJB muss die Anwendungsschicht an diese Technologie angepasst werden.

Dies geschieht allerdings in anderer Weise als bei Einsatz des *Frameworks*. Alle fachlichen Klassen müssen von der EJB-Spezifikation vorgegebene *Interfaces* implementieren, um dem EJB-*Container* die Verwaltung der fachlichen Objekte zu erlauben.

In den fachlichen Methoden selbst sind dann keine speziellen Konstrukte zur Durchführung von Transaktionen erforderlich. So kann in der Methode `book(..)` auf die Zeilen 4 bis 7 in Code 2.1 verzichtet werden. Damit der EJB-Container die fachlichen Klassen kennt und das *O/R-Mapping* durchführen kann, müssen Klassen mit den sogenannten XML-Deskriptoren im *Container* registriert werden (*Deployment*).

2.1.4 Anforderungen an die Architektur

Die Anwendungsschicht soll die beiden Kerneigenschaften Kohärenz und lose Kopplung aufweisen, die zu folgenden Anforderungen führen:

- Um die Kohärenz der Anwendungsschicht zu gewährleisten, sollen in ihr ausschließlich fachliche Funktionalitäten realisiert werden.
- Technische Aspekte, wie die graphische Benutzungsoberfläche oder Objekt-Persistenz kommen im Quellcode der Anwendungsschicht nicht vor. Damit wird eine lose Kopplung zu den Nachbarschichten erreicht, denn die Anwendungsschicht besitzt keinerlei Kenntnis über die Objekte der Präsentationsschicht und nutzt die Persistenzschicht nur über deren schmale Fassadenschnittstelle.
- Die Anwendungsschicht soll alle fachlichen Funktionalitäten vollständig umfassen (*self-contained* sein). Nur wenn die Fachlichkeit komplett in ihr realisiert ist, können Präsentations- und Persistenzschicht ohne große Auswirkungen auf die Anwendungsschicht ausgetauscht werden. So soll es bspw. möglich sein, dieselbe Anwendungsschicht mit unterschiedlichen Benutzungsoberflächen (*Swing* oder HTML) zu verwenden.
- Die Anwendungsschicht stellt der Präsentationsschicht eine schmale Schnittstelle zu Verfügung, die die in ihr realisierten fachlichen Abläufe kapselt und vor der Außenwelt verbirgt.

Wie bereits in Kapitel 1 diskutiert, sind die genannten Anforderungen und Eigenschaften nicht voneinander unabhängig. Eine starke Kohärenz führt zwangsläufig dazu, dass die Anwendungsschicht keinen technischen Code enthält und in sich vollständig ist. Entkoppelte Softwareschichten setzen wiederum schmale Schnittstellen voraus.

2.2 Entwurfsfehler

Oft werden die im vorhergehenden Abschnitt genannten Anforderungen nicht erfüllt und das Design der Anwendungsschicht weist Mängel auf. Meist ist dann die Anwendungsschicht nicht von den anderen Schichten entkoppelt und bspw. pflanzen sich Änderungen schichtenübergreifend fort. Da man bekanntlich aus Fehlern am besten lernt, wollen wir die drei häufigsten Mängel beim Entwurf der Anwendungsschicht noch einmal genauer analysieren.

Fehler 1: Unvollständigkeit der Anwendungsschicht

Ein Teil der fachlichen Aufgaben wird außerhalb der Anwendungsschicht – bspw. in der Präsentationsschicht – implementiert. Die fachlichen Funktionalitäten sind somit auf mehrere Schichten verteilt und es gibt keine klare Zuordnung der Verantwortlichkeiten.

Symptome

- In der Anwendungsschicht werden ausschließlich Entitätsklassen realisiert, die nur sehr elementare Methoden zum Setzen oder Lesen der Objekt-Attribute zur Verfügung stellen. Die fachlichen Abläufe sind jedoch innerhalb der Präsentationsschicht in den Methoden zur Ereignisbehandlung implementiert, bspw. um auf einen *Button*-Klick zu reagieren.
- Manchmal fehlen sogar einige Entitätsklassen, deren Attribute nur in Fensterobjekten, bspw. in Textfeldern, vorgehalten werden.

Probleme

- Die Anwendungsschicht kann nur in Verbindung mit der Präsentationsschicht ihre fachlichen Aufgaben erfüllen, in der ein Teil der fachlichen Abläufe implementiert ist.

  Zur Implementierung der Präsentationsschicht ist neben

GUI-Programmierkenntnissen auch fachliches Wissen erforderlich.

- Gibt es verschiedene Versionen der Präsentationsschicht, so müssen die dort enthaltenen fachlichen Objekte redundant implementiert werden, was zu den in Kapitel 1 diskutierten Problemen führt.

Lösung

- Die Funktionalität wird aus der Präsentationsschicht in die Anwendungsschicht verlagert, die nun sämtliche fachlichen Aufgaben vollständig realisiert.

  Statt Daten in Fensterobjekten zu verwalten, werden diese in neu geschaffenen Entitätsklassen vorgehalten. In der Präsentationsschicht realisierte fachliche Abläufe werden in eigene Geschäftsprozess-Klassen verlagert. Diese bilden eine Fassade für die Präsentationsschicht, die nun die Abläufe nicht mehr selbst implementiert.

Fehler 2: Datenbankzugriffs-Code In der Anwendungsschicht

In der Anwendungsschicht gibt es Zugriffscode auf die Datenbank, bspw. um SQL-Befehle per JDBC an eine relationale Datenbank zu schicken.

Symptom

- Methoden in den Entitäts- oder Geschäftsprozess-Klassen enthalten SQL-Code, um Objekte aus der Datenbank zu laden oder sie in die Datenbank einzufügen bzw. zu verändern.

Probleme

- Die Anwendungsschicht ist stark an das Datenbankschema gekoppelt. Werden in der relationalen Datenbank Tabellen geändert, so muss in der Anwendungsschicht jeder SQL-Befehl, der mit der alten Tabellenstruktur arbeitet, angepasst werden.
- Es kann nur mit immens hohem Aufwand auf eine andere Technologie zur Realisierung der Objekt-Persistenz, bspw. eine XML-Datenbank gewechselt werden, weil die Anwendungsschicht in starkem Umfang geändert werden muss.
- Die technischen Abläufe für den Datenbankzugriff werden oft redundant implementiert, weil es keine eigene Persistenzschicht gibt. Beispielsweise wird bei jedem SQL-Zugriff immer wieder

eine neue Datenbank-Verbindung aufgebaut und die selbe Fehlerbehandlung durchgeführt.

Lösung

- Sämtlicher SQL-Zugriffscode wird in die Persistenzschicht verlagert. Wie dies im Detail geschieht, wird in den Kapiteln 4 bis 6 für verschiedene Technologien gezeigt.

Fehler 3:
Objekte der Präsentationsschicht in der Anwendungsschicht

In der Anwendungsschicht erfolgt ein direkter Zugriff auf Elemente der Präsentationsschicht, bspw. um dort fachliche Daten anzuzeigen.

Symptome

- Die Anwendungsschicht kennt Darstellungskomponenten der Präsentationsschicht. So werden in fachlichen Methoden Daten eines Geschäftsobjektes direkt in Textfelder eines Fensters geschrieben, oder umgekehrt Daten aus einem Fenster gelesen und weiterverarbeitet.
- In der Anwendungsschicht werden die Web-Seiten für eine internet-basierte Anwendung generiert. Das heißt, Methoden der Anwendungsschicht erzeugen dynamisch Seiten in einer Auszeichnungssprache (meist im HTML-Format), in die fachliche Daten eingefügt werden.

Probleme

- Die Anwendungsschicht ist stark an die Präsentationsschicht gekoppelt, denn Änderungen an der Benutzungsoberfläche, bspw. das Ersetzen eines Textfeldes durch einen *Radiobutton*, müssen in ihr berücksichtigt werden. Änderungen der Präsentationsschicht wirken sich also unmittelbar auf die Anwendungsschicht aus. Dies ist besonders kritisch, weil es gerade für das Aussehen der Benutzungsoberfläche häufig Änderungswünsche gibt.
- Die Präsentationsschicht kann nur mit großen Änderungen der Anwendungsschicht ausgetauscht werden. Dieses Problem verschärft sich, wenn verschiedene Benutzungsoberflächen alternativ eingesetzt werden sollen: wenn bspw. auf dieselbe Applikation per klassischer Fensteroberfläche, internet-basierter HTML-Oberfläche und mittels Mobiltelefonen zugegriffen werden soll.

Lösung

- Die Entkoppelung von Fensteroberflächen und Anwendungsschicht kann mit dem Beobachter-Entwurfsmuster (*Observer*) erreicht werden, das in den Kapiteln 7 und 9 vorgestellt wird.
- Die flexible Implementierung von web-basierten Systemen kann auf Basis der sogenannten Model-2-Architektur erfolgen, die in Kapitel 8 diskutiert wird.

2.3 Grundlegende Entwurfsmuster

Die folgenden Entwurfsmuster spielen im Entwurf der Anwendungsschicht eine besondere Rolle und werden deshalb kurz vorgestellt. Kapitel 3 beschreibt dann die konkrete Implementierung einer Anwendungsschicht an einem Beispielsystem. Dort wird dann im Detail gezeigt, wie die Entwurfsmuster eingesetzt werden.

2.3.1 Singleton

Ziel

Das Singleton-Entwurfsmuster [GoF95] stellt sicher, dass von einer Klasse nur ein einziges Objekt erzeugt werden kann. Es stellt für dieses Objekt einen zentralen Zugriffspunkt zur Verfügung.

Beschreibung

Zunächst erhält die Klasse, von der nur ein Objekt instanziiert werden soll, einen privaten Konstruktor. Dieser verhindert, dass von außen unkontrolliert neue Objekte per `new` erzeugt werden können. Eine statische Methode dient als zentraler Zugriffspunkt der Objekterzeugung und gibt eine Referenz auf die einzige Objektinstanz zurück.

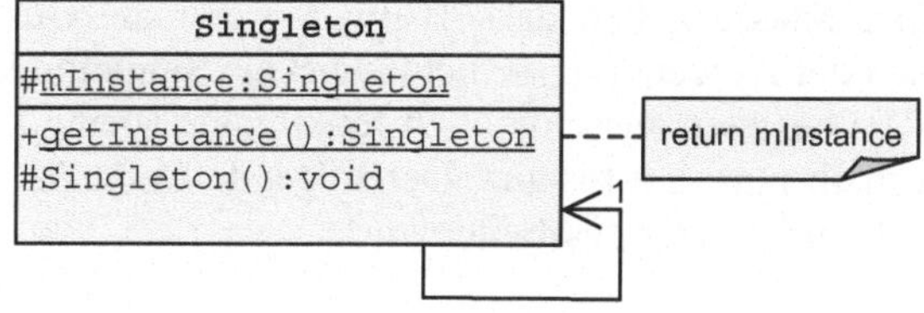

Abbildung 2.3: Singleton-Entwurfsmuster

Verantwortlichkeiten

Singleton

Von der Klasse `Singleton` soll nur ein Objekt instanziiert werden können. Dies wird erreicht, indem der Konstruktor *private* deklariert wird, siehe Code 2.2, Zeile 6. Dadurch können Objekte dieser Klasse nicht durch einen Konstruktor-Aufruf `new Singleton()` erzeugt werden.

Die Klasse besitzt ein statisches Attribut `instance` für die Referenz auf die einzige Objektinstanz, das mit `null` initialisiert ist (Zeile 3).

Die statische Methode `getInstance()` erzeugt, falls `instance` auf `null` verweist, ein neues Objekt mit Hilfe des privaten Konstruktors. In jedem Fall wird die statische Referenz `instance` zurückgegeben (Zeile 8-12).

Im Beispiel enthält die Klasse noch ein Attribut `datum` mit entsprechenden Zugriffsmethoden.

Code 2.2: Implementierung des Singleton

```
1  public class Singleton {
2
3    private static Singleton instance = null;
4    private int datum;
5
6    private Singleton() {  }
7
8    public static Singleton getInstance (){
9      if (instance == null)
10           instance = new Singleton();
11     return  instance;
12   }
13   public void setDatum(int d) { this.datum = d; }
14   public int getDatum() { return datum; }
15 }
```

Anwendung und Bewertung

Das Singleton-Muster wird immer dann verwendet, wenn es nur eine Instanz einer Klasse geben darf. Bspw. werden die Geschäftsprozess-Klassen der Anwendungsschicht meist als Singleton implementiert, denn sie besitzen ausschließlich funktionale Methoden und benötigen deshalb nur eine Instanz. Der folgende Code 2.3 zeigt, wie mit dem Entwurfsmuster gearbeitet wird.

```
1  // Singleton s = new Singleton();  // Compilerfehler
2  Singleton s = Singleton.getInstance();
3  s.setDatum(4711);
4
5  Singleton s2 = Singleton. getInstance ();
6  System.out.println(s2.getDatum());   // liefert 4711
```

Code 2.3: Verwendung des Singleton

Die Verwendung des Konstruktors (Zeile 1) würde bereits beim Kompilieren einen Fehler hervorrufen. Nur über die statische Methode `getInstance()` kann ein Objekt erzeugt und bearbeitet werden (Zeilen 2-3). Ein erneuter Aufruf von `getInstance()` liefert das identische Objekt mit den zuvor gesetzten Daten.

2.3.2 Fassade (Facade)

Ziel

Das Fassade-Entwurfsmuster (*Facade*) [GoF95] hilft, Abhängigkeiten zwischen Klassen zu reduzieren. Dazu wird ein Subsystem durch eine einheitliche Schnittstelle gekapselt, die den Zugriff auf das Subsystem zu vereinfacht.

Beschreibung

Es wird eine Fassadenklasse implementiert, die der Außenwelt sämtliche Methoden für den Zugriff auf ein Subsystem zur Verfügung stellt. Die Implementierungen der Fassadenmethoden nutzen die Klassen des Subsystems.

Abbildung 2.4 zeigt auf der linken Seite ein Subsystem ohne Fassade, dessen Klienten auf sehr viele Klassen im Subsystem zugreifen. Auf der rechten Seite ist das Subsystem durch eine Fassade gekapselt, die von den Klienten ausschließlich genutzt wird, um die Subsystemdienste zu verwenden. Damit sind die Klienten weitgehend vom Subsystem entkoppelt.

Abbildung 2.4: Fassade-Entwurfsmuster

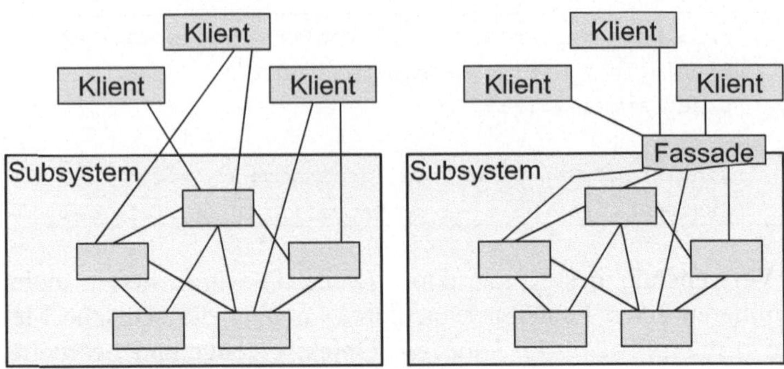

Verantwortlichkeiten

Fassade

Die Fassadenklasse stellt der Außenwelt eine Schnittstelle zum Zugriff auf ein Subsystem zur Verfügung und verbirgt dessen Realisierungsdetails.

Die in der Fassade realisierten Methoden nutzen die Dienste der Geschäftsprozess- und Entitätsklassen des Subsystems. Oft ist die Implementierung der Fassadenmethoden eine einfache Delegation: in ihnen wird lediglich eine geeignete Methode einer Geschäftsprozess-Klasse aufgerufen. Die Fassadenklasse wird häufig als Singleton implementiert.

Subsystem-Klassen

Die Klassen innerhalb des Subsystems kennen weder die Fassade noch die Klienten. Sie stellen die eigentlichen fachlichen Funktionalitäten zur Verfügung und realisieren letztendlich die durch die Fassade angestoßenen Aufgaben.

Klient

Ein Klient greift ausschließlich über die Fassadenklasse auf das Subsystem zu.

Im Idealfall kennen die Klienten nur die Fassade und keine weiteren Klassen innerhalb des Subsystems. Weil sie aber mit den Daten des Subsystems arbeitet, verwenden sie oft die Entitäts-Klassen des Subsystems als Daten-Container. Diese Klassen werden dann nur zum Austausch von Daten zwischen Subsystem und Klient verwendet, d.h. die Klienten nutzen nur Methoden zum Setzen und Lesen der Attribute[6].

Anwendung und Bewertung

Das Fassade-Entwurfsmuster wird angewendet, wenn man Subsysteme oder Softwareschichten voneinander entkoppeln möchte.

Zum Beispiel bieten Fassade-Klassen der Anwendungsschicht der Präsentationsschicht einen kontrollierten Zugriff auf die fachlichen Objekte.

Typische Dienste der Fassade sind die Erzeugung neuer oder die Suche nach vorhandenen fachlichen Objekten. Auch Methoden, die dem persistenten Abspeichern von Objekten dienen, sind oft in der Fassade zu finden.

Fassade-Klassen sind den Geschäftsprozess-Klassen sehr ähnlich, weil auch sie fachliche Dienste anbieten. Deshalb werden oft Geschäftsprozess-Klassen auch als Fassade eines Subsystems verwendet.

2.3.3 Fabrikmethode (Factory Method)

Ziel

Das Fabrikmethoden-Entwurfsmuster (*Factory Method*) [GoF95] definiert eine Schnittstelle zur Erzeugung von Objekten. Erst in den Implementierungen dieser Schnittstelle wird entschieden, welche Objekte genau erzeugt werden.

Fabrikmethoden ermöglichen es, Objekte beliebiger Unterklassen zu erzeugen. Verwendet man Fabrikmethoden statt Konstruktoren, dann muss man sich bei der Objekterzeugung nicht auf die genauen Unterklassen festlegen[7].

Programmcode, der nur Fabrikmethoden verwendet, arbeitet nur mit den Oberklassen oder *Interfaces* und ist von den konkreten Unterklassen unabhängig.

---

[6] eine genauere Diskussion darüber, wieweit Fassadenklassen fachliche Objekte zurückgeben sollen, wird in Kapitel 7 „Konzepte für den Entwurf der Präsentationsschicht“ geführt.

[7] in Java mittels `new`.

Abbildung 2.5: Fabrikmethoden-Entwurfsmuster

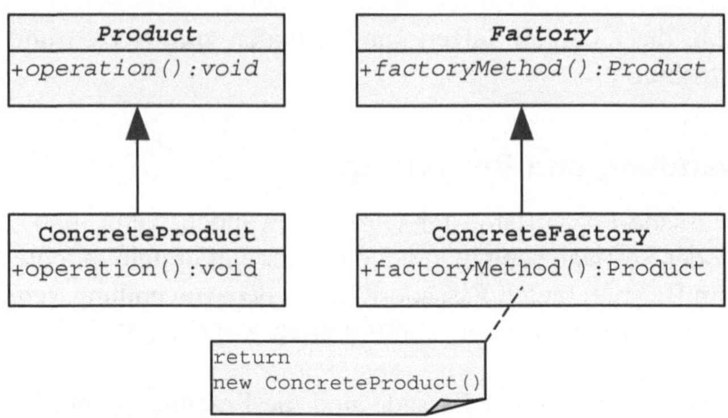

Beschreibung

Eine Fabrik-Klasse (`Factory`) deklariert eine Schnittstelle zur Erzeugung von Objekten des Typs `Product`, wobei `Product` eine allgemeingültige Schnittstelle für alle zu erzeugenden Objekte festlegt. In Unterklassen von `Factory` werden dann konkrete Objekte erzeugt, die jeweils die `Product`-Schnittstelle implementieren sollen. Einen Überblick über die beteiligten Klassen gibt Abbildung 2.5.

Verantwortlichkeiten

Product

`Product` legt eine Schnittstelle für alle zu erzeugenden Objekte fest und ist normalerweise ein *Interface* (oder eine abstrakte Klasse).

ConcreteProduct

`ConcreteProduct` ist eine Klasse, die das `Product`-*Interface* implementiert. Es kann verschiedene Klassen geben, die `Product` implementieren.

Factory

`Factory` deklariert die abstrakte Fabrikmethode `factoryMethod()` zur Erzeugung eines beliebigen `Product`-Objektes.

ConcreteFactory

`ConcreteFactory` überschreibt die Fabrikmethode und liefert ein `ConcreteProduct`-Objekt zurück.

Anwendung und Bewertung

Das Fabrikmethoden-Entwurfsmuster lagert die Objekterzeugung in eigene Klassen (`ConcreteFactory`) aus. Im restlichen Quellcode werden keine Objekte mehr direkt erzeugt, wodurch eine hohe Flexibilität und Erweiterbarkeit erreicht wird. Das folgende Beispiel verdeutlicht die Funktionsweise.

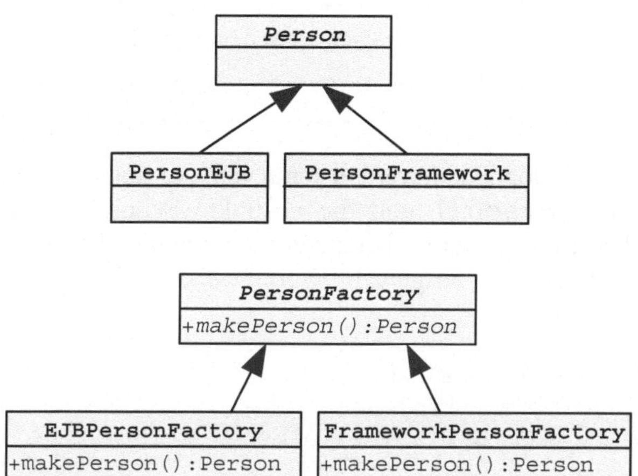

Abbildung 2.6: Beispiel für den Einsatz des Fabrikmethoden-Entwurfsmusters

Im *Interface* `PersonFactory` wird die Fabrikmethode `makePerson()` deklariert, die ein Objekt einer beliebigen Unterklasse vom Typ `Person` erzeugt. Es gibt hier zwei konkrete Fabrikmethoden-Klassen:

- in der Klasse `EJBPersonFactory` wird ein `PersonEJB`-Objekt mit Hilfe der EJB-Technologie,
- in `FrameworkPersonFactory` ein `PersonFramework`-Objekt mit Hilfe eines Frameworks erzeugt[8].

Der Code ist denkbar einfach, wie der folgende Ausschnitt am Beispiel `EJBPersonFactory` zeigt.

```
public class EJBPersonFactory {
  public Person makePerson(...){
    return  new PersonEJB(...);
  }
}
```

Code 2.4: Implementierung einer konkreten Fabrik

[8] wie das geschieht, spielt hier keine Rolle, entscheidend ist, dass die Objekte zweier unterschiedlicher Klassen in verschiedener Weise erzeugt werden.

Die Wahl der konkreten Fabrik-Klasse erfolgt einmalig bei der Systeminitialisierung. Dort kann die konkrete `Factory`-Klasse bspw. direkt erzeugt werden (siehe Code 2.5, Zeile 2) oder auch auf Basis eines Eintrags in einer Initialisierungsdatei.

Code 2.5: Initialisierung einer konkreten Fabrik

```
1 public initApplication() {
2   PersonFactory myPersonFactory
                             = new EJBPersonFactory();
3   ...
4 }
```

Im restlichen Quellcode werden dann nur die abstrakte Fabrikmethode `makePerson()` und die abstrakte Schnittstelle `Person` verwendet. Erzeugt wird diejenige Unterklasse, deren `Factory` bei der Initialisierung ausgewählt wurde.

Code 2.6: Verwendung der Fabrikmethode

```
public doSomtehing() {
  ...
  Person newPerson = myPersonFactory.makePerson(..);
}
```

Fabrikmethoden werden in den nachfolgenden Kapiteln genutzt, um Objekte mit verschiedenen technologischen Mitteln erzeugen zu können. Damit lässt sich bspw. die Präsentationsschicht von verschieden Realisierungen der Anwendungsschicht entkoppeln.

3 Implementierung der Anwendungsschicht

In diesem Kapitel stellen wir die Implementierung einer Anwendungsschicht für das Beispielsystem *SamComm* vor und setzen dabei die in Kapitel 2 diskutierten Leitlinien um.

Überblick

In Abschn. 3.1 präsentieren wir zunächst die Beispielapplikation *SamComm*, die als durchgehendes Beispiel für die folgenden Kapitel dient. Danach werden das Design der Anwendungsschicht anhand von Klassendiagrammen entwickelt (Abschn. 3.2) und besondere Implementierungsaspekte herausgearbeitet (Abschn. 3.3). Abschließend zeigen wir, wie die Entwurfsmuster aus Kapitel 2 eingesetzt werden (Abschn. 3.5).

3.1 Beispielanwendung *SamComm*

Das Programm *SamComm* ermöglicht den Austausch von Informationsbeiträgen innerhalb einer Gruppe, die wir „*Community*" nennen wollen. Informationsbeiträge lassen sich dabei sogenannten Foren, die wiederum einer Kategorien angehören, thematisch zuordnen. Benutzer können sich mit dem System in der *Community* anmelden, dort bestimmte Foren abonnieren, darin abgelegte Beiträge lesen und auch eigene Beiträge in den Foren einstellen.

3.1.1 Anwendungsfälle

Im *Unified Process* [JaBR99] werden die Anforderungen an ein System durch sogenannte Anwendungsfälle festgelegt, die in Textform beschreiben, wie ein Benutzer mit dem System arbeitet. Das folgende Diagramm zeigt die Anwendungsfälle[1] von *SamComm*.

Abbildung 3.1: Anwendungsfall-Diagramm für SamComm

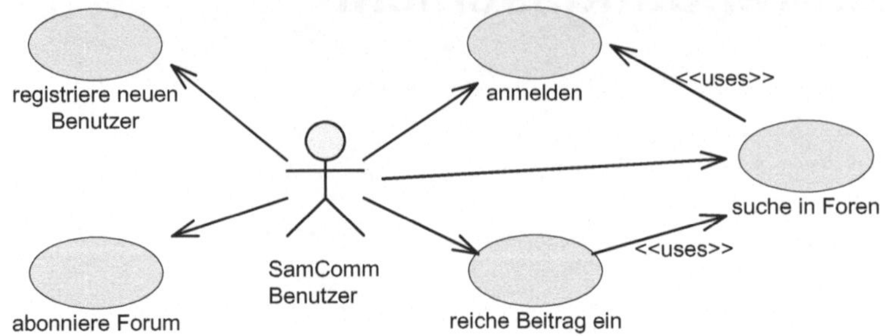

Benutzer oder sogenannte Akteure (*actors*) [FoSc97] können *SamComm* auf verschiedene Weisen nutzen, die in Form der folgenden Anwendungsfälle kurz beschrieben werden.

Anwendungsfälle für SamComm

- **Benutzer anmelden:**
  Nur ein registrierter Benutzer darf *SamComm* verwenden. Der Zugang zum System erfolgt über einen eindeutigen Anmeldenamen (*nickname*) und ein Passwort. Für jeden Benutzer wird nach der Anmeldung (Login) eine personalisierte Oberfläche angezeigt. Hier erhält er einen Überblick über die von ihm abonnierten Foren.
- **Neuen Benutzer registrieren:**
  Ein potentieller Benutzer ohne Anmeldenamen bekommt lediglich die „Startseite" zu sehen, die ihm die Möglichkeit einer Registrierung bietet. Er gibt dann einen Anmeldenamen und ein Passwort ein, mit denen er sich zukünftig anmelden kann.
- **Forum abonnieren:**
  Ein angemeldeter Benutzer kann ein neues Forum abbonieren. Dazu werden ihm in einem Dialog alle vorhandenen Foren angezeigt, aus denen er das gewünschte auswählen kann.
- **Neuen Beitrag einreichen:**
  Wenn ein Benutzer ein Forum geöffnet hat, kann er einen neuen eigenen Beitrag in das Forum stellen. Er wird automatisch als Autor des Beitrags erfasst. Für jeden neuen Beitrag erhält der Autor Bonuspunkte gutgeschrieben.
- **Beiträge suchen:**
  Der Benutzer kann innerhalb der *Community* nach Foren-

[1] In die Notation und Verwendung von Anwendungsfällen führen [FoSc97] und [JCJÖ92] ein.

Beiträgen eines Autors oder nach bestimmten Titeln suchen. Die Ergebnis-Treffermenge aller relevanten Beiträge wird in einem Überblick angezeigt.

SamComm dient nur als Beispiel und ist deshalb bewusst einfach gehalten. So fehlen im System einige Funktionalitäten, wie das Löschen oder Ändern von Einträgen. Es gibt auch keine speziellen Administrationsfunktionen. Neue Foren oder Kategorien können nicht über die von *SamComm* bereitgestellte Benutzungsoberfläche eingegeben werden, sondern werden direkt im Quellcode erzeugt. Des Weiteren findet keine besondere Validierung der Eingabedaten statt.

3.1.2 Benutzungsoberfläche

Abbildung 3.2 zeigt schematisch die Benutzungsoberfläche, um den „Bedienfluss" der Anwendung zu verdeutlichen. Die Benutzung von *SamComm* könnte bspw. in folgenden Schritten ablaufen (die Nummern in der Liste beziehen sich auf die Fenster in der Abbildung):

Abläufe einer SamComm-Sitzung

1. Ein bereits registrierter Benutzer muss sich zunächst in der *Community* anmelden.
2. Ein neues Mitglied kann sich über einen einfachen Dialog in der Community registrieren.
3. Nach erfolgreicher Anmeldung erhält jedes Mitglied eine personalisierte Oberfläche. Sie liefert ihm eine Übersicht über alle von ihm abonnierten Foren und ermöglicht alle weiteren Interaktionen mit dem System. Der Benutzer kann von dem Fenster ausgehend einzelne Foren öffnen, weitere Foren abonnieren und nach Beiträgen suchen.
4. Ein geöffnetes Forum zeigt eine tabellarische Übersicht über alle in ihm enthaltenen Beiträge. Entweder kann ein vorhandener Beitrag zur Anzeige ausgewählt oder ein neuer Beitrag in das geöffnete Forum eingestellt werden.
5. Einzelne Einträge werden mit allen Informationen dargestellt. Sie können nicht nachträglich editiert werden.
6. Neue Beiträge werden in einem eigenen Formular eingegeben und anschließend dem Forum hinzugefügt.
7. Über einen Dialog kann die Suche nach bestimmten Beiträgen gestartet werden.

Abbildung 3.2: Schematische Benutzungsoberfläche von SamComm

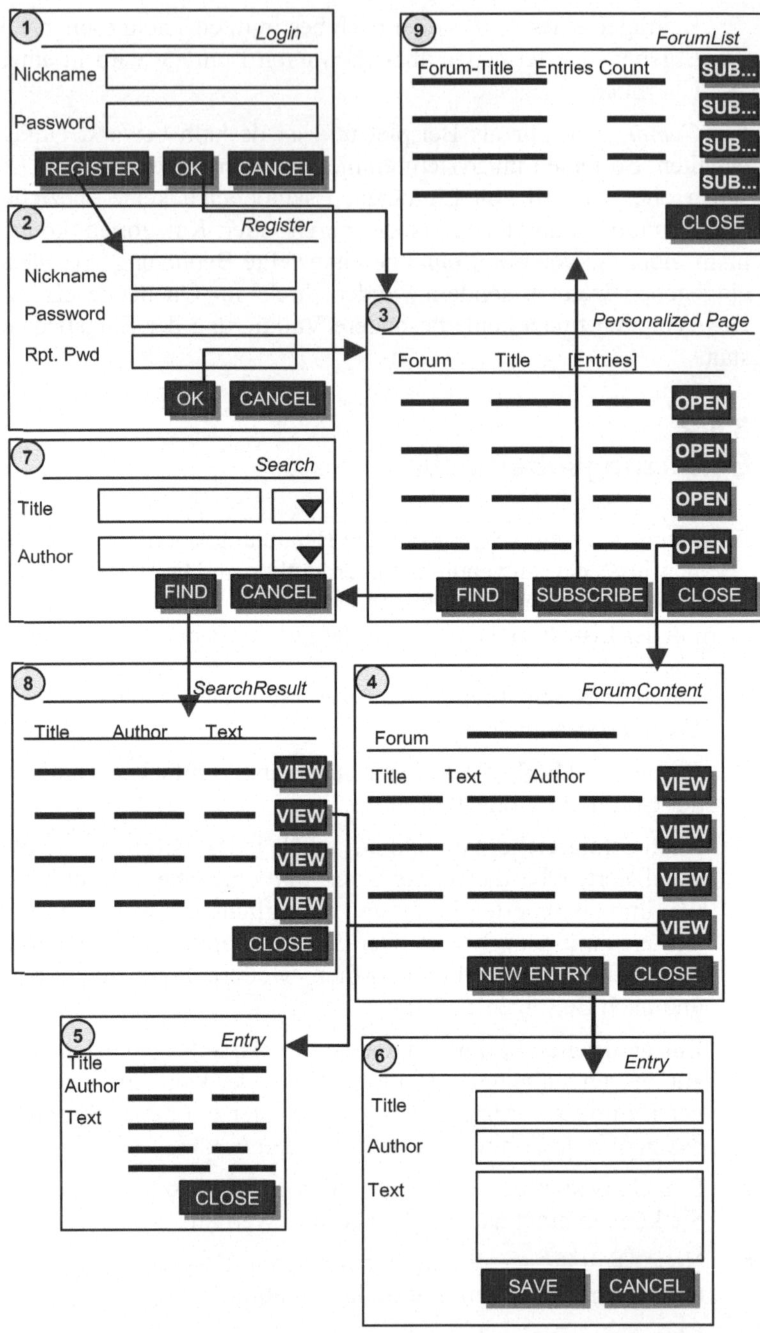

8. Das Suchergebnis wird in Tabellenform dargestellt, um die gefundenen Beiträge zur Anzeige auswählen zu können.

9. Um ein neues Forum zu abonnieren, kann eine Liste aller verfügbaren Foren der *Community* angezeigt werden, aus der dann das gewünschte Forum ausgewählt wird.

Die schematische Abbildung repräsentiert zwei verschiedene Arten von Benutzungsoberflächen, die auf die *SamComm*-Anwendungsschicht zugreifen können. Das Design einer HTML-basierten Web-Oberfläche wird in Kapitel 8 vorgestellt, wobei *JavaServer Pages* und *Servlets* verwendet werden. In Kapitel 9 wird eine fensterbasierte Version auf Basis eines Java-*Swing*-Frameworks implementiert. Beide Varianten sollen mit der selben Anwendungsschicht arbeiten können.

3.1.3 Verwendete Persistenzschichten

Die Anwendungsschicht von *SamComm* soll mit verschiedenen Persistenzmechanismen arbeiten können. Es sollen sowohl das in Kapitel 5 entwickelte Persistenz-*Framework*, als auch die in Kapitel 6 dargestellten *Enterprise JavaBeans* (EJB) eingesetzt werden.

Weil beide Mechanismen erst später vorgestellt werden, verwenden wir in diesem Kapitel zunächst – als einfachste Lösungsvariante – den in Java eingebauten Serialisierungs-Mechanismus [HoCo99]. Wie der Persistenz-Mechanismus in der Anwendungsschicht berücksichtigt werden muss, diskutieren wir genauer in Abschnitt 3.3.

3.2 Klassenentwurf und Architektur

Die in den Anwendungsfällen genannten Datenobjekte lassen sich unmittelbar auf die Entitätsklassen der Anwendungsschicht abbilden. Die Anwendungsfälle selbst werden zu Geschäftsprozess-Methoden, die auf zwei Geschäftsprozess-Klassen verteilt werden.

Bevor wir die einzelnen Klassen etwas detaillierter vorstellen, gibt das Klassendiagramm in Abb. 3.3 einen Überblick. Zur besseren Übersicht sind im Diagramm nicht alle Methoden dargestellt.

Abbildung 3.3: Anwendungsschicht von SamComm

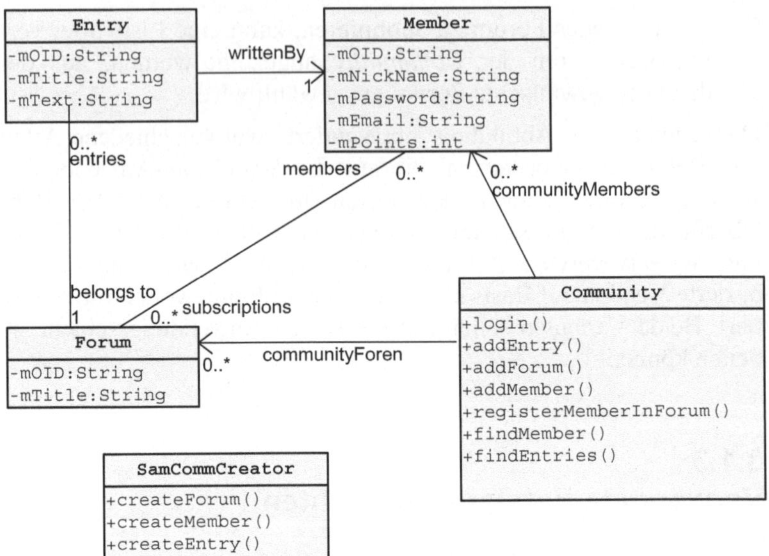

Entitätsklassen in SamComm

In *SamComm* gibt es drei Entitätsklassen, die alle ein Attribut namens `oid` (*object identifier*) besitzen, das als künstlicher Schlüssel der eindeutigen Identifizierung eines Objekts dient.

- Die Klasse `Member` besitzt Attribute zur Anmeldung (nickname, `mPassword`) und zum Abspeichern der Emailadresse, sowie der bisher erhaltenen Bonuspunkte. Darüber hinaus kennt jedes `Member` -Objekt seine abonnierten Foren.
- Ein Objekt der Klasse `Entry` repräsentiert einen Forumeintrag. Es besitzt einen Titel, einen Inhaltstext und verweist auf zwei andere Objekte: den Autor aus der Klasse `Member` und auf das `Forum`, dem dieser Eintrag zugeordnet wurde.
- Die `Forum`-Klasse besitzt ein Attribut für einen Forumtitel. Sie kennt alle im Forum registrierten `Member`-Objekte sowie die dort eingestellten Beiträge der Klasse `Entry`.

In allen drei Entitätsklassen gibt es entsprechende `get`- und `set`-Methoden, um die Attributwerte zu setzen und zu lesen. Zur Verwaltung von Beziehungen mit anderen Objekten gibt es darüber hinaus `add`- und `remove`-Methoden. Der Übersicht halber wurden sie in Abb. 3.3 weggelassen.

Geschäftsprozess-Klassen in SamComm

Die beiden verbleibenden Klassen `SamCommCreator` und `Community` bilden die – in *SamComm* einfachen – Abläufe ab und können den Geschäftsprozess-Klassen zugerechnet werden.

- Die Klasse `SamCommCreator` dient dazu, Objekte der drei Entitätsklassen zu erzeugen. Sie besitzt entsprechende Methoden, denen als Parameter alle erforderlichen Attribute übergeben werden, bspw. `Entry createEntry(Member author, Forum forum, String title, String text)`.
- Die zentralen Abläufe sind in der Klasse `Community` implementiert, die bspw. Funktionalitäten bereitstellt, um einen neuen `Member` aufzunehmen `addMember(Member m)`, eine Anmeldung zu überprüfen `boolean login(String nickname, String password)` oder Einträge in den Foren zu finden `Vector findEntriesOfAuthor(String name)`. Sie kennt darüber hinaus alle im System registrierten `Forum`- und `Member`-Objekte.

3.3 Implementierungsaspekte

Wir wollen jetzt einige Details zur Implementierung der Anwendungsschicht vorstellen. Dabei ist es sicherlich hilfreich, den vollständigen Programmcode durchzuarbeiten, der auf der Webseite des Buches (www.inform.fh-hannover/softwarearchitektur) zur Verfügung steht.

3.3.1 Fachliche Klassen

Entitätsklassen

Abbildung 3.4 zeigt die Entitätsklassen von *SamComm*, die die zentralen fachlichen Objekte abbilden, im Detail.

Properties

Die kennzeichnenden Merkmale der Entitätsklassen sind ihre Attribute, die in Java auch als *Properties* bezeichnet werden. Eine *Property* ist ein Attribut `mMyAttribute`[2], zu dem es zwei Methoden `getMyAttribute()` und `setMyAttribute()` zum Lesen und Setzen gibt. Dabei können auch Objektreferenzen, die Beziehungen umsetzen, als *Properties* verstanden werden.

[2] Das kleine „m" am Anfang des Attributnamens steht für „Member" und soll dadurch Attribute von Variablen unterscheidbar machen.

Abbildung 3.4: Entitätsklassen von SamComm

```
Entry
+getOID():String
+getTitle():String
+setTitle(String):void
+getText():String
+setText(String):void
+getBelongsTo():Forum
+setBelongsTo(Forum):void
+getWrittenBy():Member
+setWrittenBy(Member):void
```

```
Member
+getOID():String
+getNickname():String
+setNickname(String):void
+getPassword():String
+setPassword(String):void
+getEmail():String
+setEmail(String):void
+getPoints():int
+setPoints(int):void
+addSubscription(Forum):void
+getSubscriptions():Vector
```

```
Forum
+getOid(): String
+setOid(String):void
+getTitle():String
+setTitle(String):void
+getCategory():String
+setCategory(String):void
+getEntries():Vector
+addEntry(Entry):void
+removeEntry(Entry):void
+findEntry(String):Entry
+getEntryCount():int
+getMembers():Vector
+addMember(Member):void
+removeMember(Member):void
+getMemberCount():int
```

Relationen

Zur Pflege von Relationen gibt es in *SamComm* entsprechende `add`- und `remove`-Methoden, mit denen man die Beziehung zu einem Objekt herstellen oder entfernen kann. Der folgende Code zeigt die Implementierung beispielhaft.

Code 3.1: Implementierung der Klasse Forum

```
public class Forum implements java.io.Serializable {
  ...
  private String mOid;
  private String mTitle;
  private Vector mMembers = new Vector();
  private Vector mEntries = new Vector();

  public String getTitle(){ return mTitle; }
  public void setTitle(String title){
                                  this.mTitle = title;}

  public Vector getMembers (){ return mMembers;}
  public void addMember(Member aMember){
                         mMembers.add(aMember);   }
  public void removeMember(Member aMember){
                         mMembers.remove(aMember);   }
  ...
```

Geschäftsprozess-Klassen

SamComm Creator

Die Klasse `SamCommCreator` erzeugt neue Objekte einer Entitätsklasse und setzt das Fabrikmethoden-Muster um (Abb. 3.5).

Die Klasse ist als Singleton implementiert, weil nur ein Exemplar dieser Klasse für die Objekterzeugung erforderlich ist. Code 3.2 zeigt die Implementierung des Singleton in den Zeilen 2-7.

SamCommCreator
-mInstance:Creator
#Creator() +getInstance():Creator +createForum(String, String):Forum +createMember(String, String, String):Member +createEntry(Member, Forum, String, String):Entry

Abbildung 3.5: Die Klasse SamComm-Creator

Fabrikmethoden

Die eigentlichen Fabrikmethoden (Zeile 8-13) besitzen alle für die Objekterzeugung erforderlichen Parameter und rufen lediglich den Konstruktor der entsprechenden Entitätsklasse auf.

Weil die Anwendungsschicht mit verschiedenen Persistenzmechanismen arbeiten soll und deswegen eine entsprechende Flexibilität benötigt, sollen Objekte ausschließlich über die Klasse `SamCommCreator` und nicht direkt per Konstruktor erzeugt werden.

Für die fachlichen Klassen gibt es verschiedene auf den jeweiligen Persistenzmechanismus ausgerichtete Varianten, die dann von unterschiedlichen `Creator`-Klassen erzeugt werden.

Wie die gewünschte Flexibilität genau erreicht wird, werden wir im nachfolgenden Abschnitt 3.3.2 zeigen.

```
 1 public class SamCommCreator {
 2   protected Creator(){ }
 3   private static Creator mInstance;
 4   public static Creator getInstance(){
 5     if (mInstance==null) mInstance = new Creator();
 6     return mInstance;
 7   }
 8   public Forum createForum( String category,
                             String title) {
 9     return new Forum(category, title);
10   }
11   public Member createMember(String nickname,
                           String email, String passwort){
12     return new Member(nickname, email, passwort);
13   }
14   ...
```

Code 3.2: Implementierung der Klasse SamComm-Creator

Community Die Geschäftsprozess-Klasse `Community` ist als Singleton implementiert und verwaltet sämtliche `Forum`- und `Member`-Objekte, die in entsprechenden Vektoren abgespeichert werden, siehe Abb. 3.6.

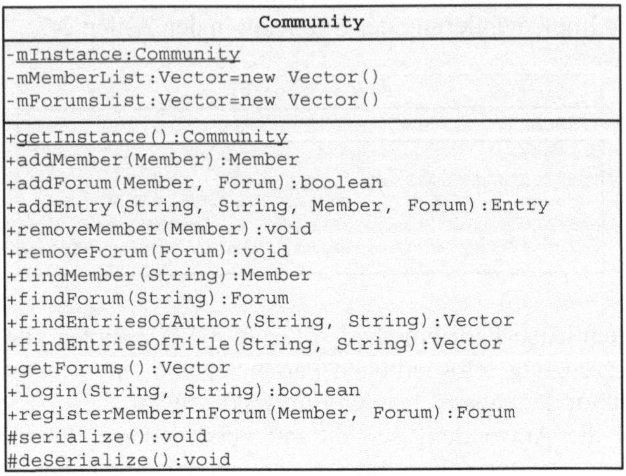

Abbildung 3.6: Geschäftsprozess-Klasse Community

```
Community
-mInstance:Community
-mMemberList:Vector=new Vector()
-mForumsList:Vector=new Vector()
+getInstance():Community
+addMember(Member):Member
+addForum(Member, Forum):boolean
+addEntry(String, String, Member, Forum):Entry
+removeMember(Member):void
+removeForum(Forum):void
+findMember(String):Member
+findForum(String):Forum
+findEntriesOfAuthor(String, String):Vector
+findEntriesOfTitle(String, String):Vector
+getForums():Vector
+login(String, String):boolean
+registerMemberInForum(Member, Forum):Forum
#serialize():void
#deSerialize():void
```

Außerdem dient die Klasse `Community` als Fassade der Anwendungsschicht und bietet entsprechende Geschäftsprozess-Methoden zur Verwaltung von `Member`, `Entry`- oder `Forum`-Objekten.

...Persistenz durch Serialisierung Darüber hinaus sorgt `Community` für die Persistenz der fachlichen Objekte[3]. Wie dies genau geschieht, ist das Thema der Kapitel 4 bis 6, die sich mit der Persistenzschicht genauer beschäftigen.

Um ein erstes lauffähiges System zu erhalten, werden wir zunächst die fachlichen Objekte nur in einer Datei abspeichern, und dazu den Serialisierungs-Mechanismus von Java [HoCo99] verwenden, mit dem man in einfacher Weise Objekte in einer Datei abspeichern und auslesen kann. Die Verwendung einer einfachen Datei anstatt einer Datenbank ist natürlich mit vielen Nachteilen verbunden, bspw. können nicht mehrere Benutzer kontrolliert mit denselben Daten arbeiten.

Code 3.3. zeigt, wie der Mechanismus arbeitet. In der Methode `serialize()` wird das `this`-Objekt – also das aktuelle `Community`-Objekt in eine entsprechende Datei serialisiert (Zeile 7-11). Die Serialisierung bedeutet, dass sämtliche Attribute des `Community`-Objektes, hier also die `Foren` und `Member`-Vektoren in

[3] vgl. die Diskussion in Abschnitt 2.1.3.

einer Datei `c:\\samComm\\community.ser`[4] gespeichert werden. Weil das Schreiben in eine Datei fehlschlagen kann, muss eine Ausnahmebehandlung mit `try`- und `catch`-Block erfolgen[5].

Code 3.3: Serialisierung in der Klasse `Community`

```
public class Community implements Serializable {
 ...
 private static final String COMMDB =
                        "c:\\samComm\\community.ser";

  protected void serialize(){
    try{
      FileOutputStream f = new FileOutputStream(COMMDB);
      ObjectOutputStream out =new ObjectOutputStream(f);
      out.writeObject(this) ;
      out.flush();
      out.close();
    }catch(IOException ioe){
       System.out.println("Error ...");
    }
  }
  protected void deSerialize(){
    int i=0;
    try{
      FileInputStream f = new FileInputStream(COMMDB);
      ObjectInputStream in = new ObjectInputStream(f);
      try{
        Community dc = (Community)in.readObject();
        this.mForenListe = dc.mForenListe;
        this.mMemberListe=dc.mMemberListe;
      }catch(Exception e){
         e.printStackTrace();
      }
    }catch(Exception e){
     System.out.println("Error ...");
    }
  }
```

Die Methode `deSerialize()` lädt umgekehrt ein `Community`-Objekt `dc` aus der Datei, in die serialisiert wurde. Die beiden Vekto-

[4] Ein *Backspace* wird als Kontrollzeichen interpretiert, bspw. \n für einen Zeilenumbruch. Ein doppelter *Backspace* ist deshalb erforderlich, wenn ein Java-*String* einen *Backspace* enthalten soll, wie es bei Windows-Dateipfaden erforderlich ist.

[5] Die Details, wie mit Stream-Objekten serialisiert wird, ist für uns nicht wichtig. Interessierte Leser seien bspw. an [CoHo99] verwiesen.

ren mForenListe und mMemberListe von dc werden dann in das this-Objekt übernommen (Zeile 22-24).

Damit Objekte serialisiert werden können, müssen sie das Interface java.io.Serializable implementieren[6]. Dies gilt in unserem Beispiel für alle Entitätsklassen und auch für Community (siehe Zeile 1). Die Serialisierung und Deserialisierung wird in verschiedenen Geschäftsprozess-Methoden von Community angestoßen, wie Code 3.4 zeigt.

Im Konstruktor des Community-Objektes werden per Deserialisierung alle Objekte aus der Datei geladen (Zeile 4-6). In allen daten-verändernden Geschäftsprozess-Methoden werden durch Serialisierung die Objekte in die Datei zurückgeschrieben. Zum Beispiel prüft addMember(Member member) zunächst, ob es schon ein Objekt mit demselben Namen gibt. Anschließend wird das Objekt member in den Vektor mMemberList aller Community-Benutzer eingetragen und das Community-Objekt serialisiert (Zeile 6-12).

Code 3.4: Serialisierung in den Geschäftsprozess-Methoden von Community

```
1  public class Community implements Serializable {
2  ...
3    protected Community(){
4     deSerialize();
5    }
6    public Member addMember(Member member){
7      if (checkNickName(member.getNickName())){
8        mMemberList.add(member);
9        serialize();
10       return member;
11     }else return null;
12   }
13   public SamCommCreator getCreator() {
14    return SamCommCreator.getInstance();
15     }
16 ...
```

Damit die Außenwelt über eine Community-Referenz auch eine SamCommCreator-Referenz beschaffen kann, liefert getCreator() mithilfe der *Singleton*-Methode getInstance() ein Objekt der Klasse SamCommCreator().

[6] Diese *Interface* ist ein sogenanntes Marker-*Interface*, das keine Methode enthält und die Klassen als serialisierbar kennzeichnet [HoCo99].

3.3.2 Anpassung an verschiedene Persistenzmechanismen

Die Anwendungsschicht von *SamComm* soll mit verschiedenen Persistenzmechanismen arbeiten können. Neben der Serialisierung soll auch das in Kapitel 5 entwickelte *Framework* oder *Enterprise JavaBeans* benutzt werden.

3.3.2.1 Trennung von Schnittstelle und Implementierung

Die fachlichen Klassen müssen an diese unterschiedlichen technologischen Ansätze angepasst werden. Konkret müssen folgende Unterschiede Berücksichtigung finden:

- Für die verschiedenen Technologien müssen die Entitätsklassen spezifische Interfaces implementieren, d.h. es gibt persistenzspezifische Ausprägungen der Entitätsklassen[7].
- In den Geschäftsprozess-Methoden werden Objekte mit unterschiedlichen Mechanismen persistent gespeichert. Code 3.5 zeigt, wie im Persistenz-*Framework* Objekte der Klasse `Transaction` verwendet werden. Der Vergleich mit der Serialisierung in Code 3.4 zeigt, wie sich die Methoden aufgrund der verwendeten Technologien unterscheiden.

```
public Member addMember(Member member){
  if (checkNickName(member.getNickName())){
    mMemberListe.add(member);
    try{
      Transaction t = new Transaction();
      t.addObject( (Persistent) member);
      t.transactionCommit();
    }catch(Exception e){e.printStackTrace();}
    return member;
  }else return null;
}
```

Code 3.5: Geschäftsprozess-Methode in Community

[7] Soll das Persistenzframework genutzt werden, muss das *Interface* `Persistent` implementiert werden. Enterprise JavaBeans erfordert die Deklarierung und Implementierung mehrerer *Interfaces*, bspw. `EJBObject`, `EJBHome` und `EntityBean`.

Problembeschreibung

Will man verschiedene Persistenzmechanismen nutzen, kommt man also nicht daran vorbei, verschiedene Varianten der fachlichen Klassen zu implementieren.

Dabei ergibt sich das folgende Problem: die Präsentationsschicht soll die fachlichen Klassen unabhängig von deren technischer Realisierung verwenden können, denn es wäre natürlich fatal, wenn die Implementierung der Präsentationsschicht von der Realisierungsvariante der Anwendungsschicht abhinge. Dies würde zu einer starken Kopplung mit der Anwendungsschicht führen und verschiedene Versionen der Präsentationsschicht erfordern.

Lösung

In der Anwendungsschicht wird die Deklaration der fachlichen Funktionalitäten von den unterschiedlichen Implementierungen getrennt [CoMa99].

- Zunächst werden für jede Entitäts- und Geschäftsprozess-Klasse ihre fachlichen Funktionen lediglich deklariert, was in Java durch *Interfaces* erfolgt[8]. Die deklarierten Methoden besitzen keine Implementierung und sind somit von den Persistenzmechanismen unabhängig.

  Für jedes *Interface* werden dann verschiedene Implementierungsklassen realisiert, die jeweils eine bestimmte Technologie verwenden und somit eine Realisierungsvariante darstellen.
- Außerhalb der Anwendungsschicht – also in der Präsentationsschicht – werden ausschließlich die *Interfaces* verwendet, sodass die Unabhängigkeit von den verschiedenen Realisierungen erreicht wird.

Implementiert man die *Interfaces* in verschiedenen technologie-abhängigen Klassen, so gibt es oft gemeinsame Implementierungsanteile in den Varianten. Bspw. sind Attribute oder einfache `get`- und `set`-Methoden in den unterschiedlichen Realisierungen identisch.

Um Coderedundanz zu vermeiden, werden die gemeinsamen Anteile in Oberklassen verlagert. Diese Oberklassen sind meist abstrakt, weil ein Teil ihrer Methoden noch nicht implementiert ist, sondern an die jeweilige Technologie angepasst werden muss.

---

[8] In anderen Programmiersprachen können abstrakte Klassen, die nur abstrakte Methoden ohne jegliche Implementierung enthalten, genutzt werden.

Abbildung 3.7: Vererbungshierarchie der Entitätsklassen

Anpassung der Anwendungsschicht von SamComm

Angewendet auf *SamComm* ergibt sich damit die in Abb. 3.7 und 3.8 dargestellte Klassenhierarchie.

Die Struktur des Klassendiagramms spiegelt den beschriebenen Ansatz wider. Für alle Entitäts- und Geschäftsprozess-Klassen von *SamComm* sind *Interfaces* definiert, die für jeden eingesetzten Persistenzmechanismus eigenständig implementiert werden[9].

Zu jeder Entitätsklasse gibt es eine abstrakte Klasse, die Attribute deklariert und deren Methoden implementiert. Von diesen abstrakten Klassen erben die Implementierungen für die *Default*- und die Persistenz-*Framework*-Variante. Die EJB-Variante implementiert lediglich die entsprechende Schnittstelle[10].

[9] Zur Unterscheidung erhalten die Klassen, die mit Serialisierung arbeiten, den Präfix „*Default*". Für die in den Folgekapiteln zu entwickelnden Klassen werden die Präfixe „*Ejb*" und „*Pfw*" für Persistenz-*Framework* verwendet.
[10] siehe Kapitel 6 *Enterprise JavaBeans*.

Abbildung 3.8: Vererbungshierarchie der Geschäftsprozess-Klassen

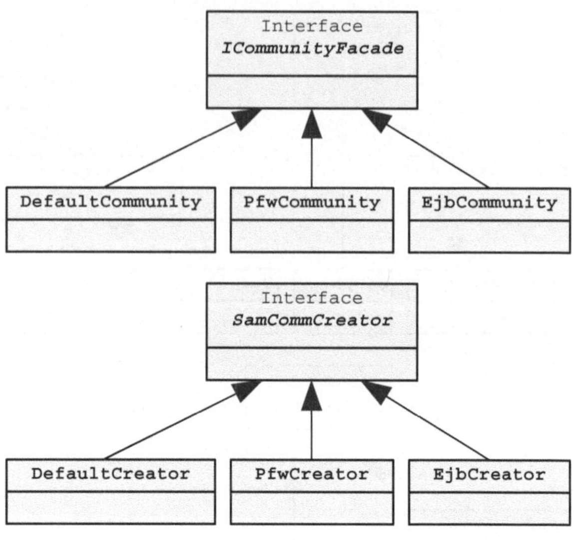

3.3.2.2 Umsetzung in SamComm

Um diese Klassenstruktur zu erreichen, muss die bisher vorgestellte Implementierung in folgenden Schritten angepasst werden.

1. Definition der Interfaces

Die Methoden der fachlichen Klassen werden in *Interfaces* verlagert, die Abb. 3.9 mit den wichtigsten Methoden zeigt. Beziehungen sind nur indirekt über Methoden, die andere Objekte verwenden, erkennbar. Alle Methoden verwenden die Interfaces als Parameter und Rückgabewerte, d.h. außerhalb der Anwendungsschicht sind nur die *Interfaces* als Datentypen bekannt.

Code 3.6 zeigt beispielhaft das *Interface* für die Geschäftsprozess-Klasse `Community`.

Notwendigkeit von Exceptions

Dabei fällt auf, dass alle Methoden eine *Exception* werfen können. Dies ist deshalb erforderlich, weil in jeder der Methoden ein Datenbankzugriff[11] erfolgt, der fehlschlagen kann – zumal wenn er über das Netz erfolgt.

Eine solche Fehlersituation muss dem Aufrufer einer `Community`-Methode bspw. in der Präsentationsschicht mitgeteilt werden, damit er geeignet reagieren kann.

[11] bei Serialisierung ein Dateizugriff, der ebenfalls fehlschlagen kann

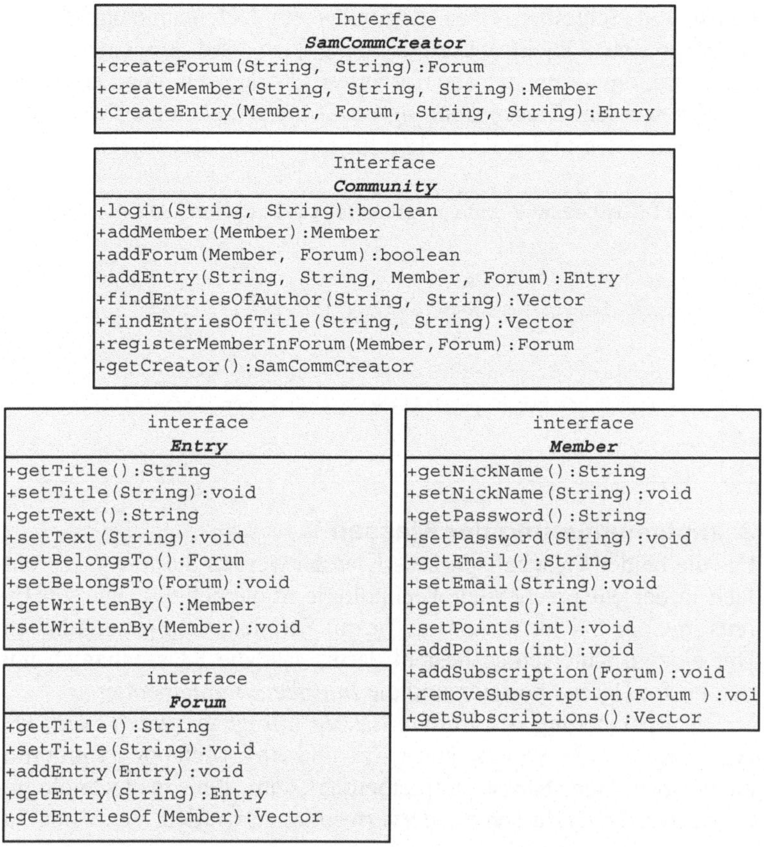

```
Interface
SamCommCreator
+createForum(String, String):Forum
+createMember(String, String, String):Member
+createEntry(Member, Forum, String, String):Entry
```

```
Interface
Community
+login(String, String):boolean
+addMember(Member):Member
+addForum(Member, Forum):boolean
+addEntry(String, String, Member, Forum):Entry
+findEntriesOfAuthor(String, String):Vector
+findEntriesOfTitle(String, String):Vector
+registerMemberInForum(Member,Forum):Forum
+getCreator():SamCommCreator
```

```
interface
Entry
+getTitle():String
+setTitle(String):void
+getText():String
+setText(String):void
+getBelongsTo():Forum
+setBelongsTo(Forum):void
+getWrittenBy():Member
+setWrittenBy(Member):void
```

```
interface
Member
+getNickName():String
+setNickName(String):void
+getPassword():String
+setPassword(String):void
+getEmail():String
+setEmail(String):void
+getPoints():int
+setPoints(int):void
+addPoints(int):void
+addSubscription(Forum):void
+removeSubscription(Forum ):voi
+getSubscriptions():Vector
```

```
interface
Forum
+getTitle():String
+setTitle(String):void
+addEntry(Entry):void
+getEntry(String):Entry
+getEntriesOf(Member):Vector
```

Abbildung 3.9: Interfaces der Anwendungsschicht

```
public interface Community {

  public Member addMember(Member member)
                                    throws Exception;
  public Member findMember(String nickname)
                                     throws Exception;
  public Forum registerMemberInForum(Member m, Forum f)
                                    throws Exception;
  public Entry addEntry(String title, String text,
                         Member author, Forum forum)
                                     throws Exception;
    public SamCommCreator getCreator(){...}
    ...
}
```

Code 3.6: Community Interface

Auch in den *Interfaces* der Entitätsklassen müssen *Exceptions* berücksichtigt werden, wie Code 3.7 zeigt. Zwar findet nicht bei jedem Lesen und Schreiben eines Attributes ein Datenbankzugriff statt, aber wenn auf Objektreferenzen zugegriffen wird, können *Exceptions* auftreten, wenn die angeforderten Objekte aus der Datenbank geladen werden. Diesen *Loading on Demand* genannten Mechanismus werden wir in den Kapiteln 5 bis 6 genauer diskutieren.

Code 3.7: Entry Interface

```
public interface Entry extends java.io.Serializable{

    public String getOid();
    public void setOid(String oid);
    ...
    public Forum getBelongsTo() throws Exception;
    public Member getWrittenBy() throws Exception;
    ...
}
```

2. Implementierung der Klassen

Für die beiden Geschäftsprozess-Klassen werden die *Interfaces* einfach in der entsprechenden Technologie implementiert, wie wir bereits in Code 3.4 für `Community` mit Serialisierung gezeigt haben. Der einzige Unterschied besteht darin, dass die Klassennamen nun den Präfix *Default* besitzen und die *Interfaces* implementieren.

Die Realisierung der Entitätsklassen erfolgt in zwei Teilen. Die Attribute und die allgemeinen `get`- und `set`-Methoden werden in einer abstrakten Klasse implementiert, um ggf. in technologiebezogenen Unterklassen wiederverwendet zu werden, vgl. Code 3.8 für `AbstractEntry`.

Code 3.8: Klasse AbstractEntity

```
public abstract class AbstractEntry implements Entry{

  public AbstractEntry(){  }
  public AbstractEntry( String oid){ mOid = oid }

  private String mOid;
  public String getOid(){return mOid;}
  public void setid(String oid){ mOid = oid;}
  private Forum mForum;
  public Forum getBelongsTo(){ return mForum; }
  public void setBelongsTo(Forum forum){
                              this.mForum = forum; }
  ...
}
```

Die abstrakten Klassen werden dann in den konkreten Unterklassen ggf. um technologische Anpassungen erweitert.

In der Default-Implementierung wird nur ein Konstruktor implementiert, weil bei der Serialisierung keine fachlichen Besonderheiten hinzukommen, siehe Code 3.9.

```
public class DefaultEntry extends AbstractEntry{

  public DefaultEntry(String oid){
    super(oid);
  }
}
```

Code 3.9: Implementierung von DefaultEntry

Bei der Nutzung des Persistenz-*Frameworks* sieht das anders aus, wie Codeausschnitt 3.10 zeigt. Es werden spezielle *Framework*-Methoden aufgerufen (Zeile 4) Genauere Erklärungen zum Verständnis des Codes werden in Kapitel 5 gegeben.

```
1  public class PfwEntry extends AbstractEntry
2                                    implements Persistent{
3    public PfwEntry() {
4      Broker.register(this);
5    }
6    public PfwEntry(String oid) {
7      super(oid);
8    }
9    ...
10 }
```

Code 3.10: Implementierung von PfwEntry

Initialisierung der Anwendungsschicht

Zum vollständigen Verständnis der Implementierung zeigen wir nun noch, wie die gewünschte Variante der Anwendungsschicht ausgewählt und initialisiert wird. Code 3.11 skizziert die Klasse `CommunityFactory`, die per Fabrikmethode die für eine bestimmte Technologie benötigte `Community`-Fassadenklasse erzeugt. Die gewünschte Variante wird dabei in einer Initialisierungsdatei `samComm.properties` spezifiziert. Die Fabrikmethode liest die gewünschte Variante aus der Datei[12] und erzeugt dann die entsprechende konkrete `Community`-Klasse mit dem Singleton-Pattern (Zeile 9-13).

[12] Dies geschieht über ein `ResourceBundle` – eine Java-Klasse mit der man sehr einfach Parameter aus Dateien auslesen kann.

Die Fabrikmethode `getCommunity()` kann in der Präsentationsschicht genutzt werden, ohne Bezug auf die konkret eingesetzte Technologie nehmen zu müssen, und trägt damit zur Entkoppelung vom verwendeten Persistenzmechanismus bei.

Code 3.11: Wahl der gewünschten Variante der Anwendungsschicht

```
public class CommunityFactory {
  // Einlesen der Initialisierungsdatei
  private static ResourceBundle b
          = ResourceBundle.getBundle("samComm");

  static public Community getCommunity()
                             throws Exception {
      // lese Parameter aus Datei
      String version = b.getString("persistence");
      if (version.equals("default")){
          return DefaultCommunity.getInstance();
      if (version.equals("framework")){
        return PfwCommunity.getInstance();
      ...
}
```

3.4 Verwendete Entwurfsmuster

Abschließend wollen wir noch zeigen, an welchen Stellen in der *SamComm*-Anwendungsschicht die in Kapitel 2 vorgestellten Entwurfsmuster eingesetzt werden. Eine Übersicht über die verwendeten Muster liefert Abbildung 3.10.

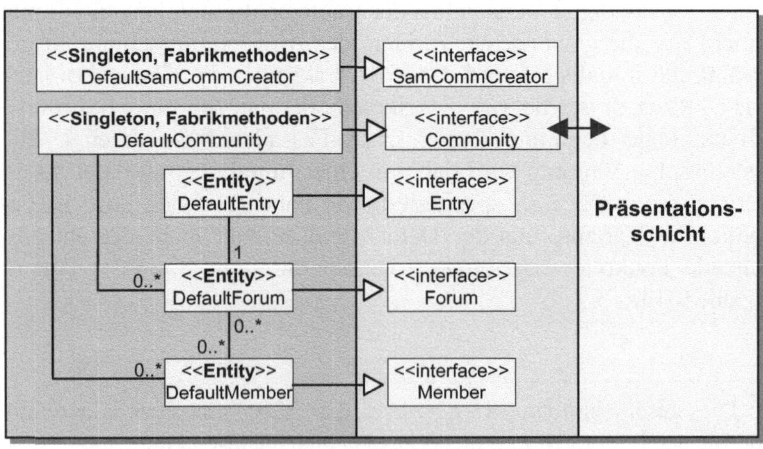

Abbildung 3.10: Entwurfsmuster in der SamComm-Anwendungsschicht

Zunächst wollen wir noch mal auf zwei Entwurfsprinzipien hinweisen, die in strengem Sinne keine Muster sind:

Entwurfsprinzipien

Trennung von Schnittstelle und Implementierung

Für alle fünf fachlichen Klassen der Anwendungsschicht wurden zusätzlich *Interfaces* erstellt, die sämtliche Funktionen deklarieren.

Nur diese *Interfaces* sind außerhalb der Anwendungsschicht bekannt und werden bspw. von der Präsentationsschicht genutzt. Dadurch können – für die Außenwelt transparent – verschiedene Implementierungsvarianten der Anwendungsschicht realisiert werden, wie zum Beispiel unterschiedliche Persistenzmechanismen (vgl. Abschnitt 3.2.2).

Entitäts- und Geschäftsprozess-Klassen

Auch in der *SamComm*-Anwendungsschicht wird zwischen Entitäts- und Geschäftsprozess-Klassen unterschieden. Es gibt die drei Entitätsklassen `DefaultEntry`, `DefaultForum`, und `DefaultMember` sowie die beiden Geschäftsprozess-Klassen `DefaultCommunity` und `DefaultSamCommCreator`.

Darüber hinaus werden die in Kapitel 2 dargestellten Entwurfsmuster in SamComm folgendermaßen eingesetzt:

Singleton

Wie bereits in Abschnitt 3.3.1 erwähnt, sind die beiden Geschäftsprozess-Klassen `DefaultSamCommCreator` und `DefaultCommunity` als Singleton implementiert, weil von ihnen – als rein funktionale Klassen – nur eine Instanz benötigt wird. Eine Implementierung zeigt Code 3.2.

Fassade

Das *Interface* `Community` dient als Fassade der Anwendungsschicht und ermöglicht es, Geschäftsprozesse der Anwendungsschicht von außen anzustoßen. Die Klasse `DefaultCommunity` implementiert für den Serialisierungs-Mechanismus die dort deklarierten Methoden, Code 3.4 veranschaulicht die Umsetzung in Java.

Fabrikmethode

Das *Interface* `SamCommCreator` deklariert Fabrikmethoden zur Erzeugung von Objekten der Entitätsklassen. Diese Fabrikmethoden ersetzen die normale Objekterzeugung mit dem Konstruktor per `new`.

Für den Serialisierungs-Mechanismus werden die Fabrikmethoden in der Klasse `DefaultSamCommCreator` implementiert. Der folgende Code 3.12 zeigt die Implementierungsdetails: in der *Default*-Variante werden Entitäts-Klassen mit dem Präfix *Default* erzeugt, vgl. Zeilen 4, 8 und 11.

Code 3.12: Implementierung von DefaultSamCommCreator

```
1  public class DefaultSamCommCreator
                                   implements SamCommCreator{
2  ...
3    public Forum createForum(String category,
                                          String title){
4      return new DefaultForum(category, title);
5    }
6
7    public Member createMember(String nickname,
                           String email, String passwort){
8      return new DefaultMember(nickname,email,passwort);
     }
9
10   public Entry createEntry(Member author, Forum forum,
                             String title, String text) {
11     return new DefaultEntry(author, forum,
                                        title, text);
12   }
13 }
```

4 Konzepte für den Entwurf der Persistenzschicht

Die Persistenzschicht verwaltet die fachlichen Objekte der Anwendungsschicht in einem Datenbanksystem, d.h. in ihr sind alle für Objekt-Persistenz benötigten Funktionalitäten realisiert.

Wenn ein relationales Datenbanksystem verwendet wird, sorgt die Persistenzschicht für die Abbildung der Objekte auf das relationale Datenbankschema – sie übernimmt das sogenannte *O/R-Mapping* (*object to relational mapping*) [BrWh96].

Weil in fast allen Softwaresystemen Objekt-Persistenz benötigt wird, besitzt die Persistenzschicht ein hohes Wiederverwendungs-Potential.

Überblick

In diesem Kapitel beschreiben wir die grundlegenden Konzepte für den Entwurf und die Entwicklung einer Persistenzschicht. Zunächst zeigen wir in Abschn. 4.1, wie sich ein Klassenmodell in ein relationales Datenbankschema überführen lässt. Anschließend werden die zentralen Entwurfsziele für eine Persistenzschicht sowie mögliche Entwurfsfehler diskutiert (Abschn. 4.2 und 4.3). In Abschn. 4.4 präsentieren wir die wichtigsten in einem Persistenz-*Framework* eingesetzten Entwurfsmuster. Dabei werden auch die wesentlichen Ideen und Konzepte bei der Entwicklung allgemeiner *Frameworks* vorgestellt.

Eine detailliertere Sicht auf die Implementierung der Persistenzschicht geben die beiden Folgekapitel, die zwei Realisierungsvarianten vorstellen. In Kapitel 5 wird ein einfaches Persistenz-*Framework* entwickelt, mit dem Java-Klassen auf eine relationale Datenbank abgebildet werden. Danach wird in Kapitel 6 gezeigt, wie man mit *Enterprise JavaBeans* (EJB) [J2EE99] die Persistenzschicht realisieren kann.

4.1 Transformation eines Klassenmodells in ein Datenmodell

Will man ein objektorientiertes Softwaresystem entwickeln, so erstellt man zunächst ein Klassenmodell, das die fachlichen Anforderungen widerspiegelt. Aktuelle Entwicklungsprozesse für objektorientierte Software, wie der *Unified Process* [JaBR99], nutzen die Notation der *Unified Modeling Language* (UML) [FoSc97], um die Struktur der Software zu beschreiben. Die UML-Modelle sind somit Ausgangspunkt für alle weiteren Entwicklungsschritte.

Die Datenhaltung erfolgt zumeist in einem relationalen Datenbank-Managementsystem (RDBMS). Sämtliche Daten werden dort in Tabellen verwaltet, die durch ein relationales Datenmodell (*Entity/Relationship Model* – E/R-Modell) spezifiziert sind [HeSa00].

Entwicklung des Datenmodells

Die Entwicklung des Datenmodells gehört bereits zur technischen Umsetzung des Systems und erfolgt deshalb erst nach der fachlichen Analyse und damit auf Basis eines vorhandenen Klassenmodells[1].

Es ist sinnvoll, das Klassenmodell vor dem Datenmodell zu entwickeln: Ein Klassenmodell modelliert sowohl datentragende Aspekte durch Attribute als auch funktionales Verhalten durch Methoden. Somit bietet ein Klassenmodell im Vergleich zum Datenmodell eine vollständigere Sicht auf das System und ermöglicht eine sachgerechtere Strukturierung.

Transformationsschritte

Wie man aus einem vorhandenen Klassenmodell ein Datenmodell entwickelt, wird durch die sogenannten statischen Muster (vgl. *static patterns* in [BrWh96]) beschrieben. Sie definieren Transformationsschritte, mit deren Hilfe eine Überführung in das Datenmodell stattfinden kann. Abbildung 4.1 zeigt diese Transformation innerhalb des Software-Entwicklungsprozesses.

Abbildung 4.1: Transformation eines Klassenmodells in ein Datenmodell

Aus dem Klassenmodell wird zunächst das logische Datenmodell in Form eines E/R-Modells entwickelt, in dem noch keine Beziehungs- oder Vererbungshierarchien in Tabellenstrukturen aufgelöst sind.

[1] Die Verwendung einer relationalen Datenbank ist natürlich nur eine Option, denkbar sind auch andere Technologien wie eine objektorientierte oder XML-basierte Datenbank [Heue97].

Daraus lässt sich dann das physikalische Datenmodell ableiten, das Tabellen einschließlich Beziehungstabellen definiert und bereits Datentypen des gewünschten relationalen Datenbank-Managementsystems (RDBMS) nutzt.

inkrementelle Entwicklung des Datenmodells

Moderne Software-Entwicklungsprozesse sind iterativ und inkrementell [Somm01]. Die zu Projektbeginn entwickelten Klassenmodelle modellieren also nur einen Teil der durch Anwendungsfälle definierten Anforderungen. Mit jeder inkrementellen Stufe oder Version des Systems wächst das Klassenmodell und bildet weitere Anwendungsfälle ab. Dieses Verfahren wird auch für das Datenmodell angewendet: Mit jedem neuen Klassenmodell einer Stufe wird auch das Datenmodell kontinuierlich erweitert.

4.1.1 Transformationsschritte

Wir wollen jetzt im Detail die erforderlichen Schritte vorstellen, mit deren Hilfe sich ein Datenmodell aus einem Klassenmodell ableiten lässt. Zur Veranschaulichung dient uns dabei das in Abb. 4.2 dargestellte Klassenmodell.

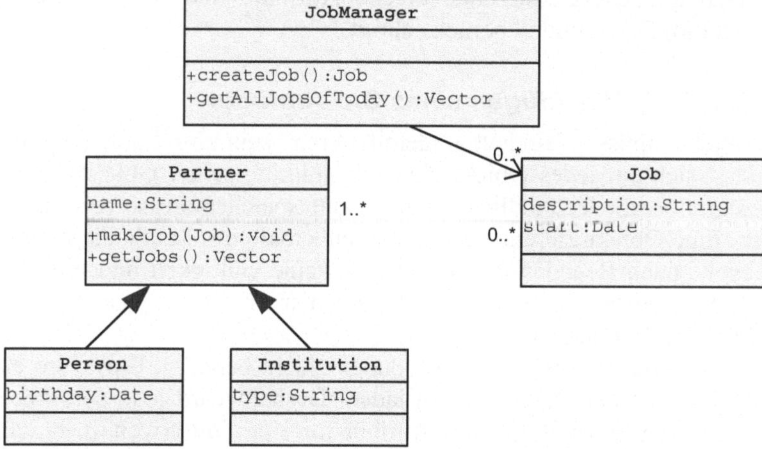

Abbildung 4.2: Beispiel-Klassenmodell

Es gibt eine Oberklasse `Partner`, die entweder eine `Institution` oder eine `Person` repräsentiert und die mit Objekten der Klasse `Job` in Beziehung stehen kann. In der Geschäftsprozess-Klasse `JobManager` werden Methoden für Abläufe bereit gestellt, die hier nur skizziert sind.

Schritt 1: Auswahl der persistenten Klassen

Zunächst werden im Klassenmodell alle persistenten Klassen, die dauerhaft abzuspeichernde Attribute besitzen, identifiziert. Die in diesem Schritt betrachteten Attribute sollen keine Objektreferenzen sondern datentragend oder atomaren Typs[2] sein. Objektreferenzen werden im Datenmodell auf Fremdschlüssel abgebildet und einem gesonderten Transformationsschritt (Schritt 4) unterzogen.

Beispiele für persistente Klassen sind die Entitätsklassen der Anwendungsschicht, die Daten verwalten und dafür einen konsistenten Zugriff bieten.

transiente Klassen

Dagegen besitzen transiente Klassen entweder keine Attribute, oder solche, die nur in der Laufzeitumgebung benötigt werden und bei Verlassen des Systems verloren gehen dürfen. Beispiele für transiente Klassen der Anwendungsschicht sind Geschäftsprozess- und Fassadenklassen, die nur funktionale Dienste zur Verfügung stellen. In der Präsentations- und der Persistenzschicht gibt es normalerweise keine persistenten Klassen, denn dauerhaft zu speichernde fachliche Daten gehören in die Geschäftsobjekte der Anwendungsschicht.

Im ersten Schritt werden also die Entitätsklassen der Anwendungsschicht identifiziert. Dies sind im Beispielmodell in Abb. 4.2 alle Klassen mit Ausnahme von `JobManager`. Dies ist eine Geschäftsprozess-Klasse ohne eigene Attribute und wird deswegen nicht im Datenmodell berücksichtigt.

Schritt 2: Hinzufügen eines Oid-Attributs

Objekte müssen eindeutig identifizierbar sein. Im Laufzeitsystem lässt sich auf jedes Objekt eindeutig mithilfe seiner Objektreferenz zugreifen, die letztendlich auf eine Hauptspeicheradresse verweist.

Object Identifier Oid

Eine Objektreferenz besitzt aber außerhalb des Laufzeitsystems – bspw. nach Beenden der Software – keine Gültigkeit und erfordert deshalb einen persistenten Ersatz, den man als *Object Identifier* oder kurz *Oid* bezeichnet[3].

Die *Oid* wird in der Anwendungsschicht benötigt, bspw. um ein Objekt aus der Datenbank zu laden. Deshalb wird jede persistente Klasse um ein zusätzliches Attribut für eine *Oid* erweitert, die als dauerhaft gültige Objektreferenz und damit der Objektidentifizierung dient. Abbildung 4.3 zeigt das so erweiterte Klassenmodell. Man sieht, dass das *Oid*-Attribut auch geerbt werden kann.

---

[2] d.h. in Java bspw. vom Datentyp `int`, `float`, `Date`, `String`....

[3] Manchmal findet in der Literatur statt *Oid* auch der Begriff „*Surrogat*" [HaTW95], [Wann95] Verwendung.

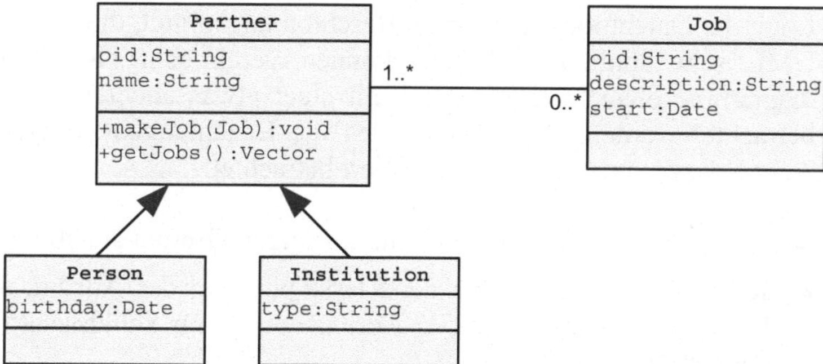

Abbildung 4.3: Um Oids erweitertes Klassenmodell

Offensichtlich entsprechen *Object-Identifier* den Primärschlüsseln (*Primary Keys*) in relationalen Datenbanken. Damit *Oids* ihre Aufgaben erfüllen können, müssen sie folgende Eigenschaften aufweisen.

- Oids müssen eindeutig sein, damit sie ein einziges Objekt in der Datenbank identifizieren können.
- Weil eine Oid den Primär- und Fremdschlüsseln in den Datenbanktabellen entspricht, sollte sie nicht verändert werden. Denn die Änderung eines Primärschlüssels zöge eine Änderung aller auf ihn verweisenden Fremdschlüssel im Datenbanksystem nach sich.

Fachliche Attribute sind normalerweise nicht als *Oid* geeignet, weil sie zumeist nicht eindeutig sind und sich auch ändern können. Mit künstlichen Schlüsseln lassen sich hingegen die beiden gewünschten Eigenschaften gut erfüllen. In Kapitel 5 wird die Implementierung eines *Oid*-Generators vorgestellt.

Oids und Beziehungen

In Klassenmodellen werden Beziehungen durch Objektreferenzen abgebildet. Man könnte nun auf die Idee kommen, im Laufzeitsystem statt Objektreferenzen *Oids* zu verwenden, indem man die *Oids* der in Beziehung stehenden Objekte als zusätzliche Attribute in die Klassen aufnimmt. Dies ist jedoch problematisch: Zum einen sind die *Oids* technische Konstrukte, die nichts in einer fachlichen Klasse zu suchen haben, zum andern müsste fortlaufend die Konsistenz von Objektreferenzen und *Oids* sichergestellt werden.

Schritt 3: Abbildung einer Klasse auf eine Entität

Die Transformation des Klassenmodells in ein logisches Datenmodell ist recht einfach.

logisches Datenmodell

Logische Datenmodelle besitzen Beschreibungsmittel, die denen der UML sehr ähnlich sind, und können vereinfacht als Klassendiagramme ohne Methoden und mit einer etwas anderen Notation betrachtet werden. Zunächst werden die Beziehungen noch außer Acht gelassen und jede Klasse isoliert betrachtet:

- Jede persistente Klasse wird auf eine eigene Entität abgebildet.
- Jedes persistente Attribut der Klasse wird auf das Attribut einer Entität abgebildet. Das *Oid*-Attribut wird zum Schlüsselattribut der Entität.
- Die Java-Datentypen der Attribute werden auf entsprechende Datentypen des logischen Datenmodells abgebildet. Das Typsystem des logischen Datenmodells[4] ist eine Abstraktion der Datentypen in konkreten RDBMS. Beim Generieren eines physikalischen Datenmodells werden die logischen Datentypen durch die Datentypen des RDBMS ersetzt[5].
- Gibt es ein mengenwertiges Attribut in einer Klasse, bspw. ein Array von Strings, so lässt es sich nicht unmittelbar auf das Datenmodell abbilden, ohne die Normalisierungsbedingungen zu verletzen [Date99]. Solche Attribute müssen wie eine eigene Klasse betrachtet und damit auch durch eine eigene Tabelle abgebildet werden.[6]

Schritt 4: Abbildung von Beziehungen

Assoziation, Aggregation und Komposition [FoSc97] des Klassenmodells werden direkt auf entsprechende Beziehungen im logischen Datenmodell abgebildet, wie Abb. 4.4 zeigt.

Die rechte Seite zeigt das E/R-Diagramm (*Entity Relationship Diagram*), dessen Notation den Klassendiagrammen der UML sehr ähnlich ist. Als Unterschied fällt auf, dass die Kardinalitäten durch graphische Symbole statt durch Zahlen spezifiziert werden[7].

Darüber hinaus wird nicht zwischen Assoziationen, Aggregation und Komposition unterschieden. Drückt im Klassenmodell die Komposition aus, dass bspw. Objekte vom Typ `OrderItem` nur im Kontext eines `Order`-Objekts existieren können, so ist diese Semantik im Datenmodell nicht mehr erkennbar[8].

---

[4] bspw. *number, decimal, variable character*

[5] bspw. wird *variable character* zu `varchar2` in Oracle.

[6] Ein Array-Attribut `String[] keywords` wird auf eine eigene Tabelle `KEYWORDS` abgebildet.

[7] Die graphische Notation von E/R-Diagrammen ist nicht vereinheitlicht.

[8] sie müsste bspw. über entsprechende *Constraints* modelliert werden [HeSa00].

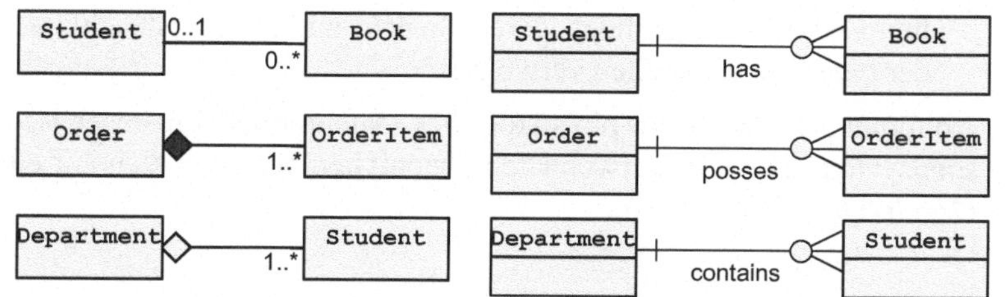

Abbildung 4.4: Notation von Beziehungen in UML- und E/R-Modellen

Vererbungshierarchien

Vererbungshierarchien werden im Datenmodell durch Bildung von Subtypen dargestellt. Abbildung 4.5 zeigt dies anhand des kompletten Datenmodells für unser Beispiel aus Abb. 4.2. Letztendlich verwendet das logische Datenmodell eine von der UML marginal abweichende graphische Notation[9].

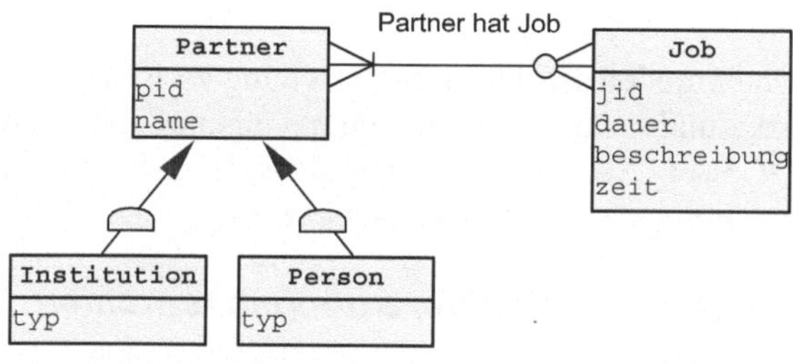

Abbildung 4.5: logisches Datenmodell für das Klassenmodell in Abb.4.2

Schritt 5: Überführung ins physikalische Datenmodell

Das logische Datenmodell lässt sich mithilfe der folgenden Schritte in ein physikalisches Datenmodell überführen[10]:

- Für jede Entität wird eine eigene Tabelle mit dem Schlüsselattribut als Primärschlüssel angelegt.
- Für jedes Attribut einer Entität wird eine Tabellenspalte definiert, der ein „passender“ Datentyp des gewünschten RDBMS zugeordnet wird.
- Für 1:N-Beziehungen (Master-Detail) werden entsprechende Fremdschlüssel in die Detail-Tabellen eingefügt.

---

[9] Die Datentypen des logischen Datenmodells sind in der Abbildung nicht dargestellt.

[10] Die meisten Werkzeuge zur Datenmodellierung führen diese Schritte automatisch durch und können aus einem E/R-Modell das physikalische Datenmodell für ein gewünschtes RDBMS generieren.

- M:N-Beziehungen (Many-Many) werden durch eigene Beziehungstabellen abgebildet, deren Spalten auf die Primärschlüssel der beteiligten Tabellen verweisen.

Abbildung 4.6 zeigt ein physikalisches Datenmodell für unser Beispielsystem. Die dort verwendeten Datentypen beziehen sich auf ein *Oracle*-Datenbanksystem.

Abbildung 4.6: physikalisches Datenmodell mit vertikaler Partitionierung

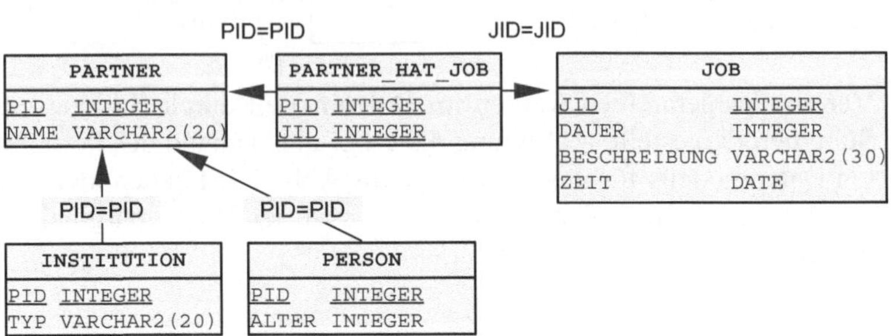

In dem Datenmodell ist die M:N-Beziehung zwischen den Entitäten `Partner` und `Job` durch eine eigene Beziehungstabelle `PARTNER_HAT_JOB` realisiert, die als Spalten die Primärschlüssel der in Beziehung stehenden Tabellen enthält.

Exkurs: Abbildung von Vererbungshierarchien

Die aus Vererbungshierarchien im Klassenmodell resultierenden Subtypen des logischen Datenmodells lassen sich auf unterschiedliche Weisen in ein physikalisches Datenmodell umsetzen [ZiBe00]. Wir wollen die zwei wichtigen Varianten vorstellen.

Variante 1: Vertikale Partitionierung

- Sowohl Super- als auch Sub-Entitäten sind in eigenen Tabellen abgebildet. Im physikalischen Datenmodell aus Abbildung 4.6 gibt es sowohl für die Super-Entität `Partner` als auch für deren Sub-Entitäten `Institution` und `Person` eigene Tabellen.
- Die Tabellen für die Sub-Entitäten enthalten die Schlüsselattribute der Super-Entität und die subtyp-spezifischen Attribute. Im Beispiel besitzen die Subtyp-Tabellen `Institution` und `Person` den Primärschlüssel `P_ID` aus `Partner`.

Ein Nachteil dieser Transformation ist, dass die Attribute eines Unterklassen-Objektes auf mehreren Tabellen verteilt sind. Im Beispiel befinden sich die `Person`-Attribute in den Tabellen `Partner` und `Person`. Um die Daten eines Objektes aus der Datenbank zu laden, muss also auf mehrere Tabellen zugegriffen werden.

Variante 2: Horizontale Partitionierung

- Eigene Tabellen werden nur für die Sub-Entitäten und nicht für Super-Entitäten erzeugt, wie Abb. 4.7 für unser Beispiel veranschaulicht: Nur die Subtypen `Institution` und `Person` besitzen eigene Tabellen.
- Die Tabellen enthalten hier auch die Attribute der Super-Typen, also im Beispiel das Attribut `Name` aus der Entität `Partner`.

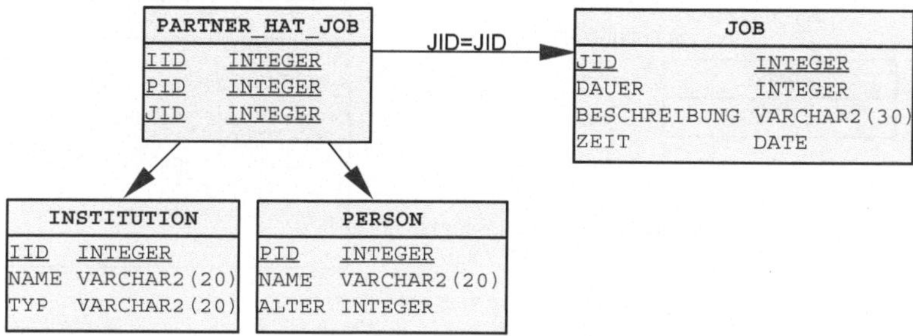

Abbildung 4.7: physikalisches Datenmodell mit horizontaler Partitionierung

Die horizontale Partitionierung erschwert die Abbildung von Beziehungen. Die Beziehungstabelle enthält für jeden Subtyp einen eigenen Fremdschlüssel, im Beispiel `IID` für eine Beziehung zwischen `Job` und `Institution`, sowie `PID`, wenn eine Beziehung zu einer `Person` besteht.

Diese Form von Beziehungstabellen erschwert natürlich die Navigation im Datenmodell und muss außerdem bei neuen Subtypen erweitert werden. Insgesamt ist deshalb die vertikale Partitionierung vorzuziehen.

Nach Durchführung dieser fünf Schritte ist das Klassendiagramm in ein physikalisches Datenmodell überführt. Für den produktiven und effizienten Einsatz sind ggf. noch weitere Normalisierungsschritte erforderlich [HeSa00], [Date 99].

4.1.2 Datenmodell des Beispielsystems

Das Klassenmodell für die *SamComm*-Beispielapplikation weist recht einfache Strukturen auf: Es gibt keine Vererbungshierarchie, sondern lediglich eine M:N- und mehrere 1:N-Beziehungen, wie Abb. 4.8 zeigt.

Abbildung 4.8: Klassenmodell von SamComm

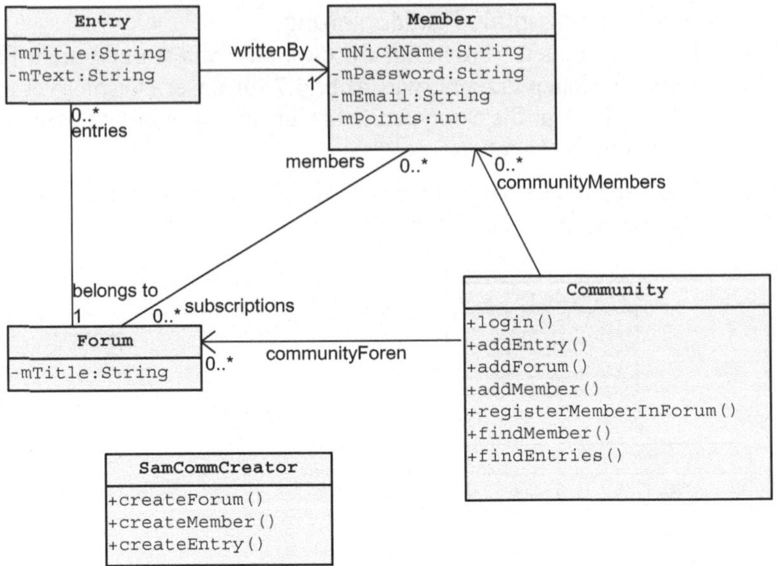

Die beiden Geschäftsprozess-Klassen `Community` und `SamCommCreator` besitzen keine datentragenden Attribute und bleiben deshalb im Datenmodell unberücksichtigt. Nach Durchführung der ersten vier Transformationsschritte ergibt sich das logische Datenmodell gemäß Abb. 4.9.

Abbildung 4.9: Logisches Datenmodell von SamComm

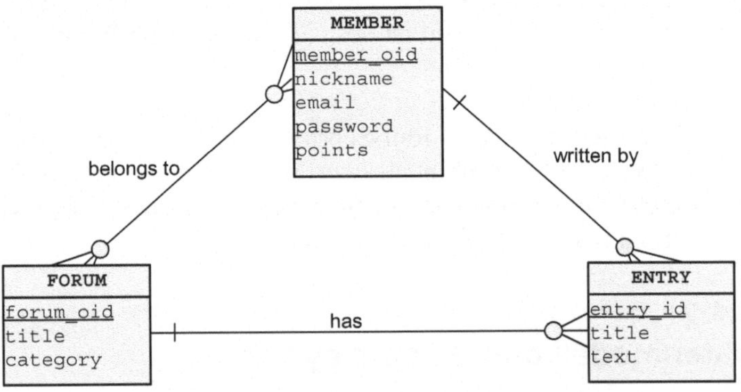

Die Beziehungen des logischen Datenmodells werden nun im physikalischen Datenmodell (Abb. 4.10) durch Fremdschlüsselbeziehungen und eine eigene Beziehungstabelle `BELONGS_TO` abgebildet.

Werkzeuge zur Datenmodellierung führen diesen Schritt automatisch durch und generieren auch das SQL-Skript zur Tabellenerzeugung für das gewünschte RDBMS.

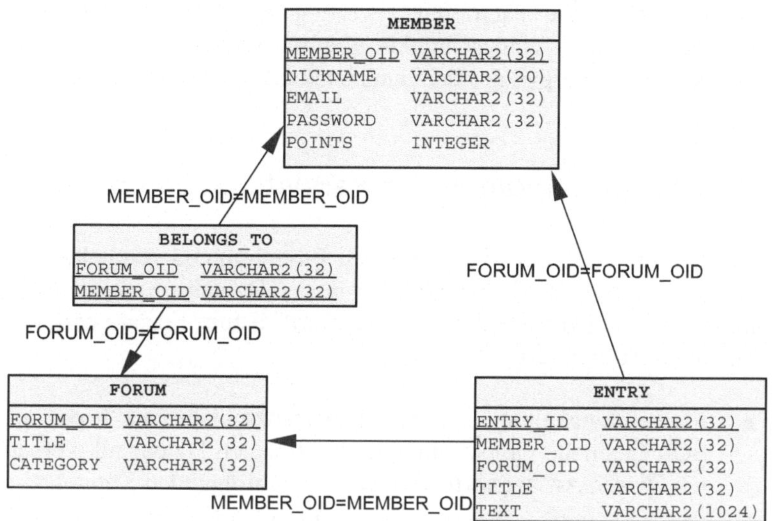

Abbildung 4.10: *Physikalisches Datenmodell von SamComm*

4.2 Entwurfsziele

Als Hauptaufgabe muss die Persistenzschicht die fachlichen Objekte der Anwendungsschicht in einem Datenbanksystem verwalten.

zentrale Aufgaben der Persistenzschicht

Damit die Objektdaten jederzeit zur Verfügung stehen, werden sie auf ein dauerhaftes Speichermedium, bspw. die Festplatte, abgelegt. Die Daten existieren dann unabhängig vom Anwendungsprogramm und gehen auch nach Abschalten des Systems oder einem Systemabsturz nicht verloren.

Bei Einsatz eines RDBMS bildet die Persistenzschicht die Objekte auf das relationale Datenbankmodell ab, d.h. sie übernimmt das sogenannte *O/R-Mapping* (*object to relational mapping*). Dazu kennt die Persistenzschicht das Datenbankschema, in dem die fachlichen Daten verwaltet werden.

Wiederverwendung der Persistenzschicht

Die Persistenzschicht übernimmt alle Aufgaben zur Verwaltung von Objekten in einer Datenbank, die von fachlichen Sachverhalten unabhängig sind. Weil Objekt-Persistenz in den meisten Softwaresystemen erforderlich ist, besitzt sie ein hohes Wiederverwendungspotential.

Wie bereits im ersten Kapitel diskutiert, sollen alle Schichten möglichst lose gekoppelt sein, um eine strikte Trennung der Verantwortlichkeiten *(separation of concerns*) zu erreichen. Deshalb sollte die Persistenzschicht keine Details der beiden anderen Schichten kennen, auch nicht über die fachlichen Objekte der Anwendungsschicht. Wie nachfolgend gezeigt benötigt die Persistenzschicht allerdings eingeschränkte Kenntnisse über die fachlichen Objekte, um sie bspw. aus der Datenbank laden zu können.

4.2.1 Verantwortlichkeiten der Persistenzschicht

Die Persistenzschicht soll sämtlichen Programmcode enthalten, der der Verwaltung fachlicher Objekte in der Datenbank dient. Dabei können verschiedene technologische Ansätze zum Einsatz kommen, vgl. auch Abschn. 2.1.3.

technologische Ansätze

- Man entwickelt eine eigene Persistenzschicht, die bspw. per SQL fachliche Objekte in einer relationalen Datenbank verwaltet. Diesen Ansatz verfolgen wir im nachfolgenden Kapitel 5.
- Man verwendet ein Standardprodukt, das einen Großteil der genannten Aufgaben erledigt. Als Beispiel werden wir in Kapitel 6 den *Enterprise JavaBeans* (EJB)-Ansatz [EJB01] vorstellen. Dabei wird ein Applikationsserver mit allen notwendigen Informationen versorgt und übernimmt dann sämtliche Aufgaben der Objekt-Persistenz. Man kann in diesem Fall den Applikationsserver als Realisierung der Persistenzschicht ansehen.

Aus Sicht der Anwendungsschicht muss die Persistenzschicht die beiden folgenden Basisdienste bieten [Larm98]:

Basisdienste

- Die Persistenzschicht muss Objekte aus der Datenbank laden können. Dazu müssen die Objekte eindeutig identifiziert und Beziehungen zwischen Objekten berücksichtigt werden können.
- Sie muss Objekte in die Datenbank abspeichern und Transaktionen für kritische Geschäftsprozesse unterstützen können.

Damit die Persistenzschicht diese Basisdienste zur Verfügung stellen kann, müssen eine Reihe von Anforderungen erfüllt sein, die wir jetzt etwas genauer betrachten.

A. Objektidentität

Die Aufgaben der Persistenzschicht erfordern eine Zuordnung zwischen den Laufzeitobjekten und den Daten im Datenbanksystem, denn die Persistenzschicht muss alle Objekte eindeutig identifizieren und auffinden können. Dabei soll transparent bleiben, ob ein gesuchtes Objekt bereits im Laufzeitsystem existiert, oder es erst noch aus der Datenbank erzeugt werden muss [HaTW95].

Oids in der Persistenzschicht

Wie bereits in Abschn. 4.1.1 diskutiert, lässt sich Objektidentität durch *Oids* erreichen, die als zusätzliche Attribute in die Klassen aufgenommen werden.

Eine *Oid* ist ein systemgenerierter, globaler, nicht-änderbarer und eindeutiger Bezeichner, mit dem Objekte eindeutig bestimmt und voneinander unterschieden werden können. *Oids* dienen gleichzeitig als Primärschlüssel in den relationalen Datenbank-Tabellen.

Wenn ein neues Laufzeitobjekt erzeugt wird, muss stets eine neue und eindeutige *Oid* generiert und dem Laufzeitobjekt als Attribut zugewiesen werden. Diese *Oid* dient dann während der gesamten Objektlebensdauer der Identifikation des Objektes.

B. Laden von Objekten

Um Objekte in der Datenbank zu finden, können verschiedene Informationen vorliegen. Damit wir die verschiedenen Szenarien erläutern können, nehmen wir an, dass die Persistenzschicht eine Klasse `Factory` mit Diensten zum Suchen und Laden von Objekten bereitstellt.

Szenarien zum Laden von Objekten

- Im einfachsten Fall ist die *Oid* eines Objektes bekannt. Für diese Situation bietet die Persistenzschicht einen Dienst, der für eine übergebene *Oid* das Laufzeitobjekt zurückgibt und etwa wie folgt aussieht: `Person tom = PersonFactory.getObject("4711")`.
- Oft sind jedoch *Oids* nicht im Vorfeld bekannt, sodass die Objektsuche auf Basis relativ unscharfer Kriterien erfolgen muss, wie Abb. 4.11 schematisch zeigt.

  Für solche Suchen muss die Persistenzschicht Methoden mit komplexeren Parameterstrukturen bereitstellen, die als Ergebnis eine Menge von Objekten zurückliefern. Zum Beispiel liefert `Vector result = PersonFactory.findByName("Smith")`[11] die Menge aller `Person`-Objekte, die den Namen „Smith" besitzen. Die gefundenen Objekte werden typischerweise mit einigen kennzeichnenden Attributen angezeigt, sodass der Benutzer sie unterscheiden kann.
- Die verwendeten Suchkriterien können sehr unterschiedlich sein. Im einfachsten Fall werden Objekte mit bestimmten Attributwerten gesucht, oft möchte man aber auch alle Objekte finden, die mit einem bestimmten Objekt in Beziehung stehen. So könnte z.B. `BookFactory.findByAuthor(tom)` alle `Book`-Objekte zurückliefern, die mit dem `Person`-Objekt

[11] `MyClassFactory` sei eine Klasse, die spezielle Suchdienste für `MyClass`-Objekte zur Verfügung stellt.

`tom` in Beziehung stehen. Mit solchen Methoden kann man zwischen in Beziehungen stehenden Objekten navigieren.

Abbildung 4.11: Objektsuche in der Benutzungsoberfläche

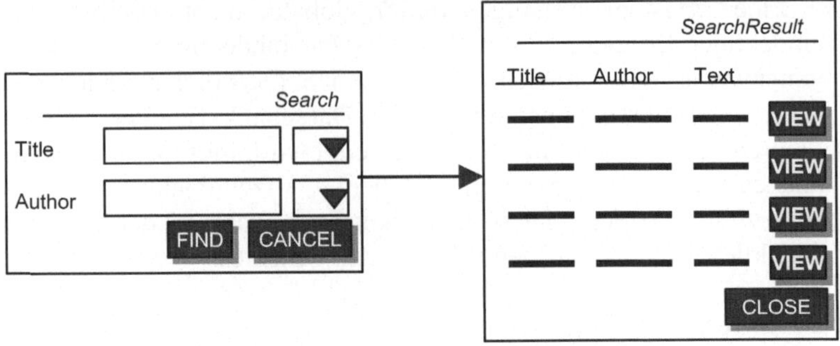

Zum Laden von Objekten muss die Persistenzschicht

- die benötigten Daten in den Tabellen suchen,
- daraus entsprechende Objekte zusammenbauen,
- und diese an die Anwendungsschicht ausliefern.

benötigte Kenntnisse der Geschäftsobjekte

Für diese Aufgaben kennt die Persistenzschicht in eingeschränktem Maße die fachlichen Objekte: Sie muss Objekte mittels Konstruktoren oder Fabrikmethoden erzeugen und sie dann mit Daten aus der Datenbank füllen.

Dabei werden auch Typkonvertierungen vorgenommen, denn die Datentypen des Datenbanksystems müssen in das Typsystem der Programmiersprache umgesetzt werden[12]. Die Persistenzschicht muss also zwei Welten zusammenbringen: die relationale Welt der Datenbank mit der objektorientierten.

Zusammenfassend übernimmt die Persistenzschicht beim Laden von Objekten die Aufgaben einer Objekt-Fabrik (*Object Factory*) [GoF95] und erzeugt aus den Tabellen-Datensätzen Laufzeitobjekte.

C. Speichern von Objekten

Umgekehrt muss die Persistenzschicht dafür sorgen, Laufzeitobjekte in der Datenbank abzuspeichern. Welche Aktion konkret in der Datenbank durchzuführen ist, hängt davon ab, ob sich die aktuellen Daten eines Laufzeitobjekts bereits im Datenbanksystem befinden. Im Einzelnen können folgende Fälle unterschieden werden.

---

[12] Beispielsweise muss der Oracle-Datentyp `varchar2` in den Java-Datentyp `String` konvertiert werden. Diese Funktionalität wird in Java durch die JDBC-Bibliothek [Fish00] gut unterstützt.

Einfügen eines neuen Objektes

Insert

Wenn ein neues Objekt in der Anwendungsschicht erzeugt und noch nicht in der Datenbank gespeichert wurde, dann müssen seine Daten in die zugehörigen Datenbanktabellen neu eingefügt werden. In einem RDBMS muss also ein *Insert* durchgeführt werden, wobei das *Oid*-Attribut des neuen Objekts als Primärschlüssel in der Tabelle verwendet wird.

Ändern eines Objektes

Update

Wird ein bereits in der Datenbank vorhandenes Objekt in der Anwendungsschicht geändert, dann müssen dessen Daten in der Datenbank aktualisiert werden. In einem RDBMS wird somit ein *Update* durchgeführt.

Um die Anzahl der Datenbankzugriffe gering zu halten, sollte nur dann ein *Update* erfolgen, wenn das Laufzeitobjekt wirklich verändert wurde. Unveränderte Objekte müssen offensichtlich nicht in der Datenbank aktualisiert werden.

Löschen eines Objektes

Delete

Objekte der Anwendungsschicht sollen auch aus der Datenbank gelöscht werden können.

Die Anwendungsschicht muss dies der Persistenzschicht durch Aufruf einer entsprechenden Methode, ähnlich `PersonBroker.delete("4711")` mitteilen, um die zugehörigen Datensätze zu löschen, d.h. ein *Delete* auszuführen.

Synchronisationszustände

Die möglichen Aktionen werden in Abbildung 4.12 noch einmal im Überblick dargestellt. Dabei wird zwischen den Synchronisationszuständen *New*, *Clean*, *Dirty* und *Delete* unterschieden, um das Verhältnis zwischen Laufzeitobjekt und Datenbankinhalt zu einem bestimmten Zeitpunkt zu beschreiben.[13]

[13] Wir bezeichnen die Zustände als Synchronisationszustände, weil sie festlegen, welche Aktion durchgeführt werden muss, um Konsistenz zwischen Datenbank und Laufzeitobjekten herzustellen.

Abbildung 4.12: Synchronisationszustände von Laufzeitobjekten

Zustand	Definition	Datenbank-Aktion
New	Das Laufzeitobjekt befindet sich noch nicht in der Datenbank.	**INSERT**
Clean	Zustand von Laufzeitobjekt und Datenbank sind identisch.	---
Dirty	Zustand von Laufzeitobjekt und Datenbank sind unterschiedlich.	**UPDATE**
Delete	Das Laufzeitobjekt soll in der Datenbank gelöscht werden.	**DELETE**

Abbildung 4.13 stellt den Lebenszyklus persistenter Objekte mit den zugehörigen Zustandsübergängen dar. Objekte können auf zwei Arten ins Laufzeitsystem gelangen: entweder werden sie aus der Datenbank geladen und besitzen den Zustand *Clean* oder sie werden neu erzeugt und befinden sich im Zustand *New*.

Abbildung 4.13: Zustandsübergangsdiagramm der Synchronisationszustände

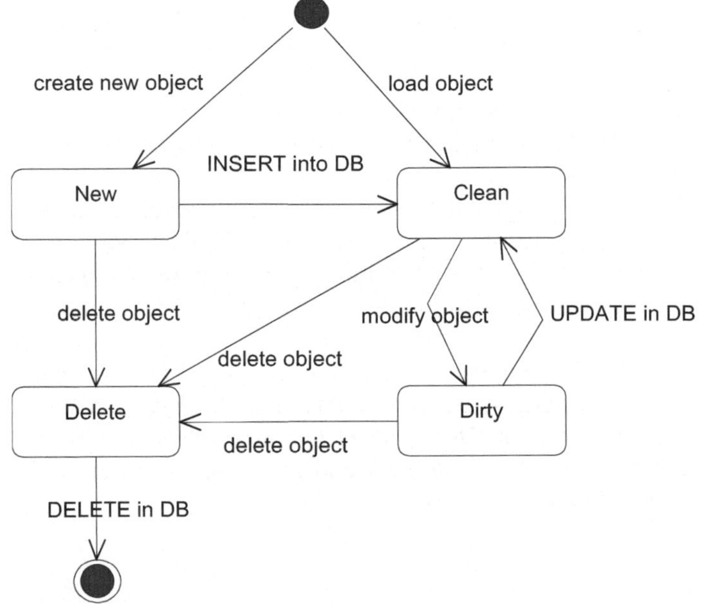

- Objekte im Zustand *New* werden durch das Einfügen in die Datenbank in den Zustand *Clean* versetzt, d.h. die Datenbank spiegelt die aktuellen Daten des Laufzeitobjekts wider.
- Ein Objekt im Zustand *Clean* gelangt in den Zustand *Dirty*, sobald das Laufzeitobjekt verändert wird, denn es unterscheidet sich nun vom Datenbankinhalt.

- Wird für ein Objekt im Zustand *Dirty* ein *Update* durchgeführt, so wird die Datenbank mit dem Laufzeitobjekt abgeglichen, sodass dieses wieder in den Zustand *Clean* gelangt.
- In allen drei Synchronisationszuständen kann das Objekt gelöscht werden, d.h. es geht in den Zustand *Delete* über. Mit dem Löschen des Datensatzes in der Datenbank ist der Lebenszyklus des Objektes endgültig beendet.

D. Verwaltung von Beziehungen

Beziehungen müssen als Sonderfall von Objektdaten in der Datenbank berücksichtigt werden. Beziehungen werden in der Laufzeitumgebung durch Objektreferenzen und in relationalen Datenbanken durch Fremdschlüssel realisiert. Die Persistenzschicht muss die Abbildung zwischen den Objektreferenzen durch entsprechende Fremdschlüsselverweise in der Datenbank verwalten.

In der Anwendungsschicht werden Beziehungen durch entsprechende Methoden gepflegt, wie Code 4.1 an einem Beispiel zeigt: Ein `Person`-Objekt steht in Beziehung mit einem einzelnen `Job`- und mehreren `Address` -Objekten.

```
public class Person {

  private Job mJob;
  public Job getJob (){ … }
  public void workFor(Job job){ ..  }

  private Vector mAddresses;
  public Vector getAddresses(){ ... }
  public void addAddress(Address address){ ...  }
  public void removeAddress(Address address){ ...  }
...
```

Code 4.1: Verwaltung von Beziehungen in einer Entitätsklasse

Zugriff auf Beziehungen

Auch Beziehungen werden mit normalen `get/set()`-Methoden verwaltet.

loading on demand

Um die Anzahl der aufwändigen Datenbankzugriffe zu reduzieren, sollten Objekte erst dann aus der Datenbank geladen werden, wenn sie wirklich benötigt werden. Das Laden von in Beziehung stehenden Objekten erfolgt deshalb nur auf Anforderung (*loading on demand*), wenn die entsprechende `get`-Methode aufgerufen wird[14].

[14] der Mechanismus wird auch als *Lazy Loading* bezeichnet.

Gegebenenfalls müssen die `get`- und `set`-Methoden um den *Loading-On-Demand-Mechanismus* erweitert werden, wie Code 4.2 zeigt. Wenn die Objektreferenzen noch nicht gesetzt sind, werden die zugehörigen Objekte einmalig – hier mit der Methode `loadAddresses()` – aus der Datenbank geladen (Zeile 5-6).

Code 4.2: Loading on Demand bei Beziehungen

```
1  public class Person {
2
3    private Vector mAddresses;
4    public Vector getAddresses (){
5      if(mAddresses == null)
6          mAddresses = this.loadAddresses();
7      return mAddresses;
8    }
9    public void addAddress(Address address){
10     getAddresses();
11     mAddress.add(address);
12   }
13 ...
```

Ob der *Loading-On-Demand*-Mechanismus selbst implementiert werden muss, hängt von der eingesetzten Technologie ab. In einigen Technologien, bspw. *Enterprise JavaBeans* (siehe Kapitel 6.5.3) muss man sich nicht darum kümmern.

Ändern von Beziehungen

Das Ändern von Beziehungen geschieht durch Setzen oder – bei mehrwertigen Beziehungen – Hinzufügen einer Objektreferenz (Zeile 9-12). Um einen konsistenten Zustand herzustellen, sollten die betroffenen Beziehungsobjekte zuvor aus der Datenbank geladen werden (Zeile 10).

Bei Durchführung einer Transaktion müssen auch Beziehungen berücksichtigt werden. In einem RDBMS sind letztendlich entsprechende Einträge in Beziehungstabellen einzufügen oder Fremdschlüssel in Tabellen zu setzen (siehe Kapitel 5-6).

E. Transaktionen

Komplexe Geschäftsprozesse zeichnen sich dadurch aus, dass sie mehr als ein Objekt verändern.

Dabei müssen oft sämtliche Änderungen innerhalb einer Transaktion atomar durchgeführt werden, d.h. der Geschäftsprozess erfordert das Ändern aller beteiligten Objekte in der Datenbank. Schlägt nur eine der Objektänderungen fehl, so darf keines der Objekte verändert werden und alle im Rahmen der Transaktion bereits erfolgten Datenbank-Änderungen sind rückgängig zu machen.

Beispiele für Transaktionen

- Eine Banküberweisung ist nur konsistent, wenn der überwiesene Betrag von einem Konto abgebucht und auf das Gegenkonto eingezahlt wird, d.h. zwei Konto-Objekte geändert werden.
- Beim Buchen einer Flugreise muss der entsprechende Flugplatz reserviert und für den Kunden ein neues Rechnungsobjekt erstellt werden. Beide Aktionen, die Erstellung des Rechnungsobjekts und die Aktualisierung der Flugbelegung müssen erfolgen, um einen sinnvollen Zustand in der Datenbank zu gewährleisten: Würde nur die Rechnung erstellt und nicht der Flug reserviert, hätte der Kunde ein Problem. Eine Flugreservierung ohne Rechnungserstellung wäre wiederum für das Reisebüro von Nachteil.

Ablauf einer Transaktion

Die Persistenzschicht muss die Verarbeitung von Transaktionen ermöglichen und dabei den folgenden Ablauf garantieren:

- Für alle der Transaktion zugehörigen Objekte wird ein entsprechender Datenbank-Befehl (*Insert*, *Update* oder *Delete*) durchgeführt.
- Konnten alle Befehle erfolgreich ausgeführt werden, so wird die Transaktion mit einem *Commit* endgültig abgeschlossen.
- Bei Fehlschlagen eines Befehls werden in einem *Rollback* alle Datenbank-Aktionen rückgängig gemacht und die Datenbank auf den konsistenten Zustand vor Beginn der Transaktion zurückgesetzt. Dieser Mechanismus wird von allen professionellen Datenbanksystemen zur Verfügung gestellt [HeSa00]. Das Fehlschlagen einer Transaktion wird der Außenwelt durch einen entsprechenden Rückgabewert oder das Werfen einer *Exception* angezeigt. Diese kann in der Anwendungsschicht aufgefangen und dort in fachlich sinnvoller Weise behandelt werden[15].

Transaktionsklammern in Geschäftsprozessen

Aus Sicht der Anwendungsschicht bilden Transaktionen eine Klammer um alle am Geschäftsprozess beteiligten Objekte. Nur auf Ebene der Geschäftsprozesse kann festgelegt werden, welche Objekte innerhalb einer Transaktion bearbeitet werden müssen. So legt bspw. die Geschäftsprozess-Methode `buche(Flug f, Kunde k)` fest, dass ein Rechnungs- und ein Flug-Objekt innerhalb einer Transaktion geändert werden müssen. Wie Transaktionen spezifiziert werden,

---

[15] Oft wird eine Fehlermeldung im fachlichen Kontext angezeigt, z.B. „ Die Buchung des Fluges konnte nicht erfolgen".

hängt von der eingesetzten Technologie ab. Wir werden entsprechende Ansätze in Abschnitt 4.2.3 diskutieren.

4.2.2 Sperrkonzepte

Indem man alle Objekte einer Transaktion atomar in die Datenbank schreibt, werden Inkonsistenzen in der Datenbank verhindert.

Problembeschreibung

Wenn jedoch mehrere Klienten dieselben Objekte aus der Datenbank laden und unabhängig voneinander bearbeiten, können trotzdem Inkonsistenzen auftreten, wie das folgende Beispiel veranschaulicht.

Zwei verschiedene Reisebüros greifen mit einem Flugbuchungssystem auf denselben Flug mit noch genau einem freien Platz zu. Jedes Büro geht nun von dem verfügbaren Platz aus und bucht diesen nach etwas „Denkzeit" des Kunden. Die Buchung, die zeitlich als zweite erfolgt, überschreibt nun einfach – ohne etwas zu merken – die Daten der ersten Buchung. Der erste Kunde hat dann ‚Pech' gehabt, seine Buchung ist im System nicht mehr gültig.

Allgemein entsteht ein Konflikt, wenn ein Klient Daten aus der Datenbank verwendet, die nicht mehr aktuell sind, wenn er sie ändern möchte.

In vielen Anwendungen – wie bspw. in einer Adressverwaltung – ist dies unproblematisch und ggf. auch sinnvoll. In manchen Fällen – wie dem oben geschilderten – dürfen Änderungen aber nur auf Basis der aktuellen Daten erfolgen sonst kann es zu nichtakzeptablen Inkonsistenzen kommen. Für die Behandlung dieses Problems gibt es zwei grundsätzliche Strategien.

4.2.2.1 Pessimistisches Sperren

Idee

Beim Laden eines Objektes werden die zugehörigen Datensätze in der Datenbank gesperrt, sodass sie durch Klienten, die sie nachfolgend bearbeiten möchten, nur noch gelesen, aber nicht mehr geändert werden können.

Probleme bei pessimistischem Sperren

Ein Kernproblem ist, die Freigabe der gesperrten Datensätze sicherzustellen. Naheliegend wäre es, eine Freigabe nach jeder erfolgreichen Datensatzänderung zu veranlassen. Allerdings kann die Änderung eines Datensatzes mitunter lange auf sich warten lassen. Denkbar ist das Szenario, in dem ein Benutzer einen Datensatz lädt und eine sehr lange (Kaffee-)Pause einlegt, bevor er den Datensatz bearbeitet. Auch ein Systemabsturz des Klienten kann eine Freigabe verhindern.

Ein Lösungsansatz wäre ein serverseitiger Mechanismus zur automatischen Freigabe von Sperren, aber auch dann bleiben Performanzprobleme: Der relativ lange Zeitraum einer Datensatz-Sperrung verhindert den schreibenden Zugriff durch andere Klienten und schränkt somit die parallele Bearbeitung der Daten zu stark ein. Normalerweise ist deshalb pessimistisches Sperren nicht praktikabel.

Die Implementierung pessimistischen Sperrens lässt sich durch Wahl eines geeigneten Isolationsgrades (*Isolation Level)* erreichen [Saue98]. Wenn das eingesetzte Datenbanksystem entsprechende Sperrkonzepte nicht unterstützt, kann ein solcher Mechanismus auch selbst implementiert werden: in jeder Tabelle wird eine eigene Tabellenspalte zum Sperren (*Locking*) eines Datensatzes verwendet. Die Implementierung ist jedoch aufwendig und wird deshalb hier nicht weiter untersucht – nicht zuletzt weil pessimistisches Sperren zu viele Nachteile für einen praktischen Einsatz besitzt.

4.2.2.2 Optimistisches Sperren

Einen praktikableren Lösungsansatz bietet das optimistische Sperrverfahren, das beim Laden von Objekten die zugehörigen Datensätze nicht sperrt. Jeder Klient darf zunächst alle seine Objekte ändern, weil es keine grundsätzlichen Sperren gibt.

Idee

Versucht ein Klient einen Datensatz in der Datenbank zu ändern, so prüft er, ob der Datensatz, nachdem er ihn geladen hat, zwischenzeitlich modifiziert wurde. Wird ein solcher Konflikt erkannt, kann der Klient unterschiedlich reagieren: entweder kann er den Datensatz erneut laden, um seine Änderungen auf Basis der aktuellen Daten zu überdenken oder seine gewünschten Änderungen ohne weitere Nachfragen durchführen. Welche Reaktion sinnvoll und zulässig ist, hängt von dem konkreten Geschäftsprozess ab.

Wegen der praktischen Bedeutung des optimistischen Sperrverfahrens wollen wir das Grundprinzip einer Implementierung schrittweise skizzieren.

1. Einführung eines Zeitstempels

Jede Tabelle, für die der oben beschriebene Zugriffskonflikt erkannt werden soll, benötigt eine zusätzliche Spalte, die einen Zeitstempel aufnimmt. Der Wert dieses Zeitstempels wird in jedem Laufzeitobjekt in einem zusätzlichen Attribut gemerkt. Abb. 4.14 zeigt als Beispiel eine Tabelle und eine Klasse `Info` mit einer Spalte bzw. einem Attribut `timestamp` für die Verwaltung des Zeitstempels.

Abbildung 4.14: Zeitstempel in Datenbank-Tabelle und Klasse

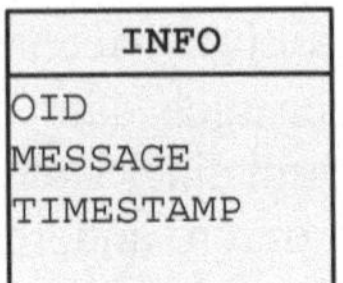

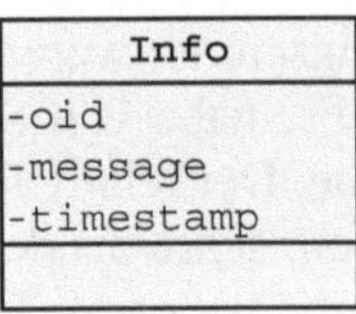

Um optimistisches Sperren zu realisieren, muss der Zeitstempel bei jedem Datenbankzugriff verwaltet werden. Dabei sind folgende Aktionen zu unterscheiden:

2. Erzeugen eines neuen Objekts (Insert)

Beim Erzeugen eines neuen Objektes wird der Zeitstempel `timestamp` im Objekt und beim Abspeichern auch in der Tabelle auf einen initialen Wert, bspw. 0, gesetzt. Der SQL-Befehl zum Einfügen eines neues Datensatzes sieht dann für das Java-Objekt `info` wie in Code 4.3 dargestellt aus[16]:

Code 4.3: Berücksichtigung des Zeitstempels beim Insert

```
1 insert into INFO
2 values (" +
3    info.getOid() + ", '" +
4    info.getMessage() + "' , " +
5    info.getTimestamp() +
6 ")";
```

Hier ist vorausgesetzt, dass für das Laufzeitobjekt `info` der Zeitstempel im Konstruktor auf einen initialen Wert gesetzt wurde. Dieser Wert wird dann auch in die Datenbank-Tabelle eingefügt (Zeile 5).

3. Laden eines Objekts (Select)

Lädt man ein Objekt aus der Datenbank, so wird auch der Zeitstempel `timestamp` in der Tabelle selektiert und im Attribut des Java-Objektes gesetzt. Code 4.4 skizziert eine programmiertechnische Umsetzung mit JDBC.

[16] Der SQL-Befehl wird hier wie in JDBC als *String* notiert, wobei Rückgabewerte von Methoden (`info.getOid()`) verwendet werden. Eine gute Einführung zu JDBC ist in [Fish00] zu finden.

```
1  Info loadInfoByPrimaryKey(String oid){
2
3    String sql = "select * from INFO where oid = "
4                                          + this.oid;
5    ResultSet rs = stmt.executeQuery(sql);
6    if (rs.next()){
7      Info info = new Info(rs.getInt("oid"));
8      info.setInfo(rs.getString("message"));
9      info.setTimestamp(rs.getInt("timestamp"));
10   }
11   return info;
12 }
```

Code 4.4: Berücksichtigung des Zeitstempels beim Select

Es wird ein neues Objekt `info` erzeugt (Zeile 7), für das dann aus der Datenbank alle Attribute – einschließlich des Zeitstempels (Zeile 10) – gesetzt werden.

4. Ändern eines Objekts (Update)

Möchte man ein Objekt in der Datenbank ändern, so wird geprüft, ob der Datensatz seit dem Ladevorgang eine Änderung erfahren hat. Dazu wird der Datensatz nicht nur nach dem Primärschlüssel, sondern auch nach dem Zeitstempel des Java-Objektes selektiert, wie Code 4.5 in Zeile 3 schematisch zeigt.

```
1  update INFO
2     set ... timestamp =  timestamp+1,...
3     where oid = getOid() and
            timestamp = info.getTimestamp()
```

Code 4.5: Berücksichtigung des Zeitstempels beim Update

Ein Datensatz wird nur dann selektiert – und damit geändert, wenn der aktuelle Zeitstempel in der Tabelle mit dem im Laufzeitobjekt zuvor geladenen Zeitstempel übereinstimmt. Die *where*-Klausel selektiert also einen Datensatz, der zwei Bedingungen erfüllt: er besitzt die gesuchte *Oid* und hat einen noch unveränderten Zeitstempel. Wird dieser Datensatz gefunden, erfolgt ein *Update* und der Zeitstempel wird entsprechend aktualisiert (Zeile 2). Der folgende Code 4.6 zeigt eine vollständigere Realisierung mit JDBC.

```
// setzen des neuen Zeitstempels
int newTimestamp = info.getTimestamp() + 1;
String sql = "update INFO set message = '"
             +info.getMessage()
             +"' , timestamp = " +  newTimestamp
```

Code 4.6: Implementierung des Update in JDBC

```
6                 +" where oid = " + info.getOid()
7                 +" and timestamp = " + info.getTimestamp();
8
9  if (statement.execute(sql) == 1)
10     info.setTimestamp(newTimestamp);
11 else
12     throw new LockError("Konflikt !");
```

Nach Ausführung des SQL-Befehls wird geprüft, wie viele Datensätze geändert wurden (Zeile 9).

Wurde genau ein Datensatz verändert, war das *Update* erfolgreich, und der Zeitstempel wird im Laufzeitobjekt aktualisiert[17].

Andernfalls wurde keine Änderung durchgeführt, was durch einen Fehlercode oder wie hier durch eine *Exception* der Außenwelt mitgeteilt wird. Diese Fehlersituation wird ggf. bis in die Benutzungsoberfläche hochgereicht, um angemessen zu reagieren. Beispielsweise könnte der Benutzer aufgefordert werden, den Datensatz erneut zu laden.

4.2.3 Schnittstelle zur Anwendungsschicht

Die Schnittstelle zwischen Persistenz- und Anwendungsschicht kann von zwei verschiedenen Seiten betrachtet werden: Zum einen stellt die Persistenzschicht der Anwendungsschicht ihre Dienste mittels eines API (*Application Programming Interface*) zur Verfügung. Zum anderen muss die Persistenzschicht die fachlichen Klassen kennen, um das *O/R-Mapping* durchführen zu können.

4.2.3.1 Persistenzdienste für die Anwendungsschicht

Um zu zeigen, wie die Dienste der Persistenzschicht in der Anwendungsschicht verwendet werden, skizzieren wir im Folgenden die beiden in Kapitel 5 und 6 vorgestellten Ansätze: die Nutzung eines Persistenz-*Frameworks* und von *Enterprise JavaBeans* (EJB).

Laden von Objekten

mit dem Framework

Die Anwendungsschicht muss ein einzelnes Objekt, dessen *Oid* sie kennt, aus der Datenbank laden können. Code 4.7 zeigt in Zeile 3, wie dies mit Hilfe des Persistenz-*Frameworks* geschieht. Die Klasse

---

[17] Hier wird als Zeitstempel ein einfacher Zähler verwendet, der bei jeder Änderung inkrementiert wird.

`Broker` stellt den Dienst `getObject()` zur Verfügung, der die *Oid* und die Klasse des gesuchten Objektes kennen muss, um es zurückzuliefern. Die Broker-Klasse stellt dabei selbstständig eine Verbindung zur Datenbank her.

Code 4.7: Laden von Objekten mit dem Framework

```
1  ...
2   // Laden einer Person mit dem Persistenz Framework
3   Person tom =(Person)Broker.getObject("1",Person.class);
4
5   // Laden mehrerer Personen mit dem Persistenz-Framework
6   Vector personen =
7          PersonDbBroker.getInstance().findByName("Smith");
8
9   Vector books=
10         BookDbBroker.getInstance().findByAuthor(tom);
```

Auch komplexe Suchanfragen, die als Ergebnis eine Menge von Objekten liefern, müssen unterstützt werden[18]. Diese Suchen sind anwendungsspezifisch und können nicht durch das *Framework* direkt bereitgestellt werden, sondern müssen vielmehr als zusätzliche Methoden in der Persistenzschicht spezifiziert werden.

Beispiele für Suchanfragen mit dem *Framework* zeigen die Zeilen 7 und 10. Die Klasse `PersonDbBroker` ist für das Suchen nach `Person`-Objekten zuständig und bietet eine Methode `findByName()`, die alle `Person`-Objekte mit einem bestimmten Namen zurückgibt. Eine besondere Bedeutung nehmen Suchmethoden zur Navigation zwischen Objekten ein. In der Klasse `BookDbBroker` liefert `findByAuthor()` alle `Book`-Objekte, die zu einer Person (dem Autor) gehören.

mit EJB

Bei der Verwendung von *Enterprise JavaBeans* [EJB01] ist die Schnittstelle vom Grundsatz sehr ähnlich, wie Code 4.8 etwas vereinfacht dargestellt zeigt[19].

Code 4.8: Laden von Objekten mit EJB

```
...
  // Verbindung zum Applikationsserver herstellen
  Context ctx =  new InitialContext( );
  // erzeuge Broker-Klasse für Person
  PersonHome pHome = (PersonHome) =
```

[18] Typisch sind etwa Suchen von der Art: „liefere alle Personen, die ein rotes Auto besitzen und in einer Stadt wohnen, deren Postleitzahl mit 3 anfängt".

[19] Die exakte Syntax und die Verwendung von EJB werden im Detail in Kapitel 6 vorgestellt.

```
                    ctx.lookup("jndiPerson");
6   // Laden einer Person mit EJB
7   Person tom = pHome.findByPrimaryKey("1");
8   // Laden mehrerer Personen mit EJB
9   Collection personen = pHome.findByName("Smith");
10
11  // erzeuge Broker-Klasse für Book
12  BookHome bHome = (BookHome)ctx.lookup("jndiBook");
13  // Laden mehrerer Personen mit EJB
14  Collection books = bHome.findByAuthor(tom);
```

Zunächst wird eine Verbindung zum Applikationsserver hergestellt (Zeile 3).

Über das Verbindungsobjekt `ctx` wird dann eine Fabrikklasse vom Typ `PersonHome` im Applikationsserver gesucht, die für `Person`-Objekte zuständig ist (Zeile 5). Dies geschieht über einen entsprechenden Namen „`jndiPerson`", den der Applikationsserver kennt.

Mit Hilfe des `PersonHome`-Objekts können dann analog zu Code 4.6 ein einzelnes Objekt (Zeile 7) mit einer bestimmten *Oid* oder mehrere Objekte, die eine bestimmte Eigenschaft besitzen (Zeile 8-14), geladen werden.

Spezifikation von Suchanfragen

Die Spezifikation der Suche ist in beiden Technologien unterschiedlich. Im *Framework* werden Suchmethoden durch die zugehörigen SQL-Befehle spezifiziert. In *Enterprise JavaBeans* gibt es eine eigene Abfragesprache, *EJB Query Language* (EJB-QL), mit der man die Semantik der Suche definiert.

Speichern von Objekten

Das API zum Abspeichern von Objekten hängt wiederum von der verwendeten Technologie ab. Darüber hinaus muss in der Anwendungsschicht festgelegt werden, welche Objekte eine Transaktion umfasst.

mit dem Framework

Im *Framework* muss die Transaktionsklammer explizit in der Anwendungsschicht gesetzt werden, wie Code 4.9 zeigt.

Zunächst werden ein neues `Book`-Objekt erzeugt und ein `Person`-Objekt aus der Datenbank geladen. Anschließend werden beide Objekte zueinander in Beziehung gesetzt (Zeile 2-4).

Code 4.9: Speichern von Objekten mit dem Framework

```
1 ...
2 Book b = new Book("The Corrections");
3 Person p = PersonBroker.findByName("Franzen");
4 p.isAuthorOf(b);
```

```
5
6  // Objekte in einer Transaktion in RDBMS schreiben
7  Transaction t1 = new Transaction();
8  t1.addObject(b);
9  t1.addObject(p);
10 t1.addRelation( b.getAuthor() );
11 t1.transactionCommit();
```

In den Zeilen 7 bis 11 findet die eigentliche Datenbanktransaktion statt: in ein `Transaction`-Objekt wird das `Book`- und das `Person`-Objekt sowie die Beziehung zwischen diesen beiden Objekten aufgenommen. Der darauf folgende Aufruf von `transactionCommit()` sorgt für die Änderung der Objektdaten in der Datenbank.

mit EJB

Der andere – mit *Enterprise JavaBeans* verfolgte – Ansatz ist in Code 4.10 dargestellt. Im Vergleich mit der *Framework*-Lösung sind zwei Unterschiede festzustellen: Das `Book`-Objekt wird durch `create()` des `BookHome`-Objekts erzeugt. Diese Methode dient als Fabrikmethode und fügt ein neues Objekt in die Datenbank ein.

Darüber hinaus gibt es keine eigenen Befehle zur Transaktionssteuerung. Alle objekt-verändernden Methoden führen unmittelbar zu einem entsprechenden Datenbankzugriff. Dies gilt auch für das Setzen von Beziehungen wie bei `isAuthorOf()` in Zeile 8.

```
1 ...
2 BookHome bHome = (BookHome)ctx.lookup("jndiBook");
3 Book b = bHome.create("The Corrections");
4
5 PersonHome pHome = (PersonHome) =
6                     ctx.lookup("jndiPerson");
7 Person p  = pHome.findByName("Franzen");
8 p.isAuthorOf(b);
```

Code 4.10: Speichern von Objekten mit EJB

4.2.3.2 Fachliche Klassen in der Persistenzschicht

Als eine ihrer Kernaufgaben bildet die Persistenzschicht die fachlichen Objekte auf das Datenbanksystem ab. Bei einem relationalen Datenbanksystem kennt sie das Tabellenschema und weiß, wie fachliche Objekte darauf abgebildet werden[20].

[20] Das sogenannte *O/R-Mapping* – die Abbildung der Objekte auf die relationalen Tabellen.

Es gibt verschiedene Wege, um den Zusammenhang zwischen Objektattributen und Tabellenspalten zu spezifizieren.

im Framework

Code 4.11 veranschaulicht die im *Framework* gewählte Variante: in vorgegebenen Methoden werden die erforderlichen SQL-Befehle spezifiziert. Dabei werden die in den SQL-Befehl einzusetzenden Attributwerte mit Hilfe der fachlichen Methoden ausgelesen, bspw. `p.getName()` in Zeile 5.

Code 4.11: O/R-Mapping im Framework

```
1 ...
2   protected String getUpdateString (Persistent o){
3         Person p = (Person) o;
4         return "update Person  set name = '"
5                + p.getName() + "'"
6                + " where pers_id = '" + p.getOid() +"'";
7   }
```

in EJB

Eine deklarative Form der Spezifikation des *O/R-Mappings* erlaubt die *Enterprise JavaBeans*-Technologie. In einem XML-Deskriptor (siehe Code 4.12) wird angegeben, auf welche Tabellenspalte sich jedes Objektattribut bezieht. Die erforderlichen SQL-Befehle kann der Applikationsserver mit dieser Information automatisch generieren.

Code 4.12: O/R-Mapping in EJB

```
1 ...
2 <ejb-name>Person</ejb-name>
3  <data-source-name>myDb</data-source-name>
4  <table-name>PERSON</table-name>
5       <field-map>
6         <cmp-field>name</cmp-field>
7         <dbms-column>ejbname</dbms-column>
8       </field-map>
9       ...
```

Die XML-Datei lässt sich wie folgt verstehen: die Daten des fachlichen Objekts `Person` (Zeile 2) befinden sich in der Tabelle `PERSON` (Zeile 4) einer Datenbank, die über die Datenquelle[21] `myDb` (Zeile 3) zugreifbar ist. Das `Person`-Attribut `name` ist dabei in der Tabellenspalte `ejbname` abgespeichert (Zeile 6-7).

[21] In der Datenquelle werden alle Parameter für eine Datenbankverbindung spezifiziert, bspw. Servername, Anmeldename, usw.

4.2.4 Anforderungen an die Architektur

Starke Kohärenz und lose Kopplung sind auch die zentralen Anforderungen an die Persistenzschicht. Sie soll sämtliche Aufgaben zur Verwaltung der Laufzeitobjekte in einem Datenbanksystem wahrnehmen und eine möglichst lose Kopplung zur Anwendungsschicht aufweisen. Um diese Ziele zu erreichen, soll die Persistenzschicht die folgenden Qualitätsmerkmale besitzen.

Wartbarkeit und Erweiterbarkeit

Die Persistenzschicht soll eine flexible Struktur aufweisen, um gute Wartbarkeit und Erweiterbarkeit zu ermöglichen. Es soll also ohne großen Aufwand möglich sein, Änderungen und Erweiterungen in der Anwendungs- und der Persistenzschicht vorzunehmen. Sämtliche Änderungen sollen möglichst lokal und ohne Auswirkung auf größere Anteile des Programmcodes durchführbar sein. Um dies zu erreichen, muss der Datenbankzugriffscode in zweierlei Sinn redundanzfrei sein.

- Die Abbildung der Objekte auf die Datenbankstrukturen (das *O/R-Mapping*) soll nur einmal spezifiziert werden[22]. Dies hilft, Änderungen des Datenbankschemas mit wenig Aufwand in der Persistenzschicht nachzuziehen.
- Auch der Ablauf eines Datenbankzugriffs soll redundanzfrei implementiert werden. Denn grundsätzlich werden in einem Standardablauf immer die gleichen Schritte durchgeführt:
  1. Es wird eine Datenbankverbindung hergestellt.
  2. Beim Laden eines Objektes werden die Daten ausgelesen und in ein Laufzeitobjekt transformiert.
  3. Beim Durchführen einer Transaktion werden die Daten aller beteiligten Objekte in die Datenbank geschrieben. Falls ein Fehler auftritt, wird ein *Rollback* durchgeführt.
  4. Alle belegten Ressourcen, bspw. Datenbankverbindungen, werden freigegeben.

Insgesamt führt Redundanzfreiheit zu weniger und damit verständlicherem und wartbarerem Code.

---

[22] Das bedeutet u.a., dass für jedes fachliche Objekt die *Insert-*, *Delete-*, *Update-* und *Select*-Befehle nur einmal implementiert werden.

Entkoppelung der Schichten

Jede Schicht soll von ihren Nachbarschichten möglichst entkoppelt sein, damit sich Änderungen nur lokal auswirken. Einzelne Schichten sollten grundsätzlich ausgetauscht werden können, um bspw. einen anderen Persistenzmechanismus zu verwenden. Um dieses Ziel zu erreichen, muss die Persistenzschicht folgende Eigenschaften besitzen:

- Nur die Persistenzschicht kennt die Technologie, mit der Objekte persistent verwaltet werden, z.B. ein RDBMS, ein Applikationsserver oder eine XML-Datenbank.[23] Insbesondere befindet sich ausschließlich in ihr das komplette O/R-*Mapping*.

  Somit ist in der Persistenzschicht auch sämtlicher Datenbankzugriffs-Code enthalten, bspw. der SQL-Code beim Einsatz eines RDBMS.

- Die Anwendungsschicht enthält ausschließlich fachliche Klassen bzw. Geschäftslogik und muss sich nicht um die Objekt-Persistenz kümmern. Sie bleibt deshalb von Änderungen des Datenbankschemas unbeeinflusst. Insbesondere gibt es in ihr keinen Code für die technische Realisierung des Datenbankzugriffs[24].

4.3 Entwurfsfehler

Der häufigste Fehler bei der Anbindung von Datenbanken ist das Fehlen einer eigenen Persistenzschicht, wodurch eine starke Kopplung der Anwendungsschicht an das Datenbankschema entsteht. Oft ist aber auch die Persistenzschicht selbst nicht flexibel und mächtig genug, um effizient und schnell die Datenbankanbindung zu realisieren. Im Einzelnen können folgende Entwurfsfehler auftreten:

Fehler 1: Datenbank-Zugriffscode in der Anwendungsschicht

Es gibt keine eigene Persistenzschicht, sondern die Anwendungsschicht enthält den Zugriffscode auf die Datenbank. Dadurch besitzt sie eine schwache Kohäsion, denn sie realisiert neben der fachlichen

---

[23] Diese Anforderung kann oft nur eingeschränkt umgesetzt werden, vgl. die Diskussion in 3.3.2.

[24] In Java bedeutet dies auch, dass keine Klassen des JDBC-Pakets, wie `Connection`, `Statement`, usw. genutzt werden.

Geschäftslogik auch technische Dienste und ist somit sensitiv gegenüber Änderungen des Datenbanksschemas.

Symptom

- Der Zugriffscode auf die Datenbank ist nicht in speziellen Klassen gekapselt, sondern auf die Anwendungsschicht oder gar die Fensterklassen verteilt. Es gibt in den fachlichen Klassen Methoden, die ein Objekt in eine Datenbanktabelle einfügen oder dort aktualisieren. Diese fachlichen Methoden enthalten technischen Code, d.h. sie nutzen bspw. JDBC, um auf ein relationales Datenbanksystem zuzugreifen.

Probleme

- Die fachlichen Klassen sind stark an das Datenbankschema gekoppelt, denn Änderungen an den Datenbanktabellen müssen in ihnen nachgezogen werden. Der Programmcode ist dadurch schlecht wartbar und instabil.
- Für ein Verständnis der fachlichen Klassen sind Kenntnisse des Datenbankschemas erforderlich. In den fachlichen Klassen werden ggf. viele technische Probleme berücksichtigt, bspw. die Verwaltung von Datenbank-Verbindungen oder das *Rollback* fehlgeschlagener Transaktionen.
- Der Datenbank-Zugriffscode ist nicht an einer zentralen Stelle in der Persistenzschicht realisiert, sondern über die Anwendungsschicht verteilt und redundant.
- In der Anwendungsschicht wird eine bestimmte Technologie für die Objekt-Persistenz vorausgesetzt. Enthält die Anwendungsschicht bspw. SQL-Code, so stützt sie sich auf ein relationales Datenbanksystem und es kann nur unter hohem Aufwand zu einer anderen Technologie gewechselt werden.

Lösung

- Es wird eine eigene Persistenzschicht eingeführt, in der sämtlicher Datenbank-Zugriffscode redundanzfrei realisiert ist. In der Anwendungsschicht wird nur das technologie-unabhängige API der Persistenzschicht genutzt, sodass eine Entkoppelung von der Technologie und dem Datenbankschema erreicht wird.

Fehler 2: Redundanter Datenbank-Zugriffscode

Der in Abschn. 4.2.4 beschriebene Standardablauf eines Datenbankzugriffs wird nicht nur an einer Stelle, sondern redundant realisiert. Redundanter Code ist auf jeden Fall zu vermeiden, denn er ist umfangreicher und zudem schlechter zu warten bzw. zu erweitern.

Symptom

- In der Anwendungs- oder auch der Persistenzschicht wird derselbe technische Ablauf für den Datenbankzugriff mehrfach implementiert. Zur Veranschaulichung ist in Code 4.13 skizziert, wie mit JDBC ein `Person`-Objekt aus der Datenbank geladen wird[25].

Code 4.13: Laden eines Objektes mit JDBC

```
...
Statement stmt = null;
Connection conn = null;
Person p = new Person();
try{
  conn = ConnectionManager.getConnection();
  stmt = conn.createStatement();
  ResultSet rs = stmt.executeQuery(
     "select * from  PERSON where oid = " +
                                      myOid);
  if (rs.next()){
     p.setOid(rs.getInt("oid"));
     p.setName(rs.getString("name")); ...
  }
}
catch (SQLException e){ throw e; }
finally{
    if (stmt != null)
       stmt.close();
    if (conn != null)
       ConnectionManager.release(conn);
}
```

- Für das Laden eines Objektes aus einer beliebigen Klasse ist der Code identisch, lediglich die nicht fettgedruckten Codeteile

[25] Wir wollen hier nicht auf die Details eingehen, eine genauere Diskussion erfolgt im nachfolgenden Kapitel.

hängen von der konkreten Klasse ab: der SQL-Befehl zum Selektieren der Daten (Zeile 9-10) und der Code, der aus einem Datensatz ein fachliches Objekt erzeugt (Zeile 4, 12-13).

- Der Standardablauf eines Ladevorgangs ist für jedes fachliche Objekt gleich: es werden eine Datenbankverbindung hergestellt (Zeile 6), ein *Select* durchgeführt (Zeile 7-10), die Daten aus der Ergebnismenge gelesen (Zeile 11-15), ggf. eine *Exception* behandelt (Zeile 16) und die belegten Ressourcen freigegeben (Zeile 17-22).

Probleme

- Es entsteht ein hoher Implementierungsaufwand für den Persistenzmechanismus, weil die Anwendungsentwickler die Abläufe mehrfach programmieren müssen. Durch die redundanten Abläufe erhöht sich der Umfang des Gesamtcodes und erschwert so Wartbarkeit und Änderbarkeit.
- Es kann nicht sichergestellt werden, dass die Behandlung von Ausnahmesituationen und die Freigabe von Ressourcen einheitlich erfolgt. Besteht der Wunsch nach einer Änderung am Standardablauf, bspw. die Ausgabe des SQL-Befehls in einer Log-Datei, so muss der neue Ablauf an sehr vielen Stellen implementiert werden.

Lösung

- Alle technischen Abläufe werden redundanzfrei in einem *Framework* für die Persistenzschicht implementiert[26]. Die Anwendungsentwickler müssen die Persistenzschicht lediglich mit diesen Informationen zum *O/R-Mapping* versorgen, sodass sich der Implementierungsaufwand zur Herstellung von Objekt-Persistenz stark reduziert.

4.4 Grundlegende Entwurfsmuster

Bevor wir einzelne Entwurfsmuster vorstellen, möchten wir die Grundidee von *Frameworks* diskutieren, die eine zentrale Rolle bei der Entwicklung von Softwarearchitekturen einnehmen.

Insbesondere bei der Entwicklung von Persistenzschicht oder auch Benutzerschnittstelle sind sie von sehr großer Bedeutung. Eines

[26] siehe auch den nachfolgenden Abschnitt 4.4.1 und Kapitel 5.

der Hauptziele dieses Buches ist, den Einsatz von *Frameworks* zu motivieren und ihre Arbeitsweise zu verstehen.

4.4.1 Frameworks

Frameworks sind ein probates Mittel, um Wiederverwendbarkeit in Softwaresystemen zu unterstützen.

Bei der Entwicklung der meisten Systeme wird man immer wieder mit denselben technischen Anforderungen konfrontiert: man muss Objekte in einer Datenbank verwalten oder eine Benutzungsoberfläche mit bestimmten Abläufen realisieren.

Solche technischen Aufgaben oder Dienste sind meist von den fachlichen Anforderungen weitgehend unabhängig. Deshalb besteht der Wunsch, diese Dienste anwendungsunabhängig zu implementieren und in vielen Systemen wiederzuverwenden. Für die Bereitstellung wiederverwendbarer Funktionalitäten lassen sich zwei grundlegende Ansätze unterscheiden.

Klassenbibliotheken

Klassenbibliotheken stellen mächtige Methoden für die Erledigung spezieller Aufgaben zur Verfügung. Das Verhalten einer einzelnen Methode kann durch ihre Parameter beeinflusst und angepasst werden. Klassen-Bibliotheken erweitern letztendlich Programmiersprachen um spezielle Befehle, die nicht ihrem Kern zuzurechnen sind.

Beispielsweise gibt es in Java eine Vielzahl von Paketen, deren Klassen Unterstützung bei bestimmten Aufgaben geben. So bietet die Klasse `String` Methoden, um mit Zeichenketten zu arbeiten, bspw. um in ihnen zu suchen oder sie miteinander zu vergleichen. Ein anderes Beispiel sind die `Collection`-Klassen, die Objekt-Container zur Verfügung stellen (`Vector`, `ArrayList`, `Hashtable`, ...).

Charakterisierung von Klassenbibliotheken

Kennzeichnend für Klassenbibliotheken ist, dass sie nur einzelne Methoden bieten, für deren Aufruf der Anwendungsentwickler selbst verantwortlich ist. Für die Reihenfolge der Aufrufe gibt es keine Vorgaben oder Unterstützung.

In diesem Sinne geben Klassenbibliotheken nicht die Struktur einer Anwendung vor, sondern bieten nur mächtige Methoden, die nicht selbst implementiert werden müssen.

Frameworks

Frameworks implementieren im Gegensatz zu Bibliotheken nicht nur einzelne Funktionalitäten, sondern bieten ein komplettes Gerüst für Standardabläufe.

Charakterisierung von Frameworks

Ein *Framework* besteht aus einer Menge von Komponenten – meist Klassen mit entsprechenden Methoden – die ein definiertes Kooperationsverhalten besitzen, d.h. zusammenarbeiten, um eine komplexe Aufgabe zu erledigen.

Einige Komponenten, sogenannte *Hot Spots* können hinzugefügt oder ausgetauscht werden, um das Verhalten des *Frameworks* zu beeinflussen und an bestimmte Situationen anzupassen. Programmiertechnisch sind dazu sogenannte Einschubmethoden (*hook methods*) vorgesehen. Einschubmethoden werden nicht durch den Anwendungsentwickler, sondern durch das *Framework* aufgerufen. Kennzeichnend ist somit das sogenannte „Hollywood-Prinzip“: „*Don't call the framework, the framework calls you*“.

Wie mit diesen Einschubmethoden gearbeitet wird, ist im Schablonenmethoden-Muster (*template method*) [GoF95] beschrieben, das ein Schlüssel für die Entwicklung von *Frameworks* ist und in Abschnitt 4.4.2 vorgestellt wird.

Framework zur Persistenz

Mithilfe eines *Frameworks* kann der Standardablauf eines Datenbank-Zugriffs zur Verwaltung von Objekten kann realisiert werden.

Im *Framework* werden alle identischen Schritte genau einmal implementiert: Aufbau einer Datenbankverbindung, Auslesen der Daten und Transformation in ein Laufzeitobjekt, Durchführung von Transaktionen, Fehlerbehandlung, Ressourcen-Freigabe, usw.

Lediglich der Code für den Datenbankzugriff (bspw. der SQL-Befehl) unterscheidet sich für die verschiedenen fachlichen Klassen und muss in den Standardablauf eingebaut werden, was mit Hilfe von Einschubmethoden möglich ist.

Das im Folgekapitel vorgestellte *Framework* arbeitet mit diesem Mechanismus, um Persistenz für Java-Objekte zu realisieren.

Insgesamt ermöglicht es ein *Framework,* Verhalten oder Abläufe zu implementieren und mit anwendungsspezifischen Anteilen anzureichern. Eine empfehlenswerte Darstellung zum Thema *Frameworks* ist auch in [Pree97] zu finden.

4.4.2 Schablonenmethode (Template Method)

Ziel

Das Schablonenmethode-Entwurfsmuster (*template method*) ist eines der zentralen Muster, mit denen *Frameworks* arbeiten. Es legt das Gerüst für einen Standardablauf fest und delegiert die Ausführung einzelner Arbeitsschritte an Unterklassen. Mit diesem *Pattern* lassen sich also Abläufe und Algorithmen allgemein implementieren und an festgelegten Stellen spezifisches Verhalten einfügen.

Beschreibung

In einer sogenannten Schablonenmethode (*template method*), die zum *Frameworks* gehört, wird ein in verschiedenen Varianten auftretender Ablauf implementiert, siehe Abb. 4.15. In der Implementierung der Schablonenmethode werden dabei abstrakte Einschubmethoden (*hook methods*) aufgerufen.

In Unterklassen werden diese Einschubmethoden realisiert, um so unterschiedliche Algorithmen in das durch die Schablonenmethode vorgegebene Gerüst einzufügen.

Abbildung 4.15: Schablonen-methode-Entwurfmuster

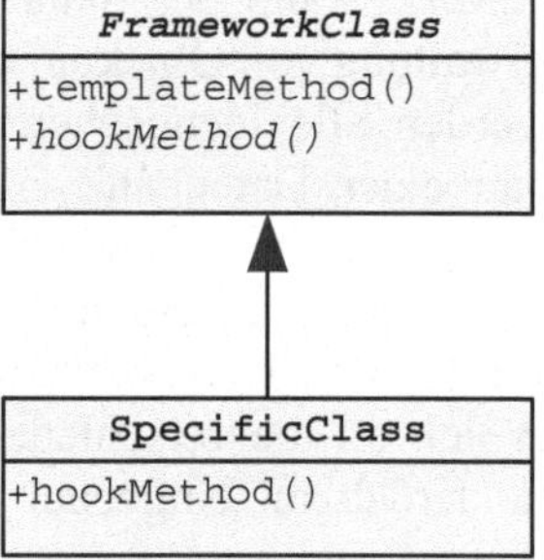

Verantwortlichkeiten

`FrameworkClass`

Diese Klasse gehört zum *Framework* und implementiert in ihrer Schablonenmethode das Gerüst für einen Standardablauf.

Code 4.14 zeigt, wie eine solche Klasse realisiert wird. Sie enthält die Schablonenmethode `templateMethod()` (Zeile 3-8) und deklariert eine abstrakte Einschubmethode `hookMethod()` (Zeile 2).

Innerhalb der Schablonenmethode werden die zum Standardablauf gehörende Befehle durchgeführt und `hookMethod()` aufgerufen. Damit implementiert sie ein Standardverhalten, und legt den Zeitpunkt für den Aufruf der Einschubmethoden fest.

Die Deklaration der abstrakten Methode (Zeile 2) ist erforderlich, damit sie in der Klasse bekannt und innerhalb der Schablonenmethoden verwendet werden kann.

Code 4.14: Implementierung der Framework-Klasse

```
1 public abstract class FrameworkClass {
2    public abstract void hookMethod();
3    public void templateMethod(){
4       // Code für erste Arbeitsschritte
5       // Aufruf der Einschubmethode:
6       hookMethod();
7       // Code für weitere Arbeitsschritte
8    }
9 }
```

`SpecificClass`

Diese Klasse gehört zum Anwendungssystem, das den durch das *Framework* festgelegten Rahmen für seine Abläufe verwendet. `SpecificClass` implementiert lediglich die Einschubmethode `hookMethod()`, um in den Standardablauf spezifisches Verhalten einzubinden, siehe Code 4.15.

Code 4.15: Implementierung der Hook-Methode

```
public class SpecificClass extends FrameworkClass {
  public void hookMethod() {
        // Implementierung speziellen Verhaltens
  }
}
```

Zu beachten ist, dass die `FrameworkClass` abstrakt ist und deshalb nicht instanziiert werden kann. Die Nutzung eines *Frameworks*, das mit Einschubmethoden arbeitet, erfolgt also, indem man Unterklassen implementiert und diese instanziiert.

Anwendung und Bewertung

Bei der Verwendung von *Frameworks* können zwei verschiedene Rollen unterschieden werden:

- **Framework-Entwickler**
  Die anspruchsvolle Aufgabe einer *Framework*-Entwicklung besteht aus der Realisierung der *Framework*-Klassen mit ihren Schablonenmethoden. In Kapitel 5 werden wir bspw. in Schablonenmethoden festlegen, welche Schritte grundsätzlich bei jedem Datenbankzugriff durchgeführt werden müssen. Immer dann, wenn konkretes anwendungsspezifischen Wissen oder Verhalten erforderlich ist – bspw. wie ein konkreter SQL-Befehl aussieht – rufen Schablonenmethoden eine Einschubmethode auf.

- **Anwendungsentwickler**
  Der Anwendungsentwickler nutzt das *Framework* und implementiert lediglich die Hook-Methoden, um das spezifische Verhalten seiner Anwendung festzulegen. Beispielsweise müssen die zur Speicherung fachlicher Objekte benötigten SQL-Befehle von einer entsprechenden Einschubmethode geliefert werden.

Hot Spots vs. Frozen Spots

Zwei im Zusammenhang mit *Frameworks* verwendete Begriffe verdeutlichen diesen Zusammenhang. Die Schablonenmethoden werden vom Anwendungsentwickler nicht geändert und heißen deshalb auch *Frozen Spots*. Mit den Einschubmethoden kann das *Framework* angepasst werden, weshalb sie *Hot Spots* genannt werden.

White-Box- vs. Black-Box-Frameworks

Frameworks, die Schablonemethoden und damit Vererbung nutzen, werden auch *White-Box-Frameworks* genannt. Im Gegensatz dazu können auch sogenannte *Black-Box-Frameworks* entwickelt werden, die auf das *Strategie*-Muster (siehe Abschnitt 7.3.5) setzen. Eine genauere Diskussion wird in [Pree97] geführt. Wir werden nachfolgend ein *White-Box-Framework* entwickeln und uns deshalb darauf beschränken.

4.4.3 Fabrikmethode (Factory Method)

Beschreibung siehe Kapitel 2.

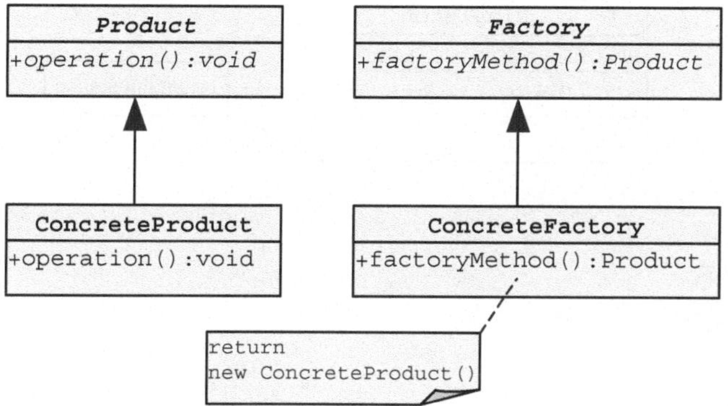

Abbildung 4.16: Fabrikmethoden-Entwurfsmuster

4.4.4 Fassade (Facade)

Beschreibung siehe Kapitel 2.

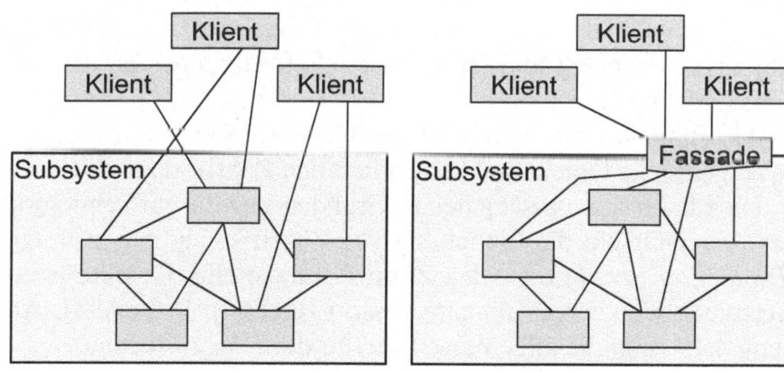

Abbildung 4.17: Fassade-Entwurfsmuster

4.4.5 Singleton

Beschreibung siehe Kapitel 2.

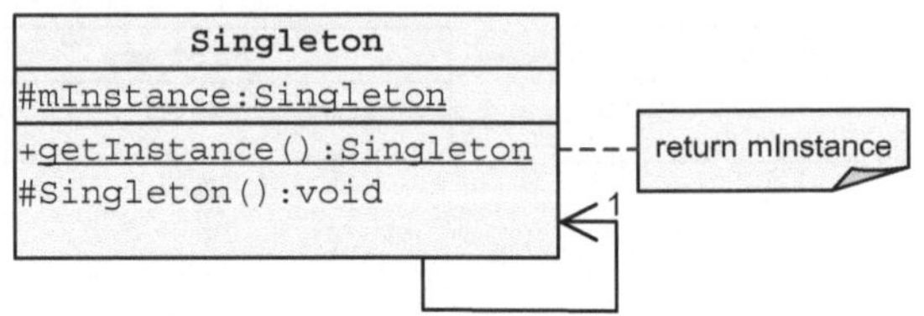

Abbildung 4.18: Singleton

4.4.6 Proxy

Ziel

Das *Proxy*-Entwurfsmuster führt ein Stellvertreterobjekt (engl. *proxy*) ein, um den Zugriff auf ein Objekt zu kontrollieren. Das *Proxy*-Muster kann beispielsweise helfen, langsame Netzwerkzugriffe auf entfernte Objekte zu reduzieren.

Beschreibung

Das *Proxy*-Objekt wird von einem Klienten statt des Original-Objektes verwendet und leitet dessen Anforderungen an das eigentliche Objekt weiter.

Als Hauptaufgabe verwaltet das *Proxy*-Objekt eine Referenz auf das eigentliche Objekt und kontrolliert den Zugriff darauf.

Dies kann aus verschiedenen Gründen gewünscht sein: so kann das *Proxy*-Objekt die Einhaltung von Zugriffsrechten gewährleisten (*Protection Proxy*) oder den Zugriff auf verteilte Objekte über ein Netzwerk reduzieren (*Remote Proxy*) [GoF95], [POSA96]. Abbildung 4.19 zeigt die allgemeine Struktur des *Proxy*-Musters.

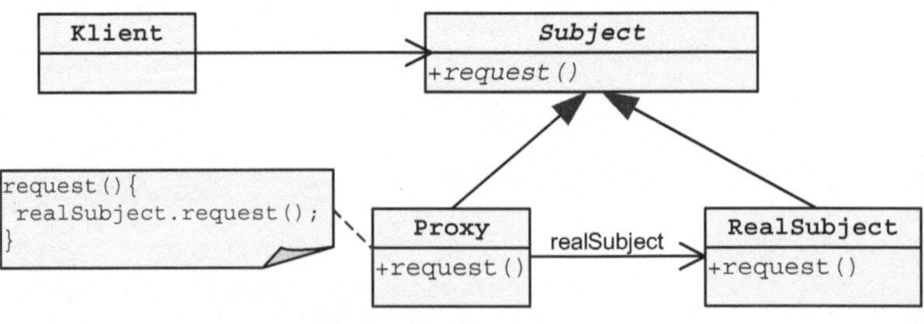

Abbildung 4.19: Struktur des Proxy-Entwurfsmusters

Verantwortlichkeiten

`Klient`

Der Klient nutzt die Schnittstelle, die durch das `Proxy`-Objekt bereitgestellt wird.

`Proxy`

Das `Proxy`-Objekt verwaltet eine Referenz auf das eigentliche Objekt vom Typ `RealSubject` und bietet eine identische Schnittstelle. Damit können Klienten statt des `RealSubject` auch das `Proxy`-Objekt verwenden. Innerhalb des `Proxy`-Objektes wird entschieden, wann und in welcher Form Klientenanforderungen an das `RealSubject` delegiert werden.

`RealSubject`

`RealSubject` ist das eigentliche Objekt, das durch das `Proxy`-Objekt beim Klienten vertreten wird, bspw. ein *Remote*-Objekt auf einem entfernten Rechner.

`Subject`

`Subject` deklariert die gemeinsame Schnittstelle von `RealSubject` und `Proxy`. Damit kann `Proxy` überall dort verwendet werden, wo ein `RealSubject`-Objekt erwartet wird.

Anwendung und Bewertung

Das *Proxy*-Muster ist für uns im Folgenden für den Zugriff auf entfernte Objekte von Interesse. Dies gilt bspw. für *Enterprise JavaBeans*-basierte Architekturen, wo das *Proxy*-Muster unter den Namen *Value Objects* oder *Data Access Objects* von großer Bedeutung ist [DuMu02], [AlCM01].

Remote Proxy

Klienten benutzen *Remote*-Referenzen auf entfernte Objekte, um Methoden auf anderen Rechnern auszuführen. Jeder Methodenaufruf, der über diese Referenzen erfolgt, ist ein *Remote*-Aufruf über das Netz mit entsprechendem *Overhead* und schlechtem Antwortzeitverhalten.

Die Anzahl der *Remote*-Aufrufe steigt dramatisch, wenn man auf jedes Attribut eines entfernten Objekts einzeln mit `get/set()`-Methoden zugreift. Das *Proxy*-Entwurfsmuster versucht die Anzahl der Methodenaufrufe und damit die Antwortzeiten zu verringern.

Hierzu wird ein *Proxy*-Objekt implementiert, das dieselben Attribute und Zugriffsmethoden wie das *Remote*-Objekt enthält. Das *Re-*

mote-Objekt erhält darüber hinaus Methoden zum Setzen und Lesen von *Proxy*-Objekten.

Die Methode `getProxy()` erzeugt ein *Proxy*-Objekt als Kopie des *Remote*-Objektes und liefert sie an den Klienten zurück. Umgekehrt setzt `setProxy(Proxy p)` die Attribute des entfernten Objektes mit den Werten des *Proxy*-Objektes. Abb. 4.20 zeigt schematisch, wie ein Klient das *Proxy*-Objekt nutzt:

Abbildung 4.20: Zugriff auf ein Remote-Objekt mit Hilfe des Proxy-Musters

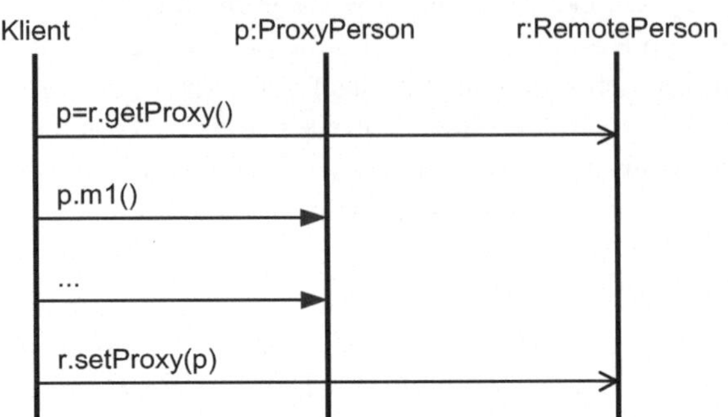

Der Klient fordert zunächst vom *Remote*-Objekt eine entsprechende Kopie – das *Proxy*-Objekt – an und arbeitet dann lokal mit dieser Kopie. Nach der Bearbeitung sendet der Klient das *Proxy*-Objekt an das *Remote*-Objekt zurück, das dann seine Attribute aktualisiert.

Ein *Proxy*-Objekt wird somit vom Klienten als Stellvertreter des *Remote*-Objektes genutzt.

5 Persistenz-Framework

In diesem Kapitel wird ein *Framework* entwickelt, das Java-Objekte in einer relationalen Datenbank verwaltet und die in Kapitel 4 genannten Konzepte und Anforderungen an eine Persistenzschicht umsetzt.

Dabei haben wir bewusst darauf verzichtet, ein Standardprodukt wie bspw. TopLink von WebGain[1], PowerTier von Persistence[2] oder OJB von Apache[3] vorzustellen. In diesem Kapitel geht es vielmehr darum, zu verstehen, wie man selbst Objekt-Persistenz realisieren kann.

Das dargestellte *Framework* ist einerseits einfach genug, um noch im Detail verstanden werden zu können, andererseits zeigt es aber auch alle wesentlichen Mechanismen einer tragfähigen Persistenzschicht.

Überblick

Zunächst versuchen wir eine pragmatische Sicht auf das *Framework* zu geben und zeigen in Abschn. 5.1, wie man es in der Anwendungsentwicklung benutzt. Danach wird die Architektur des *Frameworks* im Detail vorgestellt (Abschn. 5.2). Dabei werden schrittweise die detaillierteren Anforderungen an das *Framework* und Lösungskonzepte aufgezeigt sowie auch eine Umsetzung in Java vorgestellt (Abschn. 5.3). In Abschn. 5.4 arbeiten wir heraus, wo die in Kapitel 4 vorgestellten Entwurfsmuster eingesetzt werden. Dann wird in Abschn. 5.5 gezeigt, wie die Persistenzschicht unserer Beispielanwendung *SamComm* mit Hilfe des *Frameworks* implementiert wird. Abschließend bewerten wir das vorgestellte Framework und grenzen es gegen andere Ansätze ab (Abschn. 5.6).

Um die vorgestellten Implementierungen im Detail verstehen zu können, sind Grundkenntnisse über JDBC erforderlich. Einen schnellen Einstieg bieten bspw. die Tutorien von Sun [Fish0], aber auch Lehrbücher wie [HoCo00] oder [FiSa99].

[1] http://www.webgain.com/products/toplink/

[2] http://www.persistence.com/products/powertier/

[3] http://jakarta.apache.org/ojb/

5.1 Anwendungsentwicklung mit dem Persistenz-Framework

Bevor wir zeigen, wie das *Framework* implementiert ist, wollen wir zunächst ein Gefühl dafür vermitteln, wie man mit dem *Framework* arbeitet. Folgende Schritte müssen durchgeführt werden, um das *Framework* einzusetzen:

1. In den Geschäftsprozessmethoden der Anwendungsschicht wird das *Framework*-API genutzt, um Daten aus der Datenbank zu lesen oder in ihr abzuspeichern (Abschn. 5.1.1).
2. Die Entitätsklassen der Anwendungsschicht müssen angepasst werden (Abschn. 5.1.2).
3. Im *Object/Relational* (O/R)-*Mapping* muss spezifiziert werden, wie die Geschäftsklassen im relationalen Datenbank-Managementsystem (RDBMS) abgelegt sind (Abschn. 5.1.3).
4. Fachliche Suchanfragen müssen in der Persistenzschicht gemäß festgelegter Vorgaben realisiert werden (Abschn. 5.1.4).

5.1.1 Framework-API

Wie bereits in Abschnitt 4.2.3 dargestellt, nutzt die Anwendungsschicht das API der Persistenzschicht für zwei grundlegende Aufgaben: Objekte müssen aus der Datenbank geladen bzw. in ihr abgespeichert werden können.

Laden von Objekten

Laden eines einzelnen Objekts

Die Anwendungsschicht muss ein einzelnes Objekt anhand dessen *Oid* aus der Datenbank laden können. Dazu stellt die *Framework*-Klasse `Broker` die Fabrikmethode `getObject(oid, Class)` zur Verfügung, siehe Code 5.1. Der `Class`-Parameter legt die Klasse des gesuchten Objektes fest, und wird benötigt, damit im *Framework* der zur Klasse passende SQL-*Select*-Befehl gefunden wird[4].

[4] In Java besitzt jede Klasse ein statisches Attribut namens `class` vom Typ `Class`, das Metainformationen wie den Klassenamen liefert. Weitere Informationen sind in Einführungen zum Java-*Reflection*-Mechanismus zu finden [FiSa99].

```
...
try {
    Person p = (Person)Broker.getObject("1",Person.class);
}
catch (Exception e) {...}
```

Code 5.1: Laden eines Objekts mit dem Framework

Der Aufruf dieser Methode kann eine *Exception* verursachen, bspw. wenn keine Datenbankverbindung möglich ist.

Laden mehrerer Objekte

In der Anwendungsschicht wird oft mit unscharfen Suchkriterien nach Objektmengen gesucht. Die zugehörigen Suchanfragen sind manchmal aufwändig: Wenn sich die Suchkriterien auf Spalten vieler Tabellen beziehen, müssen letztendlich alle beteiligten Tabellen per SQL-*Join* verknüpft werden[5].

Code 5.2 gibt ein Beispiel, wie solche Suchabfragen in der Anwendungsschicht verwendet werden. Für jede fachliche Klasse `MyClass` bietet eine zugehörige Klasse `MyClassDbBroker` Suchmethoden, die als Ergebnis eine Menge von `MyClass`-Objekten zurückgeben. In Zeile 3 liefert `PersonDbBroker.getInstance().findByName()` alle `Person`-Objekte, die den Namen „Smith" besitzen. In Zeile 5 liefert `findByAuthor()` in `BookDbBroker` alle `Book`-Objekte, die das `Person`-Objekt `tom` geschrieben hat.

```
1 ...
2 Person tom = (Person)Broker.getObject("1", Person.class);
3 Vector personen =
        PersonDbBroker.getInstance().findByName("Smith");
4 Vector books =
5       BookDbBroker.getInstance().findByAuthor(tom);
```

Code 5.2: Suchanfragen mit dem Framework

Die `DbBroker`-Klassen sind *Singletons* und besitzen deshalb die statische Methode `getInstance()`, vgl. Abschnitt 2.3.1.

Speichern von Objekten

Objekte lassen sich nur im Kontext einer Transaktion abspeichern, die in der fachlichen Logik spezifiziert werden muss. Dazu wird ein Objekt der Klasse `Transaction` angelegt, in das mit der Methode `addObject(Persistent p)` sukzessiv alle zur Transaktion gehörenden Objekte abgelegt werden, siehe Code 5.3.

---

[5] Wie entsprechende Methoden ins *Framework* eingebracht werden, zeigen wir in Abschnitt 5.1.4.

Code 5.3: Speichern von Objekten mit dem Framework

```
...
Book b = new Book("The Corrections");
Person p = PersonBroker.findByName("Franzen");
...
Transaction t1 = new Transaction();
t1.addObject(p);
t1.addObject(b);
t1.transactionCommit();
```

Die Objekte werden in derselben Reihenfolge in die Datenbank geschrieben, in der sie dem `Transaction`-Objekt hinzugefügt wurden. Mit Aufruf von `transactionCommit()` erfolgt die Durchführung der Datenbank-Befehle und das *Commit*.

Reihenfolge in Transaktionen

Für eine erfolgreiche Transaktion ist die Reihenfolge, in der die Datenbank-Aktionen durchgeführt werden, sehr wichtig. Besteht bspw. eine Pflichtbeziehung zwischen einem Buch- und einem Autor-Objekt, so muss beim Erzeugen beider Objekte zuerst ein *Insert* für das `Author`-Objekt durchgeführt werden. Nur dann kann für das `Book`-Objekt ein entsprechender Fremdschlüsselverweis eingefügt werden.

Alle Datenbank-Aktionen können zu Fehlern führen, wenn bspw. kein Zugriff auf die Datenbank möglich ist oder der im *Framework* hinterlegte SQL-Code nicht zum Datenbankschema passt. In diesen Fällen wird eine *Exception* geworfen, die in der Anwendungsschicht berücksichtigt werden muss.

5.1.2 Anpassung der fachlichen Klassen

Wie bereits in Abschnitt 2.1.3 diskutiert, müssen die fachlichen Objekte der Anwendungsschicht der Persistenzschicht in einigen Details angepasst werden.

Oid-Attribut

Das *Framework* setzt voraus, dass alle persistenten Klassen eine *Oid* (*object identifier*) besitzen. Um einen einheitlichen Zugriff auf die *Oid* zu ermöglichen, muss jede persistente fachliche Klasse das *Interface* `Persistent` implementieren, das auch den Datentyp einer *Oid* als *String* festlegt, siehe Code 5.4.

Code 5.4: Interface Persistent

```
public interface Persistent {
  public String getOid();
  public void setOid(String oid);
}
```

Die Methoden des *Frameworks* arbeiten ausschließlich mit Objekten vom Typ `Persistent`. Bspw. liefert `getObject(String oid)` für die übergebene *Oid* ein Objekt vom Typ `Persistent` zurück.

Darüber hinaus müssen in jeder fachlichen Klasse vom Typ `Persistent` zwei spezielle Konstruktoren implementiert werden, die Code 5.5 für die Klasse `Person` beispielhaft zeigt.

```
1 public class Person implements Persistent
2
3   public Person() {
4        Broker.register(this);
5   }
6   public Person(String oid){
7        this.oid = oid ;
8   }
9 ...
```

Code 5.5: Konstruktoren In persistenten Klassen

Konstruktoren

Der *Default*-Konstruktor (Zeile 3-5) sorgt dafür, dass für das neu erzeugte Objekt eine *Oid* generiert und es im *Framework* registriert wird. Diese Aufgaben werden durch den Methodenaufruf `Broker.register(this)` angestoßen.

Nicht für alle neu erzeugten Objekte muss auch eine *Oid* generiert werden. Wird ein Objekt aus der Datenbank geladen, so besitzt es bereits eine *Oid*, die in der Datenbank gespeichert ist und bei der Erzeugung eines Laufzeitobjektes wieder verwendet werden muss. Dazu dient ein Konstruktor mit *Oid*-Parameter, der den Automatismus von `register()` nicht nutzt.

5.1.3 O/R-Mapping

Im *Object/Relational (O/R)-Mapping* wird festgelegt, wie fachliche Klassen auf ein vorhandenes Datenbankschema abgebildet werden. Um Fachlichkeit und technische Realisierung nicht zu vermischen, sollten diese Informationen außerhalb der fachlichen Klassen spezifiziert werden.

DbBroker

Im *Framework* werden sämtliche Informationen, die für das O/R-*Mapping* benötigt werden, in sogenannten `DbBroker`-Klassen abgelegt. Jede persistente Klasse `MyClass` muss dazu eine korrespondierende Klasse `MyClassDbBroker` mit folgenden Eigenschaften besitzen:

- Ihr Name genügt der Namenskonvention: <Name der fachlichen Klasse>`DbBroker`.
- Jede fachliche `DbBroker`-Klasse muss von der Klasse `RelationalDbBroker` erben.
- Sie muss das Singleton-Muster mit einer statischen Methode `getInstance()` implementieren.

Definition des O/R-Mapping

Das eigentliche *O/R-Mapping* wird in den `DbBroker`-Klassen in vorgegebenen Methoden definiert. Die zu implementierenden Methoden fallen in zwei verschiedene Kategorien: einerseits müssen die grundlegenden SQL-*Strings* für Datenbank-Änderungen spezifiziert werden (Code 5.6), andererseits muss festgelegt werden, wie man aus einem Datensatz der Datenbank ein fachliches Java-Objekt erzeugt.

Code 5.6: O/R-Mapping zum Ändern von Objekten

```
public class PersonDbBroker extends RelationalDbBroker {

  protected String getInsertString (Persistent o){
    Person p = (Person) o;
    return "insert into Person(pers_id, name, vorname,)
                                                    values("
          + "'" + p.getOid()  + "' , '" + p.getName()
          + "', '" + p.getVorname() +"')";
  }
  protected String getUpdateString (Persistent o) {
    Person p = (Person) o;
    return "update Person set vorname = '"
           + p.getVorname()
           + "',  name = '" + p.getName() + "'"
           + " where pers_id = '" + p.getOid() +"'";
  }
  protected String getDeleteString (Persistent o){
    Person p = (Person) o;
    return "delete from PERSON "
          + " where pers_id = '" + p.getOid() +"'";
  }
...
```

Die Methoden `getInsertString(..)`, `getUpdateString(..)` und `getDeleteString(..)` liefern in Form von *Strings* die SQL-Befehle, um das übergebene Java-Objekt in der Datenbank einzufügen, zu ändern oder zu löschen.

Das Beispiel verdeutlicht, wie fehleranfällig es ist, SQL-Befehle in JDBC als *Strings* aufzuschreiben. Die festliegenden Bestandteile des SQL-Befehls sind *String*-Konstanten, die Attributwerte des übergebenen Objekts werden durch Aufruf entsprechender `get`-Methoden eingebaut. Damit man die `get`-Methoden des jeweiligen fachlichen Objektes beim Zusammenbauen des SQL-Befehls aufrufen kann, erfolgt eine Typkonvertierung (*Cast*) des übergebenen `Persistent`-Objekts auf das fachliche Objekt (Zeilen 4, 10, 17). Insbesondere die in SQL erforderlichen Trennzeichen wie Kommata und Hochkommata führen schnell zu Unübersichtlichkeit.

Zwei weitere Methoden dienen dazu, Objekte aus der Datenbank zu laden (Code 5.7).

Code 5.7: O/R-Mapping: Laden von Objekten

```
1  public class PersonDbBroker extends RelationalDbBroker {
2  ...
3    protected String getFindByPrimaryKeyString(String
                                                  anOid){
4      return  "select * from Person where pers_id ='"
                                               +anOid +"'";
5    }
6    protected Persistent makeObject(ResultSet rs)
                                    throws SQLException {
7      Person person = new Person(rs.getString("pers_id"));
8      person.setVorname( rs.getString("vorname") );
9      person.setName( rs.getString("name") );
10     return person;
11   }
12 }
```

Die Methode `getFindByPrimaryKey(..)` liefert den SQL-Befehl, um ein Objekt zu einer übergebenen *Oid* zu selektieren.

In der Methode `makeObject(..)` wird implementiert, wie man aus dem Datensatz eines SQL-*Selects*, der in Form eines JDBC-`ResultSet`-Objekts übergeben wird, ein fachliches Java-Objekt erzeugt. Die Methode liest die Spalten des Datensatzes aus (Zeilen 7-9), erzeugt mit dem Konstruktor ein neues Objekt (Zeile 7) und setzt alle Objektattribute mit den gelesenen Daten.

5.1.4 Suchabfragen

Spezielle fachliche Suchabfragen werden ebenfalls in den `DbBroker`-Klassen implementiert, wie Code 5.8 veranschaulicht.

Im Beispiel liefert die Methode `findByName(String name)` einen `Vector` aller `Person`-Objekte, deren Namen mit dem übergebenen *String* anfangen. In der Implementierung wird der *Select*-Befehl definiert und der geerbten Methode `getObjectsFromSelect(..)` übergeben. Diese *Framework*-Methode führt das *Select* aus, und erzeugt mit Hilfe der Methode `makeObject(..)` die Ergebnis-Objekte.

Code 5.8: O/R-Mapping für Suchabfragen

```
public class PersonDbBroker extends RelationalDbBroker {
...
  public Vector findByName(String name)
                                    throws SQLException {
    String sql = "select * from Person where "
                          + "name like '" +name + "%'";
    return getObjectsFromSelect(sql);
  }
}
```

Damit ist ein relativ vollständiger Überblick über die Verwendung des *Frameworks* gegeben. Der genaue Einsatz des *Frameworks* in der Anwendungsschicht wird für unser Beispielsystem noch klarer in Unterkapitel 5.5 herausgearbeitet.

Noch nicht gezeigt haben wir hier, wie Beziehungen mit dem *Framework* verwaltet werden. Dieses etwas komplexere Thema wird an späterer Stelle noch detailliert vorgestellt.

5.2 *Framework*-Architektur

Entwurfsziele des *Framework* sind die in Kapitel 4 genannten Anforderungen:

Entwurfsziele

- Sämtlicher SQL-Zugriffscode befindet sich innerhalb der Persistenzschicht und nicht in fachlichen Klassen.
- Das *Framework* bietet ein mächtiges API, mit dessen Hilfe sich Objekt-Persistenz ohne hohen Aufwand in der Anwendungsschicht erreichen lässt.
- Standardabläufe des Datenbankzugriffs sind nur einmal realisiert.

In diesem Kapitel soll auch die allgemeine Arbeitsweise von *Frameworks* gezeigt werden. Viele der hier vorgestellten Ansätze lassen sich auch für die Entwicklung von *Frameworks* in anderen Kontexten nutzen.

Das in Abb. 5.1 dargestellte Klassenmodell zeigt alle Klassen mit ihren zentralen Methoden. Um einen ersten Eindruck zu verschaffen, stellen wir die zentralen *Framework*-Dienste zunächst im Überblick vor.

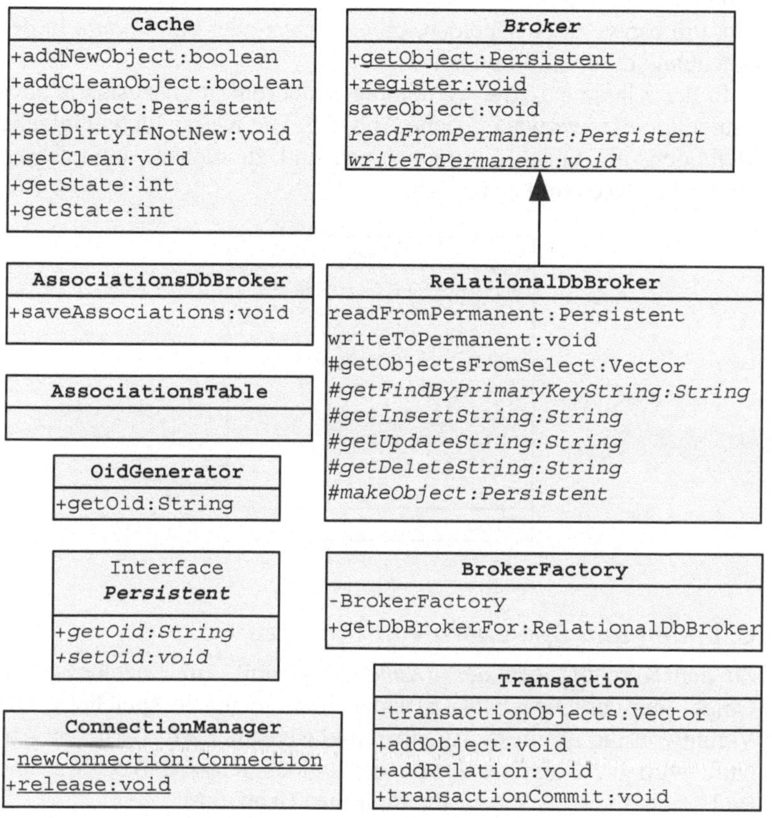

Abbildung 5.1: Überblick über die Framework-Architektur

A. Schnittstelle aller persistenten Klassen

Das `Persistent`-*Interface* legt die Schnittstelle für alle persistenten fachlichen Klassen fest. Jede fachliche Klasse muss eine *Oid* vom Typ String besitzen, auf die mit entsprechenden `get/set()`-Methoden zugegriffen werden kann (Abb. 5.2).

Interface
Persistent
+getOid:String
+setOid:void

Abbildung 5.2: Persistent-Interface

B. Verwaltung des Objekt-Lebenszyklus

Jedes Laufzeitobjekt unterliegt einem definierten Lebenszyklus. Die Synchronisationszustände *New*, *Clean*, *Dirty* und *Delete* beschreiben das Verhältnis zwischen Java-Objekt und Datenbankinhalt. Das *Framework* muss diesen Objektzustand bei jeder Transaktion kennen, um bspw. zu entscheiden, ob ein *Insert* oder ein *Update* in der Datenbank durchzuführen ist.

In der Klasse `Cache` werden die Synchronisationszustände aller Laufzeitobjekte verwaltet, siehe Abb. 5.3. Die Klasse bietet einfache Methoden, um Objekte aufzunehmen und zu suchen, sowie ihren Zustand zu lesen und zu ändern.

Abbildung 5.3: Cache für die Verwaltung von Objektzuständen

Cache
+addNewObject:boolean +addCleanObject:boolean +getObject:Persistent +setDirtyIfNotNew:void +setClean:void +setDelete:void +getState:int +getState:int +remove:void
-Slot

C. Laden und Speichern von Objekten

Zu den Kernaufgaben des *Frameworks* zählt, ein einzelnes Java-Objekt aus der Datenbank zu laden bzw. in ihr zu speichern. Die Verantwortung für diese Aufgaben inklusive aller erforderlichen Abläufe wird im *Framework* von den beiden Klassen `Broker` und `RelationalDbBroker` übernommen (Abb. 5.4).

Broker

Die Klasse `Broker` stellt zwei Methoden zum Laden und Speichern eines Java-Objektes bereit: `Persistent getObject(..)` und `saveObject(..)`. Mit diesen beiden Methoden werden die Standardabläufe eines Datenbankzugriffs angestoßen.

Die `Broker`-Klasse bietet nur eine allgemeine Schnittstelle zum Speichern und Laden von Objekten und setzt noch keine bestimmte Datenbanktechnologie voraus.

Die Implementierung der Datenbankzugriffe erfolgt erst in der Unterklasse `RelationalDbBroker`. `Broker` prüft lediglich, ob sich ein Objekt bereits im `Cache` befindet, und delegiert andernfalls die technische Durchführung des Ladens und Speicherns an ihre Unterklasse `RelationalDbBroker`. Dafür verwendet sie die beiden Einschubmethoden `readFromPermanent(..)` und `writeToPermanent(..)`.

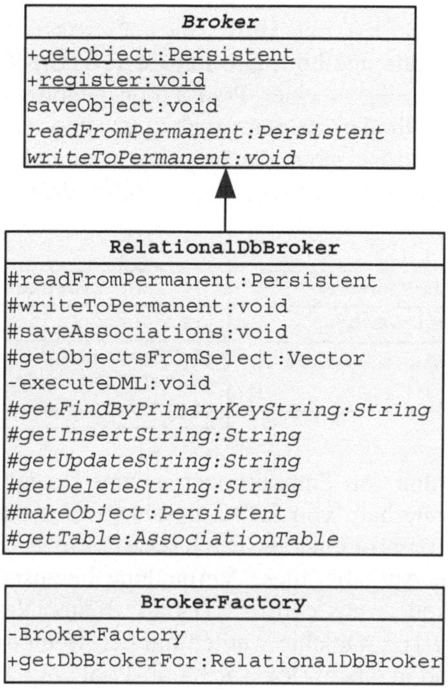

```
Broker
+getObject:Persistent
+register:void
saveObject:void
readFromPermanent:Persistent
writeToPermanent:void

        ▲
        |

RelationalDbBroker
#readFromPermanent:Persistent
#writeToPermanent:void
#saveAssociations:void
#getObjectsFromSelect:Vector
-executeDML:void
#getFindByPrimaryKeyString:String
#getInsertString:String
#getUpdateString:String
#getDeleteString:String
#makeObject:Persistent
#getTable:AssociationTable

BrokerFactory
-BrokerFactory
+getDbBrokerFor:RelationalDbBroker
```

Abbildung 5.4: Broker-Klassen zum Laden und Speichern von Objekten

Relational-DbBroker

`RelationalDbBroker` setzt eine relationale Datenbank voraus und implementiert in Schablonenmethoden alle Standardabläufe, um mittels JDBC auf das RDBMS zuzugreifen.

Die Klasse realisiert zwar die allgemeinen Abläufe, aber sie weiß nicht, wie ein Objekt auf ein gegebenes Datenbankschema abgebildet wird.

Diese anwendungsspezifische Funktionalität wird an die Einschubmethoden ihrer Unterklassen[6] `getFindByPrimaryKey-String()`, `getUpdateString()`, `getInsertString()`, `makeObject()`, usw. delegiert.

BrokerFactory

Die Klasse `BrokerFactory` stellt lediglich die Fabrikmethode `getDbBrokerFor()` zur Verfügung, die zu einer bestimmten Klasse `MyClass` den zugehörigen `MyClassDbBroker` liefert.

[6] Dies sind die den fachlichen Klassen zugeordneten `DbBroker`-Klassen, siehe Abschn. 5.1.3.

D. Transaktionsverarbeitung und Connection-Pooling

Transaction

Transaktionen werden mit Hilfe eines `Transaction`–Objektes spezifiziert und durchgeführt. Die `Transaction`-Klasse verwaltet einen Vector für die zu einer Transaktion gehörenden Objekte, in den mit den Methoden `addObject(..)` und `addRelation(..)` Objekte und Beziehungen eingefügt werden können. Die Methode `transactionCommit(...)` führt dann die eigentliche Transaktion durch.

Abbildung 5.5: Transaction und Connection-Manager

ConnectionManager
-connectionPool:Vector
-newConnection:Connection +release:void

Transaction
-transactionObjects:Vector
+addObject:void +addRelation:void +transactionCommit:void

Connection-Manager

Zur Durchführung von Transaktionen ist eine Datenbankverbindung erforderlich. Innerhalb von JDBC geschieht dies durch Erzeugung eines `Connection`-Objektes. Die Klasse `ConnectionManager` übernimmt die Aufgabe, diese Verbindung herzustellen und bietet dazu die Methode `newConnection(..)` an. Nicht mehr benötigte `Connection`-Objekte werden mit der Methode `release()` freigegeben und in einem `Connection`-Pool vorgehalten. Dadurch können nachfolgende Anforderungen einer weiteren `Connection` wesentlich schneller bedient werden.

E. Persistenz von Relationen

Das *Framework* muss auch mengenwertige Beziehungen zwischen Objekten abbilden können, die im Datenbankschema durch eigene Beziehungstabellen realisiert sind (siehe Kapitel 4.1).

Association-DbBroker

Diese Verantwortung wird von der Klasse `AssociationDbBroker` wahrgenommen, die als zentrale Methode `saveAssociations()` implementiert. Die Klasse `AssociationTable` ist eine Hilfsklasse, um die zu einer Beziehungstabelle gehörigen Informationen aufzunehmen, siehe Abb. 5.6.

Abbildung 5.6: Association-DbBroker

AssociationsDbBroker
+saveAssociations:void

AssociationsTable

F. Erzeugung von Oids

Jedes persistente Objekt erfordert einen eindeutigen *Objekt-Identifier* (*Oid*), der durch die Methode `getOid()` der Klasse `OidGenerator` erzeugt wird.

OidGenerator
+getOid:String

Abbildung 5.7: OidGenerator

5.3 *Framework*-Implementierung

Nachdem wir die zentralen Aufgabenbereiche des *Frameworks* und die verantwortlichen Klassen im Überblick vorgestellt haben, soll nun die Realisierung des *Frameworks* im Detail vorgestellt werden.

5.3.1 Persistent Interface

Der Vollständigkeit halber stellen wir nochmals das `Persistent`-Interface vor: Es garantiert, dass alle persistenten Klassen eine *Oid* vom Typ *String* mit entsprechenden `get/set()`-Methoden besitzen. Die Implementierung des Interface wurde bereits vorgestellt, trotzdem sei hier noch mal der Quellcode abgedruckt.

```
public interface Persistent {
  public String getOid();
  public void setOid(String oid);
}
```

Code 5.9: Persistent.java

String als Datentyp der Oids

Als Datentyp für *Oids* haben wir `String` gewählt, weil so auch komplexe *Oids* zugelassen sind, in die bspw. die IP-Adresse eines Klienten eingehen könnte. Zudem sind *Strings* echte Java-Objekte, die von `Object` erben und somit bspw. in Hashtabellen einfach verwendet werden können.

Statt eines *Interface* hätte man `Persistent` auch als Klasse mit bereits implementierten Methoden `setOid()` und `getOid()` realisieren können. Beide Methoden müssten dann nicht in jeder persistenten Klasse redundant implementiert werden. Wegen der fehlenden Mehrfachvererbung in Java wurde dieser Ansatz jedoch nicht gewählt, denn die Kassenhierarchie der Anwendungsschicht wäre zu sehr eingeschränkt[7].

5.3.2 Verwaltung des Objekt-Lebenszyklus

Das *Framework* muss für jedes Laufzeitobjekt wissen, inwieweit es mit der Datenbank abgeglichen ist, d.h. ob es sich im Synchronisationszustand *New*, *Clean*, *Dirty* oder *Delete* befindet. Nur dann kann bspw. entschieden werden, ob ein *Insert* oder ein *Update* in der Datenbank durchzuführen ist.

Mit der Klasse `Cache` werden die Synchronisationszustände aller Laufzeitobjekte verwaltet (siehe Abb. 5.8).

Abbildung 5.8: Cache und Slot zur Verwaltung von Objekt-Zuständen

Cache
-hashtable:Hashtable=new Hashtable(1000)
+addNewObject(Persistent):boolean +addCleanObject(Persistent):boolean +synchronize(Persistent):Persistent +getObject(String):Persistent +setDirtyIfNotNew(Persistent):void +setClean(Persistent):void +getState(String):int +remove(Persistent):void
-Slot

Slot
-state:int -oid:String -reference:Persistent
Slot(String, Persistent, int)

Slot

Die Klasse `Slot` ist innere Klasse von `Cache` und tritt nach außen nicht in Erscheinung. Sie dient `Cache` lediglich als Datencontainer, um alle für ein Objekt erforderlichen Metainformationen zusammenzufassen: die *Oid*, eine Referenz auf das `Persistent`-Objekt und den Objektstatus (siehe Code 5.10). In `Slot` gibt es lediglich einen Konstruktor, denn `Cache` greift auf die Attribute seiner inneren Klasse direkt zu.

Code 5.10: Die innere Klasse Slot

```
private class Slot{
  private int state;
  private String oid;
```

[7] Als Ergänzung kann man auch eine `PersistentAdapter`-Klasse mit allen Methoden implementieren, die bei Bedarf statt des *Interfaces* verwendet wird.

```
  private Persistent reference;

  Slot(String oid, Persistent o, int state){
                 // Konstruktor setzt Attribute  }
}
```

Cache

`Cache` definiert zunächst in Form statischer Attribute die möglichen vier Synchronisationszustände (Code 5.11, Zeilen 4-7). Zusätzlich ist die Klasse als *Singleton* implementiert (Zeile 2, und 9-12), weil sie nur einmal instanziiert werden soll.

Code 5.11: Cache.java

```
1  public class Cache {
2    private static Cache singleton = null;
3    private static Hashtable hashtable = new Hashtable();
4    public static final int CLEAN = 1;
5    public static final int DIRTY = 2;
6    public static final int NEW = 3;
7    public static final int DELETE = 4;
8
9    public static Cache getInstance(){
10     if(singleton == null) singleton = new Cache();
11        return singleton;
12   }
13   public void addNewObject(Persistent o){
14     Slot slot = new Slot(o.getOid(), o, NEW);
15     hashtable.put(o.getOid(), slot);
16   }
18   public void setClean(Persistent o){
19    Slot slot = (Slot)hashtable.get(o.getOid() );
20    if(slot != null) slot.state = CLEAN;
21   }
22   public int getState(Persistent o) {
23     Slot slot = (Slot)hashtable.get( o.getOid() );
24     if (slot == null)
25       return 0;   // Objekt nicht im Cache vorhanden
26     else  return slot.state;
27   }
28   public Persistent synchronize(Persistent o){
29     Persistent tmp= getObject(o.getOid());
30     if(tmp != null)
31       return tmp;
32     addCleanObject(o);
33     return o;
34   }...
```

Darüber hinaus verwaltet Cache für jedes Laufzeitobjekt ein Slot-Objekt in einer Hashtabelle (Zeile 3), wobei die *Oid* als Schlüssel zum Auffinden von Objekten dient.[8]

Cache bietet grundlegende Zugriffsfunktionen zum Hinzufügen und Entfernen von Objekten, wobei der gewünschte Zustand gesetzt wird. In den Zeilen 13 bis 16 ist beispielhaft gezeigt, wie ein Objekt mit dem Zustand *New* in den Cache eingefügt wird – analoge Methoden gibt es für die anderen Zustände. Darüber hinaus können natürlich die Zustände der Objekte gesetzt (Zeile 18-21) und gelesen werden (Zeile 22-27).

Synchronisation neu geladener Objekte mit dem Cache

Die Methode synchronize(Persistent obj) prüft für ein aus der Datenbank geladenes Objekt obj, ob sich im Cache bereits ein Objekt mit der *Oid* von obj befindet. In diesem Fall wird das Objekt aus dem Cache zurückgegeben, andernfalls wird obj neu in den Cache eingefügt.

Der Cache ist somit der zentrale Zugriffspunkt des *Frameworks*: die in ihm befindlichen Objekte haben Vorrang vor neu geladenen Objekten.

Code 5.12 zeigt ein Beispiel für die Notwendigkeit von synchronize(..).

Code 5.12: Wiederholtes Laden von Objekten

```
1 Person p1=(Person)Broker.getObject("4711", Person.class);
2 p1.setName("daisy");
3 ...
4 Person p2=(Person)Broker.getObject("4711", Person.class);
5 Vector v = PersonDbBroker.findAllPersons();
```

Zunächst wird ein Objekt mit der *Oid* „4711" aus der Datenbank geladen und geändert (Zeile 1-2), aber nicht in die Datenbank zurückgeschrieben. Anschließend wird das Objekt im selben Programmcode erneut aus der Datenbank geladen, einmal über die *Oid* (Zeile 4), dann über eine Suchanfrage (Zeile 5). Beim wiederholten Laden des Objekts gibt es zwei Alternativen:

a) Das Objekt wird erneut aus der Datenbank instanziiert. Damit gibt es mehrere Laufzeitobjekte mit derselben *Oid* „4711", aber unterschiedlichen Attributwerten.

---

[8] Die Container-Klasse Hashtable steht im Paket java.util zur Verfügung und ermöglicht es, mit den Methoden put(oid, slotObjekt) Objekte in den Container einzufügen bzw. mit get(oid) aus ihm zu entnehmen.

b) Beim wiederholten Laden nutzt man die im `Cache` befindliche Objektreferenz, die auf das Laufzeitobjekt verweist, sodass es nur eine Version des Objektes gibt.

Das *Framework* realisiert die zweite Variante, weil so Inkonsistenzen im Laufzeitsystem verhindert werden: für den Klienten gibt es nur ein Objekt mit derselben *Oid*[9]. Darüber hinaus wird ggf. ein zeitaufwendiger Datenbankzugriff durch einen schnellen `Cache`-Zugriff ersetzt.

5.3.3 Broker-Architektur

Die Klasse `Broker` und ihre Unterklassen stellen die zentralen Funktionalitäten des *Frameworks*, nämlich das Laden und Speichern eines einzelnen Java-Objekts zur Verfügung. Dabei wird die Verantwortung zwischen den verschiedenen Klassen mit Hilfe des Schablonenmethoden-Musters in Form einer dreistufigen Vererbungs-Hierarchie aufgeteilt (siehe Abb. 5.9):

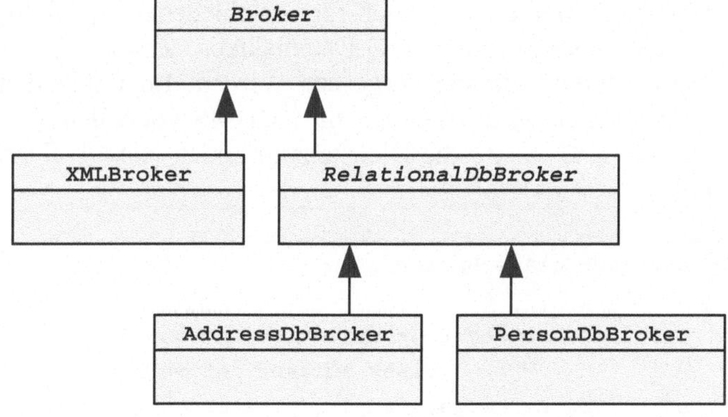

Abbildung 5.9: Broker-Hierarchie

Die Abbildung zeigt sowohl die unmittelbar zum *Framework* zugehörigen Klassen als auch Beispiele für die fachspezifischen und für das O/R-*Mapping* verantwortlichen `DbBroker`-Klassen (in diesem Beispiel: `PersonDbBroker` und `AddressDbBroker`).

Broker

Die Klasse `Broker` (Abb. 5.10) ist eine abstrakte Klasse mit folgenden Verantwortlichkeiten:

[9] Damit sind *non-repeatable reads* ausgeschlossen: ein wiederholtes Laden von Objekten ändern nicht deren Zustand.

Verantwortlichkeiten

- Sie stellt die beiden Methoden `getObject(..)` und `saveObject(..)` bereit, um ein einzelnes Objekt aus der Datenbank zu laden bzw. in ihr abzuspeichern.
- Sie kümmert sich um die Verwaltung der Laufzeitobjekte im `Cache`. So registriert die Methode `register(..)` ein neu erzeugtes Laufzeitobjekt im `Cache`.

Abbildung 5.10: Broker

Broker
+getObject(String, Class):Persistent +register(Persistent):void saveObject(Persistent, Transaction):void *readFromPermanent(String):Persistent* *writeToPermanent(Persistent, Transaction):void*

Die `Broker`-Klasse setzt noch keine bestimmte Datenbanktechnologie voraus. Die eigentliche Durchführung der Datenbankzugriffe delegiert `Broker` an seine Unterklassen durch Aufruf einer der Einschub- oder *Hook*-Methoden `readFromPermanent()` bzw. `writeToPermanent()`.

Die beiden *Hook*-Methoden können für verschiedener Technologien, bspw. XML-Datenbanken, OO-Datenbanken, *Legacy*-Systemen in entsprechenden Klassen umgesetzt werden. Im Folgenden werden wir `RelationalDbBroker` für RDBMS vorstellen. Code 5.13 zeigt, wie in `Broker` die Dienste zum Laden von Objekten realisiert sind.

Code 5.13: Laden von Objekten in Broker.java

```
public abstract class Broker {

 public static Persistent getObject(String anOid,
                               Class aClass) throws Exception{
  Persistent obj=Cache.getInstance().getObject(anOid);
  if (obj != null)
    return obj;       // Object liegt im Cache
  else {
    Broker broker =
     BrokerFactory.getInstance().getDbBrokerFor(aClass);
    obj = broker.readFromPermanent(anOid);
    if (obj != null)
        Cache.getInstance().addCleanObject(obj);
    return obj;
  }
 }
```

```
15 abstract Persistent readFromPermanent(String anOid)
                                      throws Exception;
16 ...
```

Laden eines einzelnen Java-Objekts

Zum Laden eines einzelnen Java-Objekts aus der Datenbank dient die Methode `getObject(String anOid, Class aClass)`, die folgendermaßen realisiert ist:

1. Zunächst wird nachgeschaut, ob sich ein Objekt mit der übergebenen *Oid* im `Cache` befindet. Ist dies der Fall, wird es direkt zurückgegeben (Zeile 4-6).
2. Andernfalls muss ein Zugriff auf die Datenbank erfolgen (Zeile 8-9). Dazu wird ein spezieller `Broker`, bspw. `PersonDbBroker`, benötigt, der ein fachliches Objekt dieser Klasse aus der Datenbank laden kann. Ein solches `Broker`-Objekt wird von der Methode `getDbBrokerFor(aClass)` der Klasse `BrokerFactory` geliefert. Die zu ladende Klasse wird durch den Parameter vom Typ `Class` festgelegt (bspw. `Person.class`)[10].
3. Für das erzeugte `Broker`-Objekt wird nun `readFromPermanent(anOid)` aufgerufen (Zeile 9). Diese Methode ist in `RelationalDbBroker` implementiert und übernimmt alle weiteren Aktionen zum Laden des Objekts aus der Datenbank.
4. Anschließend wird das geladene Objekt im `Cache` abgelegt. Dabei erhält es den Zustand *Clean*, weil der Objektzustand dem Datenbankinhalt entspricht (Zeile 11).
5. Als Ergebnis gibt die Methode in jedem Fall das angeforderte Objekt zurück.

Alle `Broker`-Methoden werfen *Exceptions*, die von den Einschubmethoden hochgereicht werden, falls Datenbankzugriffe fehlschlagen.

Abspeichern eines Objekts

Die `Broker`-Methode `saveObject(Persistent p,Transaction t)` stößt das Abspeichern eines Geschäftsobjekts an (Code 5.14). Ihr `Transaction`-Parameter legt fest, innerhalb welcher Transaktion das Abspeichern stattfindet. In der Methode selbst erfolgt lediglich eine Delegation an die Einschubmethode `writeToPermanent(..)`, in der die eigentlichen Datenbankzugriffe per JDBC implementiert werden.

---

[10] In Java ist die statische Variable `class` einer Klasse vom Typ der Metaklasse `Class` und kann zur Identifizierung einer Klasse verwendet werden. Weitere Informationen sind in Einführungen zum Java-*Reflection*-Mechanismus zu finden [FiSa99].

Code 5.14: Speichern von Objekten in der Klasse Broker

```
public abstract class Broker {

  void saveObject(Persistent p, Transaction t)
                                          throws Exception{
    this.writeToPermanent(p, t);
  }
  abstract void writeToPermanent(Persistent p,
                          Transaction t)throws Exception;
...
```

Die Durchführung einer Transaktion findet in der Klasse `Transaction` statt. Erst dort wird – wenn feststeht, dass die Transaktion erfolgreich war – der Synchronisationszustand des Objekts auf *Clean* gesetzt.

Verwaltung des Cache

Die Klasse `Broker` sorgt in `getObject()` dafür, dass neu geladene Objekte im `Cache` eingefügt werden.

Zusätzlich bietet sie die Methode `register(Persistent p)`, die in jedem *Default*-Konstruktor eines persistenten Objektes aufgerufen werden muss und zwei Aufgaben wahrnimmt: sie erzeugt eine neue *Oid* und setzt sie im übergebenen Objekt (Code 5.15, Zeile 4). Sie fügt das Objekt mit dem Zustand *Clean* in den `Cache` ein (Zeile 5).

Code 5.15: Registrieren neuer Objekte Broker

```
1 public abstract class Broker {
2 ...
3   static public void register(Persistent p) {
4     p.setOid( OidGenerator.getOid() );
5     Cache.getInstance().addNewObject(p);
6 }
```

RelationalDbBroker

Die Klasse `RelationalDbBroker` realisiert alle grundlegenden Funktionalitäten, um ein einzelnes Objekt in einem RDBMS abzuspeichern oder zu laden[11]. Im Einzelnen besitzt sie die folgenden Verantwortlichkeiten und Eigenschaften:

[11] Würde eine andere Technologie eingesetzt, dann würde der technische Zugriff in einer darauf ausgerichteten `Broker`-Klasse implementiert, bspw. ein `XMLBroker`, siehe auch Abbildung 5.9. Wir werden uns hier aber auf relationale Datenbanken beschränken.

- RelationalDbBroker realisiert den technischen Zugriff auf relationale Datenbanken und implementiert alle Standardabläufe zur Objekt-Verwaltung redundanzfrei[12]. Dazu werden folgende technische Aufgaben übernommen:

  - Erzeugung eines JDBC-Connection-Objektes,
  - Erzeugung eines Statement-Objekts,
  - Ausführung eines SQL-Befehls,
  - ggf. Erzeugung eines Java-Objektes,
  - Behandlung von *Exceptions*,
  - Freigabe von Ressourcen.

Verantwortlichkeiten

- RelationalDbBroker besitzt kein anwendungsspezifisches Wissen über das zugrunde liegende Datenbankschema oder die fachlichen Java-Klassen. Wie Java-Objekte auf Datenbank-Tabellen abgebildet werden, ist in den Unterklassen, bspw. PersonDbBroker, spezifiziert.

  Um an diese Informationen zu gelangen, nutzt RelationalDbBroker die in den Unterklassen implementierten *Hook*-Methoden. Diese liefern die erforderlichen SQL-Befehle (bspw. getInsertString()) oder erzeugen fachliche Objekte aus Datensätzen (makeObjects()). Abb. 5.11 zeigt alle Methoden von RelationalDbBroker im Überblick.

RelationalDbBroker
#readFromPermanent(String):Persistent #writeToPermanent(Persistent, Transaction):void #getObjectsFromSelect(String):Vector -executeDML(String, Connection):void *#getFindByPrimaryKeyString(String):String* *#getInsertString(Persistent):String* *#getUpdateString(Persistent):String* *#getDeleteString(Persistent):String* *#makeObject(ResultSet):Persistent*

Abbildung 5.11: RelationalDbBroker

Laden eines Objekts

Code 5.16 veranschaulicht, wie das Laden eines Objekts realisiert wird. Die vom Broker aufgerufene Methode readFromPermanent(String anOid) lädt ein Objekt mit der übergebenen *Oid* in folgenden Schritten aus der Datenbank (Zeile 3-9).

[12] Änderungen oder Optimierungen des Ablaufs müssen nur im RelationalDbBroker vorgenommen werden, bspw. könnte die Ausgabe der ausgeführten SQL-Befehle in eine Log-Datei erfolgen.

Code 5.16: Laden von Objekten in Relationa-DbBroker

```
1  public abstract class RelationalDbBroker extends Broker{
2
3    protected Persistent readFromPermanent(String anOid)
                                         throws SQLException{
4      String sqlSelect = getFindByPrimaryKeyString(anOid);
5      Vector v = getObjectsFromSelect(sqlSelect);
6      if (v.size()!= 0)
7         return (Persistent) v.firstElement();
8      else return null;
9    }
10
11   // Hook-Methode
12   abstract protected String
                   getFindByPrimaryKeyString(String anOid);
13
14   // Hilfsmethode
15   protected Vector getObjectsFromSelect(String
16                           sqlSelect)throws SQLException{
17 ...
```

1. Zunächst wird mit der *Hook*-Methode `getFindByPrimaryKeyString(anOid)` der SQL-Befehl beschafft, der für eine *Oid* das zugehörige Objekt selektiert (Zeile 4). Diese Methode ist wiederum in einer Unterklasse von `RelationalDbBroker` bspw. in `PersonDbBroker` implementiert.
2. Der SQL-Befehl wird an die in `RelationalDbBroker` implementierte Hilfsmethode `getObjectsFromSelect(..)` übergeben, die das *Select* ausführt und einen `Vector` von Geschäftsobjekten zurückgibt (Zeile 5).
3. Die Selektion nach einer *Oid* liefert genau ein (oder kein) Objekt, das dem Vektor entnommen und zurückgegeben wird (Zeile 6-8).

Die Methode `getObjectsFromSelect(String sqlSelect)` erzeugt in folgenden Schritten aus einem *Select*-Befehl einen Vektor von Objekten (vgl. Code 5.17):

Code 5.17: Objekt-Erzeugung aus Select-String

```
protected Vector getObjectsFromSelect(String sqlSelect)
                                      throws SQLException{
  ResultSet rs = null;
  Statement stmt = null;
  Connection conn = null;
  Vector result = new Vector();
  Persistent p = null;
```

```
7     try{
8       conn = ConnectionManager.getConnection();
9       stmt = conn.createStatement();
10
11      rs = stmt.executeQuery(sqlSelect);
12      while(rs.next()){
13        p = makeObject(rs);
14        p =(Persistent)Cache.getInstance().synchronize(p);
15        result.add(p);
16      }
17    }
18    catch (SQLException e){
19      throw e;     // hochwerfen
20    }
21    finally{
22      if (stmt != null) stmt.close();
23      if (conn != null) ConnectionManager.release(conn);
24    }
25    return result;
26  }
27  // Hook-Methode
28  abstract protected Persistent makeObject(ResultSet rs)
                                      throws SQLException;
```

1. Zunächst werden mit der *Framework*-Klasse `ConnectionManager` ein `Connection`- und ein `Statement`-Objekt erzeugt (Zeile 8-9).
2. Mit dem `Statement`-Objekt wird dann das *Select* ausgeführt und ein JDBC-`ResultSet` zurückgegeben (Zeile 11).
3. Dieses `ResultSet` wird nun datensatzweise durchlaufen:
   a. Zunächst wird für jeden Datensatz die *Hook*-Methode `makeObject(..)` aufgerufen. Diese Methode ist in den fachlichen `DbBroker`-Klassen implementiert und erzeugt ein Java-Objekt `p` aus dem `ResultSet`.
   b. Für das neu erzeugte Objekt `p` wird nun mittels `synchronize(p)` geprüft, ob es sich bereits im `Cache` befindet: In diesem Fall wird das Objekt aus dem `Cache` in den Ergebnisvektor `result` aufgenommen, andernfalls wird `p` in `result` und in den `Cache` eingefügt[13].
   c. Beim Zugriff auf die Datenbank können Fehler auftreten, die das Werfen einer `SQLException` hervorrufen. Die-

[13] vgl. Abschnitt 5.3.2.

se wird in Zeile 18-20 aufgefangen und hochgereicht, um der Anwendungsschicht den Fehler anzuzeigen.

d. Abschließend werden die verwendeten `Statement`- und `Connection`-Objekte freigegeben. Dies geschieht im `finally`-Block, der immer ausgeführt wird – unabhängig davon, ob eine Ausnahme stattgefunden hat.

Speichern von Objekten

Die zweite Kernaufgabe von `RelationalDbBroker` ist das Speichern von Objekten, wozu `writeToPermanent(Persistent p, Transaction t)` dient, siehe Code 5.18.

Code 5.18: Speichern von Objekten in RelationalDbBroker

```
public abstract class RelationalDbBroker extends Broker{

  protected void writeToPermanent(Persistent o,
                       Transaction t) throws SQLException{

    Connection conn = t.getConnection();

    String sql = null;
    Cache myCache = Cache.getInstance();

    if(myCache.getState(o) == Cache.NEW){
      sql = this.getInsertString(o);
    }
    if(myCache.getState(o) == Cache.DELETE){
       sql = this.getDeleteString(o);
    }
    else if(myCache.getState(o) == Cache.DIRTY){
      sql = this.getUpdateString(o);
    }
    this.executeDML(sql, conn);
  }
  // Hook-Methoden
  abstract protected String getInsertString(
                              Persistent o);
  abstract protected String getUpdateString(
                              Persistent o);
  abstract protected String getDeleteString(
                              Persistent o);
...
```

Die Methode speichert das Objekt `o` innerhalb des Transaktionskontextes `t` in der Datenbank, und führt dazu folgende Schritte durch:

1. Zunächst wird die Datenbankverbindung aus dem übergebenen `Transaction`-Objekt geholt (Zeile 5).
2. Dann wird anhand des Synchronisationszustands im `Cache` entschieden, ob ein *Insert*, *Upate* oder *Delete* durchgeführt werden muss (Zeile 10-18). Der *String* mit dem entsprechenden SQL-Befehl wird durch Aufruf der zugehörigen Einschubmethode beschafft.
3. Abschließend wird die private Hilfsmethode `executeDML( sql, conn)` aufgerufen, die den SQL-Befehl `sql` für das `Connection`-Objekt `conn` ausführt.

Die eigentliche Transaktionsverarbeitung findet allerdings nicht in `writeToPermanent(...)` sondern in der Klasse `Transaction` statt. Um `Transaction` die Entscheidung zwischen *Commit* und *Rollback* zu ermöglichen, werden von `writeToPermanent(..)` alle auftretenden `SQLException` hochgereicht.

Hilfsmethoden

Schließlich zeigt Code 5.19 die Implementierung der privaten Hilfsmethode `executeDML()`, mit der man einen *Insert*-, *Update*- oder *Delete*-Befehl ausführen kann.

Code 5.19: executeDML(..) zur Ausführung eines DML-Befehls

```
private void executeDML(String sqlString, Connection
                                       conn)throws SQLException{
   Statement stmt = null;
   try{
     stmt = conn.createStatement();
      stmt.executeUpdate(sqlString);
    }
    catch (SQLException e){
      throw e;    // hochwerfen
    }
    finally{
      if (stmt != null) stmt.close();
    }
}
```

Mit dem übergebene `Connection`-Objekt wird ein `Statement`-Objekt erzeugt, für das der übergebene SQL-Befehl ausgeführt wird.

Eine eventuell auftretende `SQLException` wird hochgereicht, um dem Aufrufer der Methode anzuzeigen, dass der Datenbankzugriff fehlgeschlagen ist.

Abschließend wird auf jeden Fall das Statement freigegeben. Für die Freigabe der `Connection`, die ggf. für mehrere Datenbank-

Zugriffe innerhalb einer Transaktion genutzt wird, sorgt erst die Transaction-Klasse.

Verwaltung von Beziehungen

In der Klasse RelationalDbBroker gibt es noch eine konkrete Methode saveAssociations(...) und eine abstrakte Einschubmethode AssociationTable getTable(...), um Beziehungen zu behandeln. Beide Methoden werden wir später genauer vorstellen, wenn es um Beziehungen zwischen Objekten geht.

XyDbBroker

Verantwortlichkeiten

Die fachlichen DbBroker sind für das O/R-*Mapping* verantwortlich.

Sie erben von RelationalDbBroker und implementieren alle dort aufgerufenen Einschubmethoden: einerseits um die Standard-SQL-*Strings* für eine fachliche Klasse zurückzuliefern, andererseits um aus einem Datenbank-Datensatz ein Java-Objekt zu erzeugen.

Abbildung 5.12: XyDbBroker fürs O/R-Mapping

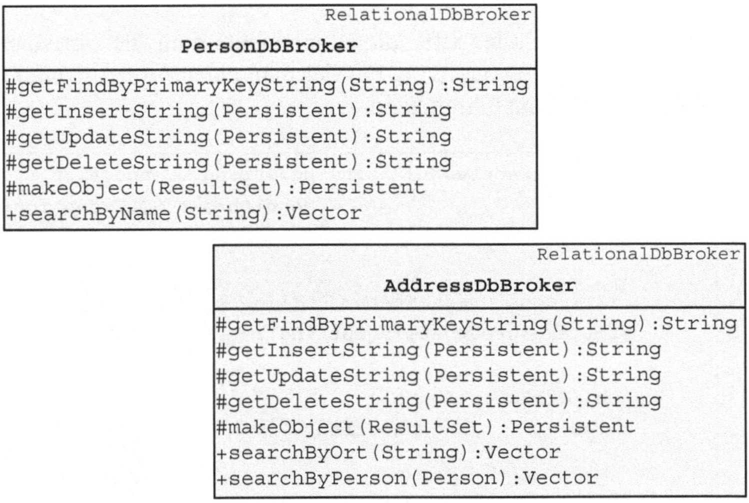

```
                         RelationalDbBroker
            PersonDbBroker
#getFindByPrimaryKeyString(String):String
#getInsertString(Persistent):String
#getUpdateString(Persistent):String
#getDeleteString(Persistent):String
#makeObject(ResultSet):Persistent
+searchByName(String):Vector
```

```
                         RelationalDbBroker
            AddressDbBroker
#getFindByPrimaryKeyString(String):String
#getInsertString(Persistent):String
#getUpdateString(Persistent):String
#getDeleteString(Persistent):String
#makeObject(ResultSet):Persistent
+searchByOrt(String):Vector
+searchByPerson(Person):Vector
```

Darüber hinaus werden noch spezielle Suchmethoden implementiert. Die Implementierung dieser Klassen wurde im Detail bereits in Abschnitt 5.1.3 vorgestellt. Abb. 5.12 zeigt zwei Beispiele für die Klassen Person und Address.

Die fachlichen DbBroker-Klassen umfassen nur wenige, leicht zu implementierende Methoden ohne aufwendige Logik, sodass der Entwicklungsaufwand durch das *Framework* deutlich gesenkt werden kann.

Die Methoden der fachlichen DbBroker enthalten keine JDBC-Konstrukte, nur makeObject() verwendet JDBC-ResultSet.

Alle technischen Abläufe werden in `RelationalDbBroker` erledigt.

Abläufe in der Broker-Architektur

Die folgenden Sequenzdiagramme [FoSc97] verdeutlichen, wie die Methoden der `Broker`-Hierarchie zusammenspielen.

Abb. 5.13 zeigt den Ablauf bei Aufruf der `Broker`-Methode `saveObject(..)` wenn für ein bereits in der Datenbank vorhandenes `Person`-Objekt ein *Update* durchgeführt wird. *...Speichern*

Eigentlich gibt es nur `PersonDbBroker` als konkrete Klasse in der `Broker`-Architektur. Trotzdem haben wir die Oberklassen `Broker` und `RelationalDbBroker` dargestellt, um zu veranschaulichen, wie sich die Verantwortlichkeiten im *Framework* verteilen:

- Die Oberklasse `Broker` bietet mit `saveObject()` eine allgemeine Schnittstelle zum Speichern von Objekten.
- Die Oberklasse `RelationalDbBroker` erledigt die eigentliche Arbeit: sie ermittelt den Synchronisationszustand aus dem `Cache`, beschafft den *Update*-Befehl aus dem entsprechenden `PersonDbBroker` und führt den Befehl mit `executeDML()` aus.

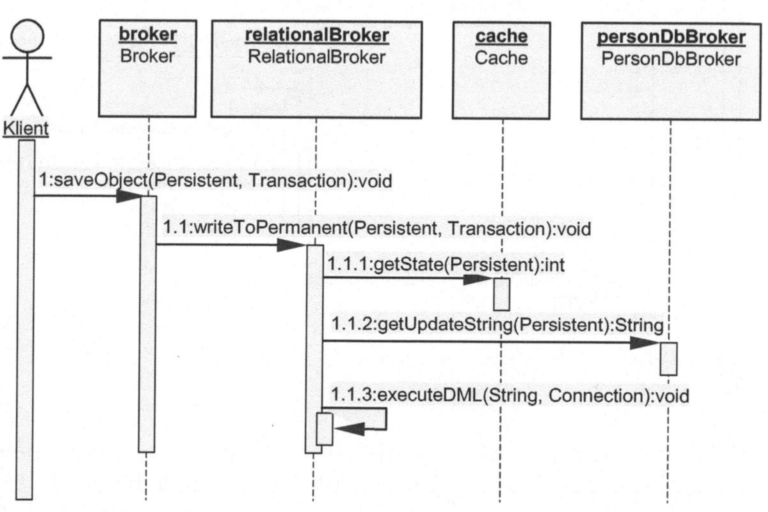

Abbildung 5.13: Speichern eines Objekts

Die Methode `saveObject(p, t)` wird in der Klasse `Transaction` für alle in der Transaktion enthaltenen Objekte `p` aufgerufen. Dazu erzeugt man zunächst den fachlichen Broker für `p`, mit dem dann `saveObject()` aufgerufen wird (Code 5.20).

Code 5.20: saveObject() in Transaction

```
Broker b = BrokerFactory.getInstance().getDbBrokerFor(
                                              p.getClass());
b.saveObject(p, this);
```

...Laden

Wie das Lesen eines `Person`-Objekts im Framework durchgeführt wird, ist im Sequenzdiagramm in Abb. 5.14 dargestellt.

Die Methode `getObject()` prüft zunächst, ob es im `Cache` bereits ein Objekt mit der übergebenen *Oid* gibt. Andernfalls ist es aus der Datenbank zu laden, wozu zunächst der zugehörige fachliche `PersonDbBroker` mit Hilfe der `BrokerFactory` erzeugt wird.

Abbildung 5.15: Laden eines Objektes mit gegebener Oid

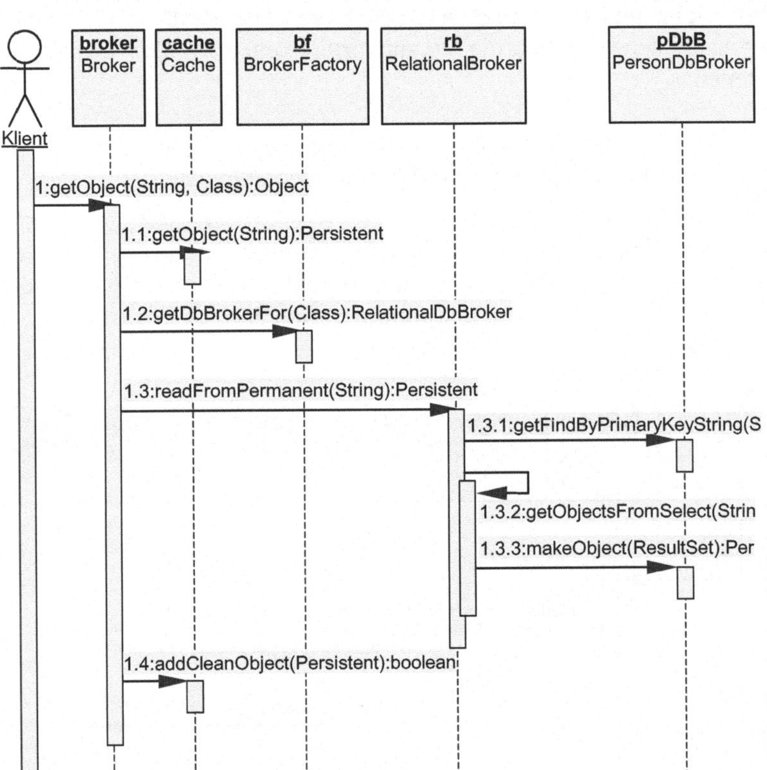

Für den `Broker` wird `readFromPermanent()` aufgerufen, wo der eigentliche Ablauf realisiert ist. Die Methode beschafft den *Select*-Befehl aus `PersonDbBroker` und ruft dann die Hilfsmethode `getObjectsFromSelect()` auf.

Diese Methode führt das *Select* durch und erzeugt mittels `makeObject()` aus dem `ResultSet` das Java-Objekt, das dann in den `Cache` eingefügt wird.

Ein etwas anderer Ablauf findet bei komplexen Suchanfragen statt, wie Abb. 5.15 an einem Beispiel zeigt. Der Klient ruft für PersonDbBroker die Methode searchByName(..) auf. Dort ist der *Select*-Befehl spezifiziert, der an die Oberklassen-Methode getObjectsFromSelect() übergeben und dort ausgeführt wird. Jedes so neu erzeugte Objekt wird mit dem Cache per synchronize() abgeglichen.

...Suchanfragen

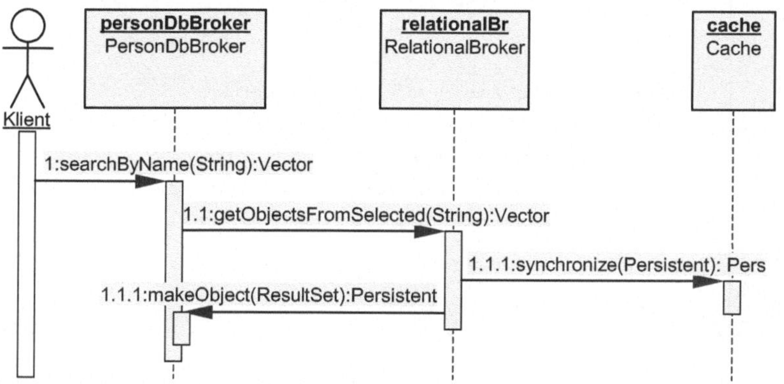

Abbildung 5.16: Suchanfrage

5.3.4 Erzeugen der Broker-Klassen

Die Klasse BrokerFactory bietet eine Fabrikmethode, um fachliche Broker-Klassen zu erzeugen. Dazu stellt sie die Methode getDbBrokerFor(Class aClass) zur Verfügung, die eine Instanz der zum übergebenen Parameter passenden Unterklasse von RelationalDbBroker zurückgibt (Abb. 5.16).

BrokerFactory
+getDbBrokerFor(Class):RelationalDbBroker

Abbildung 5.16: Klasse BrokerFactory

Der Parameter vom Typ Class legt die zu erzeugende Broker-Klasse fest. Das Class-Objekt einer Klasse erhält man durch deren statisches Attribut class (bspw. Person.class) oder durch Aufruf der Methode getClass() (bspw. myObject.getClass()).

Die Klasse Class gehört zum Java-*Reflection*-Mechanismus und liefert klassenbezogene Metadaten, wie den Klassennamen und die deklarierten Attribute und Methoden [HoCo00]. Code 5.21 zeigt, wie der Broker erzeugt wird.

Code 5.21: BrokerFactory

```
1  import java.lang.reflect.*;
2
3  public class BrokerFactory {
4
5    // implementiert Singleton
6    public static BrokerFactory getInstance() {...}
7
8    public RelationalDbBroker getDbBrokerFor(
                         Class aClass) throws Exception {
9
10     String className = aClass.getName() + "DbBroker";
11     Class brokerClass = Class.forName(className);
12     Method getInstance =
              brokerClass.getMethod("getInstance",null);
13     return (RelationalDbBroker)getInstance.invoke(null,
                                                   null);
14   }
15 }
```

Mithilfe des `Class`-Parameters wird ein *String* mit dem Namen der gewünschten `Broker`-Klasse zusammengebaut (Zeile 10). Die statische Methode `forName(className)` erzeugt für den übergebenen Klassennamen ein `Class`-Objekt.

Mit dem `Class`-Objekt lässt sich dann ein `Method`-Objekt für eine parameterlose Methode namens `getInstance` erzeugen[14]. Schließlich wird die Methode des `Method`-Objekts ausgeführt und der so erzeugte fachliche `Broker` zurückgeliefert[15].

Bemerkungen zur Implementierung

- Der *Reflection*-Mechanismus basiert auf Namenskonventionen und funktioniert nur, wenn diese genau eingehalten werden. Dies gilt für die Namen der `Broker`-Klassen wie auch für die `getInstance()`-Methode des Singleton-Musters.
- Der *Reflection*-Mechanismus in Java arbeitet nicht besonders schnell, auch wenn mit JDK 1.4 das Leistungsverhalten deutlich verbessert wurde. Das Verfahren lässt sich beschleunigen, indem in einer Hashtabelle die Referenzen auf bereits erzeugte `Broker`-Klassen mit ihren Klassennamen als Schlüssel verwaltet werden. Bei jedem Aufruf von `getDbBrokerFor()` wird in

---

[14] Der zweite Parameter von `getMethod` ist vom Typ `Class[ ]` und enthält die Datentypen der Parameter – hier null, weil es keine Parameter gibt.

[15] Der erste Parameter von `invoke` bezieht sich auf das Objekt, für das die Methode aufgerufen wird (hier null, denn sie ist statisch). Der zweite Parameter bestimmt wieder die Datentypen der übergebenen Parameter vom Typ `Class[ ]`.

der Hashtabelle nachgeschaut, ob es das Objekt bereits gibt. Andernfalls wird es per *Reflection* nur einmalig erzeugt und in die Hashtabelle eingefügt.

- Die Erzeugung der fachlichen `Broker`-Objekte ließe sich auch anders implementieren. So könnte die Schnittstelle `Persistent` um eine Methode `getDbBroker()` erweitert werden. Eine solche Methode verlagert allerdings ein technisches Konstrukt in die fachlichen Klassen, weshalb dieser Lösungsansatz hier nicht umgesetzt wurde.

5.3.5 Generieren von *Oids*

Eindeutige *Oids* vom Typ *String* werden durch die statische Methode `getOid()` der Klasse `OidGenerator` erzeugt. Das Erzeugen von *Oids* ist bereits in einem Java-Paket gelöst, sodass die hier verwendete Implementierung sehr einfach ist: es wird ein Objekts der Klasse `UID` aus dem Java-Paket `java.rmi.server` erzeugt und als *String* zurückgegeben (Code 5.22).

```
public class OidGenerator {

  static public String getOid() {
    return new java.rmi.server.UID().toString();
  }
}
```

Code 5.22: OidGenerator

eigene Oid-Implementierung

Will man die Erzeugung eindeutiger *Oids* selbst implementieren, so gibt es verschiedene Varianten:

- Man ermittelt die Systemzeit in Millisekunden und konkateniert sie mit der IP-Adresse des Klienten. Sollte, bspw. weil die Systemzeit zurückgestellt wurde, eine bereits existierende *Oid* erzeugt werden, so liefert die Datenbank einen Fehler wegen der Verletzung eines *Primary Key Constraints*, der im *Framework* abgefangen und hochgereicht wird.
- Alternativ lassen sich Datenbank-Sequenzen, wie sie in vielen Datenbanksystemen unterstützt werden, nutzen. Mit einem speziellen SQL-Befehl erhält man eindeutige fortlaufende Nummern.

Eine ausführlichere Diskussion zum Aufbau von *Oids* wird in [Wann95] geführt.

5.3.6 Verwaltung von Datenbankverbindungen

Die Klasse `ConnectionManager` (Abb. 5.17) verwaltet sämtliche Datenbankverbindungen, die von einem Klienten verwendet werden. Sie kapselt den Aufbau einer Datenbankverbindung und sorgt für das sogenannte *Connection-Pooling*:

Connection-Pooling

Das Herstellen einer Datenbankverbindung ist recht zeitaufwendig, weil bspw. eine Authentifizierung durch das Datenbanksystem stattfinden muss. Deshalb werden nicht mehr benötigte `Connection`-Objekte nicht freigegeben, sondern in einem *Pool* für eine spätere Verwendung vorgehalten.

Abbildung 5.17: ConnectionManager

ConnectionManager
-newConnection():Connection +release(Connection):void +getConnection():Connection

Die zur Herstellung einer Datenbankverbindung vom `ConnectionManager` benötigten Informationen sind in einer Konfigurationsdatei namens *connect.properties* festgelegt, siehe Code 5.23.

Code 5.23: connect.properties

```
driver = oracle.jdbc.driver.OracleDriver
dburl  = jdbc:oracle:thin:@localhost:1521:ofbi
uid    = sam
pwd    = comm
```

- `Driver` bezeichnet die Klasse für den JDBC-Treiber und heißt hier `OracleDriver` und befindet sich im Paket `oracle.jdbc.driver`.[16]
- Der Datenbankserver wird durch eine `dburl` lokalisiert, die speziell an den verwendeten JDBC-Treiber anzupassen ist. Hier soll mit einem sogenannten Thin-Treiber eine Verbindung zu einer Oracle-Datenbank mit System-Id `ofbi`, die auf dem lokalen Rechner (*localhost*) unter dem Port 1521 installiert ist, hergestellt werden.
- Benutzernamen und Passwort werden ebenfalls (in `uid` und `pwd`) spezifiziert.

In `ConnectionManager` werden zunächst die Parameter aus der Datei ausgelesen (Zeile 9-11 in Code 5.24). Dies geht in Java auf

[16] Der Datenbank-Treiber ist die Kommunikations-Software, die es einem Klienten ermöglicht, SQL-Befehle an ein RDBMS zu senden und Daten zu lesen.

einfache Weise durch `RessourceBundle`[17]. Anschließend kann die Treiberklasse für den JDBC-Treiber instanziiert werden (Zeile 13)[18].

Code 5.24: Laden der Parameter und des JDBC Treibers

```
1  public class ConnectionManager {
2
3    private static String uid;
4    private static String pwd;
5    private static String driver;
6    private static String dburl;
7
8    static {
9      ResourceBundle b
           = ResourceBundle.getBundle("connect");
10     uid = b.getString("uid");
11     ...
12     try{
13       Class driverClass = Class.forName(driver);
14     }
15     catch (Exception e){
16       System.out.println("Driver not found  ...");
17       System.exit(0);
18     }
18   }
20 ...
```

Die eigentliche Verwaltung der Datenbankverbindungen wird in Code 5.25 dargestellt. In `getConnection()` wird nachgeschaut, ob im `Vector connectionPool` ein `Connection`-Objekt zur Verfügung steht. Andernfalls stellt die Hilfsmethode `newConnection()` mit dem üblichen JDBC-Mechanismus eine neue Verbindung gemäß der Verbindungsparameter her.

Die Methode `release(Connection conn)` gibt das `Connection`-Objekt nicht mit dem JDBC-Befehl `close()` frei, sondern fügt es `connectionPool` für eine mögliche spätere Verwendung hinzu.

Code 5.25: Verwaltung der Datenbankverbindungen

```
public class ConnectionManager {
...
  private static Vector connectionPool = new Vector(50);

```

[17] `ResourceBundle` bieten eine sehr einfache Schnittstelle um Parameter aus einer Datei auszulesen, siehe [CoHo00].

[18] Dies geschieht nur einmalig und deshalb in einem `static`-Block.

```
  static public Connection getConnection()
                                         throws SQLException  {
    if(connectionPool.size()==0)
      connectionPool.addElement( newConnection() );

    return (Connection) connectionPool.remove(0);
  }

  public static void release(Connection conn){
    connectionPool.add(conn);
  }

  static private Connection newConnection()
                                         throws SQLException {
    Connection conn =
           DriverManager.getConnection(dburl, uid, pwd);
    conn.setAutoCommit(false);
    return conn;
  }
}
```

Sicherlich ist diese Implementierung nicht optimal, weil bspw. nie eine physikalische Freigabe von `Connection`-Objekten mittels `close()` geschieht, aber für unsere Zwecke reicht sie aus.

5.3.7 Transaktionen

Die Klasse `Transaction` nimmt im *Framework* alle Aufgaben der Transaktionsverarbeitung wahr, siehe Abb. 5.18.

Mit den Methoden `addObject(Persistent p)` und `addRelation(..)` wird die Transaktion spezifiziert, indem man einem `Transaction`-Objekt ein Objekt oder eine Beziehung hinzufügt. Darüber hinaus kann durch `deleteObject(Persistent p)` das als Parameter übergebene Objekt innerhalb der Transaktion gelöscht werden.

```
Transaction
-transactionObjects:Vector=null
+getConnection():Connection
+setConnection(Connection):void
+addObject(Persistent):void
+addRelation(Persistent, Vector):void
+deleteObject(Persistent):void
+transactionCommit():void
-saveAllObjects():void
-handleObject(Persistent):void
-handleRelation(Relation):void
```

Abbildung 5.18: Klasse Transaction

Der Aufruf von `transactionCommit()` führt zu folgenden Aktionen:

- Es wird über alle in der Transaktion enthaltenen Objekte iteriert.
- Für jedes Objekt wird die durch seinen `Cache`-Zustand vorgegebene Datenbank-Aktion durchgeführt.
- Falls alle Aktionen erfolgreich waren, erfolgt ein *Commit* und eine Aktualisierung der Zustände im `Cache`, andernfalls ein *Rollback*.

Die Realisierungsdetails skizzieren wir in den folgenden Code-Ausschnitten.

Jedes `Transaction`-Objekt besitzt ein `Vector`-Attribut `transactionObjects`, um die ihm zugeordneten Objekte zu verwalten. Darüber hinaus ist für jede Transaktion ein eigenes `Connection`-Objekt erforderlich, um ein *Commit* bzw. *Rollback* zu ermöglichen. Die `Connection` wird im Konstruktor mit Hilfe des `ConnectionManagers` erzeugt (Code 5.26).

```
public class Transaction {

  private Vector transactionObjects = new Vector();
  private Connection connection = null;

  public Transaction() throws SQLException{
       connection = ConnectionManager.getConnection();
  }
...
```

Code 5.26: Attribute in Transaction.java

Mit den Methoden `addObject()` und `deleteObject()` wird einfach dem Vektor `transactionObjects` ein neues Objekt hinzugefügt (Code 5.27). Soll ein Objekt gelöscht werden, so wird der `Cache`-Zustand auf *Delete* gesetzt. Damit ist sichergestellt, dass `writeToPermanent(..)` aus `RelationalDbBroker` einen *Delete*-Befehl auswählt.

Code 5.27: Methoden zur Spezifikation einer Transaktion

```
public void addObject(Persistent p){
  transactionObjects.addElement(p);
}
public void deleteObject(Persistent p){
  transactionObjects.addElement(p);
  Cache.getInstance().setDelete(p);
}
```

Bei einem `transactionCommit()` werden die folgenden Schritte durchgeführt[19]:

- Alle Objekte der Transaktion werden in der Datenbank abgespeichert.
- Konnte dies erfolgreich – ohne Werfen einer *Exception* – geschehen, dann wird ein *Commit* in der Datenbank durchgeführt, indem die `commit()`-Methode für das `Connection`-Objekt der Transaktion aufgerufen wird.
- Nach der erfolgreichen Aktualisierung der Datenbank können die Objektzustände im `Cache` auf *Clean* geändert werden.

Die Methode `transactionCommit()` delegiert die einzelnen Teilaufgaben an private Hilfsmethoden (Code 5.28). Lassen sich diese ohne *Exception* ausführen, dann erfolgt ein *Commit* (Zeile 4).

Falls bei Ausführung einer der Hilfsmethoden eine *Exception* auftritt, wird ein *Rollback* durchgeführt und die *Exception* weiter hochgereicht (Zeile 7-11). Auch beim *Rollback* kann ein Fehler auftreten, bspw. wenn die Datenbankverbindung nicht mehr besteht, sodass eine entsprechende Ausnahmebehandlung erforderlich ist (Zeile 12-15).

Schließlich wird am Ende der Transaktion die `Connection` über den `ConnectionManager` freigegeben.

Code 5.28: Durchführung eines Commits in Transaction.java

```
1 public void transactionCommit() throws Exception{
2   try{
3     saveAllObjects();
4     connection.commit();
5     cleanCache();
6   }
7   catch(SQLException e1){
```

[19] Die Behandlung von Beziehungen bleibt hier noch außen vor und wird erst im nächsten Abschnitt dargestellt.

```
    try{
      connection.rollback();
      throw e1;
    }
    catch(SQLException e2){
      System.out.println("Fehler beim Rollback");
      throw e2;
    }
  }
  finally{
    ConnectionManager.release(this.connection);
  }
}
```

Hilfsmethoden

Abschließend wollen wir die in `transactionCommit()` verwendeten Hilfsmethoden vorstellen.

Die Methode `saveAllObjects()` iteriert durch alle Objekte der Transaktion und delegiert nur das Abspeichern der Objekte an die Hilfsmethode `handleObject()`, siehe Code 5.29, Zeile 6-9.

Code 5.29: saveAllObjects() und handleObject()

```
1  private void saveAllObjects() throws Exception{
2    Object o;
3    Enumeration enum = transactionObjects.elements();
4    while (enum.hasMoreElements()){
5      o = enum.nextElement();
6      if (o instanceof Persistent)
7        handleObject((Persistent)o);
8      if (o instanceof Relation)
9        handleRelation((Relation)o);
10   }
11 }
12 private void handleObject(Persistent p ) throws Exception{
13   if (Cache.getInstance().getState(p)!= Cache.DELETE)
14      cache.setDirtyIfNotNew(p);
15   Broker b =
16        BrokerFactory.getInstance().getDbBrokerFor(
17                                          p.getClass());
18   b.saveObject(p, this);
19 }
```

Die eigentliche Arbeit wird in der Methode `handleObject(..)` erledigt: sie holt den passenden `Broker` und nutzt dessen `saveObject()`-Methode, um das Objekt zu speichern (Zeile 15-18).

Zuvor wird jedes Objekt, das sich im Zustand *Clean* befindet, in den Zustand *Dirty* gesetzt. Dies befreit den Anwendungsentwickler davon, selbst Objekte bei Änderungen auf *Dirty* setzen zu müssen. Diesen Komfort bezahlt man damit, dass auch für unveränderte Objekte ein Datenbank-*Update* durchgeführt wird.

Nach erfolgreichem *Commit* wird mit `cleanCache()` für alle Objekte der Transaktion ein konsistenter `Cache`-Zustand hergestellt: alle gelöschten Objekte werden aus dem `Cache` entfernt, (Code 5.30, Zeile 8-9), alle anderen auf *Clean* gesetzt, denn die Datenbank spiegelt ja genau ihren Zustand wider.

Code 5.30: cleanCache()

```
1  private void cleanCache() {
2    Enumeration enum = transactionObjects.elements();
3    Object o;
4    while (enum.hasMoreElements()  ) {
5      o = enum.nextElement();
6      if (o instanceof Persistent){
7        Persistent p = (Persistent) o;
8        if (Cache.getInstance().getState(p)==Cache.DELETE)
9            Cache.getInstance().remove(p);
10       else
11           cache.setClean(p);
12     }
13   }
14 }
```

Verwaltung der Cache-Zustände

An der Verwaltung der `Cache`-Zustände sind verschiedene Klassen im *Framework* beteiligt. Abbildung 5.19 zeigt die Übergänge zwischen den Synchronisationszuständen *New*, *Clean* und *Dirty*.

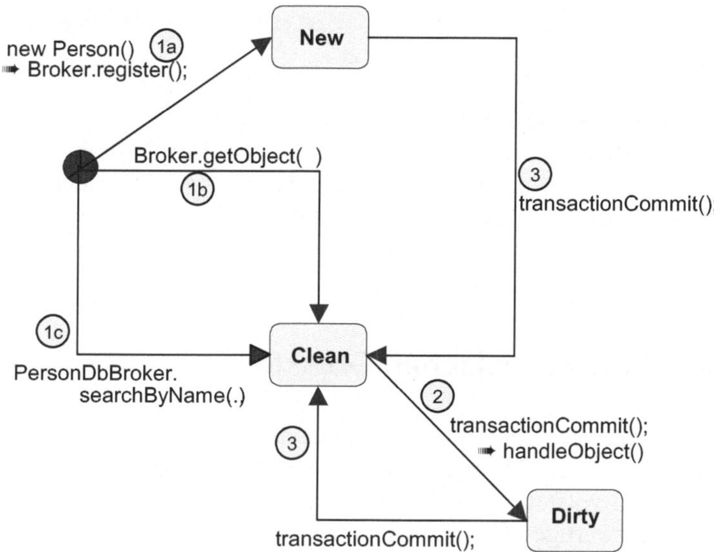

Abbildung 5.19: Lebenszyklus von Objekten

1. Einfügen von Objekten in den Cache
   Java-Objekte werden auf verschiedenen Wegen im Laufzeitsystem erzeugt.
   a. Es wird ein neues Objekt per Konstruktor erzeugt, in dem `Broker.register(this)` aufgerufen werden muss. Diese Methode fügt das Objekt mit dem Zustand *New* in den `Cache` ein, um anzuzeigen, dass es noch in die Datenbank eingefügt werden muss.
   b. Das Objekt wird mit der Methode `Broker.getObject(..)` aus der Datenbank geladen und anschließend mit dem Zustand *Clean* in den `Cache` eingefügt.
   c. Ein neues Objekt wird innerhalb einer Suchanfrage, bspw. `findByName(..)` erzeugt. Dabei wird `getObjectsFromSelect(..)` zur Objekterzeugung aufgerufen, die wiederum mit `synchronize()` das neue Objekt mit dem Zustand *Clean* im `Cache` registriert.

2. Cache-Zustand auf Dirty setzen
   Will man wissen, ob sich ein Laufzeit-Objekt wirklich verändert hat und ein *Update* erforderlich ist, so muss in allen objektändernden Methoden der Objektzustand im `Cache` explizit von *Clean* auf *Dirty* gesetzt werden.

   Weil dies einen hohen Aufwand bedeutet und fehleranfällig ist, werden in `transactionCommit()` alle Objekte mit Zustand *Clean* auf *Dirty* gesetzt[20].

3. Cache-Zustand auf Clean ändern
   Schließlich werden nach erfolgreicher Durchführung einer Transaktion in `transactionCommit()` alle gelöschten Objekte aus dem `Cache` entfernt und für die anderen beteiligten Objekte der Zustand auf *Clean* gesetzt.

5.3.8 Beziehungen zwischen Objekten

Die Behandlung von Beziehungen in der Persistenzschicht ist ein recht komplexes Thema, weshalb wir es erst am Ende unserer Diskussion vorstellen. Dabei muss unterschieden werden, wie ein- und mehrwertige Beziehungen mit dem *Framework* realisiert werden.

5.3.8.1 Verwendung von 1:N-Beziehungen

Anhand des Beispiels in Abb. 5.20 stellen wir die Verwendung von 1:N-Beziehungen vor.

Abbildung 5.20: Klassen- und Datenmodell einer 1:N-Beziehung

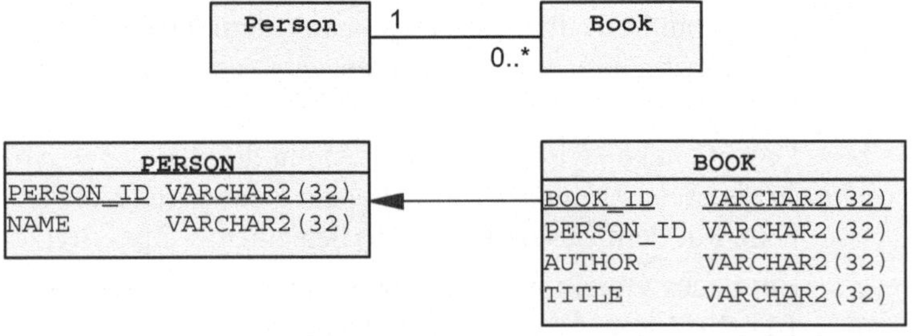

In der Datenbank ist die Beziehung durch den Fremdschlüssel `PERSON_ID` in der Tabelle `BOOK` abgebildet. Das *Framework* berücksichtigt solche Beziehungen auf zwei Ebenen:

O/R-Mapping für 1:N-Beziehungen

- In `BookDbBroker` wird in den *Insert-* und *Update*-Befehlen auch der Fremdschlüssel – wie ein normales Attribut – gesetzt, siehe Zeile 7 in Code 5.31. Man erhält ihn durch die Navigationsmethoden des Objektmodells, hier: durch `book.getOwner().getOid()`.

[20] vgl. die Beschreibung von `handleObjekt(..)`

```
public class BookDbBroker extends RelationalDbBroker{
  protected String getUpdateString(Persistent o) {
        Book book = (Book) o;
        return "UPDATE BOOK set " +
                "title='"  + book.getTitle() +
                "',author='" + book.getWrittenBy()+
                "',person_id='" + ((Persistent)
                           book.getOwner()).getOid() +
                "' where book_id='" + (
                       (Persistent)book).getOid() + "'";
  }
  protected String getInsertString(Persistent o){
        // analog
  }
 ...
```

Code 5.31: Fremdschlüssel beim O/R-Mapping

Dadurch ist sichergestellt, dass bei jeder Transaktion eines `Book`-Objektes der Fremdschlüssel in der `BOOK`-Tabelle gepflegt wird. Das heißt, die Beziehung wird gesetzt, wenn für das *Detail*-Objekt, also hier ein `Book`-Objekt, eine Transaktion durchgeführt wird.

Loading On Demand

- In den fachlichen Klassen werden Beziehungsattribute mit normalen `get/set()`-Methoden verwendet. Dabei soll *Loading on Demand* realisiert werden, d.h. die in Beziehung stehenden Objekte werden erst bei Aufruf der `get`-Methoden geladen. Nur so kann die Anzahl der Datenbankzugriffe reduziert werden. Code 5.32 zeigt das entsprechende Code-Fragment für die Klasse `Book`.

```
public class Book implements Persistent {
  private Person owner;
  public Person getOwner (){
    if (owner == null)
      owner =
       PersonDbBroker.getInstance().findOwnerOf(this);
    return owner;
  }
  public void setOwner(Person owner){
    this.owner = owner;
  }
 ...
```

Code 5.32: Zugriff auf eine einwertige Beziehung

Der *Loading-On-Demand*-Mechanismus ist in `getOwner()` realisiert: Wenn das Attribut auf kein Objekt verweist, wird es einmalig geladen. Die dazu genutzte Methode `findOwnerOf(Book b)` liefert das zugehörige `Person`-Objekt und muss in `PersonDbBroker` mit dem entsprechenden SQL-Befehl realisiert werden.

Wie die Beziehung auf der anderen Seite, der Klasse Person behandelt wird, ist in Code 5.33 dargestellt.

Code 5.33: Zugriff auf eine mehrwertige Beziehung

```
1  public class Person implements Persistent {
2    private Vector myBooks = new Vector();
3    public Vector getBooks (){
4      if (myBooks.size() == 0)
5         myBooks =
6             BookDbBroker.getInstance().findBooksOf(this);
7      return myBooks;
8    }
9    public void buy(Book book){
10      getBooks();
11      myBooks.add(book);
12      book.setOwner(this);
13   }
14   ...
```

Die Methode `getBooks()` arbeitet wie oben beschrieben, die Suchanfrage `findBooksOf(Person author)` liefert allerdings einen `Vector` zurück.

Bei Setzen einer Beziehung muss zunächst sichergestellt werden, dass der Beziehungsvektor `myBooks` gefüllt wird (Zeile 10). Dann kann ein neues `Book`-Objekt hinzugefügt und dessen Besitzer gesetzt werden (Zeile 11-12).

5.3.8.2 Verwendung von N:M-Beziehungen

Mehrwertige Beziehungen werden in der Anwendungsschicht fast genauso behandelt wie oben dargestellt. Auch hier soll das Konzept an einem Beispiel erklärt werden. Abbildung 5.21 zeigt eine N:M-Beziehung zwischen `Person`- und `Address`-Objekten im Klassen- und Datenmodell.

In der Datenbank werden N:M-Beziehungen durch eine eigene Beziehungstabelle (hier: `LIVES_IN`) abgebildet. Das *Framework* muss nun so erweitert werden, dass es mit solchen Tabellen umgehen kann.

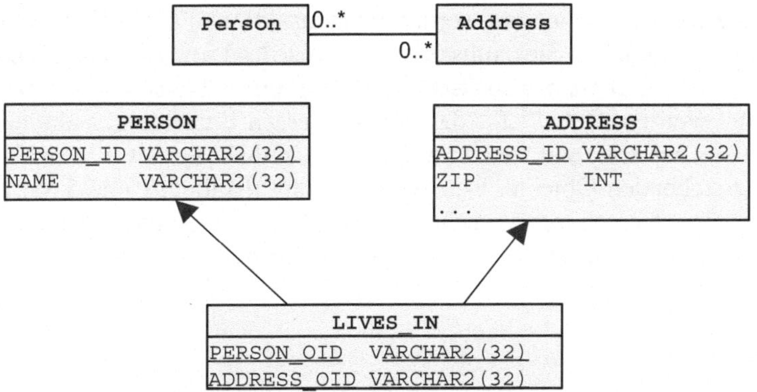

Abbildung 5.21: Beispiel einer M:N-Beziehung

Die Zugriffsmethoden für M:N-Beziehungen werden genauso realisiert wie für 1:N-Beziehungen gezeigt wurde.

Pflege von M:N-Beziehungen

Code 5.34 zeigt den Zugriff auf die `Address`-Objekte in der Klasse `Person`: die Methode `getAddresses()` lädt sie mithilfe von `findByPerson(..)` nur dann, wenn der `Vector addresses` leer ist (Zeilen 4-6).

Beim Ändern einer Beziehung mit `addAddress()` wird zunächst sichergestellt das `addresses` gefüllt ist (Zeile 10). Anschließend wird das übergebene Objekt in `addresses` eingefügt und die Beziehung im betroffenen `Address`-Objekt gesetzt .

Code 5.34: Verwaltungsmethoden für Beziehungen

```
1  public class Person implements Persistent {
2    private Vector addresses = new Vector();
3    public Vector getAddresses() {
4     if (addresses.size() == 0){
5       addresses =
6          AdresseDbBroker.getInstance().findByPerson(this);
7       return this.addresses;
8    }
9    public void addAddress(Address a) {
10     getAddresses();
11     addresses.add(a);
12     a.addPerson(this);
13   }
14 ...
```

M:N-Beziehungen in Transaktionen

Zu beachten ist allerdings, dass die Änderung der Beziehung erst im Rahmen einer Transaktion in der Datenbank wirksam wird, indem entsprechende Einträge in Beziehungstabellen eingefügt oder gelöscht werden.

Die M:N-Beziehungen werden in Transaktionen ähnlich wie Objekte behandelt. Sie müssen mit `addRelation(Persistent p, Vector relatedObjects)` einer Transaktion hinzugefügt werden. Dabei ist `p` das Objekt, dessen Beziehungen aktualisiert werden soll, und `relatedObject` enthält die mit `p` in Beziehung stehenden Objekte. Den Ablauf veranschaulicht Code 5.35, in dem eine Beziehung zwischen einem `Address`- und `Person`-Objekt gesetzt und in einer Transaktion abgespeichert wird.

Code 5.35: Beziehungen in Transaktionen

```
...
Person p = (Person) Broker.getObject("1", Person.class);
Address a = (Address) Broker.getObject("123",
                                       Address.class);
p.addAddress(a);
Transaction t1 = new Transaction();
t1.addRelation(p.getAddresses());
t1.transactionCommit();
```

O/R-Mapping für Beziehungen

Das O/R-*Mapping* muss auf Beziehungen ausgedehnt werden, damit das *Framework* weiß, welche Tabelle und welche Spaltennamen für eine bestimmte Beziehung zuständig sind.

Dies geschieht in den fachlichen `Brokern` der beteiligten Objekte in den Methoden `getTable(Persistent obj, Vector toObjects)`, die in `RelationalDbBroker` als *Hook*-Methode deklariert sind. Code 5.36 zeigt die Implementierung in `PersonDbBroker`.

Code 5.36: O/R-Mapping für Beziehungen in PersonDbBroker

```
1 class PersonDbBroker extends RelationalDbBroker
  protected AssociationTable getTable(Persistent obj,
2                                     Vector toObjects){
3   Person p = (Person)obj;
4   if ( toObjects == p.getAddresses() )
5      return new AssociationTable("LIVES_IN", "PER_ID",
                                   "ADD_ID");
6   if ( toObjects == p.getCars() )
7      return new AssociationTable("DRIVES_IN", "PER_ID",
                                   "CAR_ID");
8   return null;
9 }
```

In jeder if-Anweisung wird genau eine Beziehung des fachlichen Objekts spezifiziert. Beispielsweise definieren die Zeilen 4-5 das O/R-*Mapping* für die durch `getAddresses()` beschriebene Beziehung: In der Datenbank ist dafür die Beziehungstabelle

LIVES_IN zuständig, wobei die Spalten für den Primärschlüssel des Objekts PER_ID und für die in Beziehung stehenden Objekte ADD_ID heißen.

Jedes Objekt kann natürlich mehrere M:N-Beziehungen besitzen, die jeweils durch eine eigene Zugriffsmethode und eine entsprechende if -Anweisung abgebildet werden.

Die Klasse AssociationTable dient einfach als Datencontainer für die benötigten Informationen (siehe unten).

5.3.8.3 Verwaltung von M:N-Beziehungen im Framework

Im *Framework* sind mehrere Klassen für die Verwaltung von M:N-Beziehungen zuständig. Abb. 5.22 gibt einen Überblick über die auf verschiedene Klassen verteilten Methoden.

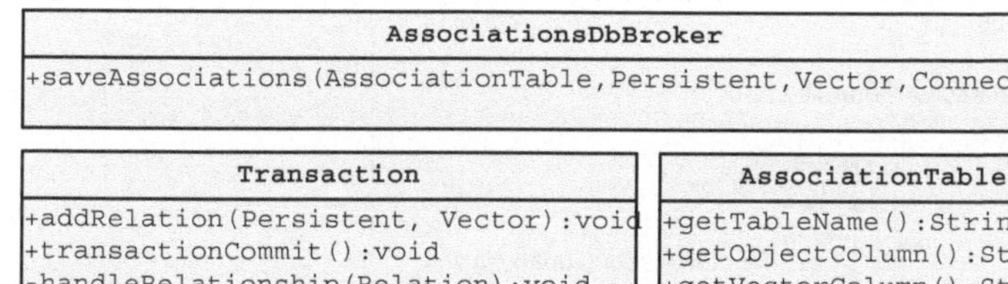

Abbildung 5.22: Verwaltung von Beziehungen im Framework

Ausgangspunkt für die Behandlung einer Beziehung ist die Methode addRelation(), mit der eine Beziehung einem Transaction-Objekt zugefügt werden kann. Dabei wird ein Relation-Objekt dem Vektor transactionObjects hinzugefügt (Code 5.37).

```
public void addRelation(Persistent p, Vector toObjects){
  transactionObjects.add( new Relation(p, toObjects));
}
```

Code 5.37: Hinzufügen einer Relation in Transaction.java

Die Klasse Relation ist eine innere Klasse von Transaction und dient als einfacher Datencontainer, um alle Informationen einer Relation aufzunehmen: eine Referenz auf das Ausgangs-Objekt und ein Vektor mit den in Beziehung stehenden Objekten (Code 5.38).

Code 5.38: Innere Klasse Relation.java in Transaction.java

```
private class Relation{
  private Persistent object;
  private Vector relatedObjects;
  Relation (Persistent object, Vector toObjects){.}

  Persistent getObject() {  ...   }
  Vector getRelatedObjects() {  ...   }
}
```

Das Sequenzdiagramm in Abb. 5.23 veranschaulicht, wie Beziehungen bei Aufruf von `transactionCommit()` behandelt werden.

Abbildung 5.23: Behandlung von Beziehungen in einer Transaktion

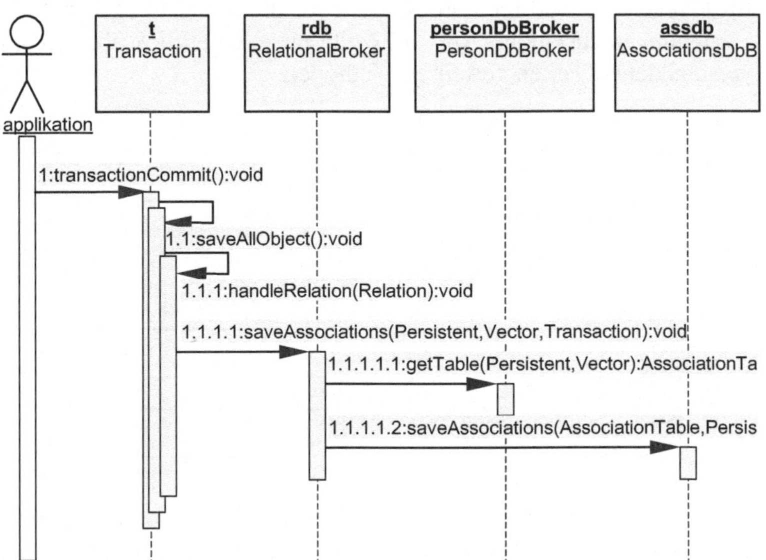

Zunächst wird in `transactionCommit()` die private Methode `saveAllObjects()` aufgerufen, die zwischen `Persistent`- und `Relation`-Objekten unterscheidet, und die weitere Verarbeitung einer Beziehung an `handleRelation(...)` delegiert (Code 5.39).

Code 5.39: saveAllObjects() in Transaction.java

```
private void saveAllObjects() throws Exception{
  Object o;
  Enumeration enum = transactionObjects.elements();
  while (enum.hasMoreElements()){
    o = enum.nextElement();
    ...
    if (o instanceof Relation)
      handleRelation((Relation) o);
```

```
    }
}
```

In `handleRelation(Relation r)` wird aus dem übergebenen `Relation`-Objekt die Klasse des beteiligten Objektes bestimmt und der zugehörige `DbBroker` erzeugt, um dann dessen Methode `saveAssociations(...)` aufzurufen (Code 5.40).

```
private void handleRelation(Relation r) throws Exception{

  RelationalDbBroker b =
     BrokerFactory.getInstance().getDbBrokerFor(
                             r.getObject().getClass());
  b.saveAssociations(r.getObject(),
                             r.getRelatedObjects(), this);
}
```

Code 5.40: handleObjects() in Transaction.java

Die Methode `saveAssociations(..)` ist in `RelationalDbBroker` implementiert und ruft die *Hook*-Methode `getTable(..)` der konkreten `DbBroker`-Klasse auf, um die Informationen über die Beziehungstabelle der Datenbank zu bekommen (Code 5.41).

```
protected void saveAssociations (Persistent obj,
    Vector toObjects, Transaction t) throws SQLException{

  AssociationTable tab = getTable(obj, toObjects);
  AssociationsDbBroker.getInstance().saveAssociations(
              tab, obj, toObjects, t.getConnection() );
}
```

Code 5.41: saveAssociations() in RelationalDbBroker.java

Die weiteren Arbeitsschritte werden dann an die Klasse `AssociationsDbBroker` weitergeleitet, die eine Beziehung zwischen Java-Objekten mit einer Beziehungstabelle in der Datenbank abgleicht.

Die Methode `saveAssociations(...)` speichert in der Beziehungstabelle `tab` paarweise die *Oid* des Ausgangsobjekts `fromObject` und die *Oids* der in Beziehung stehenden Objekte (aus dem Vektor `toObjects`), vgl. Code 5.42, Zeile 14-15, bzw. 21-22.

Code 5.42: Speichern von Beziehungen in Assocciation-DbBroker

```
public class AssociationsDbBroker  {

public void saveAssociations( AssociationTable tab,
  Persistent fromObject, Vector toObjects, Connection c)
                                         throws SQLException {
  String fromOid = fromObject.getOid();
  // oid's aus Vector im Laufzeitsystem
  Vector oidsInRuntime = getOidsFromVector(toObjects);
  // oid's direkt aus DB
  Vector oidsInDb = getOidsFromDb(tab, fromOid, c);

  // welche Beziehungen fehlen in der DB noch
  String runtimeOid;
  for (int i=0; i < oidsInRuntime.size(); i++) {
    runtimeOid = (String)oidsInRuntime.get(i);
    if (! oidsInDb.contains(runtimeOid))
      insert(tab, fromOid, runtimeOid, c);
  }
  // welche Beziehungen sind in der DB zu viel
  String dbOid;
  for (int i = 0; i < oidsInDb.size(); i++){
    dbOid = (String)oidsInDb.elementAt(i);
    if (! oidsInRuntime.contains(dbOid))
      delete(tab, fromOid, dbOid, c);
  }
}
```

Der Vollständigkeit halber wollen wir noch kurz die in `saveAssociations()` genutzten Hilfsmethoden vorstellen.

Um einen Abgleich mit der Beziehungstabelle in der Datenbank zu erzielen, werden die Beziehungen im Vektor der Laufzeitobjekte mit denen der Datenbank verglichen. Dazu werden nur die *Oids* in zwei Vektoren `oidsInRuntime` und `oidsInDb` mit Hilfe der folgenden Methoden eingefügt (Code 5.43).

Code 5.43: Hilfsmethoden zum Lesen der Oids in AssociationDbBroker

```
private Vector getOidsFromVector(Vector toObjects) {
  Vector result = new Vector();
  for (int i = 0; i < toObjects.size(); i++)
     result.add(((Persistent)
                        toObjects.elementAt(i) ).getOid());
  return result;
}

private Vector getOidsFromDb(AssociationTable tab,
```

```
    String fromOid, Connection conn) throws SQLException {
  Vector result = new Vector();
  String selectString = "select "+tab.getVectorColumn()
                        +" from " + tab.getTableName()
                        +" where "+tab.getObjectColumn()
                        +" = '"+ fromOid + "'";

  Statement stmt = conn.createStatement();
  ResultSet rs = stmt.executeQuery(selectString);
  while (rs.next())
    result.add(rs.getString(tab.getVectorColumn()));
  ..
  return result;
}
```

Schließlich werden in `saveAssociations(...)` noch zwei Methoden zum Einfügen und Löschen eines Datensatzes in der Beziehungstabelle verwendet, die in Code 5.44 dargestellt sind. Beachtenswert ist, dass die Datenbankzugriffe mit derselben `Connection` arbeiten, die auch das `Transaction`-Objekt verwendet – nur dann werden die Beziehungen auch innerhalb der Transaktion verändert.

```
private void insert(AssociationTable tab,
                          String fromOid, String toOid,
                 Connection myConn) throws SQLException{

  String sqlString = "insert into " + tab.getTableName()
                       +" ("+tab.getObjectColumn() + ", "
                       +tab.getVectorColumn()
                       +") values("+ "'"+fromOid+"' ,
                       +"'" + toOid + "' )";
  Statement stmt = myConn.createStatement();
  stmt.executeUpdate(sqlString);
        ...
}
private void delete(AssociationTable tab,
        String fromOid, String toOid,Connection myConn)
                                    throws SQLException {
  // analog zum Insert-Befehl
}
```

Code 5.44: Hilfsmethode insert() in Assocciation-DbBroker

5.4 Verwendete Entwurfsmuster

Abschließend wollen wir aufzeigen, an welchen Stellen im *Framework* die Entwurfsmuster aus Kapitel 4 eingesetzt werden.

5.4.1 Schablonenmethoden (Template Method)

Das *Framework* nutzt an zentraler Stelle das Schablonenmethoden-Entwurfsmuster und fällt deshalb in die Kategorie der sogenannten *White-Box-Frameworks* [Pree97]. Abbildung 5.24 veranschaulicht, wo in der `Broker`-Architektur Einschub- oder *Hook*-Methoden eingesetzt werden.

Im Klassendiagramm sind die implementierten Schablonen- oder *Template*-Methoden grau hinterlegt, die abstrakten Einschubmethoden kursiv.

- Die Klasse `Broker` stellt eine technologie-unabhängige Schnittstelle zum Laden und Speichern von Objekten zur Verfügung und delegiert den eigentlichen technischen Zugriff an ihre Unterklassen durch Aufruf der *Hook*-Methoden `readFromPermanent()` und `writeToPermanent()`.
- `RelationalDbBroker` implementiert alle in Broker verwendeten *Hook*-Methoden, um die Standardabläufe für den JDBC-Zugriff auf eine relationale Datenbank zu realisieren. Diese Methoden kennen aber keine fachlichen Objekte und beschaffen sich die erforderlichen Informationen durch den Aufruf weiterer *Hook*-Methoden.
- Die *Hook*-Methoden für das O/R-*Mapping* sind in den fachlichen `DbBroker` implementiert und liefern die benötigten SQL-Befehle (bspw. `getUpdateString()`) oder erzeugen aus einem Datensatz der Datenbank ein fachliches Objekt mittels `makeObject()`.

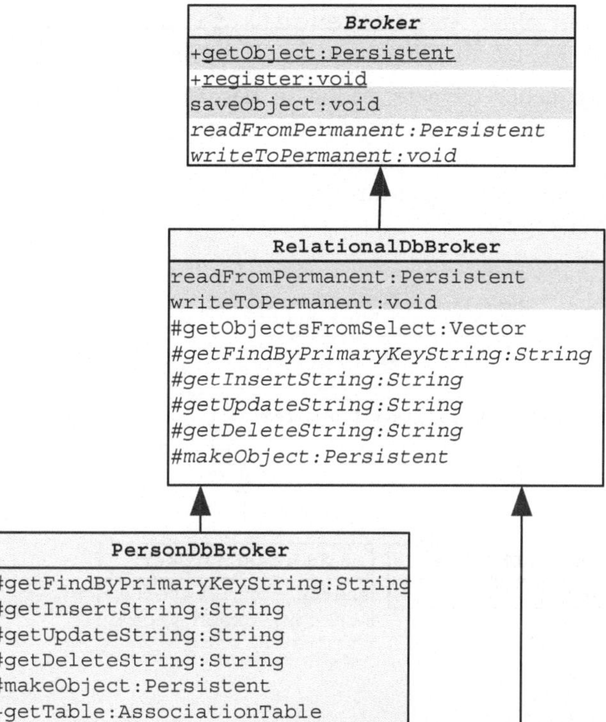

Abbildung 5.24: Einsatz des Schablonenmusters im Framework

5.4.2 Fabrikmethode (Factory Method)

Zum Laden von Objekten werden im Framework zwei verschiedene Arten von Fabrikmethoden bereitgestellt, siehe Abb. 5.25.

Laden von Objekten

- Die Klasse `Broker` bietet mit der Methode `getObject(..)` die Möglichkeit, ein Objekt einer bestimmten Klasse und *Oid* aus der Datenbank zu laden.
- Die fachlichen `DbBroker`-Klassen bieten darüber hinaus fachliche Suchanfragen an, die als Ergebnis eine Menge von Objekten aus der Datenbank laden. Zum Beispiel liefert die Methode

`PersonDbBroker.getInstance().findByName("Tom")` die Menge aller Personen, die „Tom" heißen.

Erzeugung neuer Objekte

Die Erzeugung neuer Objekte erfolgt in der Anwendungsschicht nicht per Fabrikmethode, sondern mit dem *Default*-Konstruktor, in dem die Methode `Broker.register(this)` aufgerufen werden muss, um das neue Objekt im `Cache` zu registrieren und mit einer *Oid* zu versorgen.

Abbildung 5.25: Fabrikmethoden im Framework

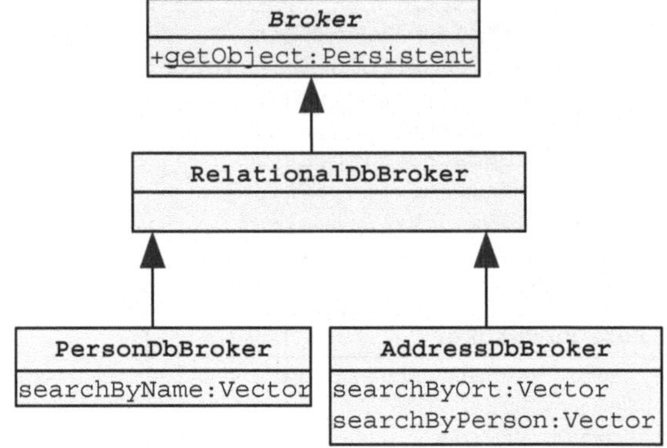

5.4.3 Fassade (Facade)

Das *Framework* stellt der Anwendungsschicht seine Dienste über eine wohldefinierte schmale Schnittstelle zur Verfügung. Die wenigen öffentlichen und für die Anwendungsschicht zugreifbaren Methoden des Frameworks sind in Abb. 5.26 dargestellt.

Das Laden von Objekten geschieht über `getObject(..)` in `Broker` bzw. die Suchmethoden in den fachlichen `Broker`-Klassen, siehe oben Fabrikmethoden-Muster.

Sollen Objekte in der Anwendungsschicht abgespeichert werden, so wird die `Transaction`-Klasse genutzt, um eine Transaktion zu spezifizieren und durchzuführen.

Die fachlichen `Broker`-Klassen implementieren die im *Framework* für das *O/R-Mapping* benötigten Hook-Methoden..

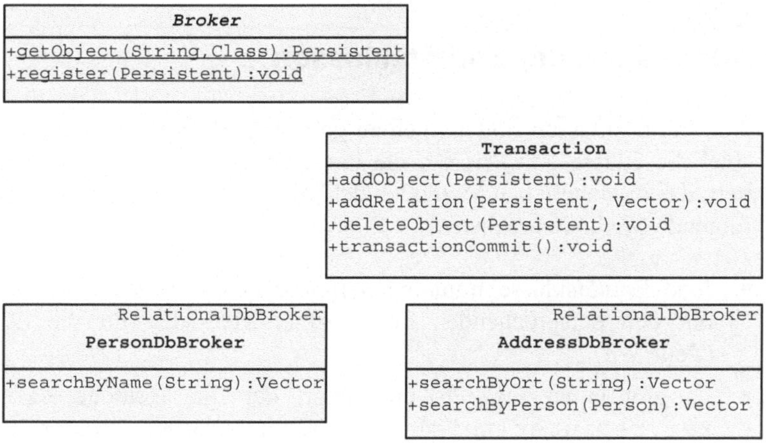

```
Broker
+getObject(String,Class):Persistent
+register(Persistent):void
```

```
Transaction
+addObject(Persistent):void
+addRelation(Persistent, Vector):void
+deleteObject(Persistent):void
+transactionCommit():void
```

```
RelationalDbBroker
PersonDbBroker
+searchByName(String):Vector
```

```
RelationalDbBroker
AddressDbBroker
+searchByOrt(String):Vector
+searchByPerson(Person):Vector
```

Abbildung 5.26: Fassaden-methoden im Framework

5.4.4 Singleton

Im *Framework* wird für alle Klassen, für die es nur eine Instanz geben soll, das Singleton-Muster eingesetzt. Dies sind `Cache`, `ConnectionManager`, `BrokerFactory` und `AssocciationDbBroker` sowie alle fachlichen `DbBroker`.

5.5 Implementierung des Beispielsystems

Die Implementierung der Persistenzschicht für das Beispielsystem *SamComm* ist mit Hilfe des *Frameworks* relativ einfach. Folgende Schritte müssen durchgeführt werden:

- Die Klassen der Anwendungsschicht müssen an das *Framework* angepasst werden, wobei Entitäts- und Geschäftsprozess-Klassen unterschieden werden können.
- Das *O/R-Mapping* muss mit entsprechenden `Broker`-Klassen umgesetzt werden.

5.5.1 Anpassung der Entitätsklassen

Alle Entitätsklassen sind ähnlich aufgebaut. Code 5.45 zeigt als Beispiel die Klasse `PfwEntry`, die das `Entry`-*Interface* implementiert, das die fachlichen Methoden deklariert[21]. Im Einzelnen werden folgende Methoden realisiert:

- Jede Entitätsklasse implementiert das `Persistent`-*Interface* mit den entsprechenden `set/get()`-Methoden für die *Oid* (Zeile 7-8).
- Es gibt einen *Default*-Konstruktor, der die Methode `Broker.register(this)` aufruft sowie einen Konstruktor, der die *Oid* setzt. (Zeile 3-4).

Code 5.45: fachliche Klasse im Framework: PfwEntry.java

```
1  public class PfwEntry implements Entry, Persistent {
2
3    public PfwEntry () {  Broker.register(this); }
4    public PfwEntry (String oid) {  this.mOID = oid;    }
5
6    protected String mOid;
7    public String getOid(){return mOid;}
8    public void setOid(String oid){mOid=oid;}
9
10   private String mTitle;
11   public String getTitle() { return mTitle; }
12   public void setTitle(String title) { mTitle=title;}
13
14   private Forum mForum;
15   public Forum getBelongsTo() throws Exception {
16     if (mForum == null)
17        mForum = PFWForumDbBroker.getInstance(
18                                   ).getForumByEntry(this);
19     return mForum;
20   }
21   public void setBelongsTo(Forum forum) {
22     this.mForum = forum;
23   }
24 ...
```

[21] vgl. die Diskussion in 3.3.2

- Auf sämtliche atomaren Attribute kann mit normalen `set/ get()`-Methoden zugegriffen werden (Zeile 10-13 für das Attribut `title`).
- Die Zugriffsmethoden für Beziehungsattribute laden die Objekte auf Anforderung aus der Datenbank (*loading on demand*). Dazu nutzen sie Suchmethoden des zuständigen `DbBroker` (Zeile 16-18). Weil der durchgeführte RDBMS-Zugriff fehlschlagen kann, werfen diese Methoden eine *Exception*. Die `set()`-Methoden von mehrwertigen Attributen müssen zunächst den `Vector` laden (siehe Code 5.33, Zeile 10).

Für die anderen *SamComm-Interfaces* `Forum` und `Member` werden in gleicher Weise eine `PfwForum`- und `PfwMember`-Klasse erstellt.

5.5.2 Anpassung der Geschäftsprozess-Klassen

Die Geschäftsprozess-Klassen implementieren die *Interfaces* `Community` und `SamComCreator` der Anwendungsschicht. Folgende Besonderheiten müssen dabei beachtet werden:

- Die implementierten Geschäftsprozess-Methoden legen die Transaktionsklammern fest.
- Die Methoden werfen *Exceptions*, wenn sie auf die Datenbank zugreifen.

Code 5.46 zeigt als erstes Beispiel, wie in `PfwCreator` ein neues `Entry` Objekt erzeugt wird. In der Methode wird lediglich ein Laufzeitobjekt erzeugt und initialisiert (Zeile 3-11).

```
1  public class PfwSamCommCreator
                              implements SamCommCreator{
2
3    public Entry createEntry(Member author, Forum forum,
                             String title, String text){
4       PfwEntry entry = new PfwEntry();
5       entry.setWrittenBy(author);
6       entry.setBelongsTo(forum);
7       entry.setTitle(title);
8       entry.setText(text);
9       return entry;
10   }
11 ...
```

Code 5.46: PfwSamComm-Creator.java

Interessanter ist `PfwCommunity`, die das `Community`-*Interface* realisiert, siehe Code 5.47.

In `findMember(String nickname)` wird einfach die passende Suchmethode von `PfwMemberDbBroker` genutzt, um ein `Member`-Objekt mit einem bestimmten Anmeldenamen zu finden (Zeile 4-7).

Die Methode `addEntry(..)` erzeugt zunächst ein neues `Entry`-Objekt. Anschließend wird das Objekt dem Forum hinzugefügt und dem Autor `author` werden 5 Punkte gutgeschrieben (Zeile 11-12). Diese Änderungen werden nur in den Java-Objekten durchgeführt und müssen deshalb noch in einer Transaktion in die Datenbank geschrieben werden. Zwischen `Forum` und `Entry` besteht eine 1:N-Beziehung, d.h. die `Entry`-Tabelle enthält einen Fremdschlüssel auf die `Forum`-Tabelle. Dieser Fremdschlüssel wird beim Abspeichern des `Entry`-Objekts in der Transaktion berücksichtigt.

Code 5.47: Geschäftsprozess-Methoden in PfwCommunity.java

```
1  public class PfwCommunity extends Observable
2                                   implements Community{
3
4    public Member findMember(String nickname)
                                          throws Exception {
5        return PfwMemberDbBroker.getInstance(
6                           ).findMemberByNickname(nickname);
7    }
8
9    public Entry addEntry(String title, String text,
           Member author, Forum forum) throws Exception {
10     Entry entry = getCreator().createEntry(
                                      author, title, text);
11     forum.addEntry(entry);
12     author.addPoints(5);
13     Transaction t = new Transaction();
14     t.addObject((Persistent)author);
15     t.addObject((Persistent)entry);
16     t.transactionCommit() ;
17     return entry;
18   }

19   public Forum registerMemberInForum(Member member,
20                         Forum forum) throws Exception {
21     forum.addMember(member);
22     member.addSubscription(forum);
```

```
23      Transaction t = new Transaction() ;
24      t.addRelation((Persistent)member,
                                  member.getSubscriptions());
25      t.transactionCommit() ;
26      return forum;
27    }
28  ...
```

Die Methode `registerMemberInForum(...)` arbeitet ähnlich. Zunächst wird die Beziehung zwischen dem `Member`- und `Forum`-Objekt beidseitig hergestellt (Zeile 21-22). Dann wird die Beziehung persistent in die Datenbank geschrieben. Weil zwischen beiden Klassen eine N:M-Beziehung besteht, wird die Methode `addRelation()` benutzt, der das `Member`-Objekt und ein Vektor von `Forum`-Objekten übergeben wird.

5.5.3 O/R-Mapping

Das *O/R-Mapping* geschieht in den fachlichen `Broker`-Klassen, wie Code 5.48 exemplarisch für den `PfwForumDbBroker` zeigt. Folgende Schritte müssen durchgeführt werden:

- Die fachlichen `Broker`-Klassen müssen das *Singleton*-Muster umsetzen.
- Alle SQL-Basisbefehle (*Select*, *Update*, *Insert*, *Delete*) müssen spezifiziert werden. Als Beispiel zeigen die Zeilen 4 bis 9 den *Select* und den *Update*-Befehl.

```
1  public class PfwForumDbBroker extends RelationalDbBroker
   {
2   public static PfwForumDbBroker getInstance() {
3      //   Singleton..
4   protected String getFindByPrimaryKeyString(String oid){
5      return "SELECT distinct * FROM Forum " +
              "where forum_oid = '"+anOID + "'";
6   }
    protected String getUpdateString(Persistent o){
7      PfwForum forum = (PfwForum) o;
8      return "UPDATE forum set " +
             "title='"   + forum.getTitle() +
              "',category='" + forum.getCategory() +
              "' where forum_oid='"+ forum.getOid()+ "'";
```

Code 5.48: O/R-Mapping in PfWForumDb-Brorker.java

```
9   }
10  protected Persistent makeObject(ResultSet rs)
                                        throws SQLException {
11     PfwForum f = new PfwForum( rs.getString(
                                               "forum_oid") );
12     f.setTitle(rs.getString("title"));
13     f.setCategory(rs.getString("category"));
14     return f;
15  }
16  protected AssociationTable getTable(Persistent obj,
                                         Vector toObjects){
17     return new AssociationTable("belongs_to",
                                               "forum_oid",
                                              "member_oid");
18  }
19  public Forum getForumByEntry(Entry e)
                                       throws SQLException{
20     return (Forum)getObjectsFromSelect(
                  "select * from forum f, entry e " +
                  "where e.forum_oid = f.forum_oid and " +
                  "e.entry_oid = '"  + e.getOid() +"' "
                                              ).elementAt(0);
21  }
22  ...
```

- Man muss `makeObject(..)` zur Erzeugung eines fachlichen Objekts aus einem `ResultSet`-Datensatz implementieren (Zeile 10-15).
- Weiterhin muss die Methode `getTable(..)` implementiert werden, um die in M:N-Beziehungen verwendeten Beziehungstabellen zu spezifizieren. Im Beispiel verwendet die `Forum`-Klasse für ihre einzige M:N-Beziehung mit `Member`-Objekten die Tabelle `BELONGS_TO` mit den beiden Spaltennamen `FORUM_OID` und `MEMBER_OID` (Zeile 16-18).
- Schließlich sind noch spezielle Suchmethoden zu realisieren. Dazu übergibt man den SQL-Befehl der Methode `getObjectFromSelect(..)`, die ihn ausführt und einen `Vector` der erzeugten Objekte zurückliefert. Im Beispiel (Zeile 19-21) wird ein *Join* über die beiden Tabellen `FORUM` und `ENTRY` durchgeführt. Weil die Ergebnismenge nur ein Element enthalten kann, wird nur das erste Element des Vektors zurückgegeben.

5.6 Bewertung des Persistenz-Frameworks

Zum Abschluss dieses Kapitels wollen wir das *Framework* noch einmal rückschauend bewerten. Es zeichnet sich durch folgende Eigenschaften aus:

Vorteile

- Das *Framework* bietet ein mächtiges API, mit dem sich mit relativ geringem Aufwand Objekt-Persistenz erreichen lässt. Es unterstützt alle wichtigen Funktionalitäten, wie bspw. Transaktionsverarbeitung und die Verwaltung mehrwertiger Objektbeziehungen.
- Mithilfe des *Frameworks* sind die fachlichen Klassen vom Datenbank-Zugriffscode entkoppelt. Sämtlicher SQL-Code befindet sich in den `Broker`-Klassen, sodass die Anwendungsschicht von Änderungen des Datenbankschemas unbeeinflusst bleibt.
- Für das O/R-*Mapping* müssen nur die SQL-Befehle spezifiziert werden. Alle technischen Abläufe des Datenbankzugriffs sind im *Framework* implementiert.
- Das *Framework* ist einfach zu verstehen und kann deshalb leicht erweitert oder verändert werden. Die Einstiegshürde für den Einsatz des *Frameworks* ist somit sehr gering.

mögliche Erweiterungen

Neben diesen positiven Eigenschaften unterliegt die hier vorgestellte Realisierung aber auch einigen Einschränkungen, die Ziele für mögliche Erweiterungen bieten.

- Die hier präsentierte *Framework* Implementierung unterstützt keine Vererbung. In den *Hook*-Methoden `getInsertString(..)`, `getUpdateString(..)` und `getDeleteString(..)` gibt es keine Möglichkeit, mehrere Datenbank-Befehle zu spezifizieren. Dies ist aber erforderlich, wenn sich die Attribute einer Unterklasse auf mehrere Datenbanktabellen verteilen.

  Eine Lösung wäre, dass die genannten Methoden mehrere SQL-Befehle in einer `Enumeration` zurückliefern. Die Methode `writeToPermanent()` in `RelationalDbBroker` führt dann alle SQL-Befehle in der `Enumeration` aus.
- Das *Framework* unterstützt kein optimistisches Sperrverfahren, (siehe Abschn. 4.2.2). Dazu müssen die *Update*-Befehle entsprechend erweitert werden. Weiterhin muss `executeDML()` in `RelationalDbBroker` eine *Exception* werfen, wenn bei einem *Update* kein Datensatz verändert wurde.

generelle Einschränkungen

Darüber hinaus gibt es einige generelle Einschränkungen: Das *Framework* ermöglicht im Gegensatz zu EJB keine Objektverteilung, d.h. alle fachlichen Objekte befinden sich auf demselben Rechner.

Einen weiteren Nachteil stellt die fehlende Standardisierung dar. Die Anwendungsschicht nutzt das proprietäre API des *Frameworks*, das nur unter relativ hohem Aufwand gegen ein anderes Produkt ausgetauscht werden kann.

mögliche Alternativen

Um die genannten Einschränkungen zu vermeiden, empfiehlt sich der Einsatz eines kommerziellen Produktes. Der Markt bietet dabei eine Reihe von Systemen, bspw. TopLink von WebGain[22], PowerTier von Persistence[23], IntelliBo von SignSoft[24] oder OJB von Apache[25]. Solche Produkte haben sich meistens bereits im Praxiseinsatz bewährt und ihre Pflege und Wartung wird – mit allen Vor- und Nachteilen – vom Anbieter erbracht.

Damit keine Abhängigkeiten von einem bestimmten Produkt entstehen, ist die Verwendung von Standards von großer Bedeutung. Aktuell spielen zwei Standards eine besondere Rolle:

...EJB

- *Enterprise JavaBeans* (EJB) bieten ein äußerst mächtiges *Framework* , das u.a. Objekt-Persistenz und Objekt-Verteilung bietet [EJB_01]. Der Investitions- und Lernaufwand für den Einsatz von EJB ist jedoch relativ hoch. In Kapitel 6 wird diese Technologie ausführlich vorgestellt.

...JDO

- Die *Java Data Objects* (JDO)-Spezifikation [JDO 02] legt eine einheitliche Schnittstelle fest, um Java-Objekte persistent und technologie-unabhängig zu verwalten. Inzwischen erfüllen bereits eine Vielzahl kommerzieller Produkte das JDO-API weitgehend, sodass in Zukunft die Abhängigkeit von einem bestimmten Persistenz-*Framework* vermieden werden kann.

  Im Vergleich mit EJB bietet JDO zwar weniger Funktionalität, aber verursacht auch weitaus weniger Lern- und Investitionsaufwand.

---

22 http://www.webgain.com/products/toplink/
23 http://www.persistence.com/products/powertier/
24 http://www.intellibo.com
25 http://jakarta.apache.org/ojb/

6 Enterprise JavaBeans (EJB)

In diesem Kapitel wird vorgestellt, wie mit dem *Enterprise JavaBeans* (EJB)-Framework [EJB02] die Persistenzschicht entwickelt wird.

Überblick

Der Abschn. 6.1 gibt zunächst einen Überblick über die gesamte J2EE-Architektur und zeigt, wie die EJB-Technologie darin einzuordnen ist. In Abschn. 6.2 diskutieren wir die grundlegenden Persistenzkonzepte von EJB, dann gibt Abschn. 6.3 eine Einführung in die Anwendungsentwicklung mit *Enterprise JavaBeans* (Version 2.0). Anschließend werden fortgeschrittene Konzepte, wie die Verwaltung von Beziehungen, diskutiert (Abschn. 6.4) und Grundsätze sowie Designrichtlinien für eine EJB-Architektur entwickelt (Abschn. 6.5) Danach implementieren wir das Beispielsystem (Abschn. 6.6) und arbeiten die dort verwendeten Entwurfsmuster heraus (Abschn. 6.7). Den Abschluss bildet eine kritische Bewertung der EJB-Technologie und der Vergleich mit anderen Ansätzen (Abschn. 6.8).

6.1 J2EE-Architektur

Die *Enterprise JavaBeans*-Technologie ist Bestandteil der *Java 2 Enterprise Edition* (J2EE).

Idee

J2EE spezifiziert eine komplette Architektur zur Entwicklung verteilter mehrschichtiger Anwendungen [Kass00], [J2EE99]. Es ist ein komponenten-orientiertes *Framework*, das technische Basisdienste bietet, die bei der Entwicklung von verteilten Systemen helfen.

Eine besondere Bedeutung innerhalb von J2EE besitzen die *Enterprise JavaBeans*, die Objekt-Verteilung und Objekt-Persistenz unterstützen. Durch den Einsatz von EJB werden die Entwickler von der Realisierung technischer Aufgaben befreit und können sich vornehmlich um die Implementierung der Geschäftsprozesse kümmern.

Die konkrete Umsetzung der Architektur erfordert den Einsatz eines J2EE-konformen Applikationsservers, für den es am Markt viele verschiedene Produkte gibt, bspw. *Bea Weblogic*, *IBM WebSphere* oder *JBoss*.

J2EE Komponenten:

In der J2EE-Architektur werden folgende Komponenten unterschieden (siehe Abb. 6.1):

...business components: EJB

- Die Komponenten der Geschäftslogik (*business components*) realisieren die anwendungsspezifische fachliche Geschäftslogik. Dabei werden fachliche Objekte als *Enterprise JavaBeans* (EJB) implementiert. Für ein erstes Verständnis kann man sich EJB-Objekte als spezielle Java-Objekte vorstellen, die in einem Applikationsserver residieren. Der Applikationsserver verwaltet den Lebenszyklus von EJB-Objekten und stellt eine Vielzahl von Diensten, u.a. für Objekt-Persistenz, zur Verfügung.
  Die Daten der EJB-Objekte werden in einer Datenbank verwaltet. Dabei können verschiedene Technologien, bspw. relationale Datenbanken, Directory-Systeme, XML-Repositories oder auch ERP /Legacy-Systeme eingesetzt werden.

...client components

- Anwendungen, die auf die EJB-Objekte zugreifen und deren Dienste nutzen, werden in der J2EE-Architektur als Klienten (*client components*) bezeichnet. Im Java-Umfeld handelt es sich dabei um Java-Applikationen oder *Applets*. J2EE bietet den Klienten alle notwendigen Mechanismen zum Auffinden von Diensten sowie die erforderlichen Protokolle.

Abbildung 6.1: J2EE-Komponenten

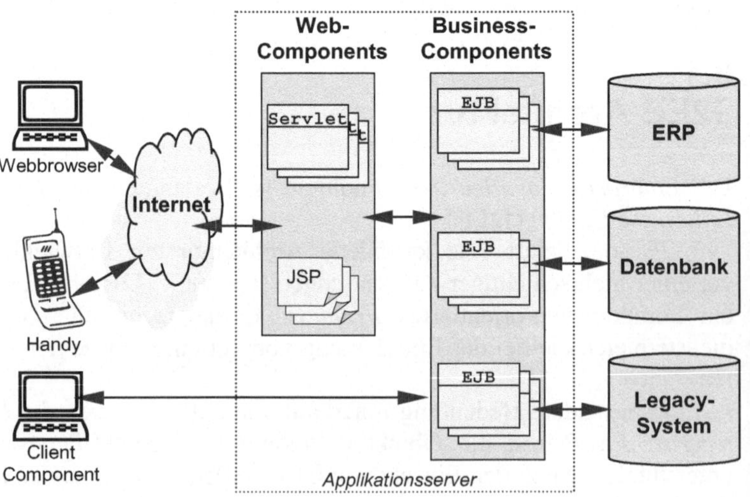

- Die Entwicklung web-basierter Systeme ist im besonderen Maße in der J2EE-Architektur berücksichtigt. Dabei ist der Klient ein Webbrowser, der die in einer *Markup*-Sprache (meist HTML oder WML) realisierte Benutzungsoberfläche anzeigt. Auf Basis der Systemdaten müssen die im Browser dargestellten HTML-Seiten dynamisch erzeugt werden, um dem Benutzer eine datenbasierte und personalisierte Sicht zur Verfügung zu stellen. In der J2EE-Architektur sind *Servlets* und *JavaServer Pages* (JSP) [Berg01] vorgesehen, um Webseiten dynamisch zu generieren. Diese Komponenten befinden sich im Web-Container, der ggf. im Applikationsserver integriert ist[1].

...web components: JSP und Servlet

J2EE stellt für die Anwendungsentwicklung eine Vielzahl von Bibliotheken, bzw. API's, zur Verfügung, die über den Funktionsumfang der *Java 2 Standard Edition* (J2SE) hinausgehen. Dazu gehören u.a. *Enterprise JavaBeans* (EJB), *Java Naming and Directory Interface* (JNDI), JDBC, *Java Servlet Technology*, *JavaServer Pages* (JSP), *Java Message Service* (JMS), *Java Mail*[2]. Die J2EE-Dienste werden von einem Applikationsserver bereitgestellt, dessen Aufbau Abb. 6.2 genauer zeigt.

J2EE-Bibliotheken

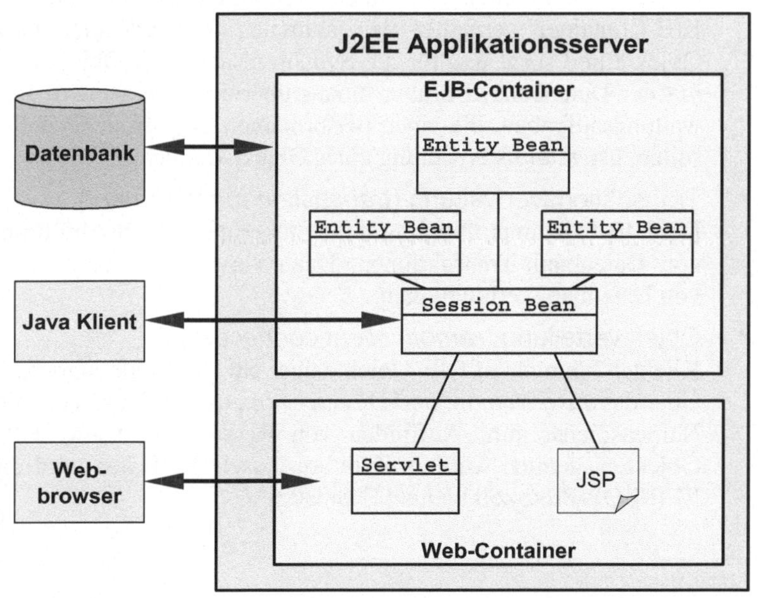

Abbildung 6.2: EJB-Container und Web-Container

[1] Die Entwicklung einer Präsentationsschicht für Web-Applikationen mit JSP und Servlets wird ausführlich in Kapitel 8 behandelt.

[2] Einen genaueren Überblick über die verschiedenen Schnittstellen bieten Dokumentation und Tutorien von Sun Microsystems, siehe www.java.sun.com.

Web-Container Der Web-Container nimmt *Servlet* und *JavaServer Pages* auf und stellt die Laufzeitumgebung für diese Komponenten zur Verfügung. Vereinfacht lässt sich der Web-Container als ein Webserver verstehen, der mit *Servlets* und JSP umgehen kann und auf den man von einem Browser mittels HTTP zugreifen kann[3].

EJB-Container Der EJB-Container dient der Verwaltung und Ausführung von *Enterprise JavaBeans*. Er stellt die zentralen Dienste des Applikationsservers zur Verfügung und übernimmt u.a. die folgenden Aufgaben:

- Objekt-Persistenz
  Der EJB-Container sorgt für Objekt-Persistenz und erfüllt die in Kapitel 4 genannten Anforderungen: Er kann Objekte in einer Datenbank speichern und sie mithilfe einer eindeutigen Objektidentität aus der Datenbank laden. Dabei können auch komplexe Beziehungsgeflechte zwischen Objekten abgebildet werden[4].
- Verwaltung des Objekt-Lebenszyklus (*lifecyle*)
  Jedes EJB-Objekt durchläuft einen Lebenszyklus: es wird neu erzeugt und in der Datenbank abgelegt, es erfährt Änderungen und wird schließlich nicht mehr benötigt oder gelöscht. Der EJB-Container verwaltet den aktuellen Zustand aller EJB-Objekte und sorgt u.a. für die Synchronisation der Objektdaten mit der Datenbank. Darüber hinaus übernimmt er weitere Verwaltungsaufgaben, die einen performanten Zugriff sicherstellen sollen, bspw. die Verwaltung eines Objekt-*Cache*.
- Transaktionsverwaltung (*transaction management*)
  Der EJB-Container übernimmt die Steuerung und Durchführung von Datenbank-Transaktionen. Dazu verwaltet er einen Pool von Datenbankverbindungen.
- Objektverteilung (*remote client connectivity*)
  Klienten können auf EJB-Objekte über ein Netzwerk zugreifen[5]. Über das *Java Naming and Directory Interface* (JNDI) kann ein Namensdienst zum Auffinden von Ressourcen, bspw. EJB-Objekten, genutzt werden. Zum Austausch der Daten wird das RMI/IIOP-Protokoll benutzt [Roma02][6].

---

[3] siehe Kapitel 8

[4] Dies gilt für EJB-Container, die die Spezifikation EJB 2.0 erfüllen.

[5] Auf unterschiedlichen Rechnern befindliche EJB-Objekte können ihre Dienste untereinander nutzen.

[6] Mit Hilfe von RMI-IIOP können Java-Methoden in einer anderen virtuellen Maschine aufgerufen werden. Dies geschieht über *Remote Method Invocation* (RMI) mithilfe des *Internet Inter-ORB Protocol* (IIOP).

- Sicherheit (security)
  Der Applikationsserver sorgt dafür, dass nur autorisierte Klienten Zugriff auf Ressourcen oder die Dienste von EJB-Objekten erhalten. Dazu gibt es ein eigenes J2EE *Security Model*, mit dem man, ähnlich wie in einem Datenbanksystem, Benutzer, Gruppen und Zugriffsrechte festlegen kann, die bei jedem Ressourcenzugriff überprüft werden

Das J2EE-Framework ist so umfangreich, dass wir uns hier auf die zentralen Dienste beschränken müssen: Wir zeigen, wie man aus Sicht der Anwendungsentwicklung die Geschäftslogik und Objekt-Persistenz mit EJB realisieren kann[7].

6.2 Objekt-Persistenz mit EJB

Enterprise JavaBeans sollen von der Realisierung sämtlicher technischen Aufgaben befreien: nur die Geschäftsprozesse müssen implementiert werden, sämtliche technischen Basisdienste – insbesondere Objekt-Persistenz – werden vom EJB-Container übernommen. Diese Trennung der Verantwortlichkeiten wird auch als *separation of concerns* bezeichnet.

EJB in der Anwendungsschicht

Die komplette Anwendungsschicht wird in EJB-Technologie realisiert. Wie in Kapitel 3 diskutiert, lassen sich auch bei *Enterprise JavaBeans* zwei Arten von fachlichen Klassen unterscheiden.

- Es gibt Entitätsklassen, deren Objekte in einer Datenbank verwaltet werden. In der EJB-Architektur werden sie durch sogenannte *Entity Beans* abgebildet.
- In den Geschäftsprozess-Klassen wird die Geschäftslogik implementiert. Sie werden in EJB als *Session Beans* realisiert.

Die Abb. 6.3 zeigt die Struktur einer EJB-Anwendung am Beispiel eines Internet-Shops. Die Anwendungsschicht befindet sich im EJB-Container und enthält beispielhaft *Entity Beans* für die Geschäftsobjekte `Customer`, `Order` und `Product` sowie eine *Session Bean* `Shopping`, um die für einen Einkauf benötigten Geschäftsprozesse zu realisieren.

---

[7] Weitere Details sind in der Dokumentation bei Sun oder des eingesetzten Applikationsservers zu entnehmen. Eine detaillierte Einführung ist auch in [Roma02] zu finden.

Die Aufgaben der Persistenzschicht werden komplett vom EJB-Container übernommen und müssen nicht selbst realisiert werden: so übernimmt er das komplette *Lifecycle Management* der EJB-Objekte und sorgt für die Synchronisation zwischen EJB-Objekten und Datenbankinhalten.

Abbildung 6.3: Struktur einer EJB-Anwendung

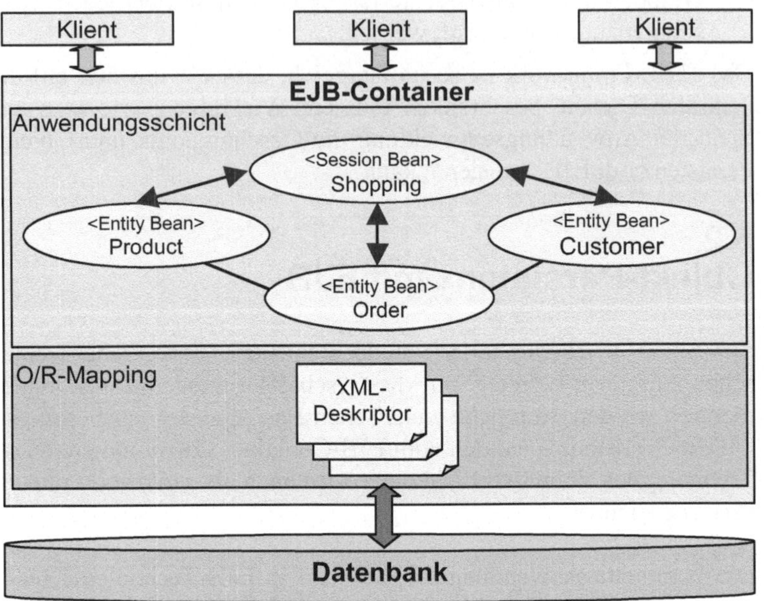

Bevor wir im Detail zeigen, wie Anwendungen mit EJB entwickelt werden, sollen einige wesentliche Eigenschaften von EJB aufgelistet werden:

EJB als Java-Klassen

- *Enterprise JavaBeans* sind Java-Klassen, die bestimmten Konventionen genügen, damit der EJB-Container sie verwalten kann. Sie müssen vom EJB-Container benötigte und in speziellen *Interfaces* definierte Einschubmethoden *(hook methods*) implementieren.

  Für das Erzeugen neuer EJB-Objekte sowie die Suche nach vorhandenen EJB-Objekten dienen eigene Fabrikmethoden, die in sogenannten *Home-Interfaces* definiert werden.

O/R-Mapping

- Damit der EJB-Container Objekte in der Datenbank verwalten kann, muss er wissen, wie die Objekte auf Datenbanktabellen abgebildet werden (*O/R-Mapping*). Dies kann durch entsprechende Deskriptoren in XML-Format spezifiziert werden.

- In einem sogenannten *Deployment*-Schritt werden dem Applikationsserver alle benötigten Informationen zur Verfügung gestellt. Dazu gehören alle benötigten EJB-Klassen und *Interfaces* sowie die XML-Deskriptoren.

  Klienten können nur über den Applikationsserver auf die dort residierenden EJB-Objekte zugreifen. Der direkte Zugriff ist ihnen verwehrt: im Programmcode können die EJB-Objekte nur über *Interfaces,* aber nicht direkt verwendet werden. Die Implementierungen der EJB-Objekte werden ausschließlich durch den EJB-Container genutzt.

Deployment

Eine eigenständige Persistenzschicht ist bei der Verwendung der *Enterprise JavaBeans* Technologie nach außen hin nicht sichtbar, sondern sie wird durch den EJB-Container realisiert. Damit er diese Aufgabe wahrnehmen kann, müssen die fachlichen Klassen die EJB-Konventionen erfüllen und die Deskriptoren erstellt werden. Die erforderlichen Schritte werden wir nun vorstellen.

6.3 Anwendungsentwicklung mit EJB

Enterprise JavaBeans sind spezielle Java-Klassen, die in einem EJB-Container verwaltet werden können. Wie bereits erwähnt, werden in der EJB-Spezifikation verschiedene Typen unterschieden:

- *Session Beans,*
- *Entity Beans* und
- *Message-driven Beans.*

Session Beans

In *Session Beans* werden Geschäftsprozesse realisiert. Sie besitzen keine persistenten Attribute, sondern nutzen die Dienste der durch *Entity Beans* realisierten Entitätsklassen und kapseln diese vor den Klienten[8]. Ein Beispiel für eine *Session Beans* ist eine Klasse `Buchungssystem`, die auf Basis der zugehörigen *Entity Beans* Reisen bucht.

Entity Beans

Entity Beans repräsentieren Geschäftsobjekte, deren Daten persistent in einer Datenbank gespeichert werden. Zentrale Aufgabe der *Entity Beans* ist ein kontrollierter Zugriff auf die Geschäftsdaten. Beispiele für typische *Entity Beans* sind Klassen wie `Kunde`, `Konto` und `Flug`.

[8] bspw. Fensterobjekte der Präsentationsschicht.

Message-driven Beans

Message-driven Beans bieten einen Mechanismus zum asynchronen Austausch von Nachrichten. Sie besitzen keine direkt aufrufbaren Methoden, sondern implementieren einen *Listener*, der in einer Nachrichten-Warteschlange registriert werden kann. Für registrierte *Message-driven Beans* wird die *Listener*-Methode `onMessage()` aufgerufen, sobald ein Klient eine Nachricht an die Warteschlange schickt. *Message-driven Beans* erfüllen das *Java Message Service* (JMS)-API. Sie spielen in den hier betrachteten Architekturen keine Rolle, weshalb wir für eine detailliertere Darstellung auf [Haas02] verweisen[9].

6.3.1 Session Beans

Session Beans repräsentieren einen Klienten innerhalb einer J2EE-Architektur. Sie besitzen keine persistenten Attribute, sondern stellen lediglich Methoden zur Verfügung. Es werden zwei Arten von *Session Beans* unterschieden.

Stateless Session Beans

Sogenannte *Stateless Session Beans* bieten der Außenwelt lediglich ihre Dienste in Form von Methoden an.

Weil sie keine besonderen Daten vorhalten, kann die Instanz einer *Stateless Session Bean* von mehreren Klienten genutzt werden. Dies ist ressourcenschonend für den EJB-Container, der bspw. eine Menge von *Session Bean*-Instanzen erzeugt, die dann von vielen Klienten verwendet werden können.

Stateful Session Beans

Im Gegensatz dazu ist die Instanz einer *Stateful Session Bean* der interaktiven Sitzung (*session*) eines bestimmten Klienten zugeordnet, d.h., es besteht eine Beziehung zwischen Klient und *Stateful Session Bean.*

Eine *Session* umfasst alle zwischen An- und Abmeldung durchgeführten Interaktionen eines Benutzers. Oft müssen für jeden Klienten eigene Daten verwaltet werden, bspw. der Einkaufswagen in einem *Shop*-System. Die Verwaltung klienten-spezifischer Daten wird als *Session Tracking* bezeichnet. Sie ist insbesondere in Websystemen von Bedeutung und auch mit einigen Schwierigkeiten verbunden.

---

[9] Gleichwohl sind nachrichtenbasierte Systeme von großer Bedeutung, wenn Systeme lose gekoppelt werden sollen. Dies gilt insbesondere für die relativ einfache Anbindung von Altsystemen (Legacy-Systeme). Eine Diskussion ist in der Dokumentation zur *Java Connector*-Architektur zu finden [JCA02].

Die Attribute einer *Session Bean* und damit die zur interaktiven Sitzung zugehörigen Daten werden nicht persistent abgespeichert, sondern besitzen dieselbe Lebensdauer wie die Sitzung selbst[10].

6.3.1.1 *Implementierung einer* Session Bean

Die Grundstrukturen einer *Session Bean*-Implementierung sollen anhand eines einfachen HelloWorld-Beispiels mit einer Methode `sayHello(String name)` gezeigt werden.

Eine *Session Bean* besteht aus mehreren Bestandteilen: einem *Remote Interface*, einem *Home Interface*, einer *Bean*-Klasse und zwei Deskriptoren.

Namens-konventionen

Dabei verwenden wir die folgenden Namenskonventionen: das *Remote Interface* hat keinen speziellen Suffix und heißt hier `Hello`. Diesen Namen verwenden wir auch für die Gesamtheit aller *Bean*-Komponenten. Das *Home Interface* hat den Suffix `Home` und heißt hier `HelloHome`, für die *Bean*-Klassen verwenden wir den Suffix `Bean`, also für unser Beispiel `HelloBean`.

Remote Interface

Das *Remote Interface* definiert alle fachlichen Methoden, die ein EJB-Objekt einem Klienten anbietet. Die Implementierung dieser Methoden erfolgt in der eigentlichen *Bean*-Klasse, deren Objekte im EJB-Container verwaltet werden. Klienten können nur über die *Remote Interfaces* auf EJB-Objekte zugreifen.

Code 6.1 zeigt das *Remote Interface* für unser Beispiel. Wie man sieht, handelt es sich um ein „normales" Java-*Interface*, das die Methode `sayHello(..)` deklariert. Diese Methode kann eine `RemoteException` werfen, weil ein Klient mithilfe von RMI-IIOP auf den Applikationsserver zugreift. Alle Methoden des *Remote Interface* müssen deshalb diese *Exception* werfen.

```
import java.rmi.RemoteException;
import javax.ejb.EJBObject;

public interface Hello extends EJBObject {
  public String sayHello(String name)
                                   throws RemoteException;
}
```

Code 6.1: Remote Interface einer Session Bean

Ein *Remote Interface* erweitert das `EJBObject`-*Interface*, das Basisfunktionalitäten deklariert, bspw. um zwei EJB-Objekte zu ver-

[10] Eine ausführlichere Diskussion des *Session Trackings* in Websystemen erfolgt in Abschnitt 8.1.2.

gleichen[11]. `EJBObject` erweitert wiederum das `java.rmi.Remote` *Interface*, was für den Zugriff per RMI erforderlich ist.

Home Interface

Das *Remote Interface* bietet Klienten ausschließlich fachliche Funktionalitäten an, aber keine Dienste, mit denen sie ein *Bean*-Objekt erzeugen oder finden können. Solche Fabrikmethoden werden in der EJB-Architektur durch eigene *Interfaces*, die sogenannten *Home Interfaces* bereitgestellt (siehe Code 6.2.).

Ein *Home Interface* bietet eine `create()`-Methode, die ein Objekt vom Typ des *Remote Interfaces* (in diesem Fall `Hello`) zurückliefert[12]. Auch diese Methode kann *Exceptions* werfen, einmal aus den genannten Gründen eine `RemoteException`, aber auch eine `CreateException`, wenn die Initialisierung der *Session Bean* fehlschlägt. Darüber hinaus muss jedes *Home Interface* das *Interface* `EJBHome` erweitern.

Code 6.2: Home Interface einer Session Bean

```
import javax.ejb.EJBHome;
import java.rmi.RemoteException;
import javax.ejb.CreateException;

public interface HelloHome extends EJBHome {
  public Hello create()
            throws CreateException, RemoteException;
}
```

Klienten verwenden ausschließlich diese beiden *Interfaces* und sind damit von der Implementierung der *Session Bean* entkoppelt. Dadurch trägt der EJB-Container die alleinige Verantwortung für die Verwaltung von EJB-Objekten, deren Dienste nur über ihn genutzt werden können.

Bean-Klasse

In der *Bean*-Klasse werden die im *Remote Interface* deklarierten fachlichen Funktionalitäten implementiert, siehe Code 6.3. In unserem Beispiel ist hier die einzige fachliche Methode realisiert: es wird einfach eine Meldung zurückgegeben, in die der als Parameter übergebene String eingebaut wird (Zeile 6-8). Diese Methode wirft keine `RemoteException`, da sie ja nur vom EJB-Container aufgerufen wird, der an sie entsprechende Klientenaufrufe delegiert.

---

[11] oder um bspw. das Home-*Interface* eines EJB-Objektes (`getEJBHome()`) zu erhalten.

[12] Der `create()`-Methode können auch Parameter übergeben werden. Sie kann überladen werden, d.h. es können mehrere `create()`-Methoden mit unterschiedlichen Parameterstrukturen (Signaturen) implementiert werden.

```
1  import javax.ejb.*;
2
3  public class HelloBean implements SessionBean {
4     private SessionContext ctx;
5
6     public String sayHello(String name)  {
7        return "hello " + name;
8     }
9     // Hook-Methoden
10    public void setSessionContext(SessionContext ctx){
11       this.ctx = ctx;
12    }
13    public void ejbCreate()  {  }
14    public void ejbRemove() {  }
15    public void ejbActivate() {  }
16    public void ejbPassivate()  { }
17 }
```

Code 6.3: Implementierung einer Session Bean

Darüber hinaus implementiert jede *Session Bean*-Klasse das *Session Bean Interface*, das eine ganze Reihe von Einschub- oder *Hook*-Methoden deklariert[13] (Zeile 10-16). Diese Methoden befinden sich nicht im *Remote Interface* und können somit nicht durch Klienten, sondern nur durch den EJB-Container aufgerufen werden. Immer wenn bestimmte Ereignisse im Lebenszyklus eines EJB-Objektes stattfinden, ruft der EJB-Container die entsprechenden Methoden auf.[14] In unserem Beispiel sind alle *Hook*-Methoden mit einer leeren Implementierung versehen, weil keine speziellen Aktionen zu bestimmten Ereignissen stattfinden sollen.

Die einzige Ausnahme ist die Methode `setSessionContext()`, in der ein `SessionContext`-Objekt gesetzt wird. Dieses Objekt ermöglicht dem *Session Bean*-Objekt, Informationen vom EJB-Container zu bekommen, bspw. über ihren aktuellen Status in Transaktionen oder über Sicherheitseinstellungen [EJB02].

Damit haben wir alle für unser *Session Bean* zu implementierenden Klassen im Detail vorgestellt. Abbildung 6.4 zeigt die beteiligten Klassen und die sie nutzenden Akteure im Überblick.

[13] siehe Entwurfsmuster „Schablonenmethode“ in Abschnitt 4.4.2.

[14] dieser Mechanismus und die einzelnen Methoden werden im Folgenden noch genauer vorgestellt.

Abbildung 6.4: Klassendiagramm für eine Session Bean

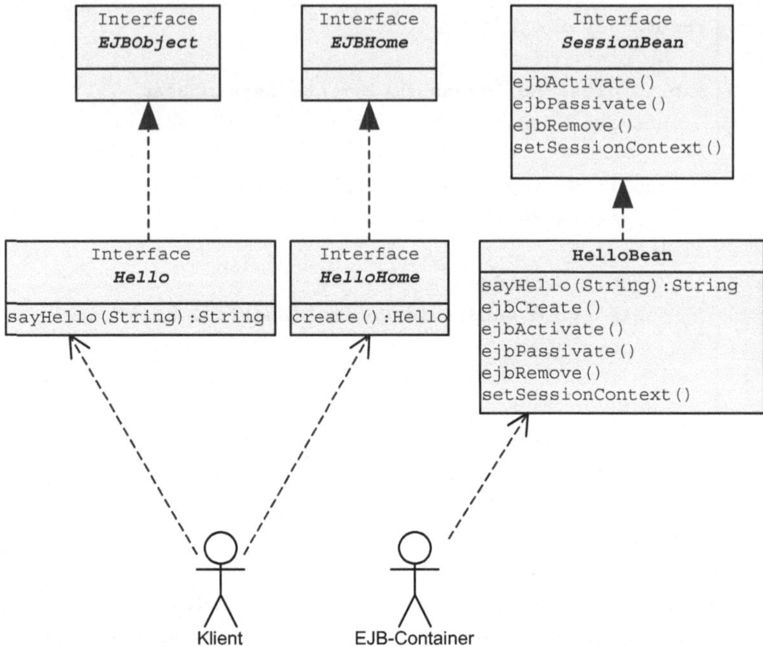

Neben der Implementierung der *Bean-Interfaces* und -Klassen muss der Applikationsserver mit allen Informationen versorgt werden, um die entsprechenden EJB-Objekte verwalten zu können. Dieser Schritt wird als *Deployment* bezeichnet.

6.3.1.2 Deployment einer Session Bean

Die für eine *Session Bean* vom EJB-Container benötigten Informationen werden in zwei *Deployment*-Deskriptoren in XML-Format spezifiziert.

Deployment-Deskriptoren

- Der erste Deskriptor versorgt den EJB-Container mit einer Beschreibung der *Beans,* bspw. die verwendeten Klassen. Er wird in der Datei `ejb-jar.xml` abgespeichert.
- Der zweite Deskriptor ist applikationsserver-spezifisch und enthält vor allen Dingen den sogenannten JNDI-Namen, den Klienten in einem Namensdienst nutzen, um auf die *Session Bean* zuzugreifen.

ejb-jar.xml

Code 6.4 zeigt den ersten Deskriptor für unser Beispiel. Die Zeilen 1-4 enthalten einen Standard-XML-Header, der auf eine in der EJB-Spezifikation definierte DTD verweist. Anschließend werden in entsprechenden und in [EJB02] definierten XML-*Tags* folgende Informationen festgelegt:

- ein Name für die *Session Bean*, den man in den *Deployment*-Deskriptoren referenzieren kann (Zeile 9),
- der Name des *Home Interface* (Zeile 10),
- der Name des *Remote Interface* (Zeile 11),
- der Name der *Bean*-Klasse (Zeile 12),
- ob es sich um eine *stateful* oder *stateless Session Bean* handelt (Zeile13) und ob der EJB-Container für Transaktionen sorgt (Zeile 14)[15].

Code 6.4: ejb-jar.xml

```
1  <?xml version="1.0"?>
2  <!DOCTYPE ejb-jar PUBLIC '-
3     //Sun Microsystems, Inc.//DTD Enterprise JavaBeans
4     2.0//EN' 'http://java.sun.com/dtd/ejb-jar_2_0.dtd'>
5
6  <ejb-jar>
7    <enterprise-beans>
8      <session>
9        <ejb-name>helloSessionBean</ejb-name>
10       <home>HelloHome</home>
11       <remote>Hello</remote>
12       <ejb-class>HelloBean</ejb-class>
13       <session-type>Stateless</session-type>
14       <transaction-type>Container</transaction-type>
15     </session>
16   </enterprise-beans>
17 </ejb-jar>
```

server-spezifischer Deskriptor

Im zweiten applikationsserver-spezifischen Deskriptor werden vor allen Dingen die JNDI-Namen definiert, mit denen man über einen Namensdienst auf die *Beans* zugreifen kann.

Code 6.5 zeigt den Deskriptor am Beispiel des *Bea Weblogic*-Applikationsservers. Neben dem XML-Header enthält der Deskriptor den für die *Session Bean* `helloSessionBean` verwendeten JNDI-Namen `helloBeanJNDI`. Unter diesem Namen können Klienten ein *Home Interface* der *Session Bean* `Hello` erzeugen.

In diesem Deskriptor können auch weitere produktspezifische Informationen stehen, bspw. die genaue Versionsnummer des Applikationsservers.

[15] das Thema Transaktionen wird später genauer vorgestellt.

Code 6.5: weblogic-ejb-jar

```
<?xml version="1.0"?>
<!DOCTYPE weblogic-ejb-jar PUBLIC "-//BEA Systems,
       Inc.//DTD WebLogic 6.0.0 EJB//EN"
       "http://www.bea.com/servers/wls600/dtd/weblogic-
        ejb-jar.dtd" >

<weblogic-ejb-jar>
  <weblogic-enterprise-bean>
    <ejb-name> helloSessionBean </ejb-name>
    <jndi-name>helloBeanJNDI</jndi-name>
  </weblogic-enterprise-bean>
</weblogic-ejb-jar>
```

Deployment-Schritte

Die genauen Schritte, die für das *Deployment* durchgeführt werden müssen, hängen vom eingesetzten Applikationsserver ab. Das Beispiel des *Bea WebLogic*-Applikationsservers zeigt die typischen Schritte[16]:

1. Die *Interfaces* und die Bean-Klasse werden kompiliert.
2. Die beiden XML-Deskriptoren werden erstellt und in ein Unterverzeichnis namens `META-INF` kopiert.
3. Die `*.class`-Dateien und das Unterverzeichnis `META-INF` mit den Deskriptoren werden in ein jar-Archiv gepackt.
4. Das so entstandene jar-Archiv wird einem ejb-Compiler übergeben, der *Stub*-Klassen[17] für den entfernten Zugriff auf die *Bean*-Objekte erzeugt und alles zusammen in ein neues jar-Archiv einpackt.
5. Das jar-Archiv mit den *Stub*-Klassen wird in den Applikationsserver geladen. Dies geschieht dadurch, dass es in ein spezielles Verzeichnis geschrieben wird oder über eine Administrationskonsole hochgeladen wird. Abbildung 6.5. zeigt exemplarisch die browser-basierte Oberfläche des *Bea WebLogic*.

[16] Für die Durchführung der Schritte sind auf dem Webserver entsprechende Skripte zu finden. Das genaue Vorgehen für einen speziellen Applikationsserver ist dessen Dokumentation zu entnehmen.

[17] *Stub*-Klassen enthalten die Software für die Kommunikation mit den EJB-Objekten: sie stellen eine Verbindung zum EJB-*Container* her, sorgen für das Einpacken und den Transport der Parameter (*Marshalling*) und die Entgegennahme der Rückgabewerte (*Demarshalling*), siehe bspw. [HoCo01].

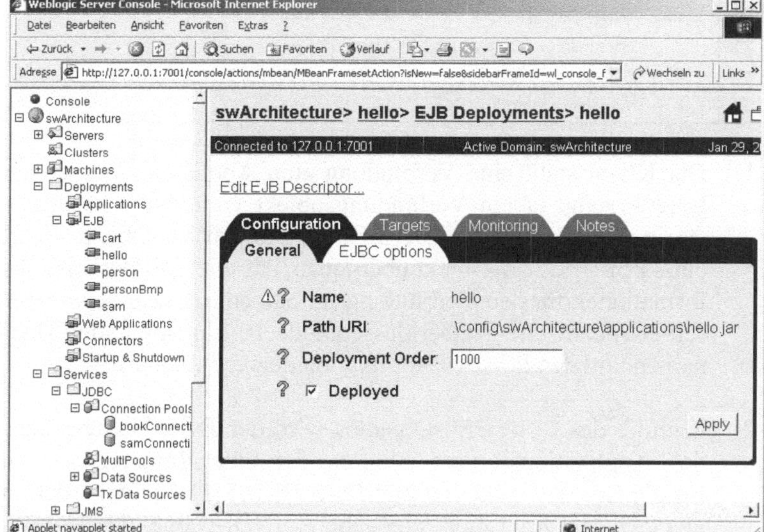

Abbildung 6.5: Konsole des Bea-Applikations-servers

6.3.1.3 Session-Bean-Klient

Bei der Entwicklung eines Klienten, der auf das `Hello`-*Bean* zugreift, sind mehrere Schritte erforderlich (Code 6.6):

Code 6.6: Session Bean Client

```
import java.util.Properties;
import javax.naming.Context;
import javax.naming.InitialContext;
import javax.rmi.PortableRemoteObject;

public class HelloClient {
  public static void main(String[] args)
                                   throws Exception {
      Properties props = new Properties();
      props.put(Context.INITIAL_CONTEXT_FACTORY,
               "weblogic.jndi.WLInitialContextFactory");
      props.put(Context.PROVIDER_URL,
               "t3://localhost:7001");
      Context ctx =  new InitialContext(props);

      Object obj = ctx.lookup("helloBeanJNDI");
      HelloHome home = (HelloHome)PortableRemoteObject.
                       narrow( obj, HelloHome.class);

      Hello hello = home.create();
```

```
21         String answer = hello.sayHello("Tom");
22         System.out.println(answer);
23     }
24 }
```

Connect zum Applikationsserver

1. Der Klient stellt eine Verbindung zum Applikationsserver her. Dazu erzeugt er ein Verbindungsobjekt vom Typ `InitialContext` (Zeile 9-14). Dem Konstruktor dieses Objektes wird ein `Properties`-Objekt übergeben, das alle erforderlichen Informationen für den Verbindungsaufbau enthält: die verwendete server-spezifische Treiberklasse (Zeile 10-11), sowie den Hostnamen und den Port des Applikationsservers (Zeile 12-13).

Look-up auf Home-Objekt

2. Mithilfe des `Context`-Objektes wird der JNDI-Namensdienst des Applikationsservers genutzt, der eine Referenz auf ein `HelloHome`-Objekt liefert (Zeile 16-18). Dabei wird der im *Deployment*-Deskriptor angegebene JNDI-Name der `Hello`-Bean genutzt. Die `lookup()`-Methode liefert eine Referenz vom Typ `Object` zurück, die in eine `HelloHome`-Referenz gecastet werden muss. Weil die Kommunikation zwischen Applikationsserver und Klient über das RMI-IIOP-Protokoll erfolgt, muss der Typ über die `narrow()`-Methode des `PortableRemoteObject` konvertiert werden[18].

Session Bean erzeugen

3. Wird für die `HelloHome`-Referenz die `create()`-Methode aufgerufen, so wird im EJB-Container ein `Hello`-EJB-Objekt erzeugt, auf das eine Referenz zurückgeliefert wird (Zeile 20).

fachliche Methode aufrufen

4. Über diese *remote*-Referenz lassen sich alle vom *Remote Interface* angebotenen Methoden aufrufen: im Beispiel `sayHello("Tom")`. Der EJB-Container delegiert den Methodenaufruf an die entsprechende *Session Bean* und reicht den Ergebnis-*String* an den Klienten zurück.

Das Beispiel zeigt, dass Klienten mit den *remote*-Referenzen wie mit lokalen Objekten arbeiten können. Allerdings unter einer Einschränkung: bei einem entfernten Methodenaufruf kann ein Fehler auftreten, bspw. wenn keine Netzverbindung besteht. Deshalb muss ein entsprechendes *Exception-Handling* stattfinden. Im Beispiel (vgl. Code 6.6) wird deshalb für die `main()`-Methode angegeben, dass in ihr *Exceptions* auftreten können.

---

[18] Details hierzu in [Roma02].

6.3.1.4 Local Interfaces

In unserem Beispiel greift der Klient über *remote*-Referenzen auf das *Home Interface* und die im EJB-Container verwaltete *Session Bean* zu.

Nachteile von remote-Referenzen

Entfernte Methodenaufrufe sind jedoch weitaus langsamer als lokale Aufrufe innerhalb der selben *Java Virtual Machine* (JVM), denn sie verursachen zusätzlich Aufwand: Der Methodenaufruf erfolgt indirekt über *Stub*-Klassen, die den entfernten Aufruf entgegennehmen, Parameter einpacken und zu einer serverseitigen *Stub*-Klasse (*Skeleton*) schicken. Die *Skeleton*-Klasse delegiert den Aufruf an das gesuchte Objekt und veranlasst die Rückgabe von Werten auf dem umgekehrten Weg.

Diese aufwendige Form der Methodenausführung ist eigentlich nicht erforderlich, wenn der Klient einer *Session-Bean*-Methode in derselben *Java Virtual Machine* (JVM) residiert, bspw. wenn er ein anderes EJB-Objekt ist. Um solchen Aufwand zu vermeiden, wurden mit der EJB 2.0-Spezifikation [EJB01] *Local Interfaces* und *Local Home Interfaces* eingeführt.

Eigenschaften von Local Interfaces

Local Interfaces können nur von Klienten innerhalb derselben *Java Virtual Machine* aufgerufen werden, sodass keine Inter-Prozess-Kommunikation stattfindet und der *Overhead* eines *remote*-Aufrufs entfällt. Um diese Art des Aufrufs nutzen zu können, sind zwei neue *Interfaces* erforderlich. Code 6.7 zeigt das *Local Interface* für unser Beispiel.

```
import javax.ejb.EJBLocalObject;

public interface HelloLocal extends EJBLocalObject{
  public String sayHello(String name) ;
}
```

Code 6.7: Local Interface

Es gibt zwei Unterschiede zum *Remote Interface*: Das Interface erweitert nun `EJBLocalObject` und die fachlichen Methoden werfen keine `RemoteException`. In ähnlicher Weise wird das *Home Interface* in ein *Local Home Interface* überführt, siehe Code 6.8.

```
import javax.ejb.CreateException;
import javax.ejb.EJBLocalHome;

public interface HelloLocalHome extends EJBLocalHome{
  public HelloLocal create() throws CreateException;
}
```

Code 6.8: Local Home Interface

Hier wird das Interface `EJBLocalHome` erweitert und die `create()`-Methode liefert eine Referenz für den lokalen Zugriff vom Typ `HelloLocal` zurück.

Auch die *Deployment*-Deskriptoren müssen angepasst werden: `ejb-jar.xml` enthält nun die Namen der Klassen, in denen das *Local Interface* und das *Local Home Interface* implementiert sind (Code 6.9).

Code 6.9: Local Interfaces in ejb-jar.xml

```
...
    <session>
      <ejb-name>helloSessionBean</ejb-name>
      <home>HelloHome</home>
      <remote>Hello</remote>
      <local-home>HelloLocalHome</local-home>
      <local>HelloLocal</local>
      ...
```

Auch das *Local Interface* erhält einen eigenen JNDI-Namen, der im applikationsserver-spezifischen Deskriptor angegeben wird (Code 6.10).

Im Beispiel hat die *Bean* sowohl ein *Remote* als auch ein *Local Interface* und steht somit beiden Klienten-Arten zur Verfügung. Ist ein *Remote Interface* nicht wirklich erforderlich, so wird es nicht spezifiziert, wodurch nur noch ein lokaler Zugriff möglich ist.

Code 6.10: Local Interfaces in weblogic-ejb-jar.xml

```
...
<ejb-name>helloSessionBean</ejb-name>
<jndi-name>helloBeanJNDI</jndi-name>
<local-jndi-name>helloBeanLocalJNDI</local-jndi-name>
...
```

6.3.1.5 Stateful Session Beans

Stateless Session Beans haben keinen Zustand und können somit keine klienten-spezifischen Daten abspeichern.

Session Tracking

Oft sollen aber zu jedem Klienten eigene Daten abgespeichert werden. Das Standardbeispiel ist der Einkaufswagen für jeden Kunden eines Internet-Shops. Das Shop-System muss jede Anforderung auf einen bestimmten Kunden beziehen können, um seinen Einkaufswagen zu verwalten. Die Zuordnung einer Anforderung zur Sitzung (*Session*) eines Kunden wird *Session Tracking* genannt.

In EJB können *Stateful Session Beans* der interaktiven Sitzung eines bestimmten Klienten zugeordnet werden und ermöglichen so *Session Tracking*.

Code 6.11 zeigt für das Standardbeispiel eines Einkaufswagens (*cart*) die *Bean*-Klasse. Die `Cart`-*Bean* verwaltet als Attribute den Namen des Kunden und ein `Vector`-Objekt mit den Produkten im Einkaufswagen. Darüber hinaus wird in einer Konstanten festgelegt, wie viele Produkte in den Wagen passen (Zeile 3-5).

Code 6.11: Stateful Session Bean: Cart

```
1  public class CartBean implements SessionBean {
2  
3    private String customer;
4    private Vector cart = new Vector();
5    private static int CAPACITY = 10;
6  
7    public void ejbCreate(String customer)
8                                  throws CreateException {
9      this.customer = customer;
10   }
11   public void putInto(String item) throws MyException {
12     if (cart.size() > CAPACITY)
13           throw new MyException("cart full");
14     cart.add(item);
15   }
16   public String getContent() {
17     String erg =  "cart of: " + this.customer + " \n";
18     for (int i= 0; i < cart.size(); i++)
19           erg += (String) cart.elementAt(i) + "\n";
20     return erg;
21   }
22   // Hook-Methoden
22  ...
```

Die `ejbCreate()`-Methode besitzt einen Parameter, um den Kundennamen zu setzen. Mit `putInto()` werden Strings in den `Vector` gepackt. Dabei wird eine `Exception` geworfen, wenn der Wagen kein weiteres Produkt aufnehmen kann. Schließlich liefert `getContent()` die Inhalte des Wagens als String zurück.

Code 6.12: Remote Interface von Cart

```
public interface Cart extends EJBObject {
  public String getContent() throws RemoteException;
  public void putInto(String item)
            throws RemoteException, CartFullException;
}
```

Die *Interfaces* sind konzeptionell genauso wie bei *Stateless Session Beans* und deklarieren alle Methoden mit ihren Parametern und *Ex-*

ceptions (Code 6.12). Die `create()`-Methode des *Home Interface* enthält nun einen Parameter (Code 6.13).

Code 6.13: Home Interface von Cart

```
...
public interface CartHome extends EJBHome {
  public Cart create(String customer)
          throws CreateException, RemoteException;
}
```

Die *Deployment*-Deskriptoren entsprechen denen von *Stateless Session Beans*, siehe Code 6.4 und 6.5. Lediglich der *Session Type* ist nun auf *Stateful* gesetzt (Code 6.4, Zeile 13).

Klient einer Stateful Session Bean

Klienten können eigene *Session-Bean*-Objekte erzeugen und in ihren Einkaufswagen Produkte legen. Bei jedem Methodenaufruf wird das klienten-bezogene *Bean*-Objekt verwendet und somit ein *Session-Tracking* gewährleistet. Code 6.14 zeigt die Verwendung des `Cart`-*Beans*.

Zuerst liest der Klient den Kundennamen von der Konsole und erzeugt damit über das *Home Interface* ein `Cart`-Objekt (Zeile 4-5). Dann werden von der Konsole Produktnamen eingelesen und in den Einkaufswagen gepackt (Zeile 7-12). Bei Eingabe von „*quit*" wird die Schleife verlassen (Zeile 10-11) und der Inhalt des Einkaufswagens ausgegeben (Zeile 14).

Code 6.14: Zugriff auf die Cart Bean

```
1  ...
2    try{
3          ...
4          String name = console.readLine();
5          Cart cart = carthome.create(name);
6          do {
7              System.out.print("Enter product
8                                (\"quit\" to quit): ");
9              String product = console.readLine();
10             if (product.equalsIgnoreCase("quit") )
11                 break;
12             cart.putInto(product);
13         } while (true);
14         System.out.println( cart.getContent()  );
15       }
16       catch (CartFullException fe){
17        System.out.println("cart is full");
18       }
19       catch(Exception e) {... }
```

Mehrere Klienten können nun zeitlich verschachtelt ihre `Cart`-Objekte füllen. Durch die *Stateful Session Beans* ist die korrekte Zuordnung zwischen Klient und *Bean*-Objekt sichergestellt, wie die Ausgabe des Wageninhalts auch zeigt.

Verwendung von Exceptions

Das Beispiel zeigt auch, wie *Exceptions* verwendet werden. Die *Bean*-Methode `putInto()` wirft eine `Exception` vom Typ `CartFullException`, falls der Wagen bereits voll ist (siehe Code 6.11, Zeile 13). `CartFullException` ist eine selbst-definierte Exception ohne weitere Besonderheit (Code 6.15).

```
public class CartFullException extends Exception {
  public CartFullException (String message) {
    super(message);
  }
}
```

Code 6.15: CartFull Exception

Damit der Container diese Klasse kennt, muss `CartFullException.class` beim Deployment mit in das jar-File, das die *Bean*-Klassen und *Interfaces* enthält, aufgenommen werden.

Helper Classes

Klassen, die keine *Enterprise Beans* sind, aber trotzdem im EJB-Container benötigt werden, wie bspw. *Exceptions*, Datencontainer oder Funktionsklassen, heißen auch Hilfsklassen (*Helper Classes*).

6.3.2 Entity Beans

Entity Beans entsprechen den Entitätsklassen der Anwendungsschicht[19] und besitzen folgende Eigenschaften:

Eigenschaften von Entity Beans

- *Entity Beans* besitzen persistente Attribute, die in einem Datenbank-Managementsystem (DBMS) gespeichert werden.
- *Entity Beans* können von mehreren Klienten verwendet werden. Eine *Entity Bean* bietet einen zentralen redundanzfreien Zugriff auf das DBMS und kapselt das Datenbankschema.
- Um eine konsistente Änderung von Objektdaten zu ermöglichen, unterstützen *Entity Beans* die Durchführung von Transaktionen.
- Ein ausgewiesenes Attribut jeder *Entity Bean* dient als Primärschlüssel, um Objekte eindeutig finden zu können[20].

---

[19] vgl. Kapitel 3.

- Außerdem können Beziehungen zwischen *Entity Beans* bestehen, um einsprechende fachliche Sachverhalte abzubilden.

Der EJB-Container muss Datenbankzugriffe durchführen, damit er die Daten einer *Entity Bean* im DBMS verwalten kann. Solche Datenbankzugriffe können durch den EJB-Container auf zweierlei Weise unterstützt werden.

Container Managed Persistence (CMP)

Bei *Container Managed Persistence* (CMP) erzeugt der EJB-Container den kompletten Datenbank-Zugriffscode, also sämtliche SQL-Befehle im Falle eines RDBMS. Dazu muss dem Applikationsserver in speziellen *Deployment*-Deskriptoren mitgeteilt werden, wie *Entity-Bean*-Attribute auf die Datenbanktabellen abgebildet werden.

Bean Managed Persistence (BMP)

Bei *Bean Managed Persistence* (BMP) muss der Anwendungsentwickler die SQL-Befehle selbst innerhalb der *Bean*-Klassen implementieren. Dazu sind in Schnittstellen definierte *Hook*-Methoden als Rahmen vorgegeben.

6.3.2.1
Implementierung einer **Entity Bean**

Bei der Implementierung einer *Entity Bean* werden dieselben Komponenten erstellt und die gleichen Grundschritte durchgeführt wie bei einer *Session Bean*. Wir wollen die benötigten Komponenten anhand eines einfachen Beispiels, einer Klasse `Person`, vorstellen. Die Klasse enthält insgesamt drei Attribute: Name, Alter und eine Oid (*Object Identifier*), die als künstlicher Primärschlüssel dient. Die zu erstellenden Klassen und *Interfaces* präsentiert Abb. 6.6. Sie werden nun im Detail vorgestellt.

Remote und Local Interfaces

Auch bei *Entity Beans* gibt es *Remote* und *Local Interfaces*, die alle fachlichen Methoden spezifizieren, die zur Verfügung gestellt werden. Wiederum können *Local Interfaces* von Klienten innerhalb derselben *Java Virtual Machine* und *Remote Interfaces* auch von entfernten Klienten genutzt werden.

[20] Es sind auch aus mehreren Attributen zusammengesetzte Schlüssel möglich.

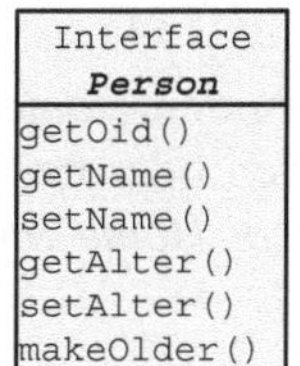

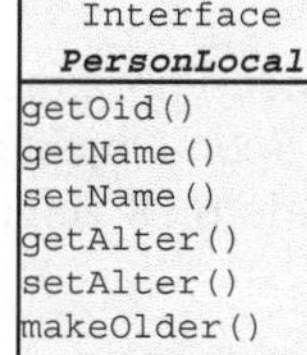

Abbildung 6.6: Klassendiagramm Entity Bean-Klassen und Interfaces

Code 6.16 zeigt die Implementierungen des *Local Interface*. Das *Remote Interface* ist nahezu identisch, es erweitert allerdings `EJBObject` und wirft für jede Methode eine `RemoteException` (Code 6.17).

```
import javax.ejb.EJBLocalObject;

public interface PersonLocal extends EJBLocalObject {
   public String getOid() ;
   public int getAlter() ;
   public void setAlter(int alter) ;
   public String getName() ;
   public void setName(String str) ;
   public int makeOlder(int anzahlJahre) ;
   public String getString() ;
}
```

Code 6.16: Local Interface von Person

```
import java.rmi.RemoteException;
import javax.ejb.EJBObject;

public interface Person extends EJBObject {
   public String getOid()throws RemoteException;
   public int getAlter()throws RemoteException;
   ...
}
```

Code 6.17: Remote Interface von Person

Home Interfaces

Auch bei *Entity Beans* werden Fabrikmethoden in den *Home Interfaces* deklariert, um *Entity-Bean*-Objekte zu finden oder neu zu erzeugen. Das Beispiel in Code 6.18 zeigt ein *Local Home Interface* mit typischen Methoden.

...create()-Methoden

- Mit `create()`-Methoden, lassen sich neue *Entity-Bean*-Objekte erzeugen. Sie nehmen die Aufgabe von Konstruktoren wahr und können auch entsprechende Parameter-Strukturen besitzen. In unserem Beispiel gibt es nur eine `create()`-Methode, der die *Oid* als Parameter übergeben wird. Die Methode gibt eine Referenz auf das erzeugte Objekt zurück, die je nach verwendetem *Home Interface* vom Typ `PersonLocal` oder `Person` ist. Misslingt das Erzeugen des Objektes, wird eine `CreateException` geworfen.

Darüber hinaus gibt es *finder*-Methoden, die Referenzen auf bereits erzeugte Objekte zurückliefern:

...finder-Methoden()

- Die `findByPrimaryKey(..)`-Methode gibt das zu einem Primärschlüssel zugehörige Objekt zurück. Die Methode `findOlderThan(..)` liefert eine Menge von Referenzen auf `Person`-*Beans*. Kann eine Suchaktion nicht durchgeführt werden, wird eine `FinderException` geworfen.

Code 6.18: Local Home Interface von Person

```
public interface PersonLocalHome extends EJBLocalHome {

  public PersonLocal create(String oid)
                                 throws CreateException;
  public PersonLocal findByPrimaryKey(String primaryKey)
                                 throws FinderException;
  public Collection findOlderThan(int alter)
                                 throws FinderException;
}
```

Das *Remote Home Interface* unterscheidet sich nur wenig: Es erweitert `EJBHome` und wirft für alle Methoden zusätzlich eine `RemoteException`. Die zurückgegebenen Referenzen sind vom Typ der *Remote Interfaces*, hier also vom Typ `Person`.

Bean-Klasse mit CMP

Die Implementierung der *Bean*-Klasse soll zunächst für *Container Managed Persistence* (CMP) gezeigt werden. In diesem Fall generiert der Container die erforderlichen SQL-Befehle, und ein Anwendungsentwickler muss lediglich die fachlichen Methoden implementieren. Anhand des `PersonBean`-Beispiels in Code 6.19 sieht man, welche Methoden für eine Bean-Klasse implementiert werden müssen:

Methoden aus ...Remote und Local Interfaces

- Die Bean-Klasse muss alle in den *Remote* und *Local Interfaces* deklarierten Methoden enthalten. Dabei müssen die `get/set()`-Methoden der fachlichen Attribute nicht implementiert werden, sondern es reicht ihre Deklaration als abstrakte Methoden (Zeile 3-8). Fachliche Attribute gibt es somit in der *Bean*-Klasse nicht, sie treten nur indirekt über ihre Zugriffsmethoden in Erscheinung.

  Alle weiteren in den *Interfaces* deklarierten Methoden müssen auch implementiert werden. Zum Beispiel macht `makeOlder()` in Code 6.19 eine Person mithilfe der `get/set()`-Methoden älter.

... Home Interfaces

- Außerdem müssen die Methoden der *Home Interfaces* in folgender Weise berücksichtigt werden.

  Für jede `create()`-Methode des *Home Interface* ist eine entsprechende `ejbCreate()`-Methode mit derselben Signatur zu implementieren. Darüber hinaus muss es eine zugehörige `ejbPostCreate()`-Methode mit derselben Parameterstruktur geben, die vom EJb-Container nach Erzeugen eines Objektes automatisch aufgerufen wird[21].

Code 6.19: Person-Bean (CMP)

```
1  abstract public class PersonBean implements EntityBean {
2
3    abstract public String getOid();
4    abstract public void setOid(String oid);
5    abstract public String getName();
6    abstract public void setName(String str);
7    abstract public int getAlter();
8    abstract public void setAlter(int alter);
9
10   public int makeOlder(int anzahlJahre) {
11     int alter = this.getAlter();
12     this.setAlter(alter + anzahlJahre);
13     return this.getAlter();
14   }
15   public String getString() {
16     return this.getName() + "  " + this.getAlter();
17   }
18   public String ejbCreate(String oid)
```

[21] Bspw. können die Beziehungen für ein neu erzeugtes Objekt erst in der Methode `ejbPostCreate()` gesetzt werden (s.u.).

```
19                             throws CreateException  {
20      this.setOid(oid);
21      return null;
22    }
23    public void ejbPostCreate(String oid) {  }
24
25    public void ejbActivate() {  }
26    public void ejbPassivate() {  }
27    public void ejbLoad() {  }
28    public void ejbStore() { }
29    public void ejbRemove() throws RemoveException  { }
30    private EntityContext ctx;
31    public void setEntityContext(EntityContext ctx) {
32      this.ctx = ctx;
33    }
34    public void unsetEntityContext() { this.ctx = null; }
35  }
```

...Hook-Methoden aus EntityBean Interface

- Schließlich muss jede Bean-Klasse es eine Reihe von Einschubmethoden realisieren, die im `EntityBean`-*Interface* deklariert sind (Zeile 25-35). Der EJB-Container ruft sie zu bestimmten Zeitpunkten im Lebenszyklus eines Objektes auf. Im Vergleich mit *Session Beans* sind die Methoden `ejbLoad()` und `ejbStore()` hinzugekommen[22].

In der Implementierung der *Entity Bean* mit CMP gibt es keinen Datenbank-Zugriffscode. Sämtliche Informationen zur Verwaltung der *Entity Beans* im DBMS werden in Deskriptoren festgelegt und dem Applikationsserver beim *Deployment* zur Verfügung gestellt.

6.3.2.2 Deployment einer Entity Bean

Im Gegensatz zu *Session Beans* gibt es bei *Entity Beans* drei *Deployment*-Deskriptoren mit folgendem Inhalt:

- Beschreibung der Struktur der *Entity Beans*,
- Information für den Applikationsserver, insbesondere die JNDI-Namen,
- Spezifikation des *O/R-Mappings*.

[22] Die Implementierung dieser Methoden bleibt meist leer, insbesondere wenn keins spezielle Ereignisbehandlung erforderlich ist. Die genaue Bedeutung werden wir noch vorstellen.

Der `ejb-jar.xml`-Deskriptor spezifiziert neben den Basisinformationen den Persistenz-Mechanismus und die Attribute der *Entity Bean* (Code 6.20).

Code 6.20: Spezifikation der Bean-Attribute in ejb-jar.xml

```
1  ...
2        <ejb-name>person</ejb-name>
3        ...
4        <persistence-type>Container</persistence-type>
5        <prim-key-class>java.lang.String</prim-key-class>
6        <reentrant>False</reentrant>
7        <cmp-version>2.x</cmp-version>
8        <abstract-schema-name>person
9                        </abstract-schema-name>
10       <cmp-field>
11         <field-name>oid</field-name>
12       </cmp-field>
13       <cmp-field>
14         <field-name>alter</field-name>
15       </cmp-field>
16        ...
17       <primkey-field>oid</primkey-field>
18 ...
```

Im Deskriptor wird festgelegt, dass *Container-Managed Persistence* (CMP) in Version 2 verwendet wird und der Primärschlüssel den Datentyp *String* besitzt (Zeile 4-7). Darüber hinaus soll die *Entity Bean* nicht *reentrant* sein, d.h. sie kann sich nicht selbst über den Umweg einer anderen *Bean* aufrufen[23].

CMP-Felder

Dann werden die Namen aller persistenten Attribute (`cmp-field`) angegeben, die mit den zugehörigen `get/set()`-Methoden der *Bean*-Klasse gemäß der Namenskonvention übereinstimmen müssen. Schließlich wird das als Primärschlüssel verwendete Attribut spezifiziert (Zeile 10-17).

Spezifikation von Suchmethoden

Eine besondere Rolle spielen im Deskriptor die *finder*-Methoden, in denen *Entity-Bean*-Objekte mit bestimmten Eigenschaften gesucht werden. Die gesuchte Objektmenge wird – ähnlich wie in SQL – durch eine eigene Sprache deklariert, die EJB *Query Language* (EJB-QL) [EJB02].

Wie man mit EJB-QL Suchmethoden spezifiziert, werden wir in einem eigenen Abschnitt vorstellen. Code 6.21 zeigt den zugehöri-

[23] Dies ist ein Sonderfall des *Multithreading*. Weiterführende Diskussionen sind bspw. in [Mons01] zu finden.

gen Eintrag im Deskriptor: für die Methode werden ihr Name `findOlderThan` und die Datentypen ihrer Parameter angegeben. Schließlich wird die Treffermenge mit EJB-QL spezifiziert (Zeile 10). Gesucht sind im Beispiel alle `Person`-*Beans*, deren Attribut `alter` größer ist als der Wert des ersten Methodenarameters (`?1`) der Methode[24].

Code 6.21: Spezifikation von Suchmethoden in ejb-jar.xml

```
1  ...
2       <query>
3         <query-method>
4           <method-name>findOlderThan</method-name>
5           <method-params>
6             <method-param>int</method-param>
7           </method-params>
8         </query-method>
9         <ejb-ql>
10           <![CDATA[WHERE alter > ?1]]>
11        </ejb-ql>
12      </query>
13 ...
```

Im letzten Teil des `ejb-jar.xml`-Deskriptors wird noch das Transaktionsverhalten der Methoden angegeben (Code 6.22): alle *Local*- und *Remote*-Methoden der *Enterprise JavaBean* `person` (Zeile 4-12) besitzen das Transaktionsattribut `required`. Was dies genau bedeutet und welche Transaktionskonzepte es in EJB gibt, wird in Abschnitt 6.4.2 vorgestellt.

Code 6.22: Spezifikation des Transaktionsverhaltens in ejb-jar.xml

```
1  <assembly-descriptor>
2      <container-transaction>
3        <method>
4          <ejb-name>person</ejb-name>
5          <method-intf>Local</method-intf>
6          <method-name>*</method-name>
7        </method>
8        <method>
9          <ejb-name>person</ejb-name>
10         <method-intf>Remote</method-intf>
11         <method-name>*</method-name>
12       </method>
13       <trans-attribute>Required</trans-attribute>
```

[24] Das Einklammern in `CDATA[...]` ist XML-spezifisch. Der in der Klammer enthaltene *String* wird nicht als XML-Code interpretiert, insbesondere nicht die ‚<'- oder ‚>'-Zeichen. [Tidw01].

```
    </container-transaction>
  </assembly-descriptor>
...
```

JNDI–Namen

Der zweite Deskriptor für *Entity Beans* entspricht dem für *Session Beans* vorgestellten (vgl. Code 6.10). Er enthält ebenfalls die JNDI–Namen der *Entity Bean.*

O/R-Mapping

Jeder *Entity Bean* muss eine Datenbanktabelle und jedem *Bean*-Attribut eine Tabellenspalte zugeordnet werden, damit der EJB-Container die zur Verwaltung der *Bean* erforderlichen SQL-Befehle generieren kann. Dieses *Object/Relational (O/R)-Mapping* wird in einem eigenen Deskriptor beschrieben (Code 6.23).

Für die *Entity Bean* `person` (Zeile 3) wird die Tabelle `PERSON` verwendet. Dabei wird das *Bean*-Attribut `alter` auf die Spalte `JAHRE` abgebildet. Für den Zugriff auf die Datenbank wird im Beispiel die *Data Source* `mySource` verwendet (Zeile 4). Im Applikationsserver muss eine Datenquelle mit diesem Namen erzeugt und mit einem sogenannten *Connection Pool* verbunden werden, der alle für eine Datenbankverbindung benötigten Informationen umfasst: Servername, verwendeter Treiber, Benutzername und Passwort[25].

```
1  <weblogic-rdbms-jar>
2    <weblogic-rdbms-bean>
3        <ejb-name>person</ejb-name>
4        <data-source-name>mySource </data-source-name>
5          <table-name>PERSON</table-name>
6          <field-map>
7            <cmp-field>alter</cmp-field>
8            <dbms-column>JAHRE</dbms-column>
9          </field-map>
10         ...
11   </weblogic-rdbms-bean>
12 </weblogic-rdbms-jar>
```

Code 6.23: Spezifikation des O/R-Mapping

Für den *Deployment*-Vorgang müssen dieselben Schritte wie bei den *Session Beans* durchgeführt werden.

[25] Einzelheiten sind in der Dokumentation des jeweiligen Applikationsservers beschrieben.

6.3.2.3 Werkzeug-Unterstützung für die EJB-Entwicklung

Probleme bei der EJB-Entwicklung

Selbst diese kleinen Beispiele zeigen, wie viele verschiedene Komponenten zur Implementierung einer einzelnen *Enterprise JavaBean* benötigt werden. Dabei ist es schwierig, die einzelnen Komponenten konsistent zu halten. Beispielsweise müssen die fachlichen Methoden in *Interfaces* und *Bean*-Klassen übereinstimmen. Außerdem muss jedes Attribut einer *Entity Bean* im ersten Deskriptor deklariert und im dritten auf die Datenbanktabelle abgebildet werden. Das manuelle Erstellen der Komponenten erfordert äußerste Sorgfalt und ist für eine effiziente Entwicklung zu fehleranfällig.

Um diesem Problem zu begegnen, gibt es eine Reihe von Werkzeugen, die meist die *Interfaces* und die Deskriptoren in zwei Schritten generieren:

Generierung der Interfaces und Deskriptoren

1. Aus der bereits implementierten *Bean*-Klasse werden alle zugehörigen *Interfaces* generiert.
2. Die *Deployment*-Deskriptoren werden generiert, nachdem die zusätzlich benötigten Informationen, bspw. JNDI-Namen, Datenquellen und das O/R-Mapping, spezifiziert wurden.

Man kann mehrere Arten von Werkzeugen unterscheiden:

- Professionelle Java-Entwicklungsumgebungen oder Modellierungs-Werkzeuge erzeugen alle benötigten *Interfaces* und Deskriptoren, nachdem die erforderlichen Informationen in entsprechenden Dialogen eingepflegt wurden.
- Beim Ansatz der *Model Driven Architecture* [Hube02] werden fachliche Modelle sukzessiv angereichert, bis eine weitgehende Generierung des Programmcodes möglich ist. Dabei entsteht eine Folge von Modellen, die immer detaillierter auf die verwendete Technologie ausgerichtet ist.
- In einem weiteren Ansatz werden spezielle Javadoc-*Tags* in die *Bean*-Klasse aufgenommen, mit deren Hilfe die *Interfaces* und Deskriptoren generiert werden [Beus02], [XDoc02]. Das folgende Beispiel (Code 6.24) veranschaulicht die Verwendung des frei verfügbaren Code-Generators EJBGen.

Code 6.24: Javadoc-Tags zur Code-Generierung mit EJBGen

```
/**
 * @ejbgen:entity
 *   ejb-name = person
 *   table-name = person
 *   data-source-name = oracleDataSource
 *   prim-key-class =  java.lang.String
 * @ejbgen:jndi-name
```

```
8  *   remote =  personJndi
9  *   local = personLocalJndi
10 * @ejbgen:finder
11 *  signature = "Collection findOlderThan(int alter)"
12 *  ejb-ql = "WHERE alter > ?1"
13 */
14 abstract public class PersonBean implements EntityBean {
15   /**
16    * @ejbgen:cmp-field column = name
17    * @ejbgen:remote-method transaction-attribute
18                                       = Required
19    * @ejbgen:local-method transaction-attribute
20                                       = Required
21    */
22   abstract public String getName();
23   ...
```

Innerhalb der *Bean*-Klasse werden alle in den Deskriptoren benötigten Daten in entsprechenden *Tags* definiert: der *Bean*-Name, der JNDI-Name und die für das *O/R-Mapping* verwendeten Tabellen und Spalten. Darüber hinaus werden die Suchmethoden (Zeile 10-13) und das Transaktionsverhalten jeder fachlichen Methode spezifiziert[26].

6.3.2.4 Entity Bean Client

Der Klient einer *Entity Bean* arbeitet grundsätzlich wie ein *Session Bean Client* (vgl. Code 6.6). In Code 6.25 wird gezeigt, wie ein Zugriff auf die `Person`-*Bean* erfolgt. Nachdem die Verbindung zum Applikationsserver mithilfe eines `Context`-Objektes `ctx` hergestellt ist, wird eine Referenz auf das *Home Interface* der *Entity Bean*, z.B. `Person`, erzeugt (Code 6.25, Zeile 2-4).

Mit dem *Home Interface* kann ein neues Objekt instanziiert und eine Referenz darauf zurückgegeben werden (Zeile 5). Mit dieser Referenz lassen sich alle fachlichen Methoden nutzen, bspw. um Attribute zu setzen (Zeile 6-7). Dabei führen alle Aktionen zu unmittelbaren Änderungen im RDBMS, d.h. das Erzeugen eines *Bean*-Objekts bewirkt ein *Insert* und jede Änderung ein *Update*[27].

Durch Aufruf einer *finder*-Methode werden *remote*-Referenzen auf *Entity-Bean*-Objekte beschafft. Dazu selektiert der EJB-Contai-

[26] Welche *Tags* es gibt und wie man den Code-Generator verwendet, ist der Dokumentation der Werkzeuge zu entnehmen [Beus02], [XDoc02].
[27] Genauere Informationen dazu im folgenden Abschn. 6.3.3.

ner die Daten aus den Tabellen und erzeugt die *Bean*-Objekte. Mit `findByPrimaryKey()` wird über den Primärschlüssel ein einzelnes Objekt selektiert, die Methode `findOlderThan()` liefert eine Menge von Objekt-Referenzen zurück.

Interessant ist noch die Methode `remove()` zum Löschen eines *Bean*-Objekts (Zeile 11). Sie ist im *Interface* `EJBObject` deklariert und steht deshalb für jedes *Entity-Bean*-Objekt zur Verfügung. Bei Aufruf von `remove()` löscht der EJB-Container den zugehörigen Datensatz im RDBMS.

Code 6.25: Entity Bean Client

```
1  ...
2  Object obj = ctx.lookup("personJndi");
3  home = (PersonHome) PortableRemoteObject.narrow(
4                                obj, PersonHome.class);
5  Person  p = home.create("4");
6  p.setAlter(45);
7  p.setName("Jeff");
8
9  p = home.findByPrimaryKey("1");
10 p.makeOlder(1);
11 p.remove();
12
13 Collection col = home.findOlderThan(25);
14 Iterator it = col.iterator();
15 while (it.hasNext()) {
16      p = (Person) it.next();
17      System.out.println(p.getString());
18 }
```

Entkoppelung vom Datenbankschema

Das Beispiel zeigt, dass der Klient vollkommen vom Datenbankschema entkoppelt ist, denn er enthält weder SQL-Befehle noch legt er Transaktionen fest. Alle Aktionen im RDBMS übernimmt der EJB-Container.

6.3.3 Lebenszyklus von EJB

Jedes *Session Bean*- und *Entity Bean*-Objekt durchläuft einen festgelegten Lebenszyklus: es wird erzeugt, verwendet und dann ggf. nicht mehr benötigt. In dieser Zeitspanne ist das Objekt verschiedenen Ereignissen ausgesetzt, die zwei verschiedene Auslöser besitzen können:

- Klienten lösen Ereignisse aus, wenn sie *Bean*-Objekte erzeugen oder *Bean*-Methoden aufrufen.
- Der EJB-Container aktiviert oder passiviert *Bean*-Objekte im Zuge der Ressourcenverwaltung.

Ereignisauslöser

Auf jedes Ereignis reagiert der EJB-Container durch den Aufruf vorgegebener *Bean*-Methoden, die in den `SessionBean`- und `EntityBean`-*Interfaces* definiert sind.

Hook-Methoden

Diese Methoden werden nicht durch den Entwickler selbst, sondern nur durch den EJB-Container aufgerufen und sind somit Einschub- oder *Hook*-Methoden des EJB-*Frameworks*[28]. Für *Session Beans und Entity Beans* gibt es unterschiedliche Lebenszyklen und Methoden [EJB01].

6.3.3.1 Lebenszyklus von Session Beans

Eine *Session Bean* wird durch den EJB-Container erzeugt, wenn ein Klient die `create()`-Methode des *Home Interface* aufruft.[29] Dann werden drei Schritte durchgeführt:

Erzeugung einer Session Bean

1. Zuerst wird mit der Methode `newInstance()` eine Instanz des *Bean*-Objekts erzeugt.
2. Dann wird die Methode `setSessionContext(ctx)` aufgerufen, in der typischerweise ein `SessionContext`-Attribut gesetzt wird.
3. Schließlich ruft der Container die Methode `ejbCreate(..)` auf, deren Parameterstruktur der vom Klienten verwendeten `create()`-Methode entspricht. In ihr wird die *Bean* initialisiert, bspw. werden die klientenspezifischen Attribute in einer *Stateful Session Bean* gesetzt.

...setSession-Context(...)

...ejbCreate(...)

Der EJB-Container muss mit den ihm zur Verfügung stehenden Ressourcen, bspw. dem Hauptspeicher, haushalten. Deshalb werden ggf. nicht benötigte *Bean*-Objekte aus dem Hauptspeicher in den Hintergrundspeicher ausgelagert (passiviert) und wieder eingelagert (aktiviert), sobald sie benötigt werden. Dieser Mechanismus ist vergleichbar mit der virtuellen Speicherverwaltung in Betriebssystemen. Bei den genannten Aktionen ruft der EJB-Container die folgenden *Hook*-Methoden auf:

Ressourcen-verwaltung

---

[28] vgl. Abschnitt 4.4.1 und 4.4.2.

[29] Gegebenenfalls erzeugt der Container auch bereits im Voraus eine Anzahl von *Session Bean*-Objekten für zukünftige Anforderungen.

...*ejbPassivate()*

- Die Methode `ejbPassivate()` wird aufgerufen, bevor das Bean-Objekt passiviert, d.h. in den Hintergrundspeicher ausgelagert wird. Typischerweise können in dieser Methode vom *Bean*-Objekt belegte Ressourcen freigegeben werden.

...*ejbActivate()*

- Die Methode `ejbActivate()` wird aufgerufen, wenn eine ausgelagerte *Bean* aktiviert wird. Typischerweise werden die in `ejbPassivate()` freigegebenen Ressourcen erneut allokiert.

Außerdem kann ein *Bean*-Objekt auch endgültig entfernt werden, sodass es nicht mehr aktivierbar ist. Dies kann auf Eigeninitiative des Containers hin geschehen, bspw. wenn eine *Stateful Session Bean* lange nicht mehr genutzt wurde, oder der Klient `remove()` aufruft.

...*ejbRemove()*

- Die entsprechende *Hook*-Methode heißt `ejbRemove()` und wird vom Container aufgerufen, bevor das *Bean*-Objekt gelöscht wird. In ihr können ggf. belegte Ressourcen freigegeben werden.

Bewertung

Die fünf *Hook*-Methoden von *Session Beans* sind uns bereits bei der Implementierung der *Session-Bean*-Klasse begegnet. Weil sie im *Interface* `SessionBean` deklariert sind, müssen sie zwingend implementiert werden. Meist sind die Implementierungen jedoch leer, denn nur in besonderen Situationen – bspw. wenn *Session Beans* spezielle Ressourcen belegen – werden die Hook-Methoden implementiert. Eine Ausnahme ist allerdings die `ejbCreate()`-Methode, in der die Attribute von *Stateful Session Beans* gesetzt werden.

6.3.3.2 *Lebenszyklus von* Entity Beans

Entity Beans besitzen dieselben *Hook*-Methoden wie *Session Beans*, die auch in gleicher Weise genutzt werden. Darüber hinaus gibt es weitere Methoden, die speziell für die Verwaltung der *Entity Beans* in der Datenbank sorgen, d.h. entsprechende SQL-Zugriffe in der Datenbank durchführen. Die dazu erforderlichen SQL-Befehle kann der EJB-Container auf zwei verschiedene Weisen erhalten:

BMP vs. CMP

Bei *Bean Managed Persistence* (BMP) muss der Anwendungsentwickler die SQL-Befehle selbst implementieren. Dies geschieht in den im *Interface* `EntityBean` deklarierten Hook-Methoden, die vom EJB-Container zu geeigneten Zeitpunkten aufgerufen werden[30].

[30] Im nächsten Abschnitt stellen wir BMP im Detail vor.

Bei *Container Managed Persistence* (CMP) generiert der EJB-Container sämtlichen SQL-Code aus den Informationen in den *Deployment*-Deskriptoren. Er nutzt dazu das spezifizierte *O/R-Mapping* zwischen *Bean*-Attributen und Tabellenspalten sowie die EJB-QL Definition für die Suchmethoden. Bei CMP sind die folgenden *Hook*-Methoden deshalb meist leer.

Im Einzelnen werden die folgenden *Hook*-Methoden verwendet:

- Wenn der Klient die Methode `create()` eines *Home Interface* mit bestimmten Parametern aufruft, dann wird vom EJB-Container zuerst die Methode `ejbCreate(..)`, dann `ejbPostCreate(..)` mit derselben Parameterstruktur aufgerufen. In `ejbCreate(..)` werden die *Bean*-Attribute initialisiert und durch einen *Insert*-Befehl in die Datenbank eingefügt, um die Konsistenz zwischen *Bean*-Objekt und Datenbankinhalt herzustellen. *ejbCreate() und ejbPostCreate()*
- Die Methode `ejbStore()` wird vom EJB-Container aufgerufen, um die Attributwerte eines *Entity-Bean*-Objektes in der Datenbank zu aktualisieren, also einen SQL-*Update*-Befehl auszuführen. Der genaue Zeitpunkt eines Aufrufs ist in der Spezifikation [EJB01] nicht festgelegt. Normalerweise wird diese Methode aber nach Ausführung einer fachlichen Methode aufgerufen, bspw. nach Aufruf jeder `setAttribute()`-Methode[31]. *ejbStore()*
- Die Methode `ejbLoad()` synchronisiert die *Bean*-Attribute mit dem aktuellen Datenbankinhalt und führt dazu ein *Select* auf den Primärschlüssel durch. Auch hier ist der Aufrufzeitpunkt nicht festgelegt. Normalerweise wird `ejbLoad()` aber vor der Ausführung jeder fachlichen Methode des *Bean*-Objektes aufgerufen, um sicherzustellen, dass mit den aktuellen Daten gearbeitet wird. *ejbLoad()*
- Im *Home Interface* können beliebige *finder*-Methoden deklariert werden. Bei *Container Managed Persistence* werden die entsprechenden *Select*-Befehle mithilfe der EJB-QL-Spezifikation generiert. Wird *Bean Managed Persistence* verwendet, müssen die SQL-Befehle in einer entsprechenden `ejbFind()`-Methode implementiert werden[32]. *ejbFind...(..)*

Darüber hinaus ist im *Interface* `EntitiyBean` die Methode `unsetEntityContext()` deklariert, die aufgerufen wird, bevor die *Bean* zerstört wird. In ihr wird ein ggf. vorhandenes `Entity-`

[31] Der Aufruf einer *Hook*-Methode wird sichtbar, wenn man eine Konsolenausgabe in die entsprechende Methode einfügt.

[32] Bspw. muss es für die *Interface*-Methode `findOlderThan(int i)` bei BMP `ejbFindOlderThan(int i)` geben.

`Context`-Objekt freigegeben, d.h. auf `null` gesetzt (vgl. Code 6.19, Zeile 30-35).

Bewertung

Der beschriebene Ablauf zeigt, dass ein sehr hoher Aufwand betrieben wird, um die Konsistenz zwischen *Bean*-Objekten und Datenbank herzustellen. Kritisch ist dabei das ständige Aufrufen von `ejbLoad()` und `ejbStore()` vor bzw. nach jeder Ausführung einer fachlichen Methode. Dadurch wird zweierlei erreicht:

- Im Anwendungscode muss man sich nicht um die Synchronisation mit der Datenbank kümmern. Diese Aufgabe wird vollständig vom EJB-Container übernommen.
- Die *Bean*-Objekte spiegeln stets den aktuellen Inhalt der Datenbank wider.

Diese Vorteile werden aber durch einen relativ hohen Aufwand erkauft, denn jeder Zugriff auf eine fachliche Methode erfordert jeweils zwei Datenbankzugriffe. Um dieses Problem abzuschwächen, gibt es Entwurfsmuster, die wir im Folgenden noch vorstellen werden.

6.4 Fortgeschrittene Konzepte

6.4.1 Bean Managed Persistence

Im Gegensatz zu *Container Managed Persistence* muss bei der *Bean Managed Persistence* (BMP) der Anwendungsentwickler den Datenbank-Zugriffscode selbst implementieren. Dies geschieht in den oben beschriebenen *Hook*-Methoden, um deren Aufruf sich der EJB-Container kümmert. Die Tabelle in Abb. 6.7 zeigt im Überblick die dazu genutzten Methoden mit den in ihnen durchgeführten Datenbank-Aktionen.

Abbildung 6.7: Hook-Methoden und Datenbank-Aktionen

Hook-Methode	Datenbank-Aktion
`ejbCreate(...)`	*Insert*
`ejbFindByPrimaryKey(key)`	*Select* nach Primärschlüssel
`ejbFind..(...)`	*Select* nach Suchkriterien
`ejbLoad()`	*Select* nach Primärschlüssel
`ejbStore()`	*Update*
`ejbRemove()`	*Delete* nach Primärschlüssel

Die Verwendung von *Bean Managed Persistence* erhöht den Entwicklungsaufwand im Vergleich mit CMP wesentlich[33]. Darüber hinaus enthalten die *Bean*-Klassen SQL-Code und sind somit ans Datenbankschema gekoppelt, d.h. sie müssen Änderungen der Datenbank-Strukturen berücksichtigen.

Vergleich von BMP und CMP

Die Verwendung von BMP bietet allerdings auch einige Vorteile. Der Zugriffscode unterliegt der Kontrolle des Entwicklers und es können Datenbanksysteme genutzt werden, für die mit CMP kein Zugriffscode generiert werden kann, bspw. *Legacy*-Systeme oder XML-Datenbanken.

Im Folgenden implementieren wir eine `Person`-Bean mit BMP und arbeiten die Unterschiede zu CMP heraus. Code 6.26 verdeutlicht einige strukturelle Unterschiede:

Attribute in BMP

- Zunächst müssen Java-Pakete zur Verwendung von SQL und von Datenquellen importiert werden.
- Darüber hinaus werden die Attribute der *Entity Bean* explizit deklariert und auch die zugehörigen `get/set()`-Methoden sowie alle fachlichen Methoden realisiert.

```
import java.sql.*;
import javax.sql.DataSource;
..
public class PersonBmpBean implements EntityBean {
  private EntityContext ctx;
  private String oid;
  private String name;
  private int alter;

  public String getName(){return this.name;  }
  public void setName(String name){ this.name = name; }

  public int makeOlder(int anzahlJahre) {
    this.alter = this.alter + anzahlJahre;
    return this.alter;
  }
 ...
```

Code 6.26: Bean Managed Persistence – Attribute in der Klasse Person

Grundsätzlich gilt die Regel, dass bei BMP keine SQL-Befehle durch den EJB-Container generiert, sondern ausnahmslos durch den

[33] Dies gilt insbesondere, wenn Beziehungen zwischen *Entity Bean*-Objekten berücksichtigt werden müssen.

Entwickler implementiert werden. Code 6.27 zeigt exemplarisch, wie der Datenbank-Zugriffscode für `ejbCreate()` realisiert wird.

Code 6.27: ejbCreate() in BMP

```
1  public String ejbCreate(String oid)
2                                          throws CreateException{
3    this.oid = oid;
4    Connection con = null;  Statement stmt = null;
5    try {
6      con = getConnection();
7      stmt  = con.createStatement();
8      String sql = "insert into person(oid)
9                               values ('" + this.oid + "')";
10     stmt.executeUpdate(sql);
11   } catch (SQLException sqe) {
12     System.out.println("SQLException:  " + sqe);
13     throw new EJBException(sqe);
14   } finally {
15       con.close(); stmt.close();
16   }
17   return this.oid;
18 }
```

Zunächst wird das übergebene `oid`-Attribut gesetzt, dann wird über die Hilfsmethode `getConnection()` eine Datenbankverbindung hergestellt (Zeile 6) und – wie in JDBC üblich – ein *Insert*-Befehl durchgeführt (Zeile 7-10): es wird ein `Statement`-Objekt erzeugt, diesem der SQL-Befehl übergeben und ausgeführt. Der SQL-Befehl kann aus verschiedenen Gründen fehlschlagen, weshalb ein entsprechendes *Exception Handling* erforderlich ist. Auf jeden Fall müssen die belegten Ressourcen freigegeben werden.

Code 6.28 zeigt, wie eine Datenbankverbindung in EJB hergestellt wird.

Code 6.28: Herstellen einer Datenbankverbindung

```
private Connection getConnection() throws SQLException{
  InitialContext initCtx = null;
  try{
    initCtx = new InitialContext();
    DataSource ds = (javax.sql.DataSource)
                    initCtx.lookup("oracleDataSource");
    return ds.getConnection();
  }catch(NamingException ne) {
    throw new EJBException(ne);
  }finally{
    try {
```

```
12        if(initCtx != null) initCtx.close();
13      } catch(Exception e) {… }
14    }
15  }
```

Zunächst wird ein `InitialContext`-Objekt erzeugt. Weil sich die *Entity Bean* ja bereits im EJB-Container befindet, müssen dem Konstruktor keine Verbindungsparameter übergeben werden.

Anschließend wird per JNDI ein *Lookup* auf eine Datenquelle durchgeführt. Unter dem JNDI-Namen sind im Applikationsserver die für eine Datenbankverbindung erforderlichen Parameter abgelegt. Für ein `DataSource`-Objekt lässt sich dann ein `Connection`-Objekt erzeugen (Zeile 7). Schließlich wird in der Methode ein *Exception-Handling* und die Freigabe der Ressource durchgeführt.

Um ein etwas vollständigeres Bild zu geben, wollen wir noch weitere Hook-Methoden skizzieren. Sie sind genauso implementiert wie `ejbCreate()` und unterscheiden sich im Wesentlichen nur im SQL-Code.

Code 6.29 zeigt die Methode `ejbLoad()`, die ein *Select* implementiert: der Primärschlüssel der *Entity Bean* wird aus dem `EntityContext`-Attribut bestimmt (Zeile 3) und damit ein *Select* durchgeführt (Zeile 6-8). Aus dem `ResultSet` werden die *Bean*-Attribute ausgelesen und neu gesetzt (Zeile 10-11).

Code 6.29: ejbLoad() in BMP

```
1  public void ejbLoad() {
2    Connection con = null;  Statement stmt = null;
3    oid = (String) ctx.getPrimaryKey();
4    try {
5      con = getConnection();
6      stmt  = con.createStatement();
7      String sql = "select * from person
                    where oid = '" + oid + "'";
8      ResultSet rs = stmt.executeQuery(sql);
9      if (rs.next()) {
10       this.name = rs.getString("NAME");
11       this.alter = rs.getInt("JAHRE");
12     } else {
13       throw new NoSuchEntityException ("not found");
14     }
15   } catch (SQLException sqe) {…
16   } finally { cleanup(con, stmt);  }
17 }
```

Die Methode `ejbFindByPrimaryKey(String oid)` ist nahezu identisch, mit kleinen Unterschieden: der Primärschlüssel wird als Parameter übergeben und nicht aus dem `EntityContext` bestimmt und auch als Rückgabewert der Methode zurückgegeben. Schließlich skizziert Code 6.30 noch die Realisierung von `ejbStore()`.

Code 6.30: ejbStore() in BMP

```
public void ejbStore(){
  ...
  try {
    ...
    String sql = "update person  set NAME = '"
        + this.getName() + "', JAHRE = " + this.alter
        + " where oid = '" + this.oid + "'";
    stmt.executeUpdate(sql);
  } catch (SQLException sqe) {
  ...
}
```

Deployment-Deskriptoren in BMP

Die Deployment-Deskriptoren sind in BMP gegenüber CMP etwas vereinfacht: in `ejb-jar.xml` wird als Persistenztyp „*Bean-Managed*" angegeben. Darüber hinaus müssen in diesem Deskriptor weder CMP-Felder noch *finder*-Methoden spezifiziert werden. Zudem entfällt bei BMP der dritte Deskriptor, der das *O/R-Mapping* festlegt.

Bewertung

Das vorgestellte Beispiel verdeutlicht, dass BMP mit einem relativ hohen Aufwand verbunden ist. Für einen effizienten Entwicklungsprozess wird man deshalb meist CMP vorziehen. Aber auch die Softwarearchitektur verbessert sich mit CMP:

- Für die Anwendungsschicht wird der Umfang des Quellcodes deutlich reduziert und so dessen Wartbarkeit verbessert.
- Die Anwendungsschicht ist vom Datenbankschema entkoppelt, denn sie enthält keinen SQL-Code. Änderungen des Datenbankschemas müssen bei CMP lediglich im *Deployment*-Deskriptor an einer Stelle durchgeführt werden. Der EJB-Container generiert dann alle erforderlichen SQL-Befehle. Bei BMP zieht aber eine Modifikation der Datenbank eine Vielzahl von Änderungen nach sich. Benennt man bspw. ein Attribut um, so muss dies in allen *Hook*-Methoden berücksichtigt werden.

6.4.2 Transaktionen

Um realistische Geschäftsprozesse mit *Enterprise JavaBeans* abbilden zu können, müssen sie Transaktionen unterstützen, d.h. mehrere fachliche Methoden müssen atomar ausgeführt werden können.

bean-gesteuerte Transaktionen in Session Beans

Innerhalb von *Session Beans* können explizite, d.h. im Programmcode gesteuerte Transaktionen durchgeführt werden. Das dabei verwendete API zeigt Code 6.31. Aus dem `Context`-Objekt `ctx` wird ein `UserTransaction`-Objekt erzeugt. Mithilfe dieses Objekts kann durch Aufruf von `begin()` eine Transaktion gestartet und mit `commit()` bzw. `rollback()` beendet werden[34].

```
javax.transaction.UserTransaction transaction = null;
try {
  transaction = ctx.getUserTransaction();
  transaction.begin();
     // make something
  transaction.commit();
} catch (Exception e) {
  transaction.rollback();
}
```

Code 6.31: bean-gesteuerte Transaktionen

container-gesteuerte Transaktionen in Entity Beans

Bei *Entity Beans* wird der Beginn und das Ende von Transaktionen nicht explizit im Programmcode festgelegt. Stattdessen führt der EJB-Container die komplette Transaktionsverarbeitung selbstständig durch.

Dies ist u.a. deshalb erforderlich, weil für *Entity Beans* die *Hook*-Methoden `ejbLoad()` und `ejbStore()` in die Transaktion einbezogen werden müssen und diese vom EJB-Container aufgerufen werden [35]. Nur der EJB-Container kann über den Aufrufzeitpunkt entscheiden: sinnvollerweise wird er dies zu Beginn und am Ende einer Transaktion tun.

Transaktionsattribute

Das genaue Transaktionsverhalten wird durch Einträge im *Deployment*-Deskriptor festgelegt, indem für jede Methode ein sogenanntes Transaktionsattribut angegeben wird[36]. Insgesamt werden sechs verschiedene Transaktionsattribute unterschieden:

---

[34] Wir wollen hier *bean*-gesteuerte Transaktionen nicht im Detail vorstellen. Eine ausführlichere Diskussion und Darstellung ist in der EJB-Spezifikation [EJB01] bzw. [Mons01], [Roma02] zu finden.

[35] vgl. die Diskussion in [Roma02].

[36] vgl. Code 6.22.

...Required

- Eine Methode mit dem Transaktionsattribut „*required*" wird immer in einem Transaktionskontext ausgeführt. Gibt es bereits eine Transaktion, so wird die Methode innerhalb dieser Transaktion ausgeführt.

  Code 6.32 verdeutlicht dieses Verhalten. Dabei sei angenommen, dass alle drei Methoden das Attribut „*required*" besitzen. Falls nun die Methode `buche()` aufgerufen wird und es noch keinen Transaktionskontext gibt[37], startet der EJB-Container eine neue Transaktion und die beiden in ihr aufgerufenen Methoden `berechne()` und `belege()` finden in dieser Transaktion statt. Schlägt die Ausführung von `belege()` fehl, so findet ein *Rollback* aller innerhalb von `buche()` durchgeführten Aktionen statt.

Code 6.32: geschachtelte Methodenaufrufe

```
void buche(Kunde kunde, Reise reise)
  kunde.berechne(reise);
  reise.belege(kunde);
}
```

...RequiresNew

- Bei Aufruf einer Methode mit dem Attribut „*requiresNew*" wird auf jeden Fall eine neue Transaktion gestartet. Für das Beispiel aus Code 6.32 bedeutet dies, dass die Transaktion von `buche()` ausgesetzt (*suspended*) wird und für `berechne()` und `belege()` jeweils neue Transaktionen gestartet werden. Schlägt die Methode `belege()` fehl, so wird nur für die in ihr durchgeführten Aktionen ein Rollback ausgeführt, d.h. die Aktionen in `berechne()` würden nicht zurückgenommen[38].

...Supports

- Eine Methode mit Attribut „*supports*" wird innerhalb der selben Transaktion ausgeführt, in welcher der Methodenaufruf stattfindet. Wird die Methode nicht aus einer Transaktion heraus aufgerufen, so sie wird außerhalb eines Transaktionskontextes bearbeitet[39].

...Mandatory

- Methoden mit dem Attribut „*mandatory*" dürfen nur innerhalb einer Transaktion aufgerufen werden, andernfalls wird eine `TransactionRequiredException` geworfen.

---

[37] wenn der Aufruf bspw. durch ein Benutzereignis in der GUI ausgelöst wird.

[38] So lässt sich das Verhalten von geschachtelten Transaktionen (*nested transactions*) abbilden.

[39] Dies Verhalten ist relativ gefährlich, denn ob die Aktionen der Methode transaktionsgesichert sind, hängt vom Aufrufer ab.

- Besitzt eine Methode das Attribut „*notSupported*", so läuft sie nie innerhalb einer Transaktion ab. Dies ist bspw. dann sinnvoll, wenn in der Methode keine transaktions-kritischen Aktionen stattfinden, bspw. Daten nur gelesen werden. *...NotSupported*
- Schließlich gibt es noch das Attribut „*never*", das verwendet wird, wenn die Methode niemals in einer Transaktion durchgeführt werden soll. Wird sie innerhalb einer Transaktion aufgerufen, so wird eine *Exception* geworfen. *...Never*

Abb. 6.8 veranschaulicht die Wirkung der verschiedenen Transaktionsattribute in Abhängigkeit davon, ob eine Methode innerhalb oder außerhalb eines Transaktionskontextes aufgerufen wird.

Transaktions-attribut	Transaktion des Aufrufers	Transaktion der aufgerufenen Methode
Required	keine	T1
	T1	T1
RequiresNew	keine	T1
	T1	T2
Supports	keine	keine
	T1	T1
Mandatory	keine	*Exception*
	T1	T1
NotSupported	keine	keine
	T1	keine
Never	keine	keine
	T1	*Exception*

Abbildung 6.8: Verhalten der Transaktionsattribute

Die Wahl des geeigneten Transaktionsattributs hängt letztendlich vom gewünschten Verhalten ab. Sollen alle Methodenaufrufe innerhalb einer Methode in einer Transaktion zusammengefasst werden, so ist das Attribut „*required*" zu verwenden.

Bewertung

Insgesamt lässt sich die deklarative Festlegung der Transaktionen wie folgt bewerten:

- Es ist von Vorteil, dass der Quellcode der Anwendungsschicht keine technischen Details der Transaktionsverarbeitung enthält, und man kommt dem Ideal nahe, ausschließlich die Geschäftslogik in der Anwendungsschicht zu implementieren.
- Allerdings ist das Transaktionsverhalten nicht klar ersichtlich. Außerdem kann sich das Verhalten der Applikation ändern, wenn Transaktionsattribute modifiziert werden.

Rollback von Transaktionen

Abschließend ist noch zu klären, wie bei einer kritischen Situation in der Geschäftslogik eine Transaktion abgebrochen und der Container zu einem *Rollback* veranlasst werden kann. Dies geschieht durch Aufruf der Methode `setRollbackOnly()`, die durch das `Context`-Objekt vom Typ `EJBContext` zur Verfügung gestellt wird.

6.4.3 Beziehungen

Um von praktischem Nutzen zu sein, muss die Persistenzschicht Beziehungen, die in einem RDBMS durch Fremdschlüssel und ggf. eigene Beziehungstabellen abgebildet werden, verwalten können[40]. Im EJB-*Framework* werden Beziehungen in zwei Schritten realisiert:

- In den *Entity Beans* werden Methoden für das Lesen und Setzen von Beziehungen deklariert.
- Auch für Beziehungen muss das *O/R-Mapping* spezifiziert werden. Bei BMP wird dafür der Quellcode zum Laden und Speichern von Objekten angepasst, bei CMP gibt es entsprechende Einträge in den *Deployment*-Deskriptoren.

6.4.3.1 Beziehungen mit Container Managed Persistence

Die Realisierung von Beziehungen ist mit CMP recht einfach[41]: wie bei normalen Attributen werden die abstrakten `get/set()`-Methoden deklariert.

Methoden für Beziehungen

Die genaue Form der Methoden hängt von der Kardinalität der Beziehung ab. Code 6.33 und 6.34 zeigen, wie eine 1:N-Beziehung zwischen einem `Person`- und mehreren `Address`-Objekten (Abb. 6.9) in den beteiligten *Bean*-Klassen behandelt wird.

Abbildung 6.9: Beispiel-Modell

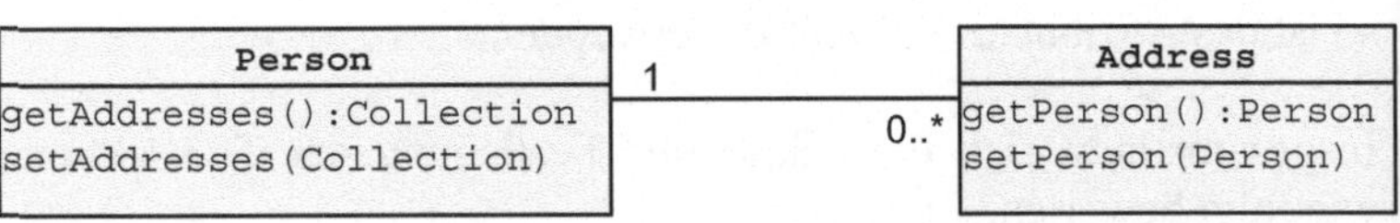

In der `Address`-*Bean* bieten die beiden Methoden zur Pflege der Beziehung keine Überraschung. Die `get`-Methode liefert eine lokale Referenz auf eine `Person`-Bean. Mit der `set`-Methode kann

[40] vgl. Unterkapitel 4.1.

[41] Die Behandlung von Beziehungen hat sich im Laufe der EJB-Versionen stark geändert. Die folgende Darstellung basiert auf der aktuellen Spezifikation 2.0 [EJB01].

man die Beziehung setzen. Durch die beiden Methoden wird implizit ein Attribut namens `person` vom Typ `PersonLocal` deklariert.

Beziehungen und lokale Interfaces

Die EJB 2.0-Spezifikation [EJB01] schreibt vor, dass für Beziehungen zwischen *Entity Beans* nur lokale Referenzen verwendet werden dürfen. Diese Einschränkung trägt zu einem besseren Design bei, denn es wird verhindert, dass entfernte Klienten durch komplexe Beziehungsgeflechte navigieren können.

```
abstract public class AddressBean implements EntityBean{
  abstract public PersonLocal getPerson();
  abstract public void setPerson(PersonLocal person);
...
```

Code 6.33: Verwaltung einer einwertigen Beziehung

Die andere Seite der Beziehung zeigt Code 6.34. Ein `Person`-Objekt besitzt eine mehrwertige Beziehung zur *Entity Bean* `Address`.

Mit der `get`-Methode wird eine `Collection` von `AddressLocal`-Objektreferenzen zurückgegeben. Mit der `set`-Methode wird umgekehrt die Beziehung zu einer Menge von `AddressLocal`-Referenzen gesetzt. Implizit wird so ein Attribut namens `addresses` vom Typ `Collection` deklariert. Anstelle einer `Collection` kann auch die Container-Klasse `Set` verwendet werden[42].

```
abstract public class PersonBean implements EntityBean {
  abstract public Collection getAddresses();
  abstract public void setAddresses(
                                Collection addresses);
...
```

Code 6.34: Verwaltung einer mehrwertigen Beziehung

Kardinalitäten

Nach demselben Muster wie die vorgestellte 1:N-Beziehung lassen sich auch Kardinalitäten anderen Typs realisieren.

- Bei 1:1-Beziehungen haben die `set`-und `get`-Methoden beider beteiligten *Entity Bean*-Objekte einfache Parameter vom Typ der *Local Interfaces* wie in der *Entity Bean* `Address`.
- Bei N:M-Beziehungen besitzen beide beteiligten *Entity Beans* Methoden wie in der `Person`-Bean, die `Collection` oder `Set` zur Verwaltung von Beziehungen verwenden.

[42] `Sets` können im Gegensatz zu `Collection` keine Objekt mehrfach enthalten.

Client-Code für Beziehungen

Wegen der *Local Interfaces* stehen die Verwaltungsmethoden für Beziehungen nur lokalen Klienten zur Verfügung[43].

Code 6.35 zeigt ein Beispiel, in dem einer `Person`-Bean eine neue Beziehung zu einem `Address`-Objekt hinzugefügt wird.

Zunächst werden ein `InitialContext` erzeugt und die *Local Home Interfaces* für die `Person`- und `Address`-Beans beschafft. Dann wird mittels der Methode `findByPrimaryKey()` eine lokale Referenz `tom` auf ein `Person`-Objekt beschafft und ein neues `Address`-*Entity-Bean* erzeugt (Zeile 8-9).

Die eigentliche Verwaltung von Beziehungen findet danach statt. Die Methode `getAddresses()` gibt eine `Collection` mit den lokalen Referenzen aller mit `tom` in Beziehung stehenden `Address`-Objekte zurück. Weil *Local Interfaces* verwendet werden, ist dies eine Referenz auf die `Collection` in der `PersonBean`-Klasse. Fügt man dieser `Collection` eine neue `Address`-Referenz hinzu, so werden damit auch die Beziehungen des Objektes `tom` entsprechend erweitert.

Dabei wird automatisch die Beziehung in den Datenbanktabellen durch entsprechende Fremdschlüsselverweise gesetzt. Bei Aufruf von `a.getPerson()` wird auf die Datenbank zugegriffen und die Referenz zum Objekt `tom` gefunden.

Code 6.35: Verwendung von Beziehungen

```
1  ...
2  InitialContext ctx = new  InitialContext();
3  PersonLocalHome personHome= (PersonLocalHome)
4                                  ctx.lookup("personHome");
5  AddressLocalHome addressHome= (AddressLocalHome)
6                                 ctx.lookup("addressHome");
7
8  PersonLocal tom = personHome.findByPrimaryKey("Tom");
9  AddressLocal a = addressHome.create(10177, "Berlin",..);
10
11 Collection collection = tom.getAddresses();
12 collection.add(a);
```

Loading on Demand

Für die Effizienz von *Enterprise JavaBeans*-Architekturen ist es sehr wichtig, wann in Beziehung stehende Objekte aus der Datenbank geladen werden. Durch CMP verwaltete Beziehungen unterstützen inhärent *Loading on Demand*, d.h. *Entity Beans* werden erst auf Anforderung geladen. Im Beispiel werden also erst bei Aufruf

[43] Wie entfernte Klienten mit Beziehungen umgehen, wird in Abschnitt 6.5 genauer vorgestellt.

von `getAddresses()` die `Address`-*Beans* per SQL aus der Datenbank geladen.

Spezifikation von Beziehung in Deskriptoren

Damit der EJB-Container den SQL-Code für die Beziehungs-Methoden generieren kann, müssen ihm eine Reihe von Informationen in den *Deployment*-Deskriptoren zur Verfügung stehen. Im `ejb-jar.xml`-Deskriptor geschieht dies auf einer logischen Ebene, wie Code 6.36 für unser Beispiel zeigt.

Unter dem Namen `personAddress` werden für die Beziehung zwei Rollen festgelegt. Die erste Rolle hat den Namen `personHasAddresses` und beschreibt die Beziehung aus Sicht der *Entity Bean* `Address` (Zeile 5-18) – dies ist gerade die linke Seite des UML-Diagramms in Abbildung 6.9.

```
 1 ...
 2 <relationships>
 3   <ejb-relation>
 4     <ejb-relation-name>personAddress</ejb-relation-name>
 5     <ejb-relationship-role>
 6       <ejb-relationship-role-name>personHasAddresses
 7                      </ejb-relationship-role-name>
 8       <multiplicity>one</multiplicity>
 9       <relationship-role-source>
10         <ejb-name>person</ejb-name>
11       </relationship-role-source>
12       <cmr-field>
14         <cmr-field-name>addresses</cmr-field-name>
15         <cmr-field-type>java.util.Collection
16                                 </cmr-field-type>
17       </cmr-field>
18     </ejb-relationship-role>
19     <ejb-relationship-role>
20       <ejb-relationship-role-name>myPerson
21                    </ejb-relationship-role-name>
22       <multiplicity>many</multiplicity>
23       <relationship-role-source>
24         <ejb-name>address</ejb-name>
25       </relationship-role-source>
26       <cmr-field>
27         <cmr-field-name>person</cmr-field-name>
28       </cmr-field>
29     </ejb-relationship-role>
30   </ejb-relation>
31 </relationships>
```

Code 6.36: Beziehungen im Deskriptor ejb-jar.xml

Die Kardinalität (*multiplicity*) ist one, und es geht um die Beziehung aus Sicht der *Entity Bean*, die unter dem Namen (ejb-name) person zuvor im Deskriptor definiert wurde (Zeile 8-11). In der *Bean*-Klasse Person wird die Beziehung durch ein Attribut (*container-manage-relationship* – cmr) namens addresses abgebildet, das vom Typ Collection ist (Zeile 14-16).

Die andere Richtung der Beziehung wird in den Zeilen 19-29 beschrieben. Hier ist die Kardinalität many und das cmr-Feld heißt person. Jedes cmr-Feld muss mit einem gleichnamigen Attribut in den *Entity Beans* korrespondieren.

O/R-Mapping für Relationen

Zusätzlich wird im *O/R-Mapping* festgelegt, wie die Beziehung in der Datenbank berücksichtigt wird. Dies geschieht wiederum im entsprechenden Deskriptor weblogic-cmp-rdbms-jar.xml (Code 6.37).

Code 6.37: O/R-Mapping einer 1:N-Relation

```
...
<weblogic-rdbms-relation>
   <relation-name> personAddress </relation-name>
   <weblogic-relationship-role>
     <relationship-role-name>myPerson
                           </relationship-role-name>
     <column-map>
       <foreign-key-column>p_oid
                               </foreign-key-column>
       <key-column>oid</key-column>
     </column-map>
   </weblogic-relationship-role>
</weblogic-rdbms-relation>
```

In dem *Tag* column-map wird beschrieben, wie Fremdschlüssel einer Tabelle auf Primärschlüssel einer anderen Tabelle abgebildet werden. Für die durch die Rolle myPerson beschriebene Richtung[44] gibt es in der zur *Bean* Address zugehörigen Datenbanktabelle ADRESSE einen Fremdschlüssel (foreign-key) namens p_oid, der auf einen Primärschlüssel (key-column) namens oid in der Tabelle PERSON der *Bean* Person verweist.

Bei M:N-Beziehungen wird in dem Deskriptor zusätzlich die Beziehungstabelle angegeben, siehe Code 6.38, Zeile 4.

[44] Eine Address-*Bean* verweist auf eine Person-*Bean*.

```
...
<weblogic-rdbms-relation>
    <relation-name>Customer-Account</relation-name>
      <table-name>PERSON_ADRESSES</table-name>
      <weblogic-relationship-role>
        <relationship-role-name>personHasAdresses
                                </relationship-role-name>
          <column-map>
            <foreign-key-column>p_id
                              </foreign-key-column>
            <key-column>p_id</key-column>
          </column-map>
      ...
```

Code 6.38: O/R-Mapping einer M:N-Relation

Bewertung: Beziehungen in CMP

Die Implementierung von Beziehungen zwischen *Beans* ist beim Einsatz von CMP sehr einfach. Allerdings ist es recht mühsam, die Deskriptoren zu erstellen. Ein schnelles und effizientes Arbeiten erfordert gerade bei der Verwendung von Beziehungen – wie bereits diskutiert – geeignete Werkzeuge, die sämtliche Deskriptoren generieren [Beus02], [XDoc02].

6.4.3.2 Beziehungen mit Bean Managed Persistence

Abschließend wollen wir noch einen kurzen Eindruck geben, wie Beziehungen bei Einsatz von BMP realisiert werden. Dazu skizzieren wir in Code 6.39 und 6.40 die Realisierung der `Person`- und `Address`-Bean.

```
public class PersonBean implements EntityBean {
  private String oid;
  private Vector addresses;

  public Collection getAddresses() {
    if ( addresses == null) {
      // JNDI-Lookup nach AddressHome
      addresses = addressHome.findByPerson(oid);
    }
    return addresses;
  }
  public void setAddresses( Collection addresses){
    this.addresses = (Vector) addresses;
  }
 ...
```

Code 6.39: Realisierung von Beziehungen mit BMP – Person

In der `Person`-*Bean* gibt es ein `Vector`-Attribut `addresses`, das die Referenzen zu den `Address`-*Bean*s aufnimmt. Das Laden des Vektors erfolgt erst auf Anforderung (*Loading on Demand*) bei Aufruf der Methode `getAddresses()`.

In dieser Methode werden erst per JNDI-Lookup das *Home Interface* für das `Address`-*Bean* beschafft und dann mithilfe von `findByPerson()` alle `Address`-Objekte geladen.

Die andere Seite der Beziehung ist in Code 6.40 dargestellt. In der *Hook*-Methode `ejbLoad()` wird der Fremdschlüssel auf das `Person`-Objekt geladen und im *Bean*-Attribut `p_oid` abgelegt. Dann kann in `getPerson()` mit der `findByPrimaryKey()`-Methode das `Person`-Objekt geladen werden.

Code 6.40: Realisierung von Beziehungen mit BMP – Address

```
public class AddressBean implements EntityBean {
  private String oid;
  private String p_oid; // Fremdschlüssel
  private Person person = null;

  public Person getPerson() {
    if ( person == null) {
      // JNDI-Lookup nach PersonHome
      // person = personHome.findByPrimaryKey(p_oid);
    }
    return person;
  }
  public void ejbLoad(){
    // lädt auch Fremdschlüssel auf Person in p_oid
  }
  public void ejbStore(){
    // update mit Fremdschlüssel auf Person
  }
...
```

Bewertung: Mit BMP ist der Aufwand für die Realisierung von Beziehungen beträchtlich, auch wenn dies in den Beispielen wegen des fehlenden SQL-Code vielleicht nicht ganz deutlich wird. Insbesondere bei N:M-Beziehungen wird der SQL-Code umfangreich, weil eigene Beziehungstabellen verwendet werden müssen. Zur Realisierung von *Loading On Demand* enthalten zudem auch fachliche Standard-Methoden technische Konstrukte.

Bei CMP wird dieser Mechanismus automatisch durch den EJB-Container bereitgestellt. Insgesamt bietet also CMP eindeutige Vorteile.

6.4.4 EJB Query Language (EJB-QL)

Eigenschaften von EJB-QL

Da bei CMP die *Beans* von datenbank-spezifischem Code befreit sein sollen, müssen komplexe Suchfunktionen in den Deskriptoren spezifiziert werden. Hierzu wurde mit EJB *Query Language* (EJB-QL) eine spezielle Abfragesprache entwickelt, die SQL ähnlich ist, aber auf den Attributen der *Entity Beans* und nicht auf dem Datenbankschema basiert. Der EJB-Container kann auf Basis der EJB-QL-Beschreibung und des definierten *O/R-Mappings* die entsprechenden SQL-*Select*-Befehle generieren.

EJB-QL bietet damit die Möglichkeit, die Realisierung von Abfragemethoden vom Datenbankschema zu entkoppeln, weil sie auf einer höheren Abstraktionsebene definiert werden. Im Folgenden geben wir einen kurzen Überblick über EJB-QL, eine vollständige Beschreibung findet sich in der EJB-Spezifikation [EJB01].

EJB-QL für:

EJB-QL wird für alle *finder*- und *select*-Methoden verwendet, die wie folgt unterschieden werden können.

...finder-

- Die *finder*-Methoden werden in den *Home Interfaces* deklariert und liefern Referenzen auf zum *Home Interface* passende *Entity Beans* zurück[45].

...select-Methoden

- Die *select*-Methoden werden in der *Bean*-Klasse deklariert und beginnen mit dem Präfix `ejbSelect`. Sie sind Helper-Methoden in den *Beans* und können beliebige Datentypen, bspw. einzelne *Bean*-Attribute zurückliefern [Roma02].

Die Spezifikation von *finder*- und *select*-Methoden erfolgt im `ejb-jar.xml`-Deskriptor. In einem speziellen Tag wird die Signatur der Suchmethode festgelegt und das gewünschte Ergebnis der Suche durch EJB-QL deklariert. Code 6.41 zeigt einen entsprechenden Auszug.

Code 6.41: Spezifikation einer Suchmethode mit EJB-QL

```
<query>
   <query-method>
      <method-name>findOlderThan</method-name>
        <method-params>
            <method-param>int</method-param>
         </method-params>
     </query-method>
        <ejb-ql>
           <![CDATA[WHERE alter > ?1]]>
```

[45] Ein Beispiel ist in Code 6.18 zu finden: `findOlderThan(int alter)`.

```
        </ejb-ql>
</query>
```

Der EJB-QL-Ausdruck `where alter>?1` befindet sich dabei in einer CDATA-Sektion, damit er nicht als XML-Code interpretiert wird[46]. Die Notation `?1` bezeichnet den ersten Parameter der Suchfunktion[47].

Struktur von EJB-QL

Wie bei SQL besteht die Abfragesprache EJB-QL aus drei Klauseln:

- Die *Select*-Klausel legt den Typ der zu selektierenden Objekte fest.
- Die *From*-Klausel deklariert die Domäne, auf die sich die *Select*- und *Where*-Klauseln beziehen.
- Mit der *Where*-Klausel wird die Ergebnismenge eingeschränkt.

Im Folgenden sollen die einzelnen Klauseln anhand des Klassendiagramms in Abbildung 6.10 vorgestellt werden. Alle vier Klassen seien jeweils *Entity Beans* und besitzen untereinander Beziehungen mit den dargestellten Kardinalitäten.

Abbildung 6.10: Beispiel-Modell für EJB-QL

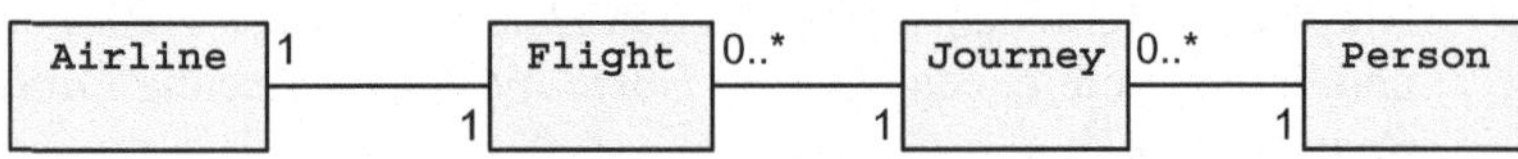

From-Klausel

Die *From*-Klausel legt die Domäne oder Ausgangsmenge der Suche fest, d.h. die *Entity Bean*-Klassen, auf deren Objekte die Suche ausgeführt werden soll. Darüber hinaus werden auch Aliasnamen festgelegt, die in den Klauseln benutzt werden können. Im Beispiel

```
FROM Journey AS j, IN (j.flights) AS f
```

werden die *Entity Beans* `Journey` betrachtet, für die der Aliasname `j` eingeführt wird und die zu `j` in Beziehung stehenden `Flight`-*Beans*, die mit `f` abgekürzt werden. Dabei ist `flights` der Name eines `cmr`-Feldes, das in der *Bean* `Journey` deklariert sein muss, d.h. es gibt eine Methode `getFlights()`, die alle Flüge eines `Journey`-Objekts liefert.

---

[46] Das ‚>'-Zeichen würde sonst als Bestandteil eines XML-*Tags* angesehen werden.

[47] Die Nummerierung beginnt bei 1.

Die *Where*-Klausel schränkt die Ergebnismenge ein, indem sie mit Ausdrücken der folgenden Art Suchkriterien festlegt: *Where-Klausel*

- Die Methodenparameter können über `?<Nummer des Parameters`[48]`>` verwendet werden.
- Bezüge zu Objektmengen können über die in der *From*-Klausel definierten Aliasnamen hergestellt werden.
- Zur Formulierung von Bedingungen dienen verschiedene arithmetische Operationen (`+`, `-`, `*`, `/`) sowie logische und boolesche Operatoren (`=`, `<`, `>`, `<=`, `>=`, `BETWEEN`, `IN`, `ISNULL`, `ISNOTNULL`, `NOT`, `AND`, `OR`, `TRUE`, `FALSE`).
- Für Strings können die *Wildcards* ‚`_`' für ein einzelnes Zeichen und ‚`%`' für einen beliebigen String verwendet werden[49].

Bezieht sich `p` auf die *Bean* `Person`, dann werden im Beispiel

```
WHERE p.age BETWEEN 25 AND 35
```

`Person`-Objekte `p` gesucht, deren Alter zwischen 25 und 35 ist. Bezeichnet `f` die `Flight`-*Beans*, so wird hierdurch festgelegt, dass

```
WHERE f.journeys.person.name LIKE 'S'
```

der Name der Teilnehmer einer Flugreise mit dem Buchstaben 'S' anfängt.

Die *Select*-Klausel legt die Ergebnismenge fest. Sollen Ergebnismengen in Form einer `Collection` zurückgegeben werden, so müssen die entsprechenden Objektvariablen durch `Object()` eingeklammert werden. Der EJB-QL-Ausdruck *Select-Klausel*

```
SELECT f.airline FROM Journey AS j,IN j.flights AS f
```

selektiert alle `Airline`-Objekte, die zu den Flügen `f` einer Reise `j` gehören. Diese Abfrage ist möglich, weil es zu jedem `Flug`-Objekt nur ein `Airline`-Objekt gibt. Die Abfrage

```
SELECT j.flights FROM Journey AS j
```

[48] Die Nummerierung beginnt bei 1.

[49] Vorsicht: die *Wildcards* werden in den übergebenen (String-)Parametern und nicht in den EJB-QL-Ausdrücken verwendet.

ist unzulässig, weil es zu einem `Journey`-Objekt mehrere `Flight`-Objekte gibt. Die korrekte Schreibweise wäre hier:

```
SELECT OBJECT(f) FROM Journey AS j,IN j.flights AS f
```

Bewertung: EJB-QL

Mit diesen Sprachmitteln lassen sich auf dem abstrakten Schema der *Entity Beans*, d.h. vom Datenbankschema entkoppelt, Abfragen definieren. Insgesamt bietet EJB-QL eine einfache Möglichkeit, um Abfragen zu formulieren. Allerdings gibt es auch einige Probleme:

- Auch wenn hier nicht alle Sprachmittel im Detail vorgestellt wurden, ist EJB-QL vorerst nicht so mächtig wie SQL. So fehlen weitergehende arithmetische Operationen oder Möglichkeiten der Sortierung und Gruppierung der Ergebnismengen.
- Komplexe *Select*-Befehle sind oft performanz-kritisch und nicht immer werden die generierten Befehle ausreichend schnell sein.
- Die Suchbefehle sind im Deskriptor statisch definiert. Damit können die *Where*-Klauseln nicht während der Laufzeit bspw. an die eingegebenen Suchkriterien angepasst werden.

Ein Ausweg besteht in der manuellen Implementierung der Suchmethoden bspw. in einer *Session Bean*. Dort können optimierte SQL-Befehle verwendet werden, die einerseits mächtiger und performanter sind, aber andererseits die *Beans* an das Datenbankschema koppeln.

6.5 EJB-Architektur

Nachdem die Grundlagen des *Enterprise JavaBeans Framework* vorgestellt worden sind, wollen wir nun die Architektur einer EJB-Anwendung genauer untersuchen. Dabei greifen wir Argumente des vorhergehenden Abschnitte nochmals auf und stellen sie in Zusammenhang. Im Detail werden folgende Teilaspekte diskutiert:

- Struktur einer EJB-Anwendung,
- Möglichkeiten der Performanz-Steigerung.

Eine ausführlichere Diskussion des Designs von EJB-Anwendungen wird in [Mari02], [AlCM01] und [DuMuü02] geführt.

6.5.1 Struktur einer EJB-Anwendung

Entscheidend für eine gut strukturierte EJB-Anwendung ist eine geeignete Verteilung der Verantwortlichkeiten zwischen *Entity* und *Session Beans*.

Einsatz von Entity Beans

In der EJB-Technologie entsprechen die *Entity Beans* den Entitätsklassen der Anwendungsschicht. Ihr Einsatz und die in ihnen realisierten Funktionalitäten sollte sich an den folgenden Richtlinien orientieren:

- *Entity Beans* sollen primär der Verwaltung von Daten dienen und keine komplexen Funktionalitäten implementieren. Sie bilden die Kern-Geschäftsobjekte einer Anwendung bzw. eines Unternehmens ab. Darum besitzen sie ein hohes Potential für Wiederverwendbarkeit, denn die Struktur der in ihnen verwalteten Daten ist meist sehr stabil (im Gegensatz zu den Abläufen der Geschäftsprozesse).

...Verwaltung von Daten

- *Entity Beans* sollen ihrer zentralen Aufgabe gerecht werden und von sämtlicher übergeordneter Geschäftslogik befreit sein. Sie dienen einzig und allein der Abbildung persistenter Daten und nur solcher Geschäftslogik, die eng mit den Daten verknüpft ist, z.B. Konsistenzprüfungen.

  Methoden, die mit Objekten verschiedener *Entity Bean*-Klassen arbeiten, sollten nicht in einer *Entity*, sondern einer *Session Bean* implementiert werden.

  Auch sehr spezielle und auf einen einzelnen Geschäftsprozess ausgerichtete Methoden, wie die Ausgabe und Aufbereitung bestimmter *Bean*-Attribute, sollten nicht in *Entity Beans* realisiert werden.

...keine komplexen Funktionalitäten

- Der Zugriff auf das Datenbanksystem soll ausschließlich über *Entity Beans* erfolgen. So bilden die *Entity Beans* den zentralen Zugriffspunkt auf die abgelegten Daten und kapseln das Datenbankschema gegenüber anderen *Enterprise Beans*. Änderungen des Datenbankschemas müssen dann nur an einer Stelle, nämlich in den *Entity Beans*, berücksichtigt werden[50]. CMP unterstützt dabei in besonderem Maße eine Trennung von Anwendungsschicht und Datenbankschema, weil der Quellcode keine

...Kapselung des Datenbankschemas

[50] Bei BMP sind dies die SQL-Befehle in den *Hook*-Methoden, bei CMP das *O/R-Mapping* in den Deskriptoren.

SQL-Befehle enthält, sondern das *O/R-Mapping* im Deskriptor deklariert wird.

Einsatz von Session Beans

Die Geschäftsprozess-Klassen der Anwendungsschicht werden durch *Session Beans* umgesetzt. Für ihren Einsatz dienen die folgenden Aussagen als Orientierung:

...Realisierung übergeordneter Geschäftslogik

- In *Session Beans* soll die übergeordnete Geschäftslogik realisiert werden. Ihre Methoden korrespondieren mit den Anwendungsfällen (*use cases*) und nutzen die Dienste mehrerer *Entity Beans,* d.h. sie bilden in gewissem Sinne den „Klebstoff" oder die Verbindung zwischen *Entity Beans*.

  Alle speziellen Methoden, die nicht unmittelbar zu den Geschäftsobjekten gehören, werden in den *Session Beans* realisiert. Dies sind bspw. Methoden, die für ein bestimmtes Fenster oder eine Webseite alle benötigten Daten zurückliefern.

...Fassade der Entity Beans

- Sämtliche *Entity Beans* sollen durch *Session Bean*s vor den ggf. entfernten Klienten gekapselt werden[51]. Die *Session Beans* bilden so eine zusätzliche Abstraktionsschicht, um die *Entity Beans* vor den Klienten zu verbergen. Weil die Klienten die Struktur der *Entity Beans* nicht kennen, bleiben sie von deren Änderung unbeeinflusst.

  Damit dienen die *Session Beans* als klassische Fassade der Anwendungsschicht. Sie fassen die Geschäftslogik an einem zentralen Punkt zusammen und verlagern die aufrufende Logik aus den Klienten in die *Session Beans*, wie in Abbildung 6.11 schematisch dargestellt ist.

Abbildung 6.11: Session-Bean-Fassade

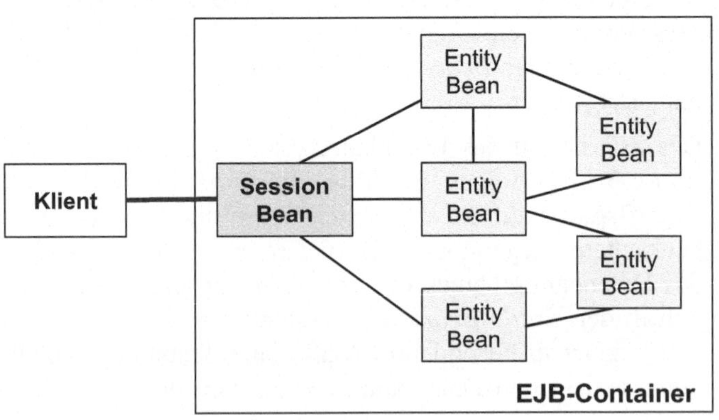

[51] siehe *Session-Bean*-Fassade [DuMü02].

- Die *Session-Bean*-Methoden definieren eine Transaktionsklammer, um die Dienste von *Entity Beans* und anderen *Session Beans* zu einer Transaktion zusammenzufassen.

  Besitzen alle Methoden das Transaktionsattribut „*required*“, werden die innerhalb einer *Session-Bean*-Methode aufgerufenen Methoden in einer Transaktion durchgeführt.

  ...Transaktionen

- In *Session Beans* sollten möglichst keine direkten Datenbankzugriffe (bspw. per JDBC) durchgeführt werden. Dafür vorgesehen sind *Entity Beans* – am besten in Verbindung mit CMP. Allerdings können nicht immer SQL-Befehle vermieden werden, wenn bspw. die Möglichkeiten von EJB-QL nicht ausreichen. In solchen Ausnahmefällen werden Datenbank-Zugriffsmethoden in den *Session Beans* realisiert.

  ...Datenbank-zugriffe

- Schließlich können *Stateful Session Beans* klienten-spezifische Daten speichern und so die Verwaltung einzelner Sitzungen (*sessions*) ermöglichen. Technische Unterstützung für das *Session Tracking* bieten auch die Technologien zur Erstellung webbasierter Systeme, bspw. *JavaServer Pages* (JSP) oder *Servlets*[52]. *Stateful Session Beans* sind eine technische Alternative, insbesondere wenn die Applikation neben Web-Clients auch andere Arten von Klienten besitzt.

  ...Session Tracking

6.5.2 Möglichkeiten der Performanzsteigerung

Das *Enterprise JavaBeans Framework* bietet eine mächtige Umgebung, um die Software-Entwicklung zu erleichtern und effizienter zu gestalten. Allerdings sollten einige Dinge beachtet werden, um ein zufriedenstellendes Antwortzeitverhalten zu erreichen.

Ein entscheidendes Kriterium für eine performante EJB-Anwendung ist die Vermeidung entfernter Methodenaufrufe, die einen besonderen Verwaltungsaufwand durch den EJB-Container erfordern: Der Methodenaufruf erfolgt nicht direkt, sondern über *Stub*-Klassen, die den entfernten Aufruf entgegennehmen, Parameter einpacken und zu einer serverseitigen *Stub*-Klasse (*Skeleton*) schicken, die den Aufruf an das betroffene Objekt delegiert und die Rückgabe von Werten auf dem umgekehrten Weg veranlasst.

[52] siehe Kapitel 8.

Verwendung von Local Interfaces

Der mit einem entfernten Methodenaufruf verbundene Aufwand entsteht immer, wenn ein Klient ein *Remote Interface* benutzt, und zwar auch dann, wenn er sich in derselben JVM (*Java Virtual Machine*) befindet. Um dies zu vermeiden, sollten lokale Klienten immer *Local Interfaces* verwenden, deren Methoden durch den Container effizienter bearbeitet werden können.

Local Interfaces für Entity Beans

- Als wichtige Grundregel sollten ausschließlich *Local Interfaces* für *Entity Beans* bereitgestellt werden. Damit gibt es keine *remote*-Referenzen auf *Entity Beans* und es sind nur lokale und effiziente Zugriffe möglich. *Local Interfaces* sind sogar zwingend erforderlich, um Beziehungen durch den EJB-Container verwalten zu lassen (*container managed relationship*).

Verwendung von Remote Interfaces

- Natürlich kann nicht generell auf *Remote Interfaces* verzichtet werden. Sie werden immer dann benötigt, wenn entfernte Klienten auf die *Enterprise Beans* im EJB-Container zugreifen müssen:
  - Die Objekte einer klassischen fenster-basierten Präsentationsschicht befinden sich nicht im EJB-Container und können deshalb nur über entfernte Methodenaufrufe EJB-Objekte nutzen.
  - Bei einer Server-Präsentationsschicht, die bspw. JSP und *Servlets* zur Generierung der Weboberfläche benutzt, gibt es zwei verschiedene Szenarien: wird ein im Applikationsserver integrierter Web-Container genutzt, können *Local Interfaces* verwendet werden. Ist der Web-Container vom Applikationsserver entkoppelt und läuft in einer eigenen JVM, so müssen hingegen *remote*-Zugriffe verwendet werden.
  - Eine weitere Notwendigkeit für Remote Interfaces besteht, wenn der Applikationsserver die Enterprise Beans aus Skalierungsgründen auf verschiedene Rechner verteilt, d.h. sogenanntes Clustering eingesetzt wird. Abbildung 6.12 zeigt einige typische Szenarien.

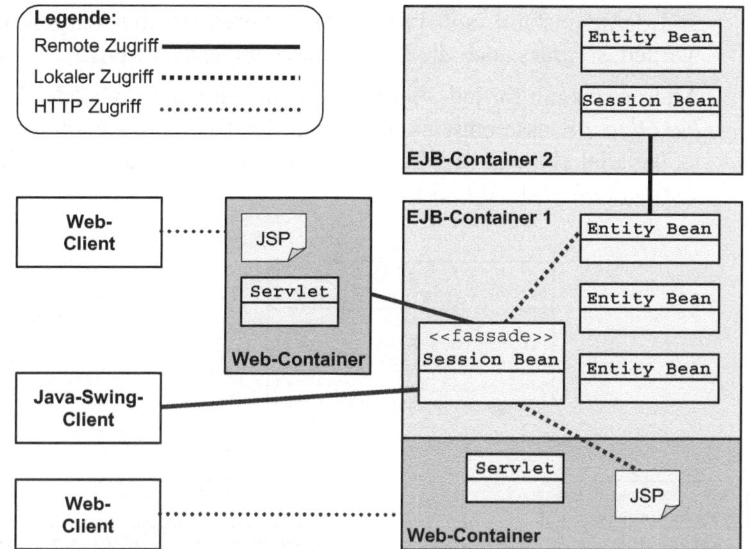

Abbildung 6.12: entfernte Zugriffe auf Entity Beans

Zusammengefasst sollte folgende Strategie verwendet werden: für alle *Entity Beans* sind ausschließlich *Local Interfaces* deklariert, sofern sie nicht mittels *Clustering* auf verschiedene Rechner verteilt werden. *Remote Interfaces* werden hingegen nur für eine kleine Anzahl von *Session Beans* definiert, die eine Fassade der Anwendungsschicht bilden.

Data Access Objects (DAO)

Obwohl *Entity Beans* in der Regel keine *Remote Interfaces* besitzen, sollen ihre Attributdaten letztendlich in entfernten Klienten, bspw. einem GUI-Fenster, dargestellt werden.

Der Austausch der *Entity-Bean*-Daten mit der Außenwelt kann somit nur über *Session Beans* geschehen. Für einen effizienten Datenaustausch zwischen EJB-Container und Außenwelt werden dazu spezielle Datenaustausch-Objekte (*Value Objects* oder *Data Access Objects* (DAO) [DuMü02], [AlcM01]) verwendet. Diese Objekte können nach zwei Prinzipien konstruiert werden:

...Anpassung der DAO an die Klienten

- Zum einen können sie auf die Anforderungen des Klienten ausgerichtet werden. Nach einer Suchanfrage wird bspw. eine spezielle Datenstruktur zurückgegeben, die genau diejenigen Attribute enthält, die zur Anzeige der Treffermenge erforderlich sind. Solche speziellen DAO-Klassen sind effizient, aber auch sehr stark auf die Anforderungen des Klienten zugeschnitten und damit instabil: soll bspw. ein weiteres Attribut dargestellt werden, so muss auch die DAO-Klasse angepasst werden.

...DAO für jede Entity-Bean

- Alternativ kann für jede *Entity Bean* eine eigene DAO- oder *Value Object*-Klasse entwickelt werden. Dies ist eine ganz normale, serialisierbare Java-Klasse, mit denselben Attributen wie die *Entity Bean* (vgl. Abb. 6.13).

Abbildung 6.13: Struktur des Value Object-Patterns

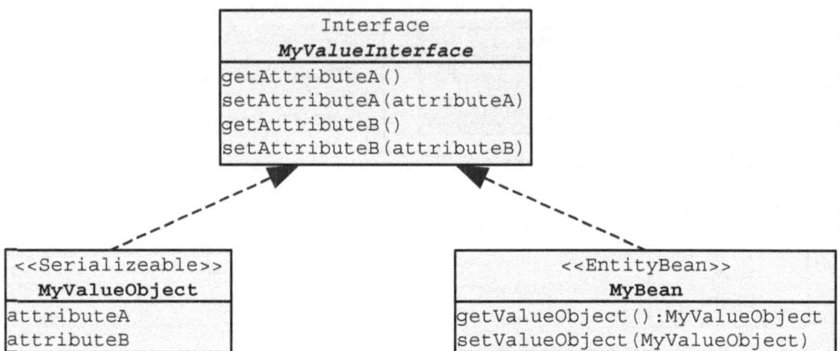

Die *Entity Bean* erhält zusätzlich Methoden zum Setzen und Lesen von *Value Objects*: `getValueObject()` erzeugt ein *Value Object*, füllt es mit den Daten der *Entity Bean* und gibt es zurück. Die Methode `setValueObject()` nimmt ein *Value Object* entgegen und aktualisiert die Attribute der *Entity Bean* mit dessen Daten.

Die *Remote Interfaces* der *Session Beans* enthalten Methoden, die als Parameter und Rückgabewerte ausschließlich *Value Objects* verwenden. Innerhalb der *Session Beans* werden die Methoden `setValueObject()` und `getValueObject()` genutzt, um Daten mit den *Entity Beans* auszutauschen. Abbildung 6.14 veranschaulicht diesen Ablauf schematisch.

Abbildung 6.14: Verwendung von Value Objects

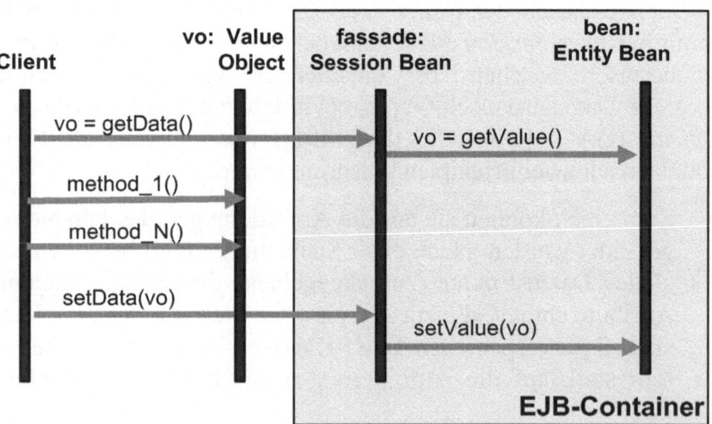

Einzelne *Value Objects* sind nicht auf die Erfordernisse der Klienten ausgerichtet. Deshalb werden die von einem Klienten verwendeten Daten oft nur durch ein Teilnetz von miteinander in Beziehung stehenden *Value Objects* abgedeckt. In solchen Fällen muss die *Session Bean* die erforderlichen Teilnetze aufbauen bzw. entgegennehmen, was den Aufwand in den *Session Beans* wesentlich erhöht.

6.6 Implementierung des Beispielsystems

Die Anwendungsschicht von *SamComm* wird nun auf Basis von EJB implementiert. Abb. 6.15 zeigt die grundlegende Struktur.

EJB-Anwendungsschicht

Die Realisierung der EJB-Anwendungs- und Persistenzschicht umfasst vier Komponenten:

- Die für die Anwendungsschicht definierten *Interfaces* dienen als Schnittstelle zur Präsentationsschicht.
- Die *Session Beans* implementieren die in der Anwendungsschicht definierten Geschäftsprozesse.
- Die *Value Objects* sind Daten-Container für die Entitätsklassen und dienen dem Datenaustausch zwischen Präsentations- und Anwendungsschicht.
- Die *Entity Beans* verwalten die persistenten Daten der Entitätsklassen und sind zentrale Zugriffspunkte auf die Datenbank.

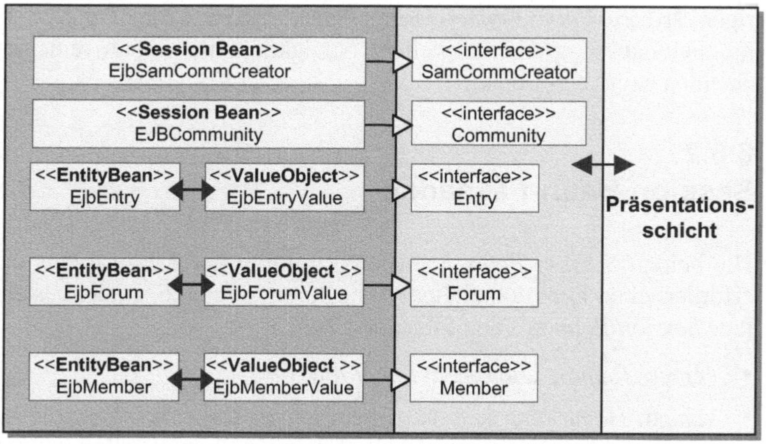

Abbildung 6.15: Struktur der EJB-Realisierung von SamComm

6.6.1 Schnittstelle zur Anwendungsschicht

Die *Interfaces* der Anwendungsschicht wurden bereits in Kapitel 3 vorgestellt und werden in der Präsentationsschicht technologieunabhängig zum Zugriff verwendet. Interessant ist hier, welche Klassen hinter den *Interfaces* stecken und von der Präsentationsschicht genutzt werden.

Session-Bean-Fassade

Die *Interfaces* `SamCommCreator` und `Community` werden von den beiden *Session Beans* `EjbSamCommCreator` und `EjbCommunity` implementiert.

Ob *Local* oder *Remote Interfaces* für die beiden *Session Beans* genutzt werden, hängt von der Präsentationsschicht ab. Wird bei einem web-basierten System ein im Applikationsserver integrierter Web-Container verwendet, so kann der Zugriff über *Local Interfaces* erfolgen, ansonsten werden *Remote Interfaces* benötigt.

Datenaustausch per Value Objects

Die Präsentationsschicht besitzt keine direkten Referenzen auf die *Entity Beans*, sondern greift ausschließlich über die *Session Beans* auf sie zu. Dem Datenaustausch dienen *Value Objects*, die die *Interfaces* `Forum`, `Member` und `Entry` aus der Anwendungsschicht implementieren.

In den *Value Objects* sind zunächst sämtliche atomaren Attribute der zugehörigen *Entity Bean* kopiert. Referenzen zwischen *Entity Beans* werden durch Referenzen zwischen *Value Objects* abgebildet, d.h. es wird eine tiefe Kopie erstellt. In der Präsentationsschicht muss dabei beachtet werden, dass solche Kopien nur begrenzt sind. Ein `Forum` *Value Object* besitzt zwar Beziehungen mit den zugehörigen `Entry` *Value Objects*. Ein solches `Entry` *Value Objects* ermöglicht aber ggf. keine weitere Navigation bspw. zum entsprechenden `Member`-Objekt.

6.6.2 Session-Bean-Fassaden

Die beiden *Session Beans* realisieren mithilfe der *Entity Beans* die erforderlichen Funktionalitäten, siehe Abbildung 6.16. Dabei besteht jede *Session Bean* aus den folgenden Teilen:

- einem *Remote* und einem *Local Interface*,
- einem *Home Interface* und einem *Local Home Interface*, die lediglich eine `create()`-Methode zur Verfügung stellen,
- einer *Bean*-Klasse.

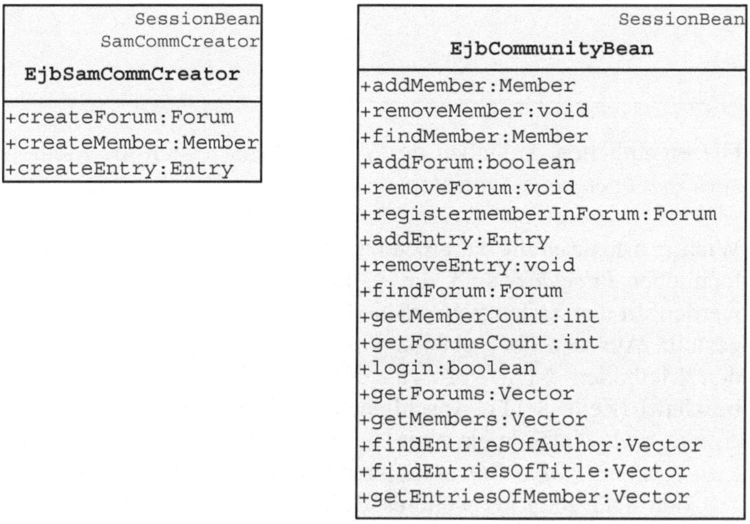

SessionBean
SamCommCreator
EjbSamCommCreator

+createForum:Forum
+createMember:Member
+createEntry:Entry

SessionBean
EjbCommunityBean

+addMember:Member
+removeMember:void
+findMember:Member
+addForum:boolean
+removeForum:void
+registermemberInForum:Forum
+addEntry:Entry
+removeEntry:void
+findForum:Forum
+getMemberCount:int
+getForumsCount:int
+login:boolean
+getForums:Vector
+getMembers:Vector
+findEntriesOfAuthor:Vector
+findEntriesOfTitle:Vector
+getEntriesOfMember:Vector

Abbildung 6.16: Struktur der Session Beans

Code 6.42 zeigt die Realisierung der `EjbSamCommCreator`-*Bean*. Die *Session Bean* besitzt Referenzen auf alle in ihr benutzten *Local Home Interfaces*. Weil JNDI-*Lookups* relativ teuer sind, werden sie nur einmalig bei der Instanziierung der *Session Bean* in der Methode `setSessionContext()` initalisiert (Zeile 17-23).

```
1  public class EjbSamCommCreatorBean
2                implements SessionBean, SamCommCreator{
3     private EjbEntryLocalHome entryHome = null;
4     ...
5     public Entry createEntry(Member author, Forum f ,
6                             String title, String text){
7        try{
8          EjbMemberLocal member =
9            memberHome.findByPrimaryKey(author.getOid());
10         EjbForumLocal forum =
11                 forumHome.findByPrimaryKey(f.getOid());
12         return entryHome.create(
13             member, forum, title, text).getValue();
14       }
15       catch (Exception e){...   }
16    };
17    public void setSessionContext(SessionContext ctx){
18    try{
19       InitialContext  ic =  new InitialContext( );
20       entryHome = (EjbEntryLocalHome) ic.lookup(
21                                     "entryLocalJndi");
```

Code 6.42: Realisierung von EjbSamComm-Creator

```
22          ...
23  }
24  ...
```

Die eigentlichen Aufgaben der *Session Bean* leisten die Methoden zum Erzeugen neuer Objekte.

Value-Object-Parameter und Rückgabewerte

Wichtig ist, dass alle Parameter und Rückgabewerte vom Typ der fachlichen *Interfaces* sind, d.h. es können *Value Objects* verwendet werden. In den Zeilen 5-16 ist die Methode `createEntry()` dargestellt. Aus den übergebenen *Value Objects* werden zunächst mit den Methoden `findByPrymaryKey()` lokale EJB-Referenzen beschafft (Zeile 8-11). Anschließend wird mit der entsprechenden `create()`-Methode ein neues `Forum`-Bean erzeugt, mit `getValue()` in ein *Value Object* transformiert und zurückgegeben.

Code 6.43 zeigt als weiteres Beispiel eine Geschäftsmethode in der *Session Bean* `EJBCommunity`. In `addEntry()` wird ein neuer Eintrag erzeugt und für einen bestimmten Benutzer in ein Forum eingetragen.

Code 6.43: Realisierung von EjbCommunity

```
1   public class EjbCommunityBean
2                       implements SessionBean, Community{
3
4     public Entry addEntry(String title, String text,
5                           Member author, Forum for)
6                   throws FinderException, CreateException{
7         MemberLocal member
8            = memberHome.findByPrimaryKey(author.getOid());
9         ForumLocalforum
             = forumHome.findByPrimaryKey(for.getOid());
10        EntryLocal entry
11           = entryHome.create(member, forum, title, text);
12        member.addPoints(5);
13
14        Entry entryValue = entry.getFlatValue();
15        try{
16         entryValue.setWrittenBy(author);
17        }catch (Exception e) {e.printStackTrace();}
18        return entryValue;
19    }
```

Aus den übergebenen *Value Objects* `author` und `for` werden zunächst lokale EJB-Referenzen erstellt (Zeile 7-9). Dann wird mit der `create()`-Methode die neue `Entry`-Bean erzeugt (Zeile 10-11).

Aus ihr wird anschließend ein *Value Object* erzeugt, das, nachdem der Autor gesetzt ist, zurückgegeben wird (Zeile 14-19),

6.6.3 Datenaustausch über Value Objects

Die Realisierung der *Value Objects* bietet keine Besonderheiten: sie implementieren die fachlichen *Interfaces* und bieten `get/set()`-Methoden für ihre Attribute sowie mehrere Konstruktoren, mit denen man nur die atomaren Attribute oder aber auch die Beziehungen setzen kann.

Code 6.44: Realisierung von EntryValue

```
1  public class EjbEntryValue  implements Entry {
2    public EjbEntryValue(String oid, String text,
3                String title, Forum belongsTo,
4                 Member writtenBy) {... }
5
6    public EjbEntryValue(String oid, String text,
7                        String title) {... }
8
9    private Forum m_belongsTo;
10   public Forum getBelongsTo() { return m_belongsTo;  }
11   public void setBelongsTo(Forum n) { m_belongsTo = n; }
12   ...
13   }
```

Mit den `set`-Methoden und Konstruktoren können auch Beziehungen zwischen *Value Objects* hergestellt werden, wie Code 6.44 zeigt (Zeile 9-11).

6.6.4 Entity Beans

Für die Realisierung der drei *Entity Beans* von *SamComm* werden CMP und *Container Managed Relationship* verwendet. Um die *Entity Beans* gegen die Präsentationsschicht zu kapseln, werden ausschließlich *Local Interfaces* realisiert.

Einsatz von CMP

Insgesamt vereinfacht sich durch CMP die Implementierung der *Entity Beans* stark: Das *O/R-Mapping* und die Suchfunktionen werden in den XML-Deskriptoren realisiert. Code 6.45 zeigt auszugsweise, wie die `Member`-Bean implementiert wird.

Code 6.45: Implementierung der Entity Bean Member

```
abstract public class EjbMemberBean
                                  implements EntityBean{

  abstract public String getOid();
  abstract public void setOid(String oid);
  ...
  abstract public Collection getSubscriptions();
  abstract public void setSubscriptions(Collection c);
  public void addSubscription(EjbForumLocal forum) {
    this.getSubscriptions().add(forum);
  }
  ...
```

Die Implementierung ist nahezu selbsterklärend: zu jedem Attribut werden abstrakte `get/set()`-Methoden deklariert. Dies gilt auch für mengenwertige Attribute, wie das Beispiel für die Menge aller von einem Benutzer abonnierten Foren `subscriptions` zeigt. Interessant ist auch die Methode `addSubscription()`, die ein neues `Forum`-Objekt einfach in die `Collection` der *Entity Bean* aufnimmt.

Erzeugung von Value Objects

Code 6.46 zeigt abschließend, wie *Value Objects* erzeugt werden. In der Methode `getFlatValue()` wird eine Kopie der *Entity Bean* erstellt, die keine Referenzen berücksichtigt (Zeile 4-7). Dazu wird einfach der *Value-Object*-Konstruktor genutzt, dem nur die atomaren Attribute als Parameter übergeben werden.

Code 6.46: Erzeugung von Value Objects in der Entity Bean Member

```
1  abstract public class EjbMemberBean
2                                        implements EntityBean{
3    ...
4    public EjbMemberValue getFlatValue() {
5       return new EjbMemberValue(getOid(), getNickname(),
6                    getPassword(), getEmail(),getPoints());
7    }
8    public EjbMemberValue getValue() {
9      Vector subscriptions = new Vector();
10     Iterator iter = this.getSubscriptions().iterator();
11     while (iter.hasNext()){
12       subscriptions.add(
13            ((EjbForumLocal)iter.next()).getFlatValue());
14     }
15     return new EjbMemberValue(getOid(), getNickname(),
16               getPassword(), getEmail(),getPoints(),
17               subscriptions);
18  }
```

Die Methode `getValue()` erzeugt hingegen eine tiefe Kopie. Dazu wird die *Collection* mit den Referenzen aller `Forum`-Beans durchlaufen (Zeile 11-14) und eine flache Kopie jeder `Forum`-Bean erzeugt. Diese *Value Objects* werden in den `Vector subscription` eingetragen, der dem Konstruktor bei der Erzeugung des `Member`-*Value-Objects* übergeben wird (Zeile 15-17).

Erzeugung der Deskriptoren

Wie bereits diskutiert, empfiehlt sich für einen effizienten Entwicklungsprozess der Einsatz geeigneter Werkzeuge. Mit Hilfe entsprechender Javadoc-*Tags* kann das Werkzeug EJBGen [Beus02] alle benötigten *Interfaces* und XML-Deskriptoren erzeugen. Einen Eindruck über die entsprechenden *Tags* liefert Code 6.47.

Code 6.47: Javadoc-Tags zur Generierung der Interfaces und Deskriptoren mit EJBGen

```
/**
 * @ejbgen:entity
 *    ejb-name = member
 *    table-name = member
 *    data-source-name = samSource
 *    prim-key-class =  java.lang.String
 * @ejbgen:jndi-name
 *    local = memberLocalJndi
 * @ejbgen:relation
 *    name = membersToForums
 *    role-name = subscriptions
 *    target-ejb = forum
 *    multiplicity = many
 *    cmr-field = subscriptions
 *    fk-column =  forum_oid
 *    joint-table = belongs_to
 * @ejbgen:finder
 *   signature = "EjbMemberLocal findByName(
 *                     java.lang.String nickname)"
 *   ejb-ql = "WHERE nickname = ?1"
 */
abstract public class EjbMemberBean   ...
```

- In der Sektion `ejbgen:entity` werden u.a. der Tabellenname in der Datenbank, der Datentyp des Primärschlüssels und die Datenquelle, mit der eine Verbindung zur Datenbank hergestellt werden kann, angegeben.
- In `ejbgen:jndi-name` wird der JNDI-Name spezifiziert. Weil im Beispiel nur der Parameter `local` erscheint, wird auch nur ein *Local Interface* erzeugt.

- In der Sektion `ejbgen:relation` wird hier die Beziehung zu den `Forum`-Objekten definiert. Dazu wird der Name `subscription` für das `cmr`-Feld festgelegt und die Beziehungstabelle mit dem für die Beziehung genutzten Fremdschlüssel angegeben.
- In der letzten Sektion `ejbgen:finder` werden die *finder*-Methoden mit ihrer Signatur und dem zugehörigen EJB-QL-Ausdruck festgelegt.

6.7 Verwendete Entwurfsmuster

In der EJB-Realisierung werden die folgenden der in Unterkapitel 4.4 genannten Entwurfsmuster genutzt.

6.7.1 Schablonenmethode (*Template Method*)

Das EJB-*Framework* basiert in starkem Maße auf Schablonenmethoden, die im EJB-Container implementiert sind und bei bestimmten Ereignissen Einschub- oder *Hook*-Methoden aufrufen (vgl. Abschnitt 6.4). Die *Hook*-Methoden werden in den *Interfaces* `SessionBean` und `EntityBean` deklariert und in den *Bean*-Klassen realisiert, siehe Abbildung 6.17.

Abbildung 6.17: Schablonenmuster

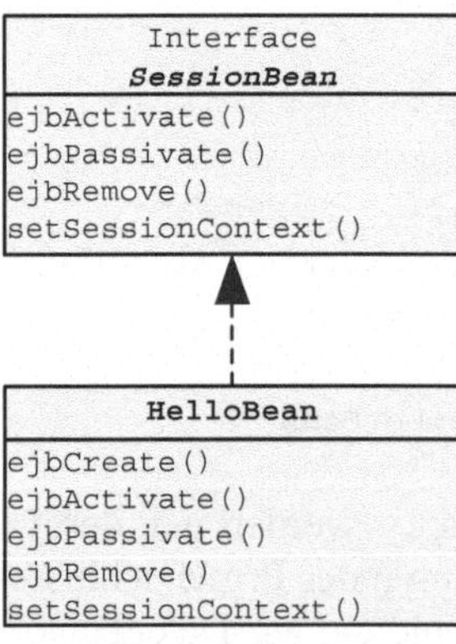

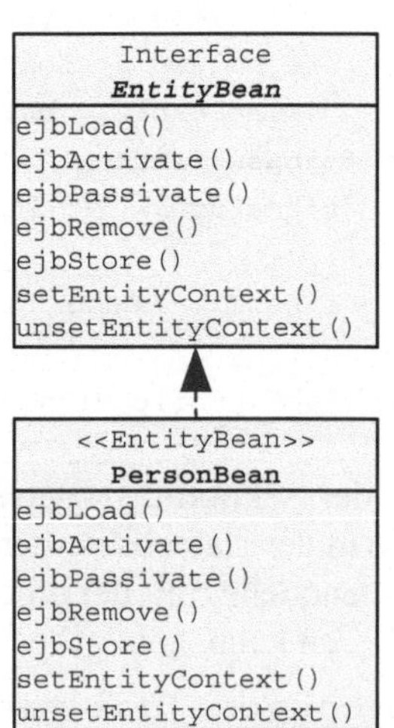

Bei *Entity Beans* sind insbesondere Methoden wie `ejbLoad()` und `ejbStore()` von entscheidender Bedeutung, weil in ihnen die Datenbankzugriffe per SQL realisiert werden.

Bei Einsatz von *Bean Managed Persistence* (BMP) müssen die Datenbank-Zugriffe in den *Hook*-Methoden vollständig implementiert werden. Bei *Container Managed Persistence* (CMP) übernimmt der EJB-Container diese Aufgabe mithilfe der XML-Deskriptoren.

6.7.2 Fabrikmethode (*Factory Method*)

Fabrikmethoden zur Erzeugung und Suche von Objekten werden bei *Enterprise JavaBeans* in den *Home Interfaces* definiert:

- Mit den `create()`-Methoden werden neue Objekte erzeugt.
- Mit den *finder*-Methoden werden fachliche Suchmethoden zur Verfügung gestellt. Eine besondere Rolle nimmt die Methode `findByPrimaryKey()` ein, mit der man das zu einem Primärschlüssel passende Objekt finden kann.

Wird CMP verwendet, werden die *finder*-Methoden mittels EJB-QL deklariert und vom EJB-Container erzeugt.

6.7.3 Fassade (*Facade*)

Die in Abschnitt 6.6 diskutierte Basisarchitektur führt unmittelbar zu Fassadenklassen der Anwendungsschicht: Weil für *Entity Beans* nur *Local Interfaces* deklariert werden, ist der Außenwelt die genaue Struktur der *Entity Beans* verborgen. Um den Zugriff auf die *Entity Beans* zu ermöglichen, werden *Session Beans* als Fassaden der Anwendungsschicht eingesetzt: nur sie besitzen *Remote Interfaces* und können außerhalb des EJB-Containers benutzt werden. Damit kapseln sie die *Entity Beans* und bieten eine schmale Schnittstelle für die Anwendungsschicht.

Die Klassen der Anwendungsschicht müssen den EJB-Konventionen genügen, damit sie durch den EJB-Container verwaltet werden können. Die Realisierung des Persistenzmechanismus durch den EJB-Container findet weitgehend im Verborgenen statt.

6.7.4 Proxy Pattern

Die *Value Objects* werden als Stellvertreter- oder *Proxy*-Objekte eingesetzt, um die Anzahl der entfernten Methodenaufrufe zu reduzieren. Durch die ausschließliche Verwendung von *Local Interfaces* für *Entity Beans* können Klienten deren Daten nur als Kopie in Form von *Value Objects* erhalten.

Die *remote*-Methoden der *Session Beans* besitzen als Parameter und Rückgabewerte ausschließlich *Value Objects* und sorgen für den Datenaustausch mit den *Entity Bean*-Objekten.

6.8 Bewertung von Enterprise JavaBeans

Zum Abschluss dieses Kapitels wollen wir den Einsatz von *Enterprise JavaBeans* zur Realisierung der Persistenz- und Anwendungsschicht rückschauend bewerten. Die EJB-Technologie besitzt folgende Eigenschaften:

Vorteile

- *Enterprise JavaBeans* sind in J2EE eingebettet und bieten eine komplette Architektur zur Entwicklung von verteilten Systemen. EJB unterstützt neben Objekt-Persistenz auch die Verteilung von Objekten und weitergehende Dienste, bspw. ein eigenes Sicherheitskonzept.
- Mit dem Einsatz von EJB, insbesondere bei CMP, ist die fachliche Anwendungsschicht komplett von den Aufgaben der Persistenzschicht befreit, die ausnahmslos vom Applikationsserver übernommen werden. Die Entwickler können sich auf die Realisierung der fachlichen Logik konzentrieren.
- Bei Verwendung von CMP enthalten die fachlichen Klassen keinen SQL-Code und sind vom Datenbankschema entkoppelt. Das *O/R-Mapping* einschließlich der Suchanfragen wird vollständig in den *Deployment*-Deskriptoren spezifiziert, aus denen der Applikationsserver die erforderlichen SQL-Befehle erzeugt.
- Die EJB-Spezifikation ist ein im *Java Community Process* entstandener Standard, der von nahezu allen Applikationsservern eingehalten wird. Deshalb verringert der Einsatz von EJB die Abhängigkeit von Anbietern bzw. Produkten und bietet damit hohen Investitionsschutz. Die am Markt befindlichen Applikationsserver haben sich bereits im Praxiseinsatz bewährt, ihre Pflege und Wartung wird vom Anbieter erbracht.

Neben diesen großen Vorteilen sind mit *Enterprise JavaBeans* aber auch eine Reihe von Schwierigkeiten verbunden.

Nachteile

- Die EJB-Technologie ist in mehrerer Hinsicht komplex: selbst für einfache Beispiele müssen eine Vielzahl von Komponenten, wie *Interfaces*, *Bean*-Klassen und *Deployment*-Deskriptoren, entwickelt werden. Nur mit entsprechender Werkzeugunterstützung können diese Komponenten konsistent gehalten werden (vgl. 6.3.2.3).
- Die Erfahrungen zeigen, dass bei der Realisierung von EJB-Anwendungen in unterschiedlichen Entwicklungsschritten Aufwände entstehen: der reine EJB-Quellcode ist von technischen Details befreit und relativ schnell erstellt. Die eigentliche Hürde liegt im komplexen und aufwändigen *Deployment*-Schritt, an dem viele Systeme und Werkzeuge beteiligt sind. Auch die Fehlersuche gestaltet sich schwierig, weil viele Fehler erst zur Laufzeit im Applikationsserver auftreten.
- Zu einem weiteren Problem kann sich das Antwortzeitverhalten entwickeln. Ohne Einhaltung von J2EE-Architekturprinzipien, wie sie in Abschnitt 6.6 beschrieben sind, und optimaler Konfiguration des Applikationsserver werden sehr häufig zeitaufwändige Datenbankzugriffe durchgeführt, um die Konsistenz zwischen *Bean*-Objekten und Datenbank fortlaufend sicherzustellen. Darüber hinaus muss die Anzahl aufwändiger *remote*-Zugriffe möglichst gering gehalten werden.
- Insgesamt ist die Einstiegshürde für den Einsatz von EJB relativ hoch, insbesondere zu Beginn entsteht ein großer Investitions- und Lernaufwand.

Für den Einsatz von Enterprise JavaBeans gibt es folgende Alternativen:

mögliche Alternativen

- Zum einen kann ein eigenes Persistenz-*Framework* entwickelt werden. Dieser Ansatz wird in Kapitel 5 beschritten und auch in Abschnitt 5.6 kritisch bewertet.
- Eine andere Möglichkeit bietet der Einsatz eines kommerziellen Persistenz-*Frameworks*. Der Markt bietet dabei eine Reihe von Systemen, bspw. TopLink von WebGain[53], PowerTier von Persistence[54], IntelliBo von SignSoft[55] oder OJB von Apache[56]. Diese Produkte bieten nicht die Mächtigkeit von EJB und J2EE, sind aber technologisch einfacher zu verwenden.

[53] http://www.webgain.com/products/toplink/
[54] http://www.persistence.com/products/powertier/
[55] http://www.intellibo.com
[56] http://jakarta.apache.org/ojb/

...JDO

- Aktuell ist mit der *Java Data Objects* (JDO)-Spezifikation [JDO02] ein neuer Standard geschaffen, um Java-Objekte persistent und technologie-unabhängig zu verwalten. JDO beschränkt sich dabei auf reine Persistenzdienste – alle weiterführenden Konzepte, insbesondere Objektverteilung, bleiben außen vor. Damit ist JDO eine leicht einzusetzende Alternative, wenn die komplexen EJB-Dienste eigentlich nicht benötigt werden [SaUh02]. Inzwischen erfüllen bereits eine Vielzahl kommerzieller Produkte das JDO-API weitgehend, sodass auch der Einsatz von JDO entsprechenden Investitionsschutz bietet.

7 Konzepte für den Entwurf der Präsentationsschicht

In diesem Kapitel werden die grundlegenden Konzepte zur Entwicklung einer Präsentationsschicht vorgestellt. Diese Schicht enthält sämtlichen Programmcode, um die Schnittstelle zwischen dem Benutzer und dem Softwaresystem zu realisieren.

Überblick

Zunächst stellen wir die grundlegenden Entwurfsziele und zentralen Konzepte für die Entwicklung der Präsentationsschicht vor (Abschn. 7.1), dann werden die häufigsten Entwurfsfehler (Abschn. 7.2) und die wichtigsten in der Präsentationsschicht eingesetzten Entwurfsmuster (Abschn. 7.3) diskutiert. In den nachfolgenden Kapiteln erfolgt die Implementierung von zwei konkreten Realisierungsvarianten. In Kapitel 8 entwickeln wir eine Benutzerschnittstelle für web-basierte Anwendungen mit Hilfe von *JavaServer Pages* (JSP). Als zweite Variante wird mit Hilfe von Java *Swing* ein kleines *Framework* für die Präsentationsschicht einer Desktop-Applikation realisiert (Kapitel 9).

7.1 Entwurfsziele

Kernaufgaben

Die Präsentationsschicht[1] übernimmt zwei Kernaufgaben in einem Softwaresystem:

... Benutzungsoberfläche

- Sie realisiert die eigentliche Benutzungsoberfläche[2], die dem Benutzer die Daten der fachlichen Objekte in geeigneter, meist grafischer Form darstellt. Dabei werden – je nach verwendeter

[1] Im Folgenden verwenden wir die Begriffe „Benutzerschnittstelle“ und „*Graphical User Interface*“ (GUI) synonym.

[2] Die Benutzungsoberfläche ist ein Teil der Präsentationsschicht, der für die graphische Darstellung der fachlichen Daten sorgt. Sie lässt Kontrollaspekte unberücksichtigt.

Technologie – die Daten dem Anwender in Fenstern oder Webseiten angezeigt.[3]

... Dialogkontrolle

- Darüber hinaus sorgt die Präsentationsschicht für die Dialogkontrolle. Unter einem Dialog versteht man eine Folge von Fenstern, die zur Durchführung eines Arbeitsablaufs dienen. In der Dialogkontrolle werden vom Benutzer ausgelöste Ereignisse, z.B. ein *Button*-Klick, entgegengenommen, die Daten eines Fensters aufbereitet und ein entsprechender Geschäftsprozess in der Anwendungsschicht angestoßen. Schließlich wird in ein neues Fenster zur Anzeige der Ergebnisse verzweigt.

Ergonomie

Damit eine hohe System-Akzeptanz erreicht wird, sollte sowohl die Darstellung der Daten als auch die Abwicklung der Geschäftsprozesse in ergonomischer Weise erfolgen.

Architektur

In einer flexiblen und wartbaren Systemarchitektur müssen Präsentations- und Anwendungsschicht weitgehend entkoppelt sein.

Innerhalb der Präsentationsschicht sollten Aufgaben der reinen Datendarstellung von denen des Kontrollflusses, bspw. den Übergang in andere Fenster, und der Datenaufbereitung getrennt sein.

Zur Realisierung der Präsentationsschicht sind zwei verschiedene technologische Varianten von Bedeutung: Fenster-basierte Oberflächen, die das Fenstersystem des Arbeitsplatzrechners nutzen, lassen sich von web-basierten Oberflächen, die in einem Internet-Browser Seiten einer *Markup*-Sprache (meist HTML) anzeigen, unterscheiden. In diesem Kapitel werden wir die grundlegenden Konzepte der Präsentationsschicht technologie-unabhängig vorstellen.

7.1.1 Verantwortlichkeit der Präsentationsschicht

Die von der Präsentationsschicht wahrgenommenen unterschiedlichen Aufgaben legen eine entsprechende Strukturierung nahe.

Seeheim-Modell

Das sogenannte Seeheim-Modell wurde bereits 1983 entwickelt und beschreibt eine typische Softwarearchitektur für interaktive Systeme [VoNe98]. In ihm erfolgt neben einer strikten Trennung von Benutzerschnittstelle und der fachlichen Anwendung eine Aufteilung der Präsentationsschicht in drei separate Komponenten (siehe Abb. 7.1).

---

[3] In unserer Darstellung wollen wir zwischen Fenstern eines Desktop-Systems und Webseiten, die in einem Browser angezeigt werden, unterscheiden.

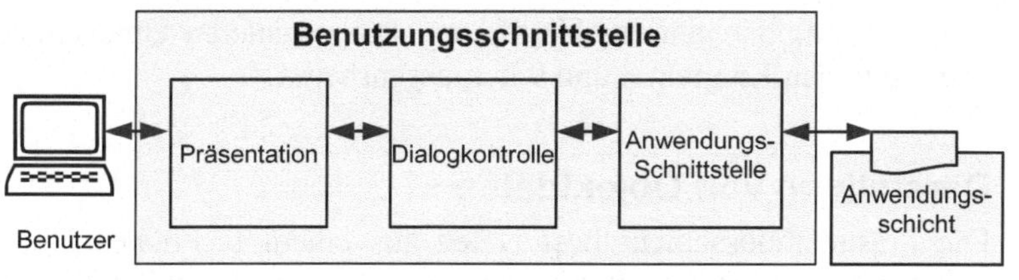

Abbildung 7.1: Seeheim-Modell

Zunächst sollen die beiden Verantwortungsbereiche *Präsentation* und *Dialogkontrolle* etwas genauer betrachtet werden. In Abschnitt 7.1.3 werfen wir einen Blick auf die Anwendungsschnittstelle.

7.1.1.1 Präsentation der Daten

Die Präsentationskomponenten visualisieren die Geschäftsobjekte in geeigneter Form. Sie ermöglichen es dem Benutzer, die Daten fachlicher Objekte im gewünschten Kontext anzeigen und ändern zu können.

Bei der Präsentation der Daten ist zwischen Fenstern, Dialogen, Webseiten usw. und den eigentlichen Darstellungskomponenten (GUI-*Controls*) zu unterscheiden [Wess98]: Fenster, Dialogfenster[4] oder Webseiten dienen lediglich als Container für die Darstellungskomponenten. In Abhängigkeit von der jeweils verwendeten Technologie zählen dazu beispielsweise:

- Meldungsfenster
- Eingabedialoge
- Klappdialoge
- Webseiten
- ....

Die Darstellungskomponenten dienen der Präsentation der fachlichen Objekte. Dazu zählen:

- Textfelder
- Label
- Listboxen
- Comboboxen
- Radiobuttons
- Checkboxen
- Bäume
- mehrzeilige Textfelder
- Tabellen
- ....

Geschäftsobjekte lassen sich in Fenster- und Webanwendungen in ähnlicher Weise darstellen. Allerdings stehen für HTML-Oberflächen im Vergleich mit Fensteroberflächen deutlich weniger Dar-

[4] Dialogfenster sind im Gegensatz zu normalen Fenstern modal, d.h. erst nach Schließen des Fensters kann in ein anderes Fenster verzweigt werden. Sie werden meist als Meldungsfenster genutzt. Dialogfenster sind nicht mit Dialogen (s.o.) zu verwechseln, die eine komplette Abfolge von Fenstern bezeichnen.

stellungskomponenten zur Verfügung. Die genaueren Unterschiede werden in den Kapiteln 8 und 9 herausgearbeitet.

Darstellung von Objektdaten

Die Präsentationsschicht liest Daten aus einem fachlichen Objekt und zeigt diese in Fenstern (oder Webseiten, usw.) mit Hilfe von Darstellungskomponenten an.

ein Objekt in einem Fenster

In Abb. 7.2 zeigt ein Dialogfenster ein Objekt der Klasse `Person` an. Damit die Objektdaten visualisiert werden können, müssen sie aus dem Objekt ausgelesen und auf die entsprechenden Darstellungskomponenten des Fensters abgebildet werden. Dies erfolgt sinnvollerweise in einer gesonderten Methode.

Code 7.1 zeigt anhand eines einfachen Beispiels die Implementierung dieser Methode (`fillWindow()`) für das in Abb. 7.2 dargestellte Fenster.[5]

Abbildung 7.2: Darstellung eines Objekts

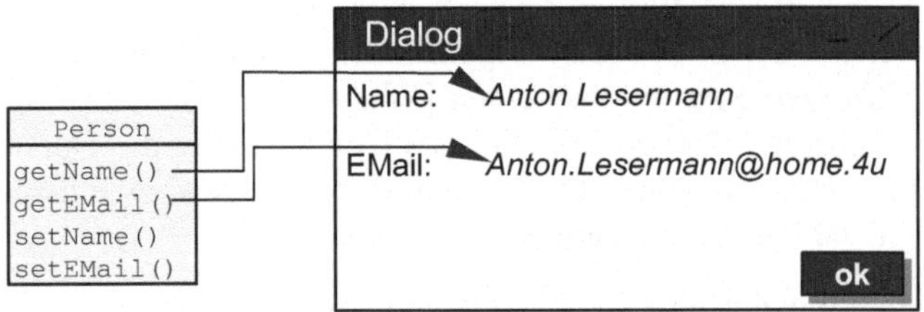

Die Attribute der darzustellenden Person werden über die entsprechenden *get*-Methoden ausgelesen und in die Darstellung des Fensters übernommen (Zeilen 9-10). `nameLabel` und `emailLabel` sind Darstellungskomponenten vom Typ `Label`, die einen Anzeigetext im Fenster ausgeben können.

Das private Attribut `mPerson` (Zeile 2) ist eine Referenz auf das vom Fenster darzustellende Personen-Objekt. Die Referenz kann außerhalb des Fensters erzeugt und dem Konstruktor (Zeile 4-6) des Dialogfensters als Parameter übergeben werden.

Code 7.1: fillWindow()

```
1 public class SampleDialog{
2   private Person mPerson;
3   ...
4   public SampleDialog(Person personToShow){
5     mPerson= personToShow;
6   }
```

[5] Der dargestellte Code ist stark an die GUI-Bibliothek Java *Swing* angelehnt.

```
  ...
  public void fillWindow(){
    nameLabel.setText(mPerson.getName());
    emailLabel.setText(mPerson.getEMail());
  }
...
```

mehrere Objekte in einem Fenster

Oft sollen mehrere an einem Geschäftsprozess beteiligte Objekte in einem Fenster dargestellt werden, wie Abb. 7.3 zeigt.

Eine Rechnung besteht aus eindeutigen Rechnungsdaten (Rechnungsnummer, Rechnungsdatum, Kunde usw.) und mehreren Rechnungspositionen. Jede Rechnungsposition beinhaltet den Artikel, die Bestellmenge und den Preis. Um beispielsweise den Gesamtpreis einer Position zu berechnen, benötigt diese Zugriff auf den Einzelpreis „ihres“ Artikel-Objekts.

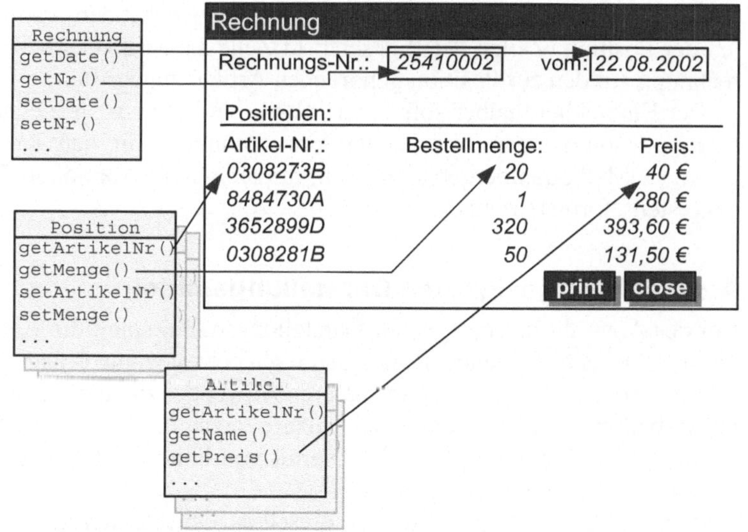

Abbildung 7.3: Darstellung mehrerer Objekte in einem Fenster

Beim Abbilden der Objektdaten auf die Darstellungskomponenten müssen also mehrere Instanzen von den Klassen `Rechnung`, `Position` und `Artikel` ausgewertet werden.

Code 7.2 skizziert die Implementierung der `fillWindow()`-Methode für das in Abb. 7.3 dargestellte Fenster.

```
public class RechnungsDialog{
  private Rechnung mRechnung;
  ...
  public void fillWindow() {
```

Code 7.2: fillWindow() für mehrere Objekte

```
5       rNrLabel.setText(mRechnung.getNr());
6       rDatumLabel.setText(mRechnung.getDate());
7       for (int i=0; i<mRechnung.anzahlPositionen(); i++){
8         Position pos = mRechnung.getPosition(i);
9         posLabel[i].setText(pos.getArtikelNr(),
10                            pos.getMenge(),
11                            pos.getArtikel().getPreis() *
                                     pos.getMenge());
12      }
13    }
14  ...
```

Zuerst werden die Attribute des Rechnungsobjektes `mRechnung` mit den `get`-Methoden ausgelesen und in die Darstellung des Fensters als `Label` übernommen (Zeilen 5-6). Anschließend wird die Liste aller Rechnungspositionen (Zeilen 7-12) durchlaufen und für jede Rechnungsposition der aktuelle Schleifenindex mit den Attributen der Position (Zeilen 9-10) gesetzt. In Zeile 11 wird zur Preisberechnung auf den zur Position gehörenden Artikel zugegriffen.

Der Einfachheit halber soll `posLabel` ein Feld aus speziellen[6] `Label`-Komponenten sein, denen drei Parameter in der `setText()`-Methode übergeben werden, um sie wie in Abbildung 7.3 dargestellt, formatiert auszugeben.

Auswahl der geeigneten Darstellungsmittel

Bei der Auswahl der geeigneten Darstellungsmittel spielt die Ergonomie eine entscheidende Rolle, denn schlecht geeignete Darstellungskomponenten führen beim späteren Anwender zu einem erhöhten Arbeitsaufwand und damit zu Unzufriedenheit. Die sorgfältige Auswahl der Darstellungsmittel ist somit von hoher Bedeutung für die Akzeptanz beim Anwender.

Abb. 7.4 zeigt beispielhaft, wie dieselben Objektdaten von verschiedenen Darstellungskomponenten angezeigt werden können.

Aufbereitung von Daten

Dabei ist es oft erforderlich, dass der Datentyp eines Objekt-Attributs in einen für die Darstellungskomponente „verträglichen" Typ umgewandelt wird. So müssen beispielsweise für Textfelder Zahlen in Zeichenketten umgewandelt werden. Radiobuttons und Checkboxen können wiederum nur Wahrheitswerte anzeigen. Die genaue Syntax einer derartigen Transformation ist allerdings von der entsprechenden Programmiersprache abhängig und wird darum hier nicht detailliert behandelt.

---

[6] Die Funktionalität einer derartigen Komponente wird nur für dieses Beispiel angenommen. Sie müsste selbst implementiert werden!

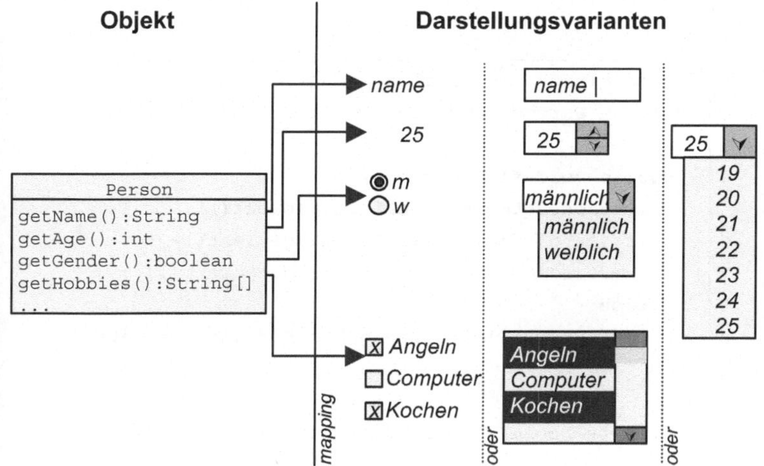

Abbildung 7.4: Darstellungsvarianten für Objektdaten

Editieren von Objektdaten

Damit der Benutzer Geschäftsobjekte bearbeiten kann, werden sie in editierbaren Darstellungskomponenten, wie Textfelder, Checkboxen, Radiobuttons ausgegeben. Über Änderungen in den Fenstern müssen die fachlichen Objekte informiert und ggf. aktualisiert werden. Dabei sollte eine Plausibilitätsprüfung erfolgen.

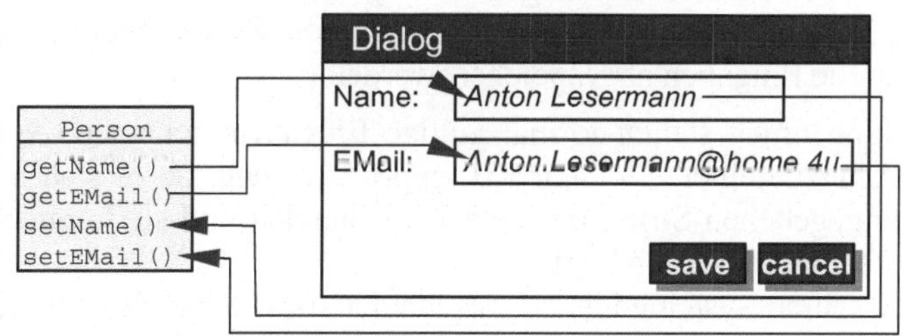

Abbildung 7.5: Editieren von Objekt-Daten

Die Aktualisierung der dargestellten fachlichen Objekte sollte in einer eigenen Methode `flushWindow()` erfolgen. Code 7.3 zeigt die Implementierung der `flushWindow()`-Methode für das in Abb. 7.5 dargestellte Fenster.

Die Werte der Eingabefelder `nameField` und `emailField` werden über die entsprechenden `get`-Methoden ausgelesen und in die dargestellte Person übernommen (Zeilen 5-7).

Dabei wird die in `emailField` eingegebene Email-Adresse mit der Methode `isValidEmail()` überprüft. Nur für eine gültige Email-Adresse wird das Attribut `eMail` der Person gesetzt (Zeile

6-7). Andernfalls fordert ein Fehlerdialog die Korrektur der Eingabe (Zeile 9)[7].

Code 7.3: Aktualisierung der fachlichen Objekte

```
1  public class SampleDialog{
2   private Person mPerson;
3   ...
4    public void flushWindow(){
5      mPerson.setName(nameField.getText());
6      if (isValidEmail(emailField.getText())
7        mPerson.setEmail(emailField.getText()) ;
8      else
9        ShowErrorDlg("Bitte geben Sie eine gültige Email-
                                         Adresse ein!");
10   }
11   private boolean isValidEmail(String email){...}
12  ...
```

Plausibilisierung von Eingaben

Wenn Objektdaten in einem Fensters editiert werden können, sollten Fehleingaben durch folgende Maßnamen vermieden werden:

- Die Eingabemöglichkeiten werden durch entsprechende Darstellungskomponenten (Selektionslisten, ...) eingeschränkt.
- Es werden Plausibilisierungen durchgeführt, wenn Datenfelder den Fokus verlieren oder, bei komplexen Zusammenhängen, wenn die Eingaben abgespeichert werden (vgl. Code 7.3).

Diese Maßnahmen stellen formal gültige Eingaben sicher und vermeiden Eingabefehler. So kann z.B. geprüft werden, ob es sich bei einem eingegebenen String um eine Zahl[8] handelt und sie in einem bestimmten Wertebereich liegt.

Bei verteilten Systemen ist zu entscheiden, ob die Validierung der Eingaben client- oder serverseitig ausgeführt werden soll.

Überprüfung durch den Client

- Eine clientseitige Überprüfung besitzt den Vorteil, dass nur geprüfte Daten an den Server weitergereicht werden und dadurch überflüssiger Datenverkehr vermieden wird. Außerdem werden dem Benutzer fehlerhafte Eingaben unmittelbar angezeigt.

---

7 Dies ist kein Eingriff in den eigentlichen Kontrollfluss, sondern es werden lediglich fehlerhafte Eingaben verhindert.

8 In der Regel werden Eingaben, bspw. innerhalb von Textfeldern, als Zeichenketten betrachtet, die ggf. in andere Datentypen, bspw. eine Integer-Zahl, umgewandelt werden müssen. Ist dies für den eingegebenen *String* nicht möglich, kommt es zu einer Ausnahmesituation.

Allerdings ist die clientseitige Überprüfung nicht generell empfehlenswert. Mit den Plausibilisierungen können fachliche Funktionalitäten in die Präsentationsschicht verlagert und die klare Trennung der Schichten geschwächt werden.

Darüber hinaus ist in HTML-Oberflächen die Validierung der Eingaben nicht ohne weiteres möglich, da HTML diese Funktionalität nicht unterstützt. Eine Lösung ist der Einsatz der Skriptsprache *JavaScript* [Koch01], der aber nicht immer möglich ist, weil nicht jedes Endgerät diese Sprache unterstützt oder der Anwender die Ausführung von *JavaScript* verboten hat.

Überprüfung durch den Server

- Eine serverseitige Plausibilisierung führt zu einer klaren Trennung von Präsentations- und Anwendungsschicht, besitzt aber den Nachteil, dass auch ungültige Daten an den Server übertragen werden. Der Server führt die Überprüfung durch und informiert anschließend den Client über die Fehler. Damit wird der Anwender erst spät und gegebenenfalls auch ungenau über seine fehlerhaften Eingaben informiert, sodass es neben dieser Verzögerung auch zu einem erhöhten Datenverkehr im Netzwerk kommt.

7.1.1.2 Dialogkontrolle

Die Dialogkontrolle realisiert den gesamten Kontrollfluss in der Benutzerschnittstelle:

Aufgaben der Dialogkontrolle

- In der Dialogkontrolle werden Ereignisse, die durch den Benutzer in den Fenstern oder Webseiten ausgelöst werden, mit den Mitteln der jeweiligen Programmiersprache „aufgefangen". In Java werden dazu sogenannte *Event Listener* verwendet, in Weboberflächen müssen HTTP-*Requests* verarbeitet werden.
- Auf jedes Benutzerereignis muss in geeigneter Form reagiert werden. Dazu werden Geschäftsprozesse in der Anwendungsschicht angestoßen, um dort bspw. Daten zu ändern oder abzufragen. Anschließend kann in ein anderes Fenster (bzw. Webseite) verzweigt werden, dem die anzuzeigenden Objekte übergeben werden.

Um ein übersichtliches und robustes Design zu gewährleisten, sollte die Dialogkontrolle stets in eigenen Klassen realisiert werden. Die Klassen, die diese Aufgabe übernehmen, werden Kontrollfluss-Klassen oder GUI-*Controller* genannt[9]. Die Fenster selbst sollten kein

[9] Nicht zu verwechseln mit den GUI-*Controls* genannten Darstellungskomponenten.

weitergehendes Wissen über Dialogabfolgen besitzen. Etwas genauer betrachtet kommt es zu folgendem Ablauf:

1. Anstoß der Dialogkontrolle

Die Arbeit der Dialogkontrolle wird durch ein Benutzerereignis initiiert, das auf einem Präsentationsobjekt ausgelöst wird. Beispiele solcher Ereignisse sind das Drücken eines *Buttons*, die Auswahl eines Menüpunkts oder die Eingabe in ein Textfeld.

Für die Art und Weise, wie ein Ereignis „aufgefangen" wird, existieren verschiedene programmiersprachliche Konzepte.

- So gibt es in der Java *Swing*-Bibliothek sogenannte *Event Listener*, die bei einer ereignisauslösenden Komponente[10] registriert werden. Dabei handelt es sich um spezielle Objekte, die automatisch über das Auftreten eines Ereignisses bei „ihrer" Komponente informiert werden [ELWo98].
- In HTML-Formulare können nur wenige Ereignisse auftreten. Das wohl wichtigste Ereignis wird ausgelöst, wenn ein Anwender auf einen *Submit*-Knopf[11] [Münz01] drückt. Dann wird vom Browser ein *Request*-String erzeugt und über das HTTP-Protokoll an den Server gesendet. [12]

2. Ereignisbehandlung

Als Reaktion auf das Benutzerereignis wird eine geeignete Methode des zugehörigen GUI-*Controllers* aufgerufen, die das Ereignis bearbeitet. Die Ereignisbehandlung umfasst meist zwei Schritte:

1. Es werden Geschäftsprozesse in der Anwendungsschicht ausgelöst, um Daten zu ändern oder Informationen abzufragen. Dabei werden ggf. Objekte aus der Anwendungsschicht geladen und in der Benutzungsoberfläche angezeigt. Der Zugriff auf die Anwendungsschicht erfolgt über deren Fassade, die dem GUI-*Controller* mit ihren Methoden bekannt sein muss.
2. Anschließend wird in ein anderes Fenster verzweigt, um dem Benutzer neue Daten anzuzeigen oder weitere Aktionen zu ermöglichen[13].

Beispielablauf in der Dialogkontrolle

Anhand einer Standardsituation in einer Fensteroberfläche zeigt Abb. 7.6 die vom GUI-*Controller* wahrgenommenen Steuerungsaufgaben: Nachdem Suchkriterien in ein Suchfenster eingegeben

---

[10] Button, Menüpunkt usw.

[11] <input type='submit'/>.

[12] Genauere Details zur technischen Umsetzung werden wir in Kapitel 8 vorstellen.

[13] ggf. kann auch das ursprüngliche Fenster aktualisiert werden.

worden sind, werden die entsprechenden Objekte gesucht und das Suchergebnis als Trefferliste in einem eigenen Fenster dargestellt.

In dem Beispiel hat der Anwender einen Suchbegriff eingegeben und löst durch das Anklicken eines Buttons das Ereignis: „*Suche*" aus. Daraufhin finden folgende Aktionen statt:

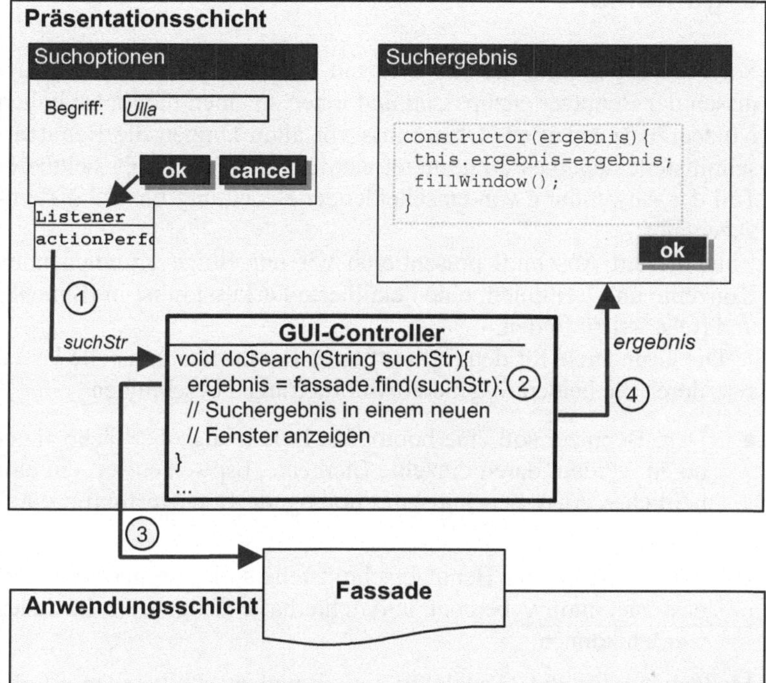

Abbildung 7.6: Ablauf in der Dialogkontrolle

1. Der *Event Listener* im Suchfenster wertet das Ereignis aus und ruft die Methode `doSearch()` des GUI-*Controller* auf. Dabei wird der vom Anwender eingegebene Suchbegriff `suchStr` der Methode als Parameter übergeben.
2. In `doSearch(suchStr)` sind alle notwendigen Schritte zur Bearbeitung eines Suchvorgangs implementiert: Zunächst wird der Suchvorgang über die Methode `find(suchStr)` in der Fassade der Anwendungsschicht angestoßen.
3. Die Methode erhält den Suchbegriff als Parameter und liefert das Suchergebnis als einen Vektor mit allen gefundenen Objekten zurück.
4. Anschießend erzeugt der GUI-*Controller* ein neues Fenster, dem der Ergebnis-Vektor zur Darstellung übergeben wird.

Die Vorteile einer Architektur mit solchen GUI-*Controllern* wird in Unterkapitel 7.1.3 noch im Detail diskutiert.

7.1.2 Ergonomie

Software-Ergonomie hat das Ziel, ein Softwaresystem den Bedürfnissen der Benutzer anzupassen und ihnen so einen möglichst hohen Nutzen zu verschaffen. Dazu muss vor allen Dingen die Benutzerschnittstelle angemessen gestaltet werden, denn sie ist als sichtbarer Teil der Anwendung von entscheidender Bedeutung für die Systemakzeptanz.

In diesem Abschnitt präsentieren wir nur einige grundlegenden Konzepte und Leitlinien, eine detaillierte Diskussion ist in [Shne98] und [Olse98] zu finden.

Die Grundziele für den Entwurf einer Benutzerschnittstelle lassen sich durch die beiden folgenden Anforderungen beschreiben:

- Dem Benutzer soll eine homogene Benutzungsoberfläche angeboten werden, deren einzelne Elemente, bspw. Fenster, ein einheitliches Aussehen und eine homogene Benutzerführung aufweisen.
- Alle Elemente der Benutzerschnittstelle sollen so gestaltet sein, dass sie intuitiv bedient und fehlerhafte Eingaben vermieden werden können.

ISO-Norm zur ergonomischen Dialoggestaltung

Maßgebend für die Gestaltung von Benutzerschnittstellen ist die ISO-Norm ISO 9241/10: „Grundsätze ergonomischer Dialoggestaltung" von 1996.

In ihr werden allgemeine Ziele und Prinzipien einer benutzerorientierten Gestaltung von interaktiven Anwendungssystemen beschrieben. Sie enthalten jedoch kaum konkrete Handlungsanweisungen bspw. zur Strukturierung der Dialoge, das zu verwendende Farbschema oder die Positionierung von Steuerungskomponenten. Entsprechende Vorschläge finden sich in der Literatur, bspw. in [Wess98] und [Shne98].

An dieser Stelle wollen wir jedoch kurz die wichtigsten Grundelemente der ISO-Norm vorstellen, denn sie wirken sich auf die Gestaltung der Dialoge und damit auf die Architektur aus.

- Aufgabenangemessenheit
  Die Benutzerschnittstelle muss die zu erledigenden Arbeitsaufgaben angemessen unterstützen. Dazu müssen die Dialogabfol-

gen den normalen Arbeitsschritten des Benutzers entsprechen und die in den Dialogen verwendete Terminologie mit der Begriffswelt des Benutzers übereinstimmen. Die Art und Form von Eingaben sollte der konkreten Arbeitsaufgabe angepasst sein, bspw. sollte der Benutzer durch sinnvolle Eingabevorbelegungen (*Defaults*) unterstützt werden.

- Selbstbeschreibungsfähigkeit
  Das System muss für den Benutzer verständlich sein, d.h. die Abläufe müssen seinen Kenntnissen angepasst sein, bspw. durch Verwendung der korrekten Fachterminologie. Zudem sollen entsprechende Hilfesysteme die Nutzung der Benutzerschnittstelle unterstützen. Außerdem erfolgen Rückmeldungen des Systems in aussagekräftiger Form.

- Steuerbarkeit
  Der Benutzer muss auf den Ablauf Einfluss nehmen können, d.h. von ihm geht die Initiative für die Systemsteuerung aus. Dazu gehört, dass Dialoge unterbrechbar sind und bereits durchgeführte Arbeitsschritte wieder rückgängig gemacht werden können (*Undo*-Operationen).

- Erwartungskonformität
  Ein einzelner Dialog muss den Erwartungen des Benutzers entsprechen. Dazu müssen die Dialogabläufe so gestaltet sein, dass der Benutzer seine Erfahrungen mit anderen Arbeitsabläufen im System nutzen kann. Das heißt, das Dialogverhalten soll einheitlich sein, ähnliche Abläufe sind durch einheitliche Dialoge abgebildet.

- Fehlertoleranz
  Fehlerhafte Eingaben des Benutzers dürfen keine schwerwiegenden Fehler nach sich ziehen. Fehleingaben können vermieden werden, indem – bspw. durch die Verwendung entsprechender Auswahllisten – mögliche Eingaben nur aus vorgegebenen und sinnvollen Werten ausgewählt werden können. Zusätzlich sollen Plausibilitätsprüfungen fehlerhafte Eingaben erkennen und melden, ggf. sogar zu einer automatischen Korrektur führen.

Umsetzung der Ergonomie-Anforderungen

Die in der ISO-Norm genannten Anforderungen hängen voneinander ab. Zusammenfassend sind für den Entwurf einer ergonomischen Benutzerschnittstelle auf Basis der ISO-Norm zwei Aspekte von Bedeutung.

Anpassung an die fachlichen Aufgaben

Die Gestaltung der Dialoge muss den fachlichen Aufgaben möglichst optimal angepasst sein. Dazu sind beim Entwurf eines einzelnen Dialogs geeignete Darstellungsmittel zu verwenden, die auf die fachliche Aufgabe ausgerichtet sind.

Insbesondere lassen sich durch Verwendung von Auswahllisten oder ähnlichen Darstellungskomponenten fehlerhafte Eingaben verhindern. Die in den Dialogen verwendete Terminologie muss sich auf die fachliche Begriffswelt des Benutzers beziehen.

Nur mit großem fachlichen Expertenwissen lässt sich eine Benutzerschnittstelle gestalten, die diesen Anforderungen gerecht wird.

homogene Benutzerführung

Darüber hinaus soll die Benutzerführung im gesamten System homogen sein. Nur so können fehlerhafte Eingaben und Abläufe vermieden und eine schnelle Einarbeitung in das System erreicht werden.

Dabei sind zwei Aspekte zu unterscheiden. Zum einen muss das Aussehen der Fenster vereinheitlicht werden. Dazu gehören die einheitliche Verwendung von Fonts, Farben und sonstigen Gestaltungselementen. Sämtliche Dialoge sollen auch Standard-Menüs und Standard-Buttons mit gleichem Aussehen und identischer Anordnung aufweisen.

Zum andern sollten Standardabläufe, bspw. zum Suchen und Verarbeiten von Objekten, festgelegt werden. Eine durchgängige Benutzerführung verbessert die fehlerfreie und einfache Bedienung des Systems und erhöht damit entscheidend die Benutzerakzeptanz.

Styleguides

Die Erreichung einer einheitlichen Benutzerführung und Gestaltung der Dialoge muss durch die Festlegung detaillierter Richtlinien, in Form eines sogenannten *Styleguides*, unterstützt werden.

In Dokumentenform spezifizierte *Styleguides* weisen jedoch zwei große Nachteile auf: einerseits sind sie sehr umfangreich und besitzen oft Interpretationsspielräume, andererseits kann ihre Einhaltung nicht erzwungen werden.

Einen Ausweg bieten in der Systemarchitektur bereitgestellte GUI-Klassenbibliotheken oder *Frameworks*, die von den Entwicklern verbindlich genutzt werden müssen. Sie bieten bspw. Fensterklassen mit Standard-Menüs und Standard-*Buttons*, die von den

Entwicklern benutzt und erweitert werden können und so eine einheitliche Benutzerschnittstelle erzwingen[14].

7.1.3 Schnittstelle zur Anwendungsschicht

Für die Interaktion zwischen Präsentationsschicht und Anwendungsschicht wird eine klar begrenzte Schnittstelle definiert. Die Kommunikation zwischen den beiden Schichten findet auf zwei verschiedenen Ebenen statt:

- Die Präsentationsschicht verwendet fachliche Klassen, um Geschäftsprozesse in der Anwendungsschicht anzustoßen und fachliche Daten auszulesen.
- Die Anwendungsschicht informiert die Präsentationsschicht ggf. durch einen Benachrichtigungs-Mechanismus, wenn sich fachliche Daten geändert haben.

7.1.3.1 Fachliche Klassen in der Präsentationsschicht

Fachliche Klassen spielen in der Präsentationsschicht in zweierlei Hinsicht eine Rolle: Einerseits lösen die Ereignisse in der Benutzungsoberfläche Geschäftsprozesse in der Anwendungsschicht aus, um dort Daten zu ändern oder Informationen abzufragen. Andererseits muss ein Austausch zwischen den Darstellungskomponenten der Fenster und den Geschäftsobjekten der Anwendungsschicht stattfinden.

Zunächst wollen wir anhand von Abb. 7.7 noch einmal genauer das Zusammenspiel von Präsentations- und Anwendungsschicht betrachten.

Ablauf eines Zugriffs auf die Anwendungsschicht

1. Durch ein Ereignis in der Benutzungsoberfläche, bspw. das Drücken eines Buttons, wird die Methode eines GUI-*Controllers* aufgerufen[15] (vgl. Abb. 7.7).
2. Die Methode in der GUI-*Controller*-Klasse nutzt die Fassadenklasse der Anwendungsschicht, um einen Geschäftsprozess anzustoßen. Sie ruft eine Methode der Fassade auf und übergibt ihr Daten aus dem Fenster als Parameter (Abb. 7.7).

---

[14] Siehe Kapitel 8 und 9.

[15] Wie Ereignisse in der Benutzerschnittstelle „eingefangen“ werden, wird in den Kapiteln 8 und 9 genauer gezeigt.

3. Die Fassadenmethode führt den Geschäftsprozess mit Hilfe der fachlichen Klassen aus.

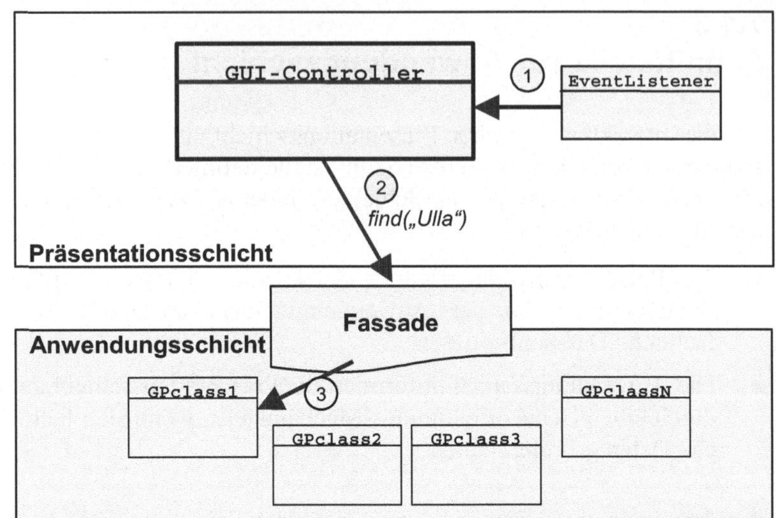

Abbildung 7.7: Aufruf einer Fassaden-Methode

4. Nach Beendigung des Geschäftprozesses gibt die Fassade die Ergebnisse an die GUI-*Controller*-Klasse zurück (Abb. 7.8).
5. Der GUI-*Controller* verarbeitet die erhaltenen Daten so, dass sie zur Darstellung in einem Fenster verwendet werden können und instanziiert ein neues Fenster, dem er die Daten übergibt.

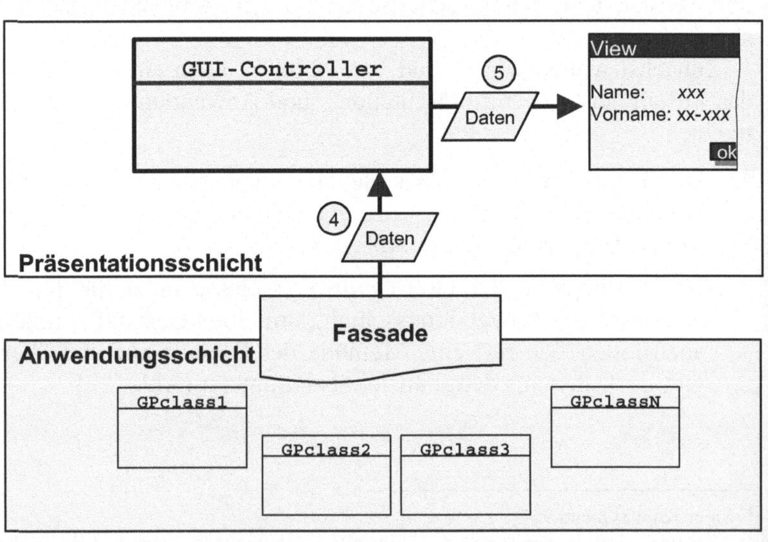

Abbildung 7.8: Rückgabe und Transformation der Daten

Findet bei Ausführung der Fassadenmethode ein Fehler statt, so wird dieser an den GUI-Controller hochgereicht[16], der eine angemessene Reaktion durchführt, bspw. ein Meldungsfenster anzeigt.

Datenaustausch zwischen GUI und Anwendungsschicht

Im oben dargestellten Ablauf ist nicht näher beschrieben, wie die Daten zwischen Anwendungs- und Präsentationsschicht ausgetauscht werden. Dabei stellt sich das folgende Problem:

Während die Methoden der Anwendungsschicht mit fachlichen Klassen arbeiten, werden in den Darstellungselementen der Benutzungsoberfläche hauptsächlich Zeichenketten oder Wahrheitswerte – bspw. in Checkboxen oder Radiobuttons – verarbeitet[17].

Umgekehrt müssen die Benutzereingaben in den Darstellungskomponenten auf das Typsystem der Programmiersprache abgebildet werden, um sie an die Geschäftsprozesse weiterleiten zu können. Diese Transformation kann entweder unmittelbar in den Fenstern oder den GUI-*Controllern* stattfinden.

Transformation durch die Fenster

- Die Fenster schreiben selbst die Inhalte ihrer Darstellungskomponenten in Objektattribute oder erhalten umgekehrt fachliche Objekte vom GUI-*Controller* hochgereicht, die sie auf ihre Darstellungskomponenten abbilden.

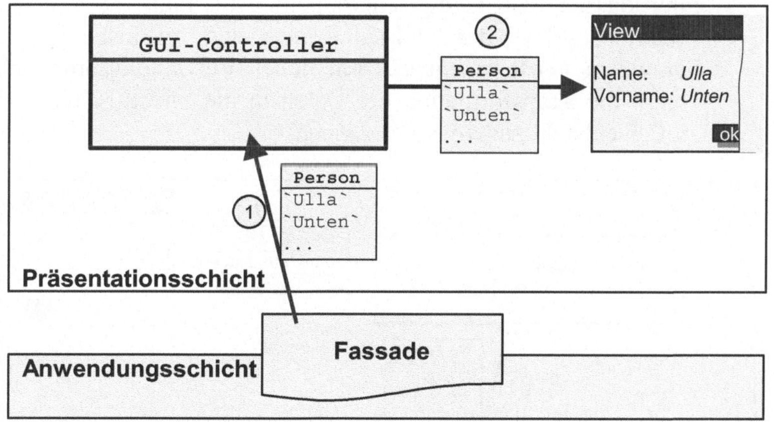

Abbildung 7.9: Transformation durch die Fenster

16 In Java wirft die Fassadenmethode eine *Exception*, die im GUI-*Controller* aufgefangen wird.

17 Dann muss der *String* „männlich" oder „weiblich" entsprechend in einen Wahrheitswert transformiert werden, um ihn durch einen *Radiobutton* darstellen zu können, siehe Abbildung 7.4.

In Abb. 7.9 werden die von der Fassade gelieferten Geschäftsobjekte über den GUI-*Controller* direkt an das Fenster durchgereicht. Das Fenster kennt die Klasse des von ihm darzustellenden Geschäftsobjekts. Es kann somit unmittelbar mit den `get`- und `set`-Methoden auf die Objektattribute zugreifen und so die wechselseitige Abbildung zwischen Attributwerten und Zustand der Darstellungskomponenten herstellen.

Bei diesem Ansatz besitzen die Fenster zwar ein eingeschränktes Domänenwissen, aber dafür kennen die GUI-*Controller* die Fensterobjekte nicht, wodurch sie deutlich schlanker und damit auch weniger spezialisiert und flexibler werden.

Transformation im GUI-Controller

- Alternativ nehmen die GUI-*Controller* die fachlichen Objekte von der Fassade entgegen und transformieren die Geschäftsobjekte in Schlüssel/Wert-Paare in Form von Strings (vgl. Abb. 7.10).

  Die Fenster kennen hier nicht die fachlichen Objekte, sondern arbeiten mit der vom GUI-*Controller* erzeugten Liste aus Schlüssel/Wert-Paaren, die sie auf ihre Darstellungskomponenten abbilden. Umgekehrt reichen die Fenster ihre Daten in Form solcher Listen an die GUI-*Controller*, die sie wiederum in Objekte umwandeln.

  Bei diesem Verfahren sind die fachlichen Klassen und Darstellungsklassen vollständig entkoppelt. Allerdings nimmt der Funktionsumfang des GUI-*Controllers* stark zu, insbesondere bei vielen Fenstern entsteht ein hoher Verwaltungsaufwand. Durch die Transformation der Daten in die String-Listen und zurück entsteht zudem ein *Overhead*.

Abbildung 7.10: Transformation durch den GUI-Controller

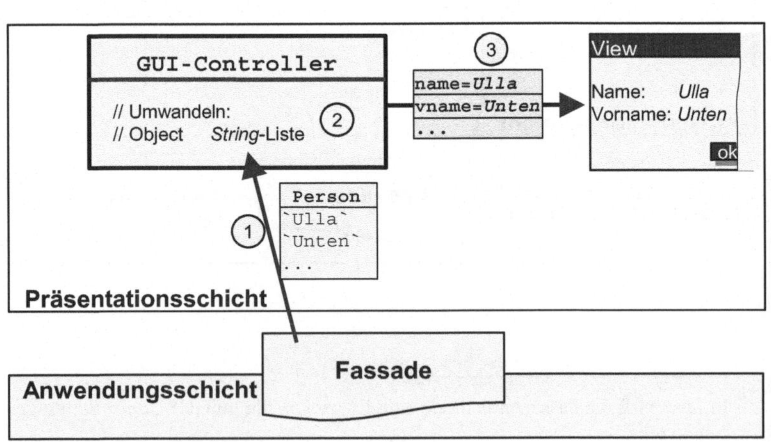

7.1.3.2 Aktualisierung der Fenster

Oft werden die Daten eines fachlichen Objekts in mehreren Fenstern gleichzeitig dargestellt (Abb. 7.11). Ändern sich die Attribute des fachlichen Objektes, so sollten alle betroffenen Fenster aktualisiert werden.

Benachrichtigungs-Mechanismus

Dazu werden sämtliche Fenster, die ein bestimmtes fachliches Objekt anzeigen, mit Hilfe eines Benachrichtigungs-Mechanismus (*Notification Mechanism*) über stattgefundene Änderungen informiert. Das Verfahren funktioniert nach der folgenden Grundidee:

- Jedes Geschäftsobjekt verwaltet eine Liste mit allen Fenstern, in denen es angezeigt wird. Ändert sich das Objekt, so informiert es durch Aufruf einer Methode alle interessierten Fensterobjekte über die stattgefundene Änderung.
- Alle Fenster registrieren sich als Beobachter bei den in ihnen angezeigten Geschäftsobjekten und implementieren eine Methode, bspw. `update()`, die bei Änderungen aufgerufen wird. Die Fenster reagieren eigenverantwortlich auf geänderte Geschäftsobjekte: Typischerweise holen sie sich in `update()` die aktuellen Daten aus den fachlichen Objekten.

Dieser Mechanismus gewährleistet eine lose Kopplung, denn die konkreten Fensterobjekte sind in den beobachteten Objekten unbekannt. Diese wissen nur, dass ihre Beobachter eine bestimmte Methode `update()` besitzt, durch die sie über Änderungen informiert werden können.

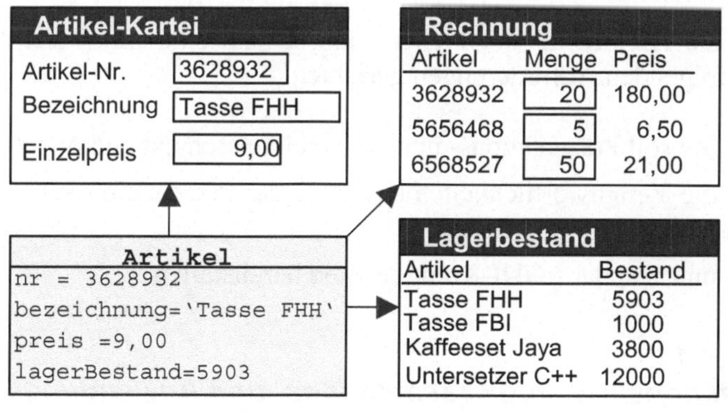

Abbildung 7.11: Gleichzeitige Darstellung von Objektdaten in verschiedenen Fenstern

Benachrichtigung durch Geschäftsobjekte oder GUI-Controller

Die Verwaltung der Fensterobjekte und deren Benachrichtigung bei Änderungen kann entweder von den Geschäftsobjekten oder den GUI-*Controllern* übernommen werden:

- Diese Verantwortung den dargestellten Geschäftsobjekten zu übertragen, ist naheliegend. Allerdings wissen Geschäftsobjekten meist nicht, was ein guter Zeitpunkt für eine Fensteraktualisierung ist. Sie können eigentlich nur bei der Änderung jedes Attributs – also recht häufig – eine Benachrichtigung anstoßen.
- Die GUI-*Controller* kennen hingegen einen guten Zeitpunkt für die Aktualisierung, nämlich, wenn ein Geschäftsprozess abgeschlossen ist.

Die genaue Funktionsweise des Benachrichtigungs-Mechanismus und dessen Implementierung werden im *Observer*-Entwurfsmuster (Abschnitt 7.3.4) und in Kapitel 9.5.3 dargestellt.

Benachrichtigungs-Mechanismen in Websystemen

In internet-basierten Systemen kann ein Benachrichtigungs-Mechanismus nicht realisiert werden, denn Weboberflächen arbeiten nach dem *pull*-Prinzip: nur auf direkte Anforderung des Klienten hin werden Webseiten von Server übertragen und im Browser dargestellt. Der Server hat keinerlei Möglichkeit, von sich aus den Klienten zu kontaktieren, d.h. in diesem Fall ihn über Änderungen zu informieren. Erst durch eine erneute Anfrage des Klienten können seine angezeigten Daten aktualisiert werden.

7.1.4 Anforderungen an die Architektur

An die Architektur der Präsentationsschicht sind im Wesentlichen die folgenden Anforderungen gerichtet:

- Sie soll Präsentations- und Anwendungsschicht entkoppeln,
- die Verantwortlichkeiten innerhalb der Präsentationsschicht klar trennen (MVC-Muster)
- und Standard-GUI-Komponenten bereitstellen.

7.1.4.1 Entkoppelung von Präsentations- und Anwendungsschicht

Die Präsentationsschicht muss von der Anwendungsschicht entkoppelt sein, um die im ersten Kapitel genannten Qualitätskriterien zu erreichen.

Insbesondere führt eine lose Kopplung zu guter Wartbarkeit und Erweiterbarkeit, weil Änderungen innerhalb der Präsentationsschicht nicht auf die Anwendungsschicht durchschlagen. Wenn sich Präsentations- und Anwendungsschicht auf verschiedenen Rechnern befinden, bspw. in Websystemen, reduziert eine lose Kopplung den langsamen Datenaustausch zwischen den Schichten und verbessert die Antwortzeit.

Im vorhergehenden Abschnitt haben wir ausführlich die Mechanismen dargestellt, mit denen eine Entkopplung von Präsentations- und Anwendungsschicht erreicht wird:

- Die Präsentationsschicht verwendet ausschließlich die Fassdenklassen für den Zugriff auf die Anwendungsschicht und ggf. wenige fachliche Klassen für den Datenaustausch.
- Die Anwendungsschicht verwendet keine konkreten Objekte der Präsentationsschicht, sondern informiert diese bei Änderungen lediglich über einen Benachrichtigungs-Mechanismus.

7.1.4.2 Das Model-View-Controller (MVC)-Entwurfsmuster

Als grundlegendes Architekturprinzip für die Entwicklung der Präsentationsschicht hat sich das *Model-View-Controller*-Entwurfsmuster (MVC-Muster) durchgesetzt [BrDu03]. Das MVC-Muster verteilt die Zuständigkeiten der Präsentationsschicht auf verschiedene Komponenten, indem es zwischen den Daten der Anwendung (*model*), der Darstellung der Daten in der Benutzungsoberfläche (*view*) und der Dialogkontrolle (*control*) zur Verarbeitung von Eingabeereignissen unterscheidet (Abb. 7.12).

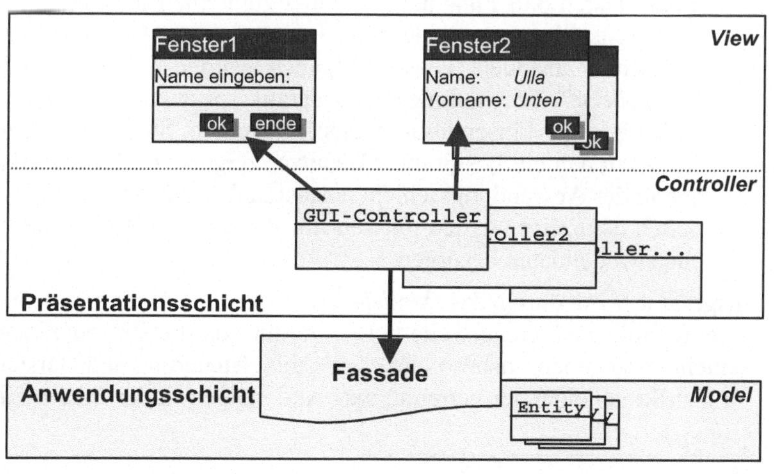

Abbildung 7.12: Model View Controller

- **Model**
  Die darzustellenden Daten der Geschäftslogik (*model*) werden der Benutzungsoberfläche in Form fachlicher Objekte zur Verfügung gestellt. Diese Geschäftsobjekte gehören zur Anwendungsschicht und dienen als Datencontainer, um Daten zwischen Präsentations- und Anwendungsschicht auszutauschen. Dazu verwendet die Präsentationsschicht im Normalfall nur deren `get`- und `set`-Methoden. Die *Model*-Komponenten selbst besitzen keinerlei Wissen über die *View*- bzw. *Controller*-Komponenten.
- **View**
  Die *View*-Komponenten sind für die Darstellung der fachlichen Objekte (*model*) verantwortlich und bilden die Benutzungsoberfläche. Welche Darstellungskomponenten dabei verwendet werden, hängt von der eingesetzten Technologie ab. Möglich sind bspw. Fenster oder auch Webseiten in einer Auszeichnungssprache wie HTML. Die Fenster oder Seiten enthalten wiederum einfachere Darstellungsmittel wie zum Beispiel Textfelder, Checkboxen, Label, Bäume und Listen.
  Die einzige Verantwortung der *View*-Komponenten ist, fachliche Objekte anzuzeigen und dem Benutzer Möglichkeiten zur Dateneingabe und zum Auslösen von Ereignissen zu geben. Die *View*-Komponenten kennen nicht die Dialogabläufe und wissen auch nicht, wie man Geschäftsprozesse in der Anwendungsschicht anstößt.
- **Controller**
  Die Dialogkontrolle (*controller*) stellt die Verbindung zwischen *Model*-Daten und *View* her. Sie muss zum einen die Modelldaten bereitstellen, zum andern die Erzeugung von Fenstern bzw. Webseiten anstoßen. Diese Aufgaben werden von den GUI-*Controllern*[18] übernommen, die darauf spezialisiert sind, die Abläufe in der Präsentationsschicht zu steuern. Sie wissen, welche Aktionen ein bestimmtes Benutzerereignis auf der Oberfläche in der Anwendungsschicht auslöst und welche Fenster oder Seiten angezeigt werden müssen, für die sie ggf. die erforderlichen Modelldaten besorgen.

Insgesamt wird durch das *Model-View-Controller*-Entwurfsmuster eine flexible und gut erweiterbare Struktur für die Präsentationsschicht vorgegeben. Insbesondere sind Ablaufsteuerung und Darstellung strikt voneinander getrennt, was Änderungen in der Präsentati-

---

[18] siehe 7.1.1.2 Dialogkontrolle.

onsschicht sehr erleichtert. Eine genauere Bewertung ist auch in [BrDH02] und in [BRMS98] zu finden.

7.1.4.3 Bereitstellung von Standard-GUI-Komponenten

Die Präsentationsschicht soll mit möglichst geringem Implementierungsaufwand erstellt werden können..

Standard-Bausteine

Um dies zu erreichen, sollte die Präsentationsschicht Standard-Bausteine für Fenster, Dialoge, Webseiten, usw. bereitstellen. Diese Standard-Fenster haben ein definiertes Aussehen und enthalten bereits Standard-Menüs und Schaltflächen, die von den Entwicklern nicht mehr implementiert, sondern lediglich konfiguriert und erweitert werden müssen. Darüber hinaus können auch Standard-Kontrollflüsse für Dialogabläufe implementiert werden, die man an die Erfordernisse einer Anwendung anpassen kann. Mit solchen Bausteinen sind zwei Vorteile verbunden:

Redundanzfreiheit

- Durch Standard-Bausteine werden allgemein verwendbare Darstellungskomponenten und Abläufe nur einmal implementiert. Die Entwickler müssen dann z.B. nicht für jedes Fenster identische Menüs oder denselben „Speicher"-*Button* erneut implementieren. Es wird somit Redundanzfreiheit erreicht, die schnellere Entwicklungszeiten, aber auch bessere Wartbarkeit ermöglicht.

Einhaltung der Ergonomie-Richtlinien

- Die Präsentationsschicht bietet wiederverwendbare Komponenten, die das Aussehen und die Standardabläufe der Benutzungsoberfläche festlegen und so für eine einheitliche Benutzungsoberfläche (*look&feel*) sorgen. Beispielsweise stellen Standard-Fensterbausteine, die von den Entwicklern benutzt und erweitert werden können, immer benötigte Menüs und Schaltflächen zur Verfügung. Durch Verwendung von Standard-GUI-Komponenten kann die Einhaltung von Ergonomierichtlinien erzwungen werden, und sie unterstützen somit wesentlich eine einheitliche Benutzerführung und homogene Gestaltung der Dialoge.

7.2 Entwurfsfehler

Beim Entwurf der Präsentationsschicht können eine Reihe von Fehlern gemacht werden. Oft werden die Aufgaben innerhalb der

Schicht nicht klar voneinander getrennt, manchmal ist die Kopplung mit der Anwendungsschicht zu stark.

Fehler 1: Präsentationsschicht implementiert fachliche Abläufe

In Darstellungskomponenten, bspw. Fenstern, Webseiten oder auch in den GUI-*Controllern* sind fachliche Abläufe realisiert.

Symptom

- Im GUI-*Controller* oder sogar im Programmcode, der ein Benutzerereignis abfängt[19], werden fachliche Abläufe implementiert: Beispielsweise werden neue Objekte erzeugt, Beziehungen zwischen Objekten hergestellt und eine Vielzahl fachlicher Methoden der Anwendungsschicht angestoßen.
- Gegebenfalls werden Datenbankzugriffe direkt in den Fensterklassen durchgeführt[20].

Probleme

- Die Präsentationsschicht besitzt eine schlechte Kohäsion. Zu ihrer Implementierung ist neben GUI-Programmierkenntnissen auch fachliches Wissen erforderlich.
- Gibt es verschiedene Versionen der Präsentationsschicht, so müssen die dort enthaltenen fachlichen Abläufe redundant implementiert werden.
- Datenbank-Zugriffscode in der Präsentationsschicht führt zu einer starken Kopplung an das Datenbankschema und damit zu einem instabilen Programmcode, der nicht robust gegenüber Änderungen ist.

Lösung

- Alle fachlichen Abläufe werden vollständig in der Anwendungsschicht implementiert. Die GUI-*Controller* stoßen lediglich fachliche Geschäftsprozesse über eine Fassadenklasse der Anwendungsschicht an.
- Die Ereignisbehandlung innerhalb der Präsentationsschicht beschränkt sich auf die Plausibilisierung der Eingaben, wie zum Beispiel die Überprüfung auf eingehaltene Wertebereiche. Die

---

[19] in Java-Swing sind dies die *Event Listener*-Klassen.

[20] Dies geschieht häufig in sogenannten Sprachen der vierten Generation (4GL) die es ermöglichen, Darstellungskomponenten wie Eingabefelder direkt mit Datenbankspalten zu verbinden.

plausiblen Eingaben werden zur weiteren Bearbeitung über eine Fassade an die Anwendungsschicht gereicht.

Fehler 2:
Die Präsentationsschicht enthält keine GUI-Controller

Die Präsentationsschicht unterscheidet nicht zwischen den Daten der Anwendung (*model*), den Darstellungskomponenten (*view*) und der Dialogkontrolle (*control*) zur Verarbeitung der aufgetretenen Eingabeereignisse.

Symptom

- Es gibt keine eigenen Klassen zur Dialogkontrolle. Die komplette Steuerung des Benutzerdialogs, also bspw. der Zugriff auf die Anwendungsschicht und die Verzweigung in andere Fenster erfolgt unmittelbar in den Fenstern oder Webseiten. Oft werden dann diese Kontrollaufgaben in den Programmteilen, die sich mit der Ereignisbehandlung beschäftigen, implementiert.

Probleme

- Die Fenster oder Webseiten werden durch die übernommenen Kontrollaufgaben schwer verständlich. Anstatt lediglich für die graphische Darstellung fachlicher Objekte zu sorgen, wissen ihre Ereignisbehandlungs-Routinen, wie man auf die Anwendungsschicht zugreift und kennen den Dialogablauf, d.h. in welches Fenster bei einem bestimmten Ereignis gewechselt wird.
- Der Dialog-Kontrollfluss eines fachlichen Ablaufs befindet sich nicht an einer zentralen Stelle, sondern ist über mehrere Fenster und verschiedene Methoden zur Ereignisbehandlung verteilt. Dadurch lassen sich die Dialogabläufe nur schwer nachzuvollziehen und die Präsentationsschicht ist schlecht wartbar.
- Fehlende GUI-*Controller* führen zu Code-Redundanz, weil mehrfach vorkommende Dialogabläufe in mehreren Ereignisbehandlungs-Routinen implementiert werden. In Benutzerschnittstellen gibt es oft identische Dialogabläufe: Einerseits stoßen unterschiedliche Benutzerereignisse dieselben Abläufe an, bspw. entspricht ein *Button*-Klick der Auswahl eines Menüeintrags. Andererseits werden Standardabläufe, wie die Suche nach Objekten einer zentralen fachlichen Klasse, mehrfach an verschiedenen Stellen der Präsentationsschicht verwendet.

Lösung

- Es werden GUI-*Controller*-Klassen entwickelt, in denen die komplette Dialogsteuerung für einen fachlichen Bereich zusammengeführt wird. Die Routinen zur Ereignisbehandlung werden sehr schmal, denn sie rufen – ggf. nach einer Plausibilisierung der Eingaben – lediglich eine Methode des GUI-Controllers auf. Die GUI-*Controller*-Methoden implementieren dann redundanzfrei die Dialogabläufe und führen so zu einer übersichtlichen und wartbaren Architektur.

Fehler 3: Die Präsentationsschicht enthält redundanten Code

Derselbe Programmcode ist vielfach über die Präsentationsschicht verteilt, weil es keine Standard-Bausteine gibt.

Symptom

- Der Sourcecode der Präsentationsschicht enthält redundanten Code, bspw. zur Ereignisbehandlung oder zur Erzeugung derselben Standard-*Buttons* bzw. Menüs. Jede Darstellungskomponente (Fenster, Webseite, ...) ist komplett und ohne Verwendung von Standard-Bausteinen entwickelt.
- Die einzelnen Darstellungskomponenten und Dialogabläufe sind nicht einheitlich, sondern folgen dem Geschmack des jeweiligen Entwicklers. Die Benutzungsoberfläche hat somit kein einheitliches *look&feel*[21].

Probleme

- Die Präsentationsschicht weist eine hohe Redundanz auf, weil dieselben GUI-Elemente mehrfach implementiert werden. Dadurch wird die Wartbarkeit des Systems erschwert, denn Änderungen, z.B. im grafischen Layout der Anwendung, müssen an mehreren Stellen durchgeführt werden, und es kommt leicht zu Inkonsistenzen.
- Eine uneinheitliche Benutzerschnittstelle erschwert die Bedienung des Systems. Die in den Ergonomie-Standards geforderte Erwartungskonformität ist nicht gegeben, was den Einarbeitungsaufwand in die Applikation erhöht und die Akzeptanz des Systems verringert.

---

[21] Die Vorgabe eines GUI-*Styleguide* kann diesen Effekt abschwächen, erfordert aber eine vollständige Festlegung der Elemente der Bedienoberfläche und eine akribische Einhaltung durch die Entwickler.

Lösung

- Die Präsentationsschicht bietet wiederverwendbare Komponenten, die das Aussehen und die Standardabläufe der Benutzerschnittstelle festlegen. Standard-Fensterbausteine bieten bspw. Standard-Menüs und Standard-Schaltflächen sowie einheitliche Gestaltungsmittel, z.B. Farben oder *Fonts*. Diese Bausteine werden von den Entwicklern benutzt und bspw. durch Vererbung erweitert, sodass sie zu einer einheitlichen Benutzerführung und einer homogenen Gestaltung der Dialoge führen.

7.3 Grundlegende Entwurfsmuster

Im Folgenden sollen die für die Präsentationsschicht wichtigen Entwurfsmuster kurz vorgestellt werden. Die konkrete Umsetzung der einzelnen Muster wird in Kapitel 8 und 9 detailliert beschrieben.

7.3.1 Befehl (*Command*)

Ziel

Das Befehlsentwurfsmuster dient der Entkopplung von befehlsauslösenden und befehlsausführenden Objekten [GoF95]. Es kapselt einen einzelnen Befehl in einem Objekt und ermöglicht es, die in dem Befehl implementierte Funktionalität aus mehreren Kontexten heraus zu benutzen. Die Behandlung von Befehlen als eigene Objekte lässt bspw. auch das Anlegen von Befehlslisten zu, um einzelne Befehle bei Bedarf rückgängig machen zu können.

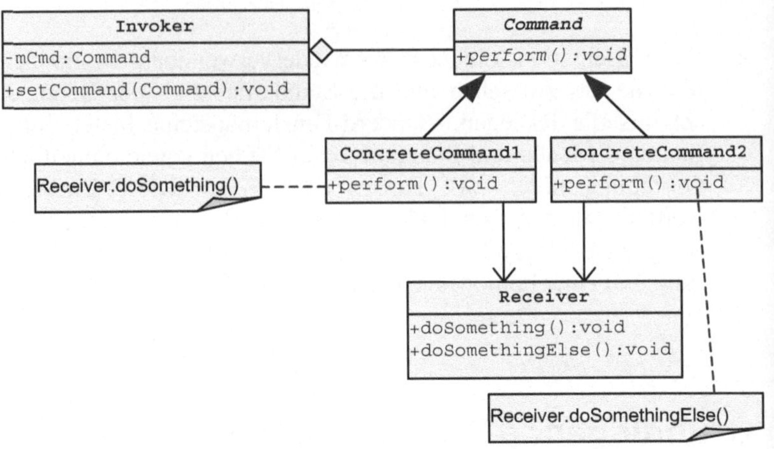

Abbildung 7.13: Befehlsmuster

Beschreibung

Die abstrakte Klasse `Command` definiert die Schnittstelle, auf die beliebige `Invoker`-Klassen zugreifen können. In den konkreten Erweiterungen dieser Klasse wird das eigentliche Verhalten eines Befehls festgelegt.

Der `Invoker` besitzt eine Instanz einer konkreten `Command`-Unterklasse und ruft bei Bedarf deren `perform()`-Methode auf, die den Befehl implementiert. Das Klassendiagramm in Abb. 7.13 zeigt die Struktur des Befehlsmusters.

Verantwortlichkeiten

Command

Die `Command`-Klasse definiert eine abstrakte Schnittstelle, über die auf eine konkrete `Command` -Klasse zugegriffen werden kann.

ConcreteCommand[n]

Realisiert in der `perform()`-Methode den Befehl und stellt die Verbindung zwischen dem Befehl und dem Befehlsempfänger (`Receiver`) her. Dazu implementiert `ConcreteCommand` die gesamte Funktionalität, die für diesen Befehl notwendig ist, und nutzt spezielle Funktionalitäten des Befehlsempfängers (`Receiver`) durch Aufruf seiner Methoden.

Receiver

Die Klasse `Receiver` (Befehlsempfänger) implementiert Aktionen, die von `ConcreteCommand` verwendet werden.

Invoker

Benutzt eine konkrete Instanz der Klasse `Command`, um einen Befehl auszuführen. Mit Hilfe der Methode `setCommand(...)` lässt sich der gewünschte Befehl konfigurieren. Im Kontext der Präsentationsschicht fängt der `Invoker` Ereignisse ab und leitet deren Bearbeitung durch den Aufruf der `perform()`-Methode an eine `ConcreteCommand`-Klasse weiter.

Anwendung und Bewertung

Das folgende Sequenzdiagramm verdeutlicht noch einmal das Zusammenspiel der einzelnen Klassen bei Verwendung des Befehlsmusters.

Zunächst wird von der Anwendung festgelegt, welcher konkrete Befehl welcher befehlsauslösenden Komponente zugeordnet wird. Dazu wird zunächst eine Instanz der Befehls-Klasse erzeugt (Schritt 1) und beim Aufruf der `setCommand()`-Methode der Button-Klasse (vom Typ `Invoker`) übergeben (Schritt 2).

Wenn nun ein Benutzer den Knopf drückt (Schritt 3), sorgt dieser dafür, dass die `perform()`-Methode der ihm zugeordneten `Command`-Klasse aufgerufen wird (Schritt 3.1), die den eigentlichen Befehl durchführt und dabei Methoden des Befehlsempfängers (`Receiver`) nutzt (Schritt 3.1.1 und 3.1.2).

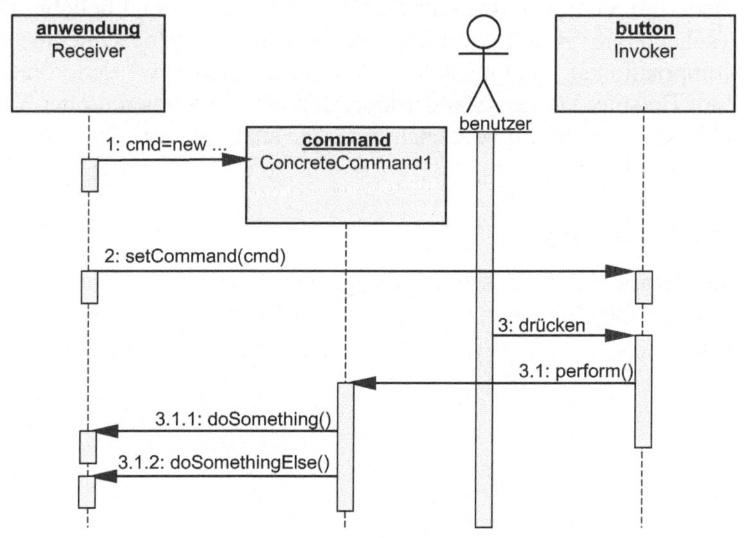

Abbildung 7.14: Ablauf des Befehlsmusters

Durch das Muster verbleibt die Ausführung eines bestimmten Befehls im Verantwortungsbereich der Befehlsobjekte, die ihre Aufrufer nicht kennen.

Zur Erzeugung neuer Befehle müssen keine vorhandenen Klassen erweitert werden, sondern es wird eine neue Unterklasse von `Command` erzeugt, deren `perform()`-Methode die gewünschte Operation implementiert. Auswirkungen auf bereits existierende Klassen entstehen nicht.

Das Befehlsmuster bietet ein hohes Maß an Flexibilität: einem befehlsauslösenden GUI-*Control* (z.B. Menüpunkt, Knopf, ...) kann dynamisch eine beliebige Funktionalität zugeordnet werden.

Insbesondere in der *Swing*-Bibliothek von Java ist das Befehlsmuster durch die sogenannten *Action*-Klassen inhärent integriert (vgl. Kapitel 9).

7.3.2 Kompositum (*Composite*)

Ziel

Mithilfe des Kompositum-Musters [GoF95] lassen sich Objekte in rekursiven Hierarchien einheitlich behandeln. Rekursive Hierarchien zwischen Objekten können auch als Baumstrukturen oder Teil-Ganzes-Hierarchien betrachtet werden.

Ein Beispiel für ein solches Beziehungsgeflecht ist ein hierarchisches Dateisystem, in dem ein Dateiverzeichnis Dateien, aber auch wiederum Verzeichnisse enthalten kann. So lassen sich beliebig tief geschachtelte Strukturen aufbauen, in denen einzelne Objekte und Kompositionen von Objekten einheitlich behandelt werden können. Zum Beispiel können Standardoperationen wie Kopieren oder Verschieben sowohl für Verzeichnisse als auch für einzelne Dateien ausgeführt werden.

Beschreibung

Die `Component`-Klasse legt die gemeinsamen Operationen von atomaren Objekten (`Leaf`) und Objekt-Containern (`Composite`) fest.

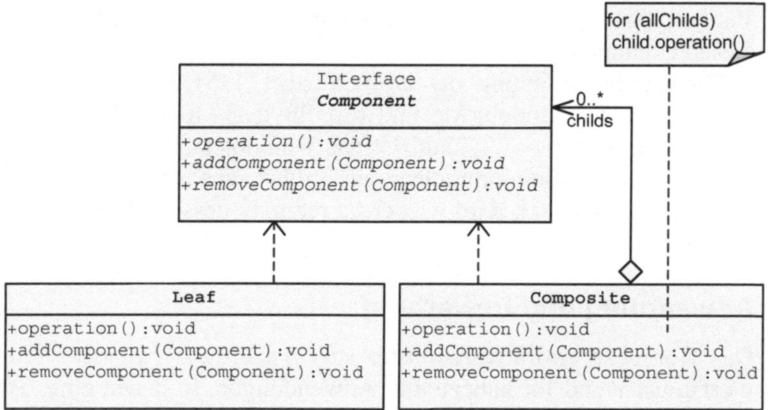

Abbildung 7.15: Kompositum-Muster

Das Kompositum (`Composite`) enthält Kindobjekte, welche die Schnittstelle `Component` erfüllen, d.h. sowohl atomare Objekte (`Leaf`) als auch zusammengesetzte Objekte (`Composite`) sein können. Die von `Component` vorgegebenen Operationen können für alle Kindobjekte durchgeführt werden.

Verantwortlichkeiten

Component

Das `Component`-*Interface* legt die gemeinsamen Operationen von atomaren Objekten (`Leaf`) und Objekt-Containern (`Composite`) fest. Dies sind Methoden zur Verarbeitung von Objekten (hier: die abstrakte Methode `operation()`), sowie Methoden zum Hinzufügen und Entfernen von `Component`–Kindobjekten[22] (`addComponent(..)`, `removeComponent(..)`).

Leaf

Die Klasse `Leaf` implementiert die in `Component` deklarierten Methoden zur Objekt-Bearbeitung (`operation()`).

Objekte der Klasse `Leaf` besitzen keine Kindobjekte und enthalten deshalb leere Implementierungen für die entsprechenden Methoden.

Composite

Diese Klasse dient als Container von Objekten des Typs `Component`, die bspw. in einem Objekt-Vektor verwaltet werden. Die

[22] Die Methoden zur Verwaltung von Kindobjekten können auch nur in der Klasse `Composite` deklariert und implementiert werden.

Verwaltungs-Operationen für Kind-Objekte nutzen dann einfach diesen Container.

Die Implementierung der `operation()`-Methode durchläuft den Vektor der Kindobjekte und ruft für jedes Kindobjekt dessen Methode `operation()` auf. Ist das Kindobjekt vom Typ `Leaf`, wird die Operation unmittelbar ausgeführt, ansonsten, bei einem `Composite`-Objekt, wird wiederum rekursiv dessen Vektor durchlaufen.

Anwendung und Bewertung

Das Kompositum-Entwurfsmuster ist ein häufig verwendetes Entwurfsmuster und für nahezu alle Anwendungen, in denen eine „ist-ein-Teil-von"-Beziehung vorkommt, geeignet.

Eine bei diesem Entwurfsmuster zu treffende Entscheidung ist, in welcher Klasse die Verwaltung etwaiger Kindobjekte (`add Component(Component)`, ...) zu implementieren ist:

- Deklariert man die Methoden im *Interface* `Component`, besitzen die `Leaf`- und `Composite`-Objekte eine identische Schnittstelle. Allerdings müssen auch in der `Leaf`-Klasse die Verwaltungsoperationen implementiert werden, obwohl sie gar keine Kindobjekte aufnehmen können. Dies geschieht meist durch leere Methoden[23].
- Schließlich können die Verwaltungsoperationen auch aus der Schnittstelle entfernt werden und nur in `Composite` realisiert werden, denn nur dort macht diese Funktionalität ja Sinn. Dies führt aber zu unterschiedlichen Schnittstellen von `Leaf` und `Composite`, weshalb meist der Ansatz aus Abb. 7.15 gewählt wird.

7.3.3 Schablonenmethode (*Template Method*)

Beschreibung siehe Abschnitt 4.4.2

---

[23] Alternativ könnte `Component` auch als abstrakte Klasse mit leeren Verwaltungsmethoden implementiert werden.

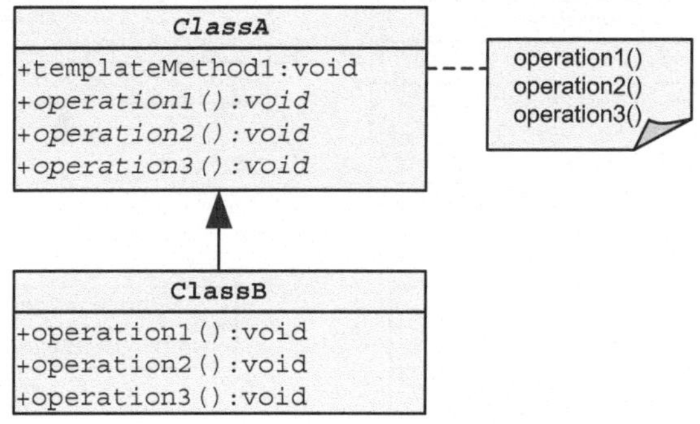

Abbildung 7.16: Schablonenmethode

7.3.4 Beobachter (*Observer*)

Ziel

Das Beobachter-Entwurfsmuster [GoF95] beschreibt und verwaltet die Beziehung eines (beobachtbaren) Objekts mit beliebig vielen Beobachter-Objekten. Es wird sichergestellt, dass alle beobachtenden Objekte über Änderungen des beobachteten Objekts informiert werden und entsprechend reagieren können.

In der Präsentationsschicht werden Geschäftsobjekte von den sie darstellenden Fensterobjekten beobachtet.

Beschreibung

Das Observer-Entwurfsmuster unterscheidet einen Beobachter (`Observer`) von einem *Model* (`Observable`), das von ihm beobachtet wird (Abb. 7.17). Das *Model* kennt seine Beobachter und informiert sie, wenn sich seine Attribute ändern.

- Objekte, die beobachtbar sein sollen, müssen ihre Beobachter verwalten und erben diese Funktionalität aus der Klasse `Observable`.
- Objekte, die später als Beobachter fungieren sollen, müssen die Schnittstelle `Observer` implementieren, um über Änderungen informiert werden zu können.

Abbildung 7.17: Struktur des Beobachter-Musters

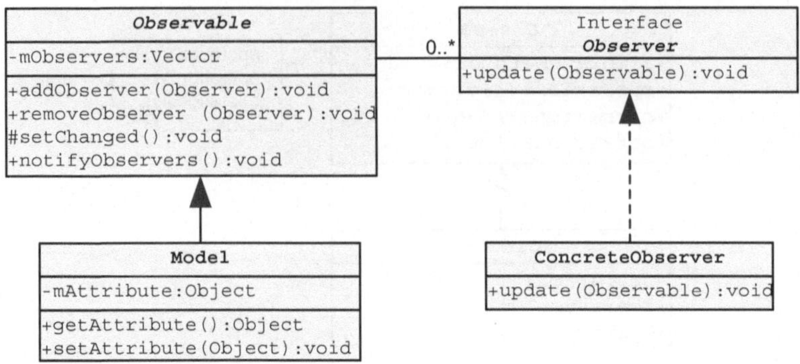

Verantwortlichkeiten

`Observer`

Das `Observer`-*Interface* deklariert für alle Beobachter[24] eine Methode `update()`, die bei einer Änderung eines beobachteten Objekts aufgerufen werden kann (Code 7.4).

Code 7.4: Implementierung des Observer-Interface

```
public interface Observer {
  public void update(Observable observable);
}
```

`ConcreteObserver`

Objekte der Klasse `ConcreteObserver` sind die eigentlichen Beobachter, wie zum Beispiel Fensterobjekte. Sie implementieren das `Observer`-*Interface* und realisieren in `update()` die Reaktion auf eine Änderung. Für Fenster werden typischerweise in `update()` die Daten der dargestellten Geschäftsobjekte neu geladen und angezeigt, bspw. durch Aufruf der Methode `fillWindow()`.

Mit dem Parameter `observable` wird das aufrufende Geschäftobjekt vom Typ `Observable` an `update()` übergeben. Code 7.5 zeigt eine mögliche Verwendung.

Code 7.5: Implementierung von Concrete-Observer

```
public class ConcreteObserver implements Observer{
  ...
  public void update(Observable observable){
    screen.textOut(((Model)observable).getAttribute());
  }
}
```

[24] bspw. ein Fenster

Observable

Die Klasse `Observable` stellt allgemeine Funktionalitäten zur Registrierung von Beobachterobjekten und deren Benachrichtigung zur Verfügung. Geschäftsobjekte (`Model`) können von dieser Klasse erben, damit sie nicht selbst die entsprechende Funktionalität realisieren müssen.

Zunächst bietet `Observable` die Methode `addObserver(Observer o)`, mit der sich Beobachter registrieren lassen können. Durch Aufruf der Methode `notifyObservers()` werden alle Beobachter benachrichtigt. Dazu wird für jeden registrierten Beobachter dessen `update()`-Methode aufgerufen.

Die Beobachter werden nur dann benachrichtigt, wenn wirklich eine Änderung stattgefunden hat. Dazu dient die Methode `setChanged()`, die aufgerufen werden muss, um stattgefundene Änderungen anzuzeigen.

Model

Objekte der `Model`-Klassen sind die beobachteten Objekte, bspw. fachliche Entitätsklassen mit ihren verschiedenen Attributen. `Model` erbt von `Observable`, sodass sich Beobachter registrieren und durch Aufruf von `notifyObservers()` benachrichtigt werden können.

In attribut-ändernden Methoden muss die geerbte `setChanged()`-Methode aufgerufen werden, damit bei `notifyObservers()` wirklich eine Benachrichtigung der Beobachter erfolgt (siehe Code 7.6, Zeile 4-9).

```
1  public class Model extends Observable {
2    ...
3    private Object mAttribute;
4    public void setAttribute(Object attribute){
5      if (mAttribute!=attribute){
6        mAttribute= attribute;
7        setChanged(true);
8      }
9    }
10   public Object getAttribute(){
11     return mAttribute;
12   }
13   ...
14 }
```

Code 7.6: Implementierung von Model

Anwendung und Bewertung

Das Sequenzdiagramm in Abb. 7.18 stellt noch einmal das Zusammenspiel zwischen den beteiligten Objekten dar.

Abbildung 7.18: Sequenzdiagramm für das Beobachter-Muster

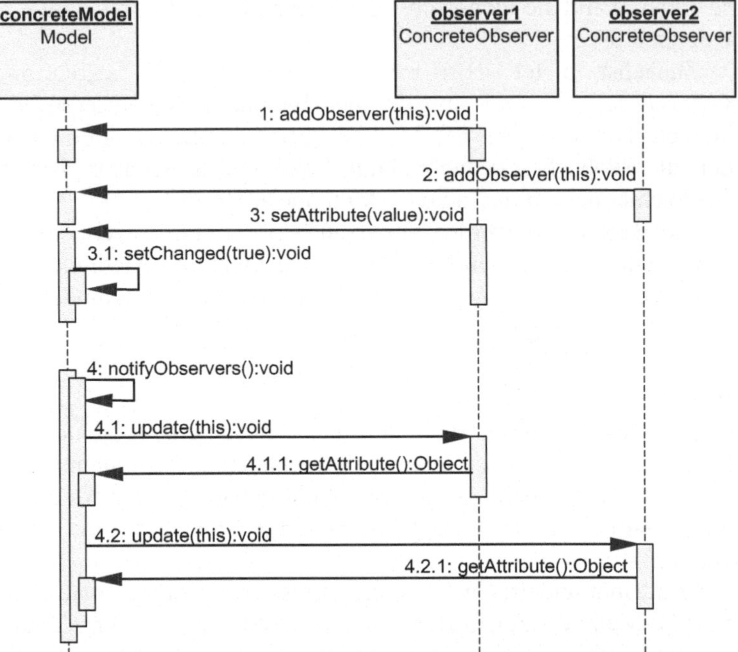

Wenn sich ein Beobachter (`Observer`) für die Daten eines anderen Objekts (`concreteModel`) interessiert, muss es sich zunächst bei diesem registrieren (Schritt 1 und 2).

Werden die Attributwerte von `concreteModel` geändert (Schritt 3), so wird dessen Status auf *changed* gesetzt (Schritt 3.1). Anschließend ruft `concreteModel` die Methode `notifyObservers()` auf (Schritt 4), die wiederum für alle registrierten Beobachter `update(..)` aufruft. In `update(..)` werden alle *Model*-Attribute über `getAttribute()` neu eingelesen und dargestellt (Schritt 4.1).

Beobachter und *Model* sind lose gekoppelt: Das *Model* kennt nicht die konkreten Klassen seiner Beobachter, sondern weiß nur, dass sie die Schnittstelle `Observer` realisieren.

Aufrufzeitpunkt von notifyObservers()

Für den Aufruf der `notifyObservers()`-Methode gibt es zwei verschiedene Möglichkeiten:

- Bei jeder einzelnen Änderung, bspw. in einer `set`-Methode, wird `notifyObservers()` aufgerufen, um die Beobachter zu informieren. Dies führt jedoch zu sehr häufigen Benachrichtigungen und damit einen hohen Aufwand – insbesondere, wenn sich Präsentationsschicht und Anwendungsschicht auf verschiedenen Rechnern befinden.
- Einen besseren (weil nicht so häufigen) Zeitpunkt für die Benachrichtigung der Beobachter ist die Beendigung eines Geschäftsprozesses. In diesem Fall rufen die Geschäftprozess-Klassen `notifyObservers()` auf. In der Präsentationsschicht können idealerweise die GUI-Controller diese Aufgabe übernehmen (vgl. auch 7.1.3.2).

7.3.5 Strategie (*Strategy*)

Ziel

Das Strategie-Entwurfsmuster [GoF95] definiert eine Familie von Algorithmen und macht den einzelnen Algorithmus dynamisch austauschbar. Dadurch kann je nach Kontext der geeignete Algorithmus verwendet werden.

Beschreibung

Das Entwurfsmuster soll hier an einem konkreten Beispiel erläutert werden. Eine Textfeld-Klasse soll verschiedene Algorithmen zur Überprüfung ihres Inhalts verwenden können.

Die Grundidee des Strategiemusters ist, jeden Algorithmus als eine eigene Klasse zu implementieren (siehe Abb. 7.19). Dazu wird in einem Interface (hier: `AbstractChecker`) die Methode deklariert, mit der man den Algorithmus aufrufen kann und die von allen konkreten Algorithmen (hier: `ConcreteChecker`) implementiert werden muss. Die Klasse, die den Algorithmus nutzt, verwendet einfach die abstrakte Schnittstelle.

Abbildung 7.19: Strategy

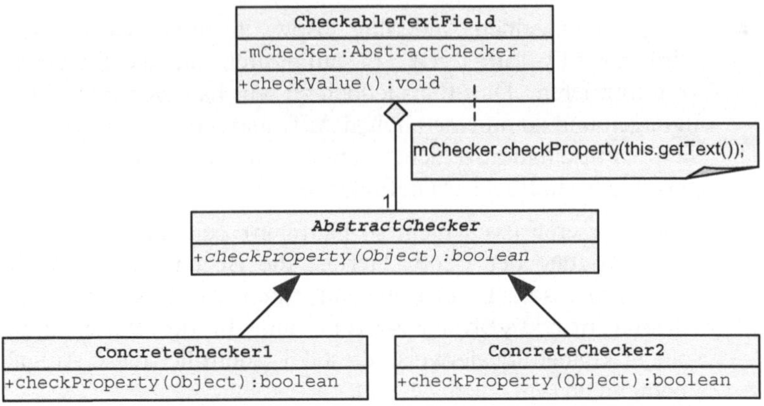

Verantwortlichkeiten

AbstractChecker

Die Klasse `AbstractChecker` definiert eine abstrakte Schnittstelle, über die auf einen konkreten „`Checker`" zugegriffen werden kann (Code 7.7).

Code 7.7: Implementierung des AbstractChecker

```
public abstract class AbstractChecker{
  public abstract boolean checkProperty(Object input);
}
```

ConcreteChecker[n]

Code 7.8 zeigt ein Beispiel für eine konkrete „`Checker`"-Klasse, die überprüft, ob die angegebene Zeichenkette mit „*Hello*" beginnt und das entsprechende Ergebnis zurückliefert.

Code 7.8: Implementierung des ConcreteChecker1

```
public class ConcreteChecker1 extends AbstractChecker{
  public boolean checkProperty(Object input){
    return ((String)input).startsWith("Hello");
  }
}
```

Code 7.9 zeigt ein weiteres Beispiel für eine konkrete „`Checker`"-Klasse, die eine Zeichenkette auf ihre Länge überprüft.

Code 7.9: Implementierung des ConcreteChecker2

```
public class ConcreteChecker2 extends AbstractChecker{
  public boolean checkProperty(Object input){
    return ((String) input).checkThis.length()>10 ;
  }
}
```

CheckableTextField

Bei der Klasse `CheckableTextField` handelt es sich um ein spezielles Eingabefeld für einzeiligen Text in einem Fenster (Code 7.10).

Durch die Zuweisung einer konkreten „*Checker*"-Klasse, bspw. im Konstruktor, können die Eingaben in dem Textfeld durch eine bestimmte Methode überprüft werden. Wird bei dieser Überprüfung festgestellt, dass die eingegebene Zeichenkette nicht der erwarteten Konvention entspricht, kann darauf geeignet reagiert werden (Zeile 11).

```
1  public class CheckableTextField {
2    private AbstractChecker mChecker = null;
3    private String mText;
4    ...
5    public CheckableTextField(AbstractChecker
          defaultChecker){this.mChecker= defaultChecker;}
6
7    public void setChecker(AbstractChecker checker){
                                this.mChecker=checker;}
8
9    public void checkValue(){
10     boolean isValid = mChecker.checkProperty(mText);
11     if (!isValid) .....
12   }
13   ...
14 }
```

Code 7.10: Implementierung des CheckableTextField

Anwendung und Bewertung

In dem folgenden Beispiel Code 7.11 wird die Nutzung der oben beschriebenen Textfeld/Checker-Kombination verdeutlicht. Ein Dialogfenster wird mit drei Eingabeelementen vom Typ `CheckableTextField` ausgestattet (Zeile 3-5). Im Konstruktor des Fensters werden bei der Erzeugung der entsprechenden Textfeld-Instanzen die konkreten „*Checker*"-Typen angegeben (Zeile 9, 11, 13).

```
1   :
2  public class CheckableSample extends Fenster{
3    private CheckableTextField mEmailField;
4    private CheckableTextField mPasswordField;
5    private CheckableTextField mNameField;
6   ...
```

Code 7.11: Verwendung des Strategiemusters

```
  public CheckableSample{
    // überprüfe Email-Adresse auf formale Korrektheit
    mEmailField = new CheckableTextField(new
                                    EmailChecker());
    // überprüfe eingegebenes Passwort
    mPasswordField = new CheckableTextField(new
                                    PasswordChecker());
    // überprüfe, ob ein Name verwendet wird
    mNameField = new CheckableTextField(new
                                    DublicationChecker());
    ...
  }
  ...
}
```

Anhand des Beispiels lässt sich gut erkennen, wie durch den Einsatz des Strategie-Entwurfsmusters eine saubere Trennung der Verantwortlichkeiten entsteht.

Das Textfeld hat vornehmlich die Aufgabe, die Eingabe von Zeichenketten zu ermöglichen. Die Fähigkeit, diese auf bestimmte Kriterien hin zu überprüfen, wird in eine getrennte Klasse ausgelagert und kann beliebig zugeordnet werden. Dadurch erhöht sich die Wiederverwendbarkeit der einzelnen Klassen wesentlich.

7.3.6 Singleton

Beschreibung siehe Kapitel 2.

Abbildung 7.20: Singleton

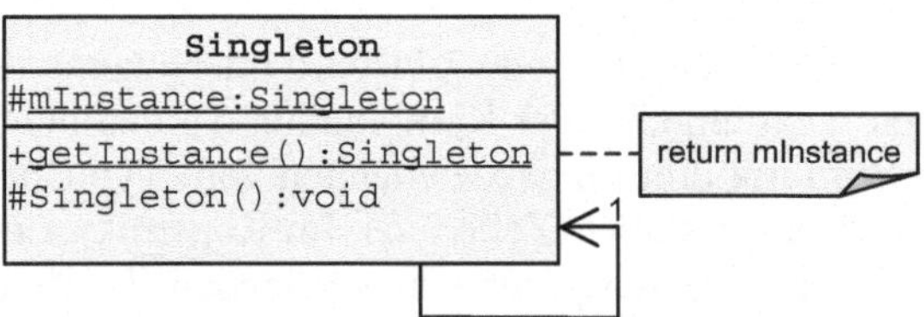

8 Weboberfläche mit JSP und Servlets

In diesem Kapitel wird gezeigt, wie man mithilfe der in Kapitel 7 vorgestellten Konzepte eine Benutzerschnittstelle für ein internetbasiertes System entwickeln kann. Dabei wird schrittweise eine Server-Präsentationsschicht (*Server Side Presentation Layer*) entwickelt, in der mit Hilfe von *JavaServer Pages* (JSP) und *Servlets* eine Weboberfläche dynamisch erzeugt wird.

Überblick

Zunächst diskutieren wir die Besonderheiten von Weboberflächen (Abschn. 8.1). Anschließend wird vorgestellt, wie sich *JavaServer Pages* zur Entwicklung von Weboberflächen einsetzen lassen (Abschn. 8.2). Abschnitt 8.3 stellt die sogenannte Model-2-Architektur vor, die eine grundlegende Strukturierung für die Server-Präsentationsschicht vorgibt. Danach wird die Realisierung eines einfachen Web-*Frameworks* gezeigt und die Implementierung des Beispielsystems dargestellt (Abschn. 8.4). Schließlich werden die in der vorgestellten Realisierung verwendeten Entwurfsmuster herausgearbeitet (Abschn. 8.5) und die vorgestellten Konzepte bewertet und gegen andere Ansätze abgegrenzt (Abschn. 8.6).

8.1 Weboberflächen

Mit der Komplexität und Professionalität von modernen internetbasierten Systemen wachsen auch die Anforderungen an die Präsentationsschicht. Sie ist in der Regel für eine Vielzahl komplexer Benutzerinteraktionen verantwortlich und muss sämtliche Aufgaben der Dialogkontrolle (Logik) sowie der Darstellung (Layout) der Webseiten realisieren. Dabei weisen Websysteme einige Besonderheiten im Vergleich mit klassischen Fenstersystemen auf.

Dynamische Webseiten

Bei einem internet-basierten System besteht die Benutzungsoberfläche aus Webseiten in einer Auszeichnungssprache, wobei zumeist HTML verwendet wird. Aktuell rücken aber auch andere Endgeräte verstärkt in den Blickpunkt, wie *Personal Digital Assistants* (PDA) und Mobiltelefone, die eigene Weboberflächen bspw. auf Basis von WML[1] erfordern. Kennzeichnend ist für alle Formate, dass die Webseiten in einem auf dem Klienten befindlichen Browser angezeigt werden.

Sollen Geschäftsprozesse über das Internet abgewickelt werden, müssen Webseiten dynamisch erzeugt werden, um in ihnen fachliche oder personalisierte Daten aufzunehmen. Typische Beispiele sind die Ergebnisse von Suchanfragen oder die Inhalte des Warenkorbs eines Benutzers: die Webseiten müssen dynamisch generiert werden, um in ihnen aktuelle Daten aus der Datenbasis der Anwendung oder auf Basis des Benutzerverhaltens einzufügen.

Die Webseiten werden dabei auf Anforderung eines Klienten auf dem Server erzeugt.

Einschränkungen von Weboberflächen

Eine weitere Besonderheit von Weboberflächen liegt im deutlich eingeschränkten Umfang der Gestaltungsmittel. So stellt ein HTML-Formular im Vergleich zu Fensteroberflächen nur eine sehr eingeschränkte Menge an Darstellungskomponenten (*GUI Controls*) zur Verfügung. Dieser Mangel kann durch in die Webseiten eingebettete Scriptsprachen, bspw. *JavaScript* [Koch01] oder *Flash-Plugins*, teilweise behoben werden. Solche Ansätze sind aber problematisch, weil sie vom Browser unterschiedlich oder gar nicht interpretiert werden können.

Ein anderes Merkmal von Weboberflächen ist die teilweise beträchtliche Verzögerung zwischen Aufruf und Darstellung einer Webseite. Die Ursache dafür liegt an langsamen Netzverbindungen im Internet oder an einer großen Anzahl von Benutzern, die gleichzeitig unterschiedliche Seiten von einem Webserver abfragen.

8.1.1 Systemarchitektur von Web-Applikationen

Die Architektur internet-basierter Systeme ist dadurch gekennzeichnet, dass die Präsentationsschicht auf mehreren Rechnern verteilt ist, wobei zwischen klienten- und serverseitiger Präsentationsschicht zu unterscheiden ist.

---

1 WML (*Wireless Markup Language*) ist sehr ähnlich zu HTML, sodass sich die hier vorgestellten Konzepte auf WML übertragen lassen.

Klienten-Präsentationsschicht

Auf der Klientenseite fordert ein beliebiger (Web-)Browser über das Standardprotokoll HTTP ein Dokument in einer bestimmten Auszeichnungssprache[2] von einem Webserver an und stellt die Seite entsprechend dar.

Server-Präsentationsschicht

Die Server-Präsentationsschicht ist für den durch Benutzerereignisse ausgelösten Kontrollfluss verantwortlich und generiert die vom Klienten angeforderte Seite ggf. dynamisch. Für die Aufgabe der Server-Präsentationsschicht stehen unterschiedliche Technologien zur Verfügung, die in einen Webserver eingebunden werden müssen. Im Java-Umfeld sind dies *Servlets* und *JavaServer Pages* (JSP), es können aber auch andere Technologien wie XML und XSLT [BrDH02] oder aber auch PHP, Perl, usw. genutzt werden.

Durch die beständige Zunahme von internetfähigen Endgeräten (PC, Mobiltelefone, PDA usw.) wird es erforderlich, dass die serverseitige Präsentationsschicht Webseiten in verschiedenen Auszeichnungssprachen bei Bedarf erzeugen kann. So erhält ein Benutzer, der eine Webseite von einem PC aus aufruft, ein HTML-Dokument und ein anderer, der die gleiche Seite mit dem in seinem Mobiltelefon eingebauten Webbrowser ansehen möchte, ein WML-Dokument. Das Beantworten von Klientenanfragen mit unterschiedlichen Auszeichnungssprachen nennt man *Multichanneling*.

Abb. 8.1 stellt die serverseitige Präsentationsschicht innerhalb einer J2EE[3]-Standardarchitektur [Kasse00], [J2EE99] dar.

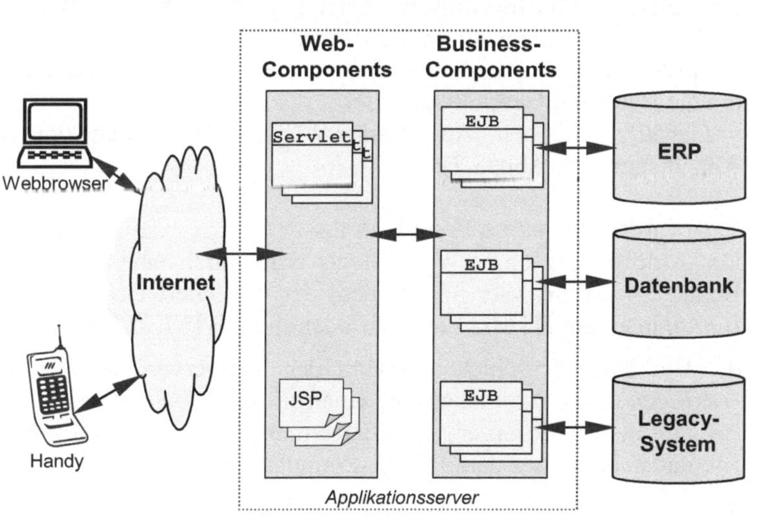

Abbildung 8.1: Architektur eines Websystems

[2] HTML, WML usw.

[3] *Java 2 Platform Enterprise Edition*

In einer J2EE-Umgebung sind in der Server-Präsentationsschicht *Servlets* und *JavaServer Pages* (JSP) für die dynamische Erzeugung von Webseiten vorgesehen.

8.1.2 Verantwortlichkeit der Präsentationsschicht

Auch in der Präsentationsschicht für Websysteme können die Aufgaben der Darstellung von denen der Dialogkontrolle unterschieden werden.

8.1.2.1 Präsentation von Objektdaten

Eine Kernaufgabe der Präsentationsschicht ist es, Geschäftsobjekte mit geeigneten Mitteln für den Anwender darzustellen.

Web-Client

In Websystemen wird die Benutzungsoberfläche durch einen Webbrowser auf dem Klienten angezeigt. Der Browser fordert nach einem Benutzerereignis von einem Webserver ein Dokument in einer Auszeichnungssprache (meist HTML) an, um es anschließend zu parsen und darzustellen.

Webserver

Der Webserver muss dem Klienten die angeforderte Webseite zur Verfügung stellen und ggf. dynamisch erzeugen. In der Webseite sind statische und dynamische Anteile zu unterscheiden. Bei dem statischen Anteil handelt es sich um die Gestaltungselemente der entsprechenden Auszeichnungssprache[4] und bei dem dynamischen um die Daten der Geschäftsobjekte.

Genauer findet beim Aufruf einer Webseite der folgende typische Ablauf statt (vgl. Abb. 8.2):

Ablauf beim Aufruf einer Webseite

1. Anforderung eines Web-Clients

Die Anforderung eines Web-Clients wird durch eine Aktion des Benutzers im Browser angestoßen, der typischerweise auf einen *Button* in einem HTML-Formular oder einen HTML-*Link* klickt.

- Der Browser schickt dann an den Webserver einen HTTP-*Request* mit Parametern, die einerseits einen bestimmten Dienst auf dem Webserver identifizieren und andererseits Eingabedaten, bspw. aus dem HTML-Formular, enthalten.
- Der Webserver nimmt den HTTP-*Request* entgegen und leitet ihn an den angeforderten Dienst[5] mit sämtlichen Parametern weiter.

[4] bspw. statischer Text, Bilder, Tabellen, Knöpfe

[5] bspw. ein *Servlet* oder eine JSP

- Der Dienst auf dem Webserver identifiziert die Parameter im HTTP-*Request* und ruft eine Methode in der Anwendungsschicht auf, an die er die Parameter übergibt.

2. Ausführung eines Geschäftsprozesses

Der in der Anwendungsschicht angestoßene Dienst wird ausführt. Dabei werden bspw. benötigte Daten gesucht, ggf. geändert und zurückgegeben.

3. Erzeugung einer Webseite

Der Dienst auf dem Webserver sorgt dafür, dass die Ergebnisse des Geschäftsprozesses für den Client in einer entsprechenden Webseite dargestellt werden. Die Erstellung dieser Seite bedarf zweier Schritte.

- Zunächst muss ein Rahmen (*Template*) ausgewählt werden, der alle statischen Anteile der Seite enthält, bspw. immer angezeigten Text oder GUI-Komponenten, wie Schaltflächen, *Links*[6].
- Im zweiten Schritt müssen in diesen Rahmen die aktuellen prozessbezogenen Daten mit programmiertechnischen Mitteln eingefügt werden.

D.h. die auszugebende Webseite wird dynamisch aus *Template*-Text und prozessbezogenen Daten zusammengesetzt[7].

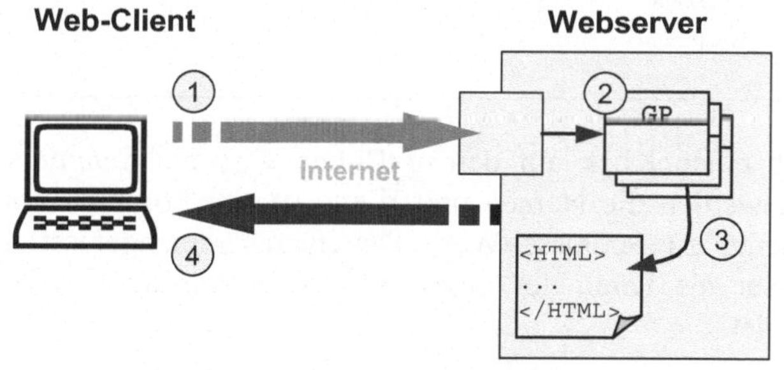

Abbildung 8.2: Informations-austausch zwischen Web-Client und -Server

4. Rücksendung der Webseite an den Client

In einem letzten Schritt wird die erzeugte Seite an den Client in Form einer HTTP-*Response*-Nachricht zurückgesandt, der sie dann wiederum im Browser darstellt.

---

[6] Wie dieser Rahmen aussieht, und ob HTML oder WML verwendet werden muss, hängt vom Typ des Web-Clients sowie seinen Besonderheiten ab.

[7] Dies geschieht bspw. mithilfe von *Servlets* und *JavaServer Pages* aber auch Perl, PHP oder XML/XSLT können eingesetzt werden, vgl. [BrDH02].

8.1.2.2 Änderung von Objektdaten

Die Änderung von Objektdaten ist in einer Web-Oberfläche etwas komplexer als in einer Fenster-Umgebung, denn der Webbrowser auf der Klientenseite hat aufgrund der räumlichen Trennung durch das Internet keine Möglichkeit, direkt auf die fachlichen Objekte zuzugreifen.

Damit Objektdaten nicht nur grafisch dargestellt, sondern auch geändert werden können, müssen sie innerhalb des Webbrowsers in editierbaren Darstellungskomponenten angezeigt werden.

HTML-Formulare

In HTML verwendet man zur Eingabe von Daten Formulare [Münz01]. Code 8.1 zeigt ein einfaches HTML-Formular, das die Eingabe eines Benutzernamens ermöglicht und vom Browser wie in Abb. 8.3 dargestellt wird.

Code 8.1: HTML-Formular

```
<html>
...
 <body>
  <form action='process' method='POST'>
    Please enter your Name:
    <input type=text name='nickname'
                        value='your Nickname'/> <BR/><BR/>
    <input type='submit' value='ok'/>
  </form>
 </body>
</html>
```

Durch einen Klick auf den *ok*-Button wird ein *Submit* ausgelöst. Dann werden die Namen und Werte der im Formular enthaltenen Elemente zu Schlüssel/Werte-Paaren zusammengefasst und vom Browser als Parameter eines HTTP-*Requests* an den Webserver gesendet.

Abbildung 8.3: Anzeige eines HTML-Formulars

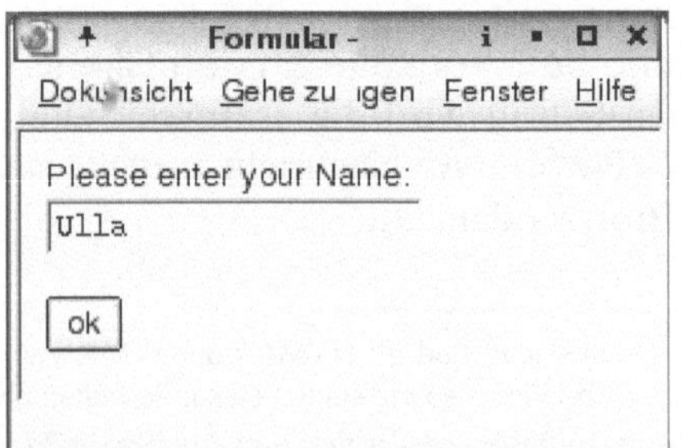

HTTP-Request

Im Detail wird der durch den *Button*-Klick verursachte HTTP-*Request* folgendermaßen abgewickelt (vgl. Abb. 8.4).

Es wird ein HTTP-*Request*-String erzeugt[8], der von der Form `http://url/action?param1=value1¶m2=value2` ist. Er setzt sich aus drei Teilen zusammen:

- Die *url*[9] spezifiziert den Server, auf den mittels HTTP-*Request* zugegriffen werden soll, bspw. `www.fh-hannover.de`.
- Der *url* wird der `action`-Parameter des HTML-Formulars angehängt, der auf den konkreten Dienst des Webservers verweist (Code 8.1, Zeile 4). Der im Beispiel übergebene *String* `process` muss dem Webserver bekannt sein und wird bspw. an ein entsprechendes *Servlet* weitergeleitet.
- Dann folgt nach einem Fragezeichen der sogenannte *Query*-String, in dem die Parameter durch ‚&' getrennt als Schlüssel/Werte-Paare übergeben werden. Dazu wird das `<input>`-Element vom Typ `text` des Formulars (Zeile 6-7) im Webbrowser ausgewertet. Im Beispiel ist dies der *Request*-Parameter `nickname` mit dem Wert „Ulla".

Insgesamt ergibt sich damit für unser Beispiel der *Request-String*: `http://www.fh-hannover.de/process?nickname=Ulla`.

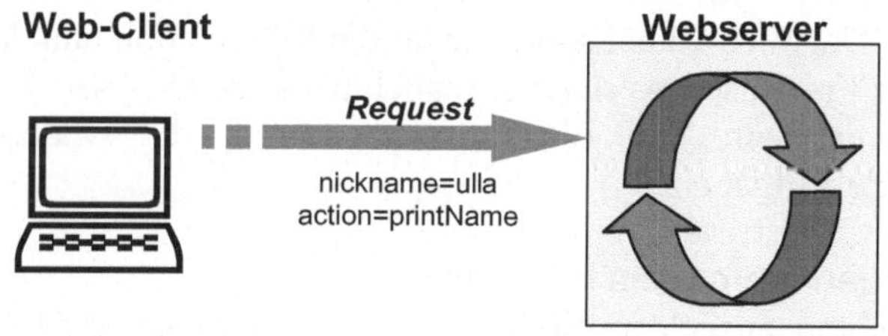

Abbildung 8.4: HTTP-Request

Der Webserver nimmt den *Request* entgegen und leitet ihn an den spezifizierten Dienst weiter, der die Parameter ausliest und die weiteren Aktionen durchführt.

Plausibilisierung der Eingaben

Die Plausibilisierung der Eingaben kann in einer Weboberfläche entweder klienten- oder serverseitig erfolgen.

---

[8] Bei einem HTTP-*Post*-Befehl werden die Schlüssel/Wertepaare direkt in den „*Body*" des HTTP-*Request* aufgenommen [Berg01].

[9] url: *uniform resource locator* dient zur Identifizierung eines Servers und einer darauf befindlichen Ressource, bspw. einer HTML-Seite [Berg01].

...klientenseitig

In der Regel bieten die verschiedenen Auszeichnungssprachen (HTML usw.) nur eine geringe Unterstützung für eine klientenseitige Plausibilisierung. Bei der Verwendung von HTML findet aus diesem Grund meist die Skriptsprache *JavaScript* [Koch01] Verwendung.

Allerdings können die volle Funktionalität der Webseite nur Anwender nutzen, deren Browser *JavaScript* unterstützt und die die *Scripting*-Funktionalität des Browsers – beispielsweise aus Sicherheitsgründen – nicht deaktiviert haben.

...serverseitig

Um also möglichst vielen Benutzern den fehlerfreien Zugang zu einer Webseite zu ermöglichen, sollte auf „exotische" Lösungen verzichtet werden und die Plausibilisierung serverseitig erfolgen.

Das hat allerdings den Nachteil, dass es zu deutlichen Verzögerungen im Programmfluss kommen kann, wenn zunächst ungültige Daten übertragen, vom Server überprüft und anschließend Fehlermeldungen zum *Client* zurückgeschickt werden müssen. Wegen der großen Übertragungszeiten zum Server werden zudem alle Eingabedaten eines Formulars überprüft, und es ist schwierig, Fehlermeldungen des Servers einem konkreten Eingabeelement zuzuordnen.

8.1.2.3 Dialogkontrolle

Die Dialogkontrolle realisiert den gesamten Kontrollfluss in der Server-Präsentationsschicht, d.h. sie erfolgt immer auf dem Webserver. Der Web-Client sorgt nur für die Präsentation und das Auslösen der Ereignisse, weshalb er manchmal auch als *Ultra Thin Client* bezeichnet wird. Im Einzelnen übernimmt die Dialogkontrolle folgende Aufgaben:

Entgegennahme des HTTP-Request

Im *Browser* ausgelöste Ereignisse führen zu einem HTTP-*Request*, der in der Dialogkontrolle entgegengenommen wird.

Dispatcher

Dazu gibt es auf dem Server eine zentrale Anlaufstelle, den sogenannte *Dispatcher* (siehe Abschn. 8.3.), der alle ankommenden *Requests* einer Anwendung bearbeitet und zunächst das stattgefundene Ereignis identifizieren muss.

Identifizierung von Ereignissen

Dies lässt sich durch einen eindeutigen, im Webformular enthaltenen Kommandostring bewerkstelligen. Sogenannte versteckte Elemente [Münz01] bieten eine gute Möglichkeit, Kommandostrings in HTML-Formulare aufzunehmen. Sie werden in den HTTP-*Request*-String aufgenommen aber vom Browser nicht dargestellt. In Code 8.2 wird ein verstecktes Element mit dem Namen `cmd` und dem Wert `printName` definiert (Zeile 6).

```
<html>
...
<body>
 <form action='process' method='POST'>
   Nickname: <input type=text name='nickname'
                     value='your Nickname'/> <br/><br/>
   <input type='hidden' name='cmd' value='printName'/>
   <input type='submit' value='ok'/>
  </form>
 </body>
</html>
```

Code 8.2: Versteckte Formular-Elemente

Verwendung von Kommandostrings

Das Schlüssel/Werte-Paar `cmd=printName` wird dem HTTP-*Request* als normaler Parameter hinzugefügt, vgl. Abb. 8.5.

Der *Dispatcher* nimmt den *Request* entgegen und wertet dessen Parameter `cmd` aus, um das stattgefundene Ereignis zu identifizieren.

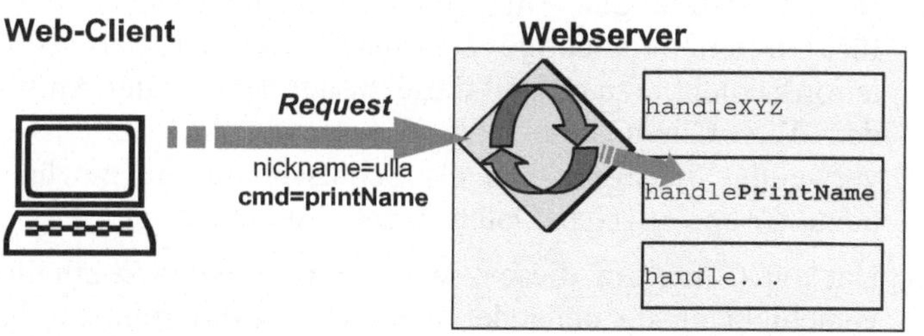

Abbildung 8.5: Dialogkontrolle in Websystemen

Ereignisbehandlung

Für die eigentliche Behandlung leitet der *Dispatcher* den *Request* an die für eine `printName`-Anfrage zuständige Klasse weiter. Diese extrahiert die mit dem HTTP-*Request* übertragenen Parameter, führt dann die erforderlichen Geschäftsprozesse aus und generiert ein neues Antwortdokument[10].

Um ein übersichtliches und robustes Design zu gewährleisten, sollte die Dialogkontrolle stets in eigenen Klassen, den sogenannten GUI-*Controllern*, implementiert werden. Die Webseiten selbst sollten kein weitergehendes Wissen über Dialogabfolgen besitzen.

[10] Eine detaillierte Architektur zur Dialogkontrolle wird in Abschnitt 8.3 vorgestellt.

8.1.2.4 Session Tracking

Eine *Session* umfasst alle zwischen An- und Abmeldung durchgeführten Interaktionen eines Benutzers, die dieser im Rahmen eines Vorgangs oder Dialogs durchführt.

Oft müssen für jeden Klienten vorgangsbezogene Daten verwaltet werden: Das Standardbeispiel ist der Einkaufswagen für jeden Kunden eines Internet-Shops. Das Shop-System muss jede Anforderung auf einen bestimmten Kunden beziehen können, um dessen Einkaufswagen zu verwalten. Die Zuordnung einer Anforderung zur Sitzung (*session*) eines Kunden wird *Session Tracking* genannt.

In Websystemen muss also jeder HTTP-*Request* auf die Sitzung eines Benutzers bezogen werden können. Dies ist jedoch schwierig: Weil das HTTP-Protokoll zustandslos ist, können Anforderungen verschiedener Benutzer nicht unterschieden werden [HuCr98]. Diesem Problem wird konzeptionell mit folgendem Lösungsansatz begegnet.

Grundprinzip Session Tracking

1. Bei der erstmaligen Anforderung eines neuen Benutzers wird für ihn eine eindeutige *Session-Id* von der Server-Präsentationsschicht erzeugt und diese zusammen mit der Antwort an den Web-Client geschickt. Die Server-Präsentationsschicht verwendet die *Session-Id* als Schlüssel für die gewünschten benutzer-spezifischen Daten (bspw. Einkaufswagen)[11].
2. Hat ein *Client* auf diesem Wege eine *Session-Id* erhalten, so verschickt er sie bei jeder weiteren Anforderung als HTTP-*Request*-Parameter an den Webserver.
3. Der Webserver extrahiert die *Session-Id* aus dem *Request*-String und identifiziert dadurch den Web-Client und die benutzer-spezifischen Daten.

Eine *Session-Id* wird im Server gelöscht, wenn sich der *Client* explizit im System abmeldet oder wenn er eine bestimmte Zeitdauer, bspw. 30 Minuten, untätig war.

Technische Umsetzung

Die technische Umsetzung dieses Verfahrens kann auf verschiedene Weise geschehen:

... mit Cookies

- Nach der Generierung der *Session-Id* schickt der Server ein sogenanntes *Cookie* an den *Client*. Ein *Cookie* enthält den Namen des Webservers, einen anwendungsbezogenen Schlüssel und die *Session-Id*.

[11] bspw. in einer Hash-Tabelle.

Bei jedem *Client-Request* werden an den Webserver die von ihm stammenden *Cookies* geschickt, mit denen er den *Client* identifizieren kann. *Session*-Tracking lässt sich mit *Cookies* recht einfach realisieren, sie besitzen aber den Nachteil, dass sie oft nicht unterstützt werden, bspw. weil sie im Browser abgeschaltet sind.

- Alternativ kann der Server die *Session-Id* in die von ihm generierten HTML-Seiten aufnehmen. Eine Möglichkeit ist das sogenannte URL-*Rewriting*: der Server hängt an jede URL die *Session*-Id, die somit Bestandteil jeder Webanforderung wird. Zum Beispiel hätte ein generierter HTML-Verweis folgendes Aussehen:

... mit URL-Rewriting

```
<a href=HTTP://www.myserver.de/info;
      jsessionid=1E0967ACEFF1B6 >click here</a>
```

- Eine andere Variante ist es, versteckte Datenfelder für die *Session*-Id in die HTML-Formulare aufzunehmen, die im HTTP-*Request* übertragen, aber nicht vom Browser angezeigt werden. Ein Beispiel ist:

... versteckte Formularfelder

```
<form action='info' method='get'>
  <input type=hidden name='sid' value='039485'>
  <input type=submit value=info>
</form>
```

Die in der Server-Präsentationsschicht eingesetzten Technologien, wie bspw. *Servlets* und JSP, bieten mächtigere programmiertechnische Mittel, um ein *Session Tracking* durchzuführen, ohne dass *Session*-Ids und *Cookies* explizit verwaltet werden müssen[12], Details dazu sind in [Berg01], [HuCr98] zu finden.

spezielle API fürs Session Tracking

8.1.2.5 Ergonomie

Auch die Gestaltung von Weboberflächen muss den in den Ergonomie-Richtlinien genannten Vorgaben folgen[13].

Denn mittlerweile werden mit Websystemen ebenfalls komplexe Geschäftsprozesse abgewickelt, die eine nachvollziehbare und gut verständliche Benutzerführung erfordern. Websysteme sollten intuitiv verstanden und bedient werden können, weil sie in der Regel spontan und ohne besondere Einweisung genutzt werden. Das heißt,

---

[12] Bspw. ein implizites `session`-Objekt, das die Verwaltung von *Cookies* abnimmt, siehe auch Abschn. 8.2.2 „Übergabe von Daten zwischen JSP“.

[13] siehe Abschnitt 7.1.2.

an sie sind mindestens ebenso hohe Anforderungen gestellt wie an fensterbasierte Anwendungen.

Allerdings unterscheiden sich Websysteme in einigen Punkten von fensterbasierten Systemen:

eingeschränkte Darstellungsmittel

- So ist die Menge der in Weboberflächen verfügbaren Darstellungsmittel eingeschränkt: Standard-HTML kennt keine Bäume, *Pulldown*-Menüs, Register usw.

große Ladezeiten

- Ein häufiges Problem in Webapplikationen ist die Ladezeit von Webseiten, die für die Benutzerakzeptanz von großer Bedeutung ist, und im Wesentlichen durch die Übertragungsrate der Internet-Verbindung und die zu übertragende Datenmenge bestimmt wird [14].

  Um ein gutes Antwortzeitverhalten zu gewährleisten, sollen zur Darstellung der Webseiten keine großen Datenmengen transportiert werden. Insbesondere die Übertragung großer Bilder oder gar Audio- und Videodaten erhöht die Ladezeit beträchtlich. Wenn Weboberflächen nur über schnelle Datennetze, bspw. im firmeneigenen Netz in sogenannten Intranet-Lösungen eingesetzt werden, stellt sich diese Problem nicht in gleichem Maße.

Die Einschränkungen von Weboberflächen müssen sich nicht insgesamt negativ auf die Ergonomie auswirken. Entscheidend bei der Gestaltung von Websystemen ist – wie auch in Kapitel 7 und den ISO-Ergonomie-Richtlinien dargestellt – eine auf den Benutzer ausgerichtete Oberfläche. Dazu sollte die ihm vertraute Terminologie verwendet werden und der Dialogablauf schlüssig und dem normalen Arbeitablauf angepasst sein.

8.2 JSP und Servlets

Bei der Realisierung der serverseitigen Präsentationsschicht treffen zwei unterschiedliche Welten aufeinander:

- Einerseits müssen im Format einer Auszeichnungssprache (meist HTML) Webseiten generiert werden.
- Andererseits muss in einer Programmiersprache auf die Geschäftslogik zugegriffen werden, um Geschäftsprozesse anzu-

[14] Eine vergleichsweise kleine Rolle spielt die für die Generierung der Webseite erforderliche Zeit.

stoßen und um die in den Webseiten angezeigten Daten aus der Anwendungsschicht zu laden.

Im Java-Umfeld stehen mit *Servlets* [HuCr98] und *JavaServer Pages* (JSP) [Berg01] zwei Technologien zur Verfügung, um die Welten zu verbinden.

Servlets

Servlets können als spezielle Javaklassen verstanden werden, an die ein HTTP-*Request* weitergereicht werden kann.

Dazu enthält der *Request* einen Parameter, den der Webserver auf den Namen eines *Servlets* abbildet, für das er dann eine Standardmethode aufruft, bspw. `doGet()` bei einem GET-*Request*.

In *Servlets* können nahezu alle Funktionalitäten von Java genutzt werden, ihre Hauptaufgabe ist aber die Erzeugung von HTML-Seiten. Code 8.3 zeigt ein Servlet, das in seiner `doGet()`-Methode ein HTML-Dokument mit dem Titel „Hello“ (Zeile 9), dem Text „Hello World“ (Zeile 11) und dem aktuellen Datum (Zeile 12) erzeugt.

Code 8.3: Hello-World-Servlet

```
1  import java.util.Date;
2  import ...
3  public class HelloWorldServlet extends HttpServlet{
4    public void doGet(HttpServletRequest req,
5                      HttpServletResponse resp)
                     throws ServletException, IOException{
6      PrintWriter out = resp.getWriter();
7      resp.setContentType("text/html");
8      out.println("<html>");
9      out.println("<head><title>Hello</title></head>");
10     out.println(" <body>");
11     out.println("  <h1>Hello World</h1>");
12     out.println(new Date().toString());
13     out.println(" </body>");
14     out.println("</html>");
15   }
16 }
```

Die Parameter der `doGet()`-Methode sind vom Typ `HTTPServletRequest` und `HTTPServletResponse`. Sie kapseln den HTTP-*Request*- bzw. HTTP-*Response-String* als Java-Objekte.

Das Objekt `out` ist ein `PrintWriter`-Objekt, das mit dem `HTTPServletResponse`-Objekt verbunden wird (Zeile 6) und dessen Ausgabebefehle an den Browser zurückgeschickt werden.

Der im Browser anzuzeigende HTML-Code wird im Java-Code in Form vieler `out.println(..)`-Anweisungen definiert und damit dynamisch erzeugt.

Bewertung

Durch den in den Java-Code eingefügten HTML-Code geht der Überblick über das HTML-Seitenlayout und auch über die Geschäftslogik schnell verloren.

Jede Änderung des Aussehens einer Webseite erfordert eine Änderung im Quellcode des *Servlets* und damit auch ein erneutes Kompilieren der *Servlet*-Klasse.

JavaServer Pages

Statt wie bei *Servlets* HTML-Code in normale Java-Klassen einzufügen, verfolgt man bei *JavaServer Pages* genau den umgekehrten Weg: JSP können als Webseiten betrachtet werden, in die Java-Code eingefügt ist[15]. Code 8.4 zeigt eine JSP mit derselben Funktionalität wie das *Servlet* in Code 8.3.

Code 8.4: Hello-World-JSP

```
<%@ page import="java.util.*" %>
<html>
  <head>
   <title>Hello</title>
  </head>
  <body>
   <h1>Hello World</h1>
   <%=new Date().toString() %>
  </body>
</html>
```

Bewertung

Wenn man mit dem eingefügten Java-Code sparsam umgeht, ähneln JSP stark den Dokumenten der jeweiligen Auszeichnungssprache, in unserem Beispiel HTML-Seiten. JSP besitzen also gegenüber *Servlets* den Vorteil, dass in ihnen die Struktur der Webseite und die genutzten HTML-Gestaltungsmittel wesentlich besser zu erkennen sind.

In der Regel sollte funktionaler Java-Code sowohl in *Servlets* als auch in JSP möglichst eingeschränkt sein, denn das primäre Ziel beider Technologien ist die Generierung von Webseiten. Funktionale Aspekte sollten in anderen Klassen realisiert werden.

Zur Generierung dynamischer Webseiten sind JSP von Vorteil, weil sie fast genauso wie HTML-Seiten erstellt und gepflegt werden können: So lassen sich z.B. HTML-Editoren zur Gestaltung der Seiten einsetzen. Ein weiterer Vorteil ist, dass Änderungen einer JSP

---

[15] Technisch gesehen werden JSP in *Servlets* transformiert.

kein explizites Kompilieren durch den Entwickler erfordern, dies geschieht automatisch durch den Webserver, der JSP verarbeiten kann.

Weil die in diesem Kapitel vorgestellte Architektur stark auf JSP aufbaut, wollen wir im folgenden Abschnitt die Grundelemente von JSP kurz vorstellen.

8.2.1 Sprachelemente in JavaServer Pages

JavaServer Pages erweitern Dokumente einer Auszeichnungssprache um Java-Code.

Aufgabe des Java-Code in JSP

Grundsätzlich kann in einer JSP nahezu der gesamte Funktionsumfang von Java genutzt werden. In einer gut verständlichen JSP ist der enthaltene Java-Code so weit wie möglich reduziert und in andere Klassen ausgelagert. Generell sollte der Java-Code innerhalb einer JSP nur dem Zweck dienen, Daten von Geschäftsobjekten dynamisch in die Webseite einzufügen.

Im Überblick können in JSP die folgenden Elemente unterschieden werden[16]:

- *Template-Text*

  Eine JSP sollte zum größten Teil aus *Template*-Text bestehen, der jedes beliebige Format besitzen kann. In der Regel ist dies HTML-Code, aber auch andere Formate (WML, TeX, usw.) sind möglich.

  In den *Template*-Text müssen Daten der Geschäftsobjekte eingefügt werden können. Dazu wird Java-Code in den *Template*-Text integriert, was auf verschiedene Arten geschehen kann.

- *Expressions*

  Es können Java-Ausdrücke (*Expressions*), die ein Ergebnis zurückgeben, verwendet werden. Das Ergebnis des Ausdrucks wird in einen *String* konvertiert und unmittelbar in den *Template*-Text eingefügt.

  Ausdrücke eignen sich besonders gut, um Objektdaten in Form von *Strings* in die Webseite einzufügen. Ausdrücke beginnen mit `<%=` und enden mit `%>`. Zum Beispiel enthält `<%= name %>` den *String*-Wert der Variablen `name`.

- *Scriptlets*

  Vollständige Java-Befehle können in Form sogenannter *Scriptlets* eingebettet werden. Dabei wird normaler Java-Code innerhalb des *Template* in spitze Klammern <% ..%>, eingeschlossen, z. B. `<% Date d = new Date();%>`

---

[16] Für eine detailliertere Einführung sei bspw. auf [Berg01] verwiesen.

Es reicht nicht, nur Java-Code in den *Template*-Text einzubetten, sondern es müssen auch seitenbezogene Festlegungen, bspw. für den Import von Java-Bibliotheken oder das Inkludieren einer Datei möglich sein.

Direktiven

- Diesem Zweck dienen sogenannte Direktiven, die mit <%@ beginnen und mit %> enden. Es gibt zwei verschiedene Arten von Direktiven, die im Folgenden für uns von Interesse sind[17]: Klassen oder Pakete lassen sich mit

```
<%@ page import="java.io.*, java.util.*"%>
```

importieren. Ein Dateiinhalt kann als statischer Text in die JSP wie folgt eingebunden werden:

```
<%@ include file = "header.html" %>
```

Action-Elemente

- Schließlich gibt es noch spezielle JSP-*Tags*, die sogenannten *Action*-Elemente, mit denen man serverseitige Objekte verwenden kann[18]. Für häufig benötigte Funktionalitäten sind einige Standard-*Action*-Elemente definiert. Wichtig für uns sind:

… useBean-Action

```
<jsp:useBean id="p" class="Person"/>
```

erzeugt ein Objekt namens p mit dem Standard-Konstruktor der *JavaBean*-Klasse[19] Person. Das Lesen und Setzen von Objekt-Attributen geschieht mit den *Actions*:

```
<jsp:getProperty name="p" property="alter"/>
<jsp:setProperty name="p" property="alter"
                                        value=25/>
```

```
<jsp:forward page = "next.jsp" />
```

…forward-Action

leitet einen *Request* an eine andere JSP, die sich in der Datei next.jsp befindet, weiter.

JSP-Kommentare

- Zu guter Letzt gibt es auch für Kommentare in JSP eine eigene Notation: <%-- ein Kommentar --%>.

Abb. 8.6. zeigt eine „typische" JSP mit der Verzahnung von *Template*-Text, *Scriptlets*, JSP-Kommentar, *Action*-Elementen und Ausdrücken.

---

[17] Weitere Arten von Direktiven werden in [Berg01] vorgestellt.

[18] Es können auch eigene *Action*-Elemente, sog. *Custom Actions*, definiert werden, mit denen Java-Code in speziellen Klassen ausgelagert werden kann, um das Design der JSP zu vereinfachen, siehe [Berg01]. Mehrere *Custom Actions* können in einer *TagLibs* zusammengefasst werden.

[19] Eine JavaBean ist eine normale Java-Klasse, die einen Standard-Konstruktor und set- und get-Methoden für ihre Attribute besitzt.

```
<% } else  if (cmd.indexOf("find")==0) { %> <%-- suche --%>
<H2>you will be forwarded soon ...</H2><BR>
<jsp:forward page='<%=bundle.getString("process.findinit")%>'/>
  <jsp:param name='searchField' value='<%= cmd %>' />
  <jsp:param name='action' value='<%= cmd %>' />
</jsp:forward>
<%} else if ("store".equals(cmd)){ %>
```

Scriptlet | £ Template-Text | JSP-Action
k JSP-Kommentar | Ausdruck (Expression)

Abbildung 8.6: JSP-Syntax

Ablauf beim Aufruf einer JSP

Bei ihrem ersten Aufruf wird aus einer JSP von dem zum Webserver zugehörigen *Servlet*-Container[20] ein *Servlet* generiert. Dabei werden alle JSP-spezifischen Elemente der *JavaServer Page* in Java-Befehle umgewandelt und der *Template*-Text in `println()`–Anweisungen aufgenommen. Anschließend wird das generierte *Servlet* ausgeführt[21] und so die gewünschte Serverantwort erzeugt.

Bewertung

Die Vermischung von Java-Konstrukten mit der Auszeichnungssprache führt zu unübersichtlichem und schwer nachvollziehbarem Code. Bei einer „sorglosen" Entwicklung entsteht schnell eine nur schwer lesbarere Mischung aus Direktiven, *Scriptlets*, *Template*-Text und *Action*-Elementen.

Leitlinien

Deshalb soll noch einmal das Argument zu Beginn des Abschnitts aufgegriffen werden: Eine JSP sollte vornehmlich für das Layout einer Webseite sorgen und so wenig funktionalen Java-Code wie möglich enthalten. Der in einer JSP eingebettete Java-Code sollte nur dazu dienen, Daten dynamisch in die Webseite einzufügen – alle aufwendigeren Funktionen sollten in andere Klassen ausgelagert werden.

8.2.2 Übergabe von Daten zwischen JSP

Die in einem Websystem enthaltenen Dialoge sind eine Folge mehrerer JSP, die zur Durchführung eines Vorgangs dienen. Zwischen den am Dialog beteiligten JSP müssen normalerweise Daten ausgetauscht werden, um bspw. Eingabedaten in Folgeseiten zu übernehmen.

Der Datenaustausch kann über zwei Mechanismen geschehen: entweder über die bei einem HTTP-*Request* ausgetauschten *String*-

[20] Der *Servlet*-Container ist die Laufzeitumgebung für *Servlets* und JSP.

[21] Aufruf einer der Methoden `doGet()`, `doPost()`, `service()`, ...

Parameter[22] oder mithilfe von *JavaBean*-Objekten, die von mehreren JSP gemeinsam genutzt werden.

Datenaustausch über Objekte

Scopes

Zum Datenaustausch zwischen JSP können für neu erzeugte *Bean*-Objekte Gültigkeitsbereiche (*scopes*) definiert werden. Wichtig sind vor allen Dingen drei Bereiche:

...application

- Der *Application Scope* stellt Objekte für die komplette Web-Anwendung zur Verfügung. Dies ist für von allen JSP genutzte Ressourcen sinnvoll, bspw. Datenbankverbindungen oder Objekte von Fassadenklassen.

...session

- Ein Objekt im *Session Scope* wird einem benutzerbezogenen Dialog zugeordnet. Es speichert sitzungsbezogene Daten zum *Session Tracking*, bspw. den Einkaufswagen eines Kunden in einem Internet Shop (s.u.).

...request

- Schließlich dienen Objekte im *Request Scope* dazu, Daten für den aktuellen *Request* zu speichern. Sie stehen nach einem `forward()` der nachfolgenden JSP zur Verfügung.

Java-Objekte können auf zwei verschiedene Weisen in den einzelnen *Scopes* abgelegt werden. Dabei ist die Funktionsweise der beiden Varianten identisch.

A. *Scopes* von *Beans*

Beim Erzeugen eines *JavaBean*-Objektes kann der *Scope* wie folgt angegeben werden:

```
<jsp:useBean id="myCart" class= "Cart"
                                    scope="session"/>
```

Dadurch wird ein Objekt namens `myCart` der Klasse `Cart` im *Session Scope* gesucht und – falls es dies nicht gibt – per Standard-Konstruktor erzeugt und dem entsprechenden Benutzer zugeordnet. Das Objekt `myCart` kann dann in allen JSP, die zum Dialog desselben Benutzers gehören, verwendet werden.

B. Implizite Objekte

Außerdem gibt es für jeden *Scope* ein implizites Standard-Objekt, das in jeder JSP zur Verfügung steht und nicht deklariert oder erzeugt werden muss.

Diese Objekte heißen: `application`, `session` sowie `request`. In sie kann man wie bei einer Hashtabelle Schlüssel/Objekt-Paare einfügen.

---

[22] vgl. Abschn. 8.1.2.2 zum Format von HTTP-*Requests*.

Innerhalb einer JSP eines bestimmten Dialogs lässt sich mit `session.setAttribute("cart", myCart)` das Objekt `myCart` unter dem Schlüsselnamen `cart` in den *Session Scope* einfügen.

In einer nachfolgend vom selben Benutzer aufgerufenen JSP kann durch Aufruf von `session.getAttribute("cart")` wieder auf das `myCart`-Objekt zugegriffen werden.

Datenaustausch über Request-Parameter

Das folgende Beispiel zeigt, wie man die in einer HTML-Seite erzeugten *Request*-Parameter in einer nachfolgenden JSP auslesen kann.

Als Ausgangspunkt dient das HTML-Formular in Code 8.5. Nachdem der Anwender dort den *Submit*-Knopf drückt, wird ein HTTP-*Request* an den Webserver geschickt, dem die Inhalte der *Input*-Elemente `action` und `nickname` als *Request*-Parameter in Form von Schlüssel/Werte-Paare übergeben werden (vgl. Abschn. 8.1.2.2 zum Format von HTTP-*Requests*).

```
<html>
...
 <body>
  <FORM action='process' method='POST'>
    Please enter your Name:
    <input type=text name='nickname'
                          value='your Nickname'/> <BR/><BR/>
    <input type='submit' value='ok'/>
  </FORM>
 </body>
</html>
```

Code 8.5: HTML-Formular

Der Webserver nimmt den HTTP-*Request* entgegen und leitet ihn an einen *Servlet*-Container weiter.

Erzeugen eines HttpServlet-Request

Dieser erzeugt aus dem HTTP-*Request* ein Java-Objekt vom Typ `HttpServletRequest`, das unter anderem alle *Request*-Parameter aufnimmt. Auf dieses Objekt kann man innerhalb der aufgerufenen JSP über das implizite Objekt `request` zugreifen.

Code 8.6 zeigt, wie die *Request*-Parameter in einer JSP ausgelesen werden können. Mit der Methode `getParameter(String key)` erhält man für einen übergebenen Schlüssel den Wert des entsprechenden *Request*-Parameters[23]. Im Beispiel werden die beiden

[23] vom Typ String

Parameter `nickname` und `action` aus dem `request`-Objekt gelesen.

Code 8.6: Auslesen der Request-Parameter

```
...
Nickname: <%=request.getParameter("nickname")%> <br>
action: <%=request.getParameter("action")%> <br>
...
```

Mit den beiden Methoden:

- `setAttribute(String key, Object value)` und
- `Object getAttribute(String key)`

können anstatt von Strings auch beliebige Objekte in das `request`-Objekt eingefügt und gelesen werden.

8.2.3 Wiederverwendbare Module

Die zu einer Webanwendung gehörenden Seiten enthalten oft dieselben Seitenelemente, wie z.B. *Header*, *Footer* und Navigationsleisten, um eine einheitliche Benutzerführung zu gewährleisten.

Modularisierung durch Includes

Diese Elemente sollten nicht als Kopie in jeder JSP enthalten sein, sondern – um Redundanz zu vermeiden – als sogenannte *Page-Fragments*[24] in eigene Module ausgelagert werden. Diese Module können dann mehrfach in verschiedenen JSP mittels JSP-Direktive oder *Action*-Elemente eingebunden werden.

... per Direktive

Mit der JSP-Direktive `<%@ include file="header.jsp" %>` wird der Inhalt einer Datei in die JSP eingefügt, wenn diese in ein *Servlet* übersetzt wird.

Damit stehen der eingebundenen Seite `header.jsp` alle Scriptlets und Actions der umfassenden Seite zur Verfügung[25].

Da mit der Direktive lediglich ein statischer Text in die umfassende Seite kopiert wird, bietet sich diese Form von *Includes* besonders für unveränderlichen Text wie z.B. HTML-Code oder in die Web-Seite eingebetteten *JavaScript*-Code an. Das *JavaScript* wird in einer eigenen Datei gespeichert und kann dann beliebig oft in andere JSP eingebunden werden. Werden Änderungen an diesem

---

[24] Ein beliebiger Teil einer JSP kann in eine eigene Datei ausgelagert werden. Diese Module nennt man *Page-Fragment*. Sie sind selber keine gültige JSP, können aber durch Einbindung in eine „Träger"-JSP ihre Funktionalität entfalten. Im Folgenden werden *Modul* und *Page-Fragment* gleichbedeutend verwendet.

[25] Die Funktionalität ist vergleichbar mit dem aus der Programmiersprache C/C++ bekannten *include*.

Script vorgenommen, so schlagen die Änderungen auf alle JSP durch, die dieses Modul verwenden.

... per Action-Element

Bei Verwendung eines *Action*-Elements <jsp:include page="file.jsp "flush="true"> wird die inkludierte Seite erst bei einer Seitenanforderung (*Page Request*) eingefügt. Dadurch ist es möglich, die einzubindende Seite dynamisch (z.B. über eine Variable) festzulegen.

Beim Inkludieren einer Seite mithilfe einer *Action* können dem eingebundenen Modul Parameter übergeben werden, um es mit dynamischen Elementen auszustatten.

Code 8.7 zeigt ein Beispiel, in dem in einem Standard-*Footer* ein prozessbezogener Text eingefügt werden soll. Dieser Text wird mit der jsp:param-Action der inkludierten JSP footer.jsp als Parameter namens pageLink übergeben (Zeile 3-4).

```
1  :
2  <jsp:include page="footer.jsp" flush='true'>
3   <jsp:param name="pagelink"
            value='HTTP://www.inform.fh-hannover.de'/>
4  </jsp:include>
5   :
```

Code 8.7: Parameter in Modulen

Ausgelesen wird er innerhalb der JSP footer.jsp dann durch den Befehl: request.getParameter("pageLink").

Vermeidung absoluter Seitenverweise

Nachfolgende JSP sollte man nicht durch absolute Pfadnamen spezifizieren. Werden bspw. JSP im Webserver umbenannt, oder ändern sich dort die Verzeichnisstrukturen, so muss dies mit viel Aufwand in den JSP nachgezogen werden. Deshalb sollten innerhalb der einzelnen JSP feste Verweise auf Folgeseiten durch logische Namen (Aliasnamen) ersetzen werden.

Eine einfache Möglichkeit, hart-codierte *Links* in JSP-Seiten zu vermeiden, ist in Java die Verwendung von ResourceBundle. Dabei werden die Ziele für einen Seitenwechsel (*Link-Targets)*[26] mit einem entsprechenden Alias (Schlüssel/Wert-Paar) in einer externen Properties-Datei gespeichert[27]. Mit der MethodegetString(" propertyName") der Klasse ResourceBundle lassen sich so die entsprechenden *Link-Targets* zur Laufzeit ermitteln. Code 8.8

[26] Der URI der anzusprechenden Ziel-Seite (JSP oder *Servlet*)

[27] Diese Datei muss sich innerhalb des CLASSPATH des *Servlet*-Containers befinden.

zeigt, wie in einer JSP eine Zielseite aus einem ResourceBundle eingelesen wird.

Code 8.8: Verwendung logischer Seitennamen in einer JSP

```
1  <% bunde = new
             ResourceBundle("application.properties"); %>
2  ...
3  <a href="<%=bundle.getString("forms.path.login")%>" >
4    weiter
5  </a>
6  ...
```

Bei der Ausführung der JSP wird dann das Ergebnis des Ausdrucks in Zeile 3 in den HTML-Code (Code 8.9) eingefügt.

Code 8.9: Auswertung der JSP-Expression

```
...
 <a href="loginDlg.jsp" >weiter</a>
...
```

Code 8.10 zeigt schließlich den Aufbau der *properties*-Datei, in der die in den JSP genutzte logische Verweise auf die konkreten Seiten abgebildet werden.

Code 8.10: Die Datei application.properties

```
forms.path.entrance=patternMain.jsp
forms.path.home=userForumList.jsp
forms.path.login=loginDlg.jsp
forms.path.newmember=newMemberDlg.jsp
forms.path.allforums=completeForumList.jsp
...
```

Alternativ zur Verwendung von *ResourceBundles* kann die Zuordnung zwischen logischen Namen und JSP-Seiten auch in anderer Weise abgelegt sein, bspw. in XML-Dateien oder in Datenbanken[28].

8.3 Model-2-Architektur

Bei der Entwicklung der Server-Präsentationsschicht sollen die in Kapitel 7 genannten Anforderungen erfüllt werden:

[28] In manchen Webservern können Indirektionsmechanismen auch direkt in entsprechenden Konfigurationsdateien umgesetzt werden.

- Die Präsentationsschicht soll mit der Anwendungsschicht lose gekoppelt sein, was durch die ausschließliche Verwendung der Fassadenklassen erreicht wird. *Anforderungen*
- Die innere Struktur der Benutzerschnittstelle soll das MVC-Muster umsetzen und insbesondere eine Trennung zwischen Präsentation und Dialogkontrolle gewährleisten.
- In der Benutzerschnittstelle sollen mehrfach auftretende Darstellungskomponenten und Standardabläufe durch ein *Framework* unterstützt und vereinheitlicht werden.

8.3.1 Architekturkonzept

Nun wollen wir eine tragfähige Architektur für Webanwendungen entwickeln, die im Wesentlichen die folgenden Konzepte umsetzen soll:

- Das in Abschnitt 7.1.4 dargestellte *Model-View-Controller*-Entwurfsmuster gibt das grundlegende Architekturprinzip für die Präsentationsschicht vor. Dabei werden die Komponenten der Präsentationsschicht gemäß ihrer Zuständigkeiten unterschieden: die Daten der Anwendung (*model*), die Darstellung der Daten (*view*) und die Dialogkontrolle (*control*).
- Zentrale Kontrollflüsse, wie die Verarbeitung und das Weiterleiten von HTTP-*Requests* sollen an einer Stelle implementiert werden.

Als praktische Umsetzung dieses Prinzips hat sich die sogenannte Model-2-Architektur[29] etabliert, in der die *View*-Komponenten mittels *JavaServer Pages* und die *Controller*-Komponenten durch *Servlets* und sogenannte *Action*-Klassen realisiert werden [AlCM01].

Komponenten der Server-Präsentationsschicht

Überträgt man das MVC-Entwurfsmuster auf die Server-Präsentationsschicht, dann verteilt sich deren Verantwortung auf drei verschiedene Typen von Komponenten:

- Model
  Die darzustellenden Daten aus der Anwendungsschicht (*model*) werden der Benutzungsoberfläche (den JSP) in Form von *Java-*

[29] Es gibt auch die Model-1-Architektur, bei der *View*- und *Controller*-Komponenten durch JSP realisiert werden.

Beans[30] zur Verfügung gestellt. Die *Beans* dienen als einfache Datencontainer, mit denen der Datenaustausch zwischen Anwendungs- und Präsentationsschicht durchgeführt wird. Darüber hinaus können *JavaBeans* innerhalb einer JSP mit einer vereinfachten Notation genutzt werden.

- View
  Die *View*-Komponenten sind für die dynamische Erzeugung einer Webseite verantwortlich. Sie geben das Layout der Seite vor und sorgen dafür, dass die benötigten *Model*-Daten in die Seite integriert werden. Die *Views* werden durch *JavaServer Pages* repräsentiert, die die in *JavaBeans* abgelegten *Model*-Daten in die Webseiten einfügen.
- Controller
  Die Aufgaben der Dialogkontrolle werden von einem *Dispatcher* und sogenannten *Action*-Klassen wahrgenommen.

  Der durch ein *Servlet* realisierte *Dispatcher* dient als zentrale Anlaufstelle für jedes vom *Client* ausgelöste Ereignis. Anhand eines übergebenen Kommandostrings instanziiert er eine *Action*-Klasse, in der das spezielle Ereignis behandelt wird, bspw. indem Daten aus der Anwendungsschicht beschafft und zur Anzeige an eine *View*-Komponente weitergeleitet werden.

Struktur der Model-2-Architektur

Abbildung 8.7 zeigt die Umsetzung des MVC-Musters durch die Model-2-Architektur und wie die einzelnen Komponenten bei der Verarbeitung eines Ereignisses zusammenspielen [BrDH02].

Im Überblick wird ein HTTP-*Request* von der Server-Präsentationsschicht in folgenden Schritten verarbeitet:

1. In einer HTML-Seite wird durch ein Benutzerereignis ein HTTP-*Request* ausgelöst. Dabei wird ein Kommandostring übergeben, der das Ereignis eindeutig identifiziert[31].
2. Das *Dispatcher-Servlet* empfängt den HTTP-*Request* und wertet den Kommandostring aus.
3. Der *Dispatcher* instanziiert eine für das Ereignis vorgesehene Unterklasse von `WebAction`[32] und ruft deren Standardmethode `perform(HttpServletRequest request, HttpServletResponse response)` auf.

---

[30] Eine *JavaBean*-Klasse ist eine normale Java-Klasse mit einem Standard-Konstruktor und `get/set()`-Methoden für ihre Attribute.

[31] siehe 8.1.2.3 Dialogkontrolle.

[32] In den Klassen vom Typ `WebAction` wird die Ereignisbehandlung realisiert, vgl. 8.3.2.3.

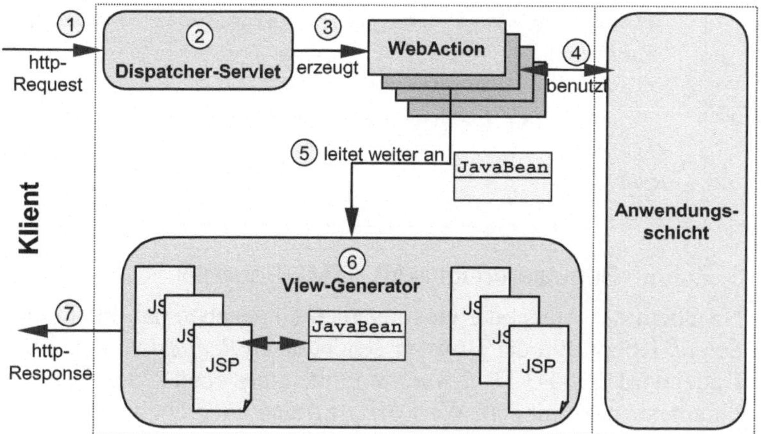

Abbildung 8.7: Model-2-Architektur

4. Die `perform()`-Methode liest die Parameter des HTTP-*Request* und ruft Methoden der Anwendungsschicht auf, um die Geschäftslogik anzustoßen.
5. Die von der Anwendungsschicht zurückgegebenen Daten werden ggf. in *JavaBeans*-Objekte eingepackt. Anschließend wird die zu verwendende JSP aufgerufen und ihr die benötigten *JavaBean*-Objekte zur Verfügung gestellt.
6. Bei erstmaligem Aufruf der JSP wird sie in ein Servlet transformiert und ihr eingebetteter Java-Code ausgeführt. Dabei werden die Attribute der übergebenen *JavaBean*-Objekte in den *Template*-Text der JSP eingefügt und so die Seite vervollständigt.
7. Das Ergebnis der Generierung wird in den *Output-Stream* des *Response*-Objekts geschrieben und als HTTP-*Response* an den *Client* zurückgesendet.

Beispielablauf in der Model-2-Architektur

Das folgende Beispiel soll den oben dargestellten Ablauf noch weiter konkretisieren. Ausgangspunkt ist das in Code 8.11 dargestellte HTML-Formular, das in einem Browser wie in Abb. 8.8 dargestellt angezeigt wird.

```
<html>
 <head><title>Formular</title></head>
 <body>
  <form action='process' method='POST'>
   Please enter your Name:
```

Code 8.11: HTML-Formular (clientseitig)

```
6      <br/>
7      <input type=text name='name' value='your Nickname'/>
8      <br/><br/>
9      <input type='submit' value='ok'/>
10     <input type='hidden' name='cmd' value='printName'/>
11   </form>
12  </body>
13 </html>
```

1. Schritt: Benutzerereignis im HTML-Formular

Nachdem der Anwender einen Namen eingegeben hat, klickt er auf den *ok*-Knopf und der Browser sendet einen *Request* an den Server. Dabei wird dem HTTP-*Request* mithilfe eines versteckten Feldes der Parameter `cmd` mit dem Wert `printName` übergeben.

Der Webserver nimmt den *Request* entgegen, erzeugt ein *Request*-Objekt und reicht es an den *Servlet*-Container weiter. Dieser identifiziert das *Dispatcher Servlet* anhand des `action`-Parameters `process` aus der HTML-Form (Zeile 4), sorgt für dessen Ausführung und übergibt dabei das *Request*-Objekt.

Abbildung 8.8: HTML-Formular

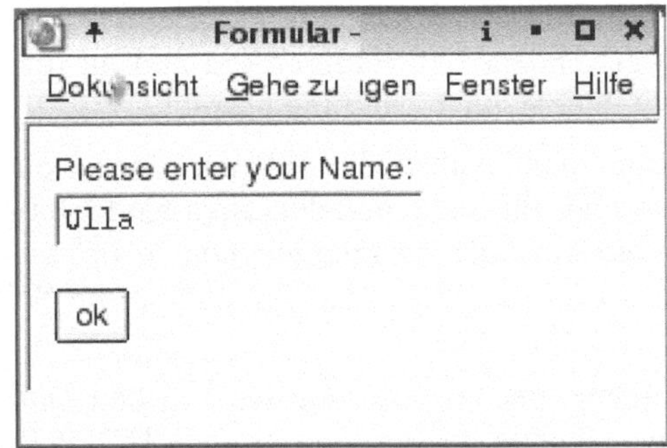

2. Schritt: Auswertung durch Dispatcher-Servlet

Das *Dispatcher Servlet* wertet den "`cmd`-Parameter" aus (Code 8.12, Zeile 5), um das Ereignis zu identifizieren, und leitet dessen Behandlung an eine konkrete *Action*-Klasse weiter.

3. Schritt: Instanziierung der Action-Klasse

Das *Dispatcher Servlet* instanziiert die für die Ereignisbehandlung vorgesehene Klasse `PrintNameAction`.

Klassen, die Ereignisse behandeln, sollen in der hier vorgestellten Architektur das *Interface* `WebAction` implementieren, das eine Methode `perform()` deklariert. In dieser Methode ist die konkrete

Ereignisbehandlung implementiert, weshalb sie vom *Dispatcher Servlet* aufgerufen wird.

Dabei übergibt das *Dispatcher Servlet* Referenzen auf das *Request*-, das *Response*-Objekt und auf sich selbst (Zeile 7). Diese Objekte werden benötigt, um die Ereignisbearbeitung im Webkontext erfolgreich durchführen zu können.

Code 8.12: Dispatcher-Servlet

```
 1 public class ControllerServlet extends
                              javax.servlet.HTTP.HTTPServlet{
 2   public void service(HTTPServletRequest req,
 3                               HTTPServletResponse resp)
 4                    throws ServletException, IOException{
       String actionParam = req.getParameter("cmd");
 5     if (actionParam.equals("printName")){
 6       PrintNameAction prntAction =new PrintNameAction();
 7       prntAction.perform(req, resp, this)
 8     }else
 9     if (actionParam.equals(".........
10      :
11   }
12 }
```

4. Schritt: Ereignisbehandlung

In der `perform()`-Methode von `PrintNameAction` ist der für die Behandlung des Ereignisses notwendige Programmcode untergebracht (Code 8.13). Dazu liest sie zunächst Parameter aus dem übergebenen *Request*-Objekt aus und übergibt diese an Methoden der Anwendungsschicht, die einen Geschäftsprozess auslösen, der hier ein Objekt `member` zurückliefert (Zeile 4-5).

Code 8.13: Ereignisbehandlung durch eine Action-Klasse

```
 1 ...
 2 public class PrintNameAction implements WebAction{
 3   public void perform(HTTPServletRequest req,
                      HTTPServletResponse resp,
                      HTTPServlet servlet){
 4     String nickname = req.getParameter("name");
 5     Object member = Fassade.doSomeThing(nickname);
 6     req.getSession().setAttribute("myMember", member);
 7     req.getRequestDispatcher("sample.jsp").forward(req,
                                                    resp);
 8   }
 9   ...
10 }
```

5. Schritt: Aufruf der nachfolgenden JSP

Das vom Geschäftsprozess zurückgegebene `member`-Objekt wird mit Schlüssel `myMember` in den *Session Scope* eingefügt, um es der nachfolgenden JSP zur Verfügung zu stellen (Zeile 7). Dabei liefert die Methode `getSession()` des `HTTPServletRequest`-Objekts das in den JSP zum *Session Tracking* genutzte implizite Objekt `session`. Anschließend wird der *Request* an die JSP `sample.jsp` weitergeleitet, die eine Antwort generieren soll (Zeile 7).

6. Schritt: Dynamische Generierung der HTML-Seite

Die JSP `sample.jsp` benutzt die `getParameter()`-Methode des – impliziten – *Request*-Objekts (Code 8.14, Zeile 4) und fügt den Ergebnis-*String* in das HTML-Template ein.

Code 8.14: Generierung des HTML-Dokuments mittels JSP

```
1 <%@page contentType="text/html"%>
2 <html><head><title>result</title></head>
3  <body>
4   Your name is: <%= request.getParameter("name") %>
5  </body>
6 </html>
```

Als Ergebnis wird die in Code 8.15 dargestellte HTML-Seite erzeugt.

Code 8.15: Generiertes HTML-Dokument

```
<html><head><title>result</title></head>
 <body>
  Your name is: Ulla
 </body>
</html>
```

7. Darstellung der neuen Seite im Browser

Die so erzeugte HTML-Seite wird anschließend an den Client gesendet und dort in einem Webbrowser dargestellt, wie in Abbildung 8.9 angezeigt.

Abbildung 8.9: Ergebnis im Browser

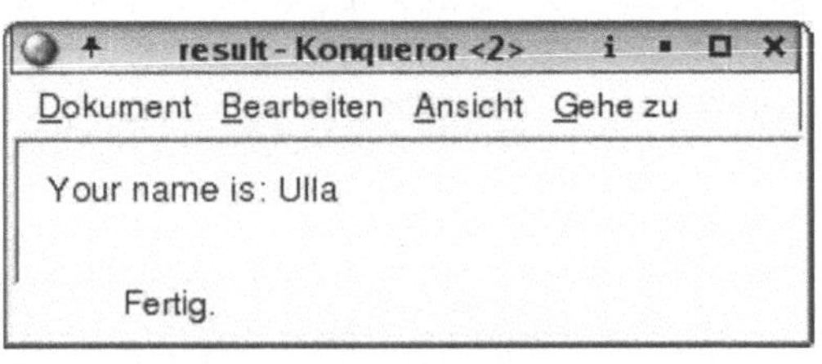

Bewertung der Model-2-Architektur

Die vorgestellte *Model-2-Architektur* ermöglicht eine saubere Trennung der Verantwortlichkeiten innerhalb der Präsentationsschicht und führt damit zu einem kohärenten und flexiblen Design.

Die JSP dienen zur Präsentation (*view*) der fachlichen Daten, die ihnen durch *JavaBans* (*model*) zur Verfügung gestellt werden. Sämtlicher Kontrollfluss ist aus den JSP in die *Action*-Klassen verlagert, die sämtliche Aufgaben der Dialogkontrolle wahrnehmen.

8.3.2 Implementierung der Model-2-Architektur

In diesem Abschnitt wollen wir die Implementierung der einzelnen Komponenten der *Model-2-Architektur* im Detail vorstellen.

8.3.2.1 Dispatcher-Servlet

Das *Dispatcher-Servlet*[33] dient lediglich als zentraler Einstiegspunkt für alle Anforderungen eines Web-Clients. Es identifiziert das stattgefundene Ereignis und delegiert dessen Behandlung eine sogenannte *Webaction*-Unterklasse.

Code 8.16 zeigt eine Implementierungsvariante: In der bei einem HTTP-*Request* aufgerufenen `service()`-Methode des *Servlets* wird zunächst der `cmd`-Parameter in einem *String* zwischengespeichert (Zeile 5).

Code 8.16: Dispatcher-Servlet mit Case-Konstrukt

```
1  public class ControllSamCommServlet extends ja-
2  vax.servlet.HTTP.HTTPServlet {
3    :
4    public void service(HTTPServletRequest req,
                           HTTPServletResponse resp)
                     throws ServletException, IOException{
5      String actionParam = req.getParameter("cmd");
6      WebAction webAction = null;
7      if (actionParam.equals("load"))webAction
                                       = new LoadAction();
8      else if (actionParam.equals("store"))webAction
                                      = new StoreAction();
9      else if (actionParam.equals("login"))webAction
```

[33] vgl. Abbildung 8.7.

```
                                  = new LoginAction();
10     else webAction = new NotfoundAction();
11     webAction.perform(req, resp, this);
12   }
13 }
```

Anschließend wird ein Objekt vom Typ `WebAction` deklariert (Zeile 6). In der Folge von `if-else`-Konstrukten (Zeile 7-11) erfolgt die Auswahl der dem `cmd`-Parameter entsprechenden `WebAction`-Klasse und deren Instanziierung. Wurde ein ungültiger Wert für den `cmd`-Parameter übergeben, wird automatisch eine `NotfoundAction` erzeugt (Zeile10). Abschließend wird die Ereignisverarbeitung durch den Aufruf der `perfom()`-Methode an die Instanz der ausgewählten `WebAction`-Klasse weitergeleitet (Zeile 11). Dabei werden als Parameter Referenzen auf `Request`-, `Response`-Objekt und *Dispatcher-Servlet* übergeben.

Bewertung

Dieser Ansatz ist zwar leicht verständlich, aber auch unflexibel bei Erweiterungen. Wenn neue Funktionalitäten hinzukommen, muss nicht nur eine neue `WebAction`-Klasse implementiert, sondern zusätzlich das *Dispatcher-Servlet* angepasst, kompiliert und dem Webserver übergeben (*deployed*) werden.

Auswertung durch Reflection-Mechanismus

Die genannten Nachteile lassen sich vermeiden, wenn die `WebAction`-Instanz per *Reflection*-Mechanismus [FiSa99] erzeugt wird. Dazu wird aus dem Wert des `cmd`-Parameters und einem Präfix der Name der zu instanziierenden `WebAction`-Klasse zusammengesetzt (Code 8.17, Zeile 12-14)[34]. Anschließend wird mit Hilfe dieses Klassennamens eine Klassendefinition geladen (Zeile 16), ein Konstruktor für die Klasse erzeugt (Zeile 17) und über diesen Konstruktor eine neue Instanz der Klasse erzeugt (Zeile 18). Abschließend wird auch hier die eigentliche Ereignisbehandlung durch den Aufruf der `perform()`-Methode an die Instanz der entsprechenden `WebAction`-Unterklasse weitergereicht (Zeile 19).

Code 8.17: Dispatcher-Servlet mit Reflection

```
1 public class ControllSamCommServlet extends
                        javax.servlet.HTTP.HTTPServlet {
2   private static final String ACTION_PREFIX
                              ="controller.gui.net.action.";
3   java.util.ResourceBundle bundle= null;
4   public ControllSamCommServlet() {
```

[34] Beispiel: Wert des *Request*-Parameters: *login*
Erzeugter Klassenname: controller.gui.net.action.**Login**Action

```
    bundle = java.util.ResourceBundle.
             getBundle("controller.gui.net.application");
    }

  public void service(HTTPServletRequest req,
                                  HTTPServletResponse resp)
                      throws ServletException, IOException{
    String actionParam = req.getParameter("cmd");
    //--Action-Klassen-Namen anpassen------------------
    StringBuffer cmdStr= new StringBuffer(ACTION_PREFIX);
    cmdStr.append(actionParam.substring(0,1).
                                        toUpperCase());
    cmdStr.append(actionParam.substring(1,
                      actionParam.length()).toLowerCase());
    cmdStr.append("Action");
    try{
      Class c = Class.forName(cmdStr.toString());
      Constructor ct = c.getConstructor(null);
      WebAction cmd = (WebAction)ct.newInstance(null);
      cmd.perform(req, resp, this, bundle);
    }catch (Exception e){
     ...
    }
  }
}
```

Bewertung

Durch die Instanziierung der *Action*-Klassen mithilfe von *Reflection* entsteht ein sehr flexibles, modulares Design. Wenn neue Funktionalitäten zur Anwendung hinzugefügt werden müssen, muss lediglich eine neue `Action`-Klasse implementiert werden. Änderungen am *Dispatcher Servlet* sind nicht nötig. Aus diesem Grund wird dieser Ansatz für die Implementierung auch hier gewählt.[35]

8.3.2.2 Servlet-Mapping

HTML-Formulare besitzen einen *Action*-Parameter, der als logischer Namen für das *Dispatcher Servlet* verwendet werden kann. Dabei

[35] Der *Reflection*-Mechanismus ist relativ zeitaufwendig. Um nicht dieselbe `Action`-Klasse mehrmals instanziieren zu müssen, kann man die Referenz auf jede `Action`-Klasse mit dem `action`-Parameter als Schlüssel in eine Hashtabelle ablegen. Bei jedem *Request* wird dann zunächst in der Hashtabelle nachgeschaut, ob die `Action`-Klasse schon erzeugt wurde.

können optional auch weitere Parameter in der folgenden Form übergeben werden.

```
<form action="process?name=Tom&alter=37" method="post">
  :
</form>
```

logische Servlet-Namen

Die Abbildung des logischen Namens (hier: `process`) auf den Klassennamen des Servlet erfolgt in der Datei `web.xml` des *Servlet*-Containers[36] (Code 8.18).

Dazu wird zunächst im `<servlet>`-Element (Zeile 3-11) ein symbolischer Name (`jspController`) für die *Servlet*-Klasse vergeben. Anschließend wird im `<servlet-mapping>`-Element der logische Name (*path pattern)* für den Aufruf des Servlets definiert. Dabei ist darauf zu achten, dass das Element `<servlet-name>` in beiden Fällen den gleichen Wert erhält.

Code 8.18: web.xml: Servlet Mapping

```
1  <web-app>
2    :
3    <servlet>
4      <servlet-name>
5          jspController
6      </servlet-name>
7      <servlet-class>
8        controller.ControllerServlet
9      </servlet-class>
10     <load-on-startup>1</load-on-startup>
11   </servlet>
12   <servlet-mapping>
13     <servlet-name>
14         jspController
15     </servlet-name>
16     <url-pattern>
17         /process
18     </url-pattern>
19   </servlet-mapping>
20   :
```

[36] Der *Servlet*-Container ist einem Webserver ähnlich und kann HTTP-*Requests* an *Servlets* bzw. JSP weiterleiten. Er ist entweder in einem Webserver integriert oder ein eigenständiges Produkt. Referenz-Implementierung ist der frei verfügbare *Servlet*-Container „Tomcat", von der Apache-Group (http://jakarta.apache.org/tomcat).

Weitere Informationen zum Thema *Servlet-Mapping* und `web.xml` findet man in der Dokumentation der verwendeten *Servlet*-Container (z.B. Jakarta Tomcat in http://jakarta.apache.org/tomcat).

8.3.2.3 WebAction-Klassen

In den `WebAction`-Klassen werden alle Aktionen zur Dialogkontrolle implementiert.

Die Behandlung eines neuen Ereignisses erfordert lediglich eine weitere `WebAction`-Unterklasse, die vom *Dispatcher-Servlet* bei Eintreffen eines entsprechenden Kommandostrings angesprochen wird.

Bei der Implementierung einer `WebAction`-Unterklasse sind die folgenden Bedingungen zu erfüllen:

Konventionen für Action-Klassen

- Die Klasse muss das *Interface* `WebAction` implementieren (siehe unten).
- Sie muss einen *Default*-Konstruktor definieren.
- Die `Action`-Klasse muss sich in dem vom Dispatcher-Servlet vorgesehenen Paket befinden.[37]
- Sie erfüllt die folgende Namenskonvention: Kommandostring + "Action". Dabei müssen im Action-Namen alle Zeichen, außer dem ersten, klein geschrieben sein. Beispiele: `NewAction` oder `UpdateAction`, bzw. `FinddialogAction`.

Diese Konventionen sind notwendig, um im *Dispatcher* eine Erzeugung mittels *Reflection* zu ermöglichen.

Die konkreten `Action`-Klassen müssen in die in Abb. 8.10 dargestellte Klassenhierarchie eingebettet sein. Das *Interface* `WebAction` definiert die zu implementierende `perform()`-Methode. Die abstrakte Klasse `HttpAction` realisiert die Hilfsfunktion `forward()`, und `SamCommAction` bietet bereits für unsere Beispielapplikation *SamComm* Unterstützung.

[37] In unserer Beispielapplikation ist dies das Paket: softwarearchitectre.presentation.browserclient.samcomm.controller.action. Der Dispatcher erzeugt – in unserem Beispiel „festverdrahtet" – den Action-Klassennamen auf Basis dieses Pakets.

Abbildung 8.10: Klassenhierarchie für WebActions

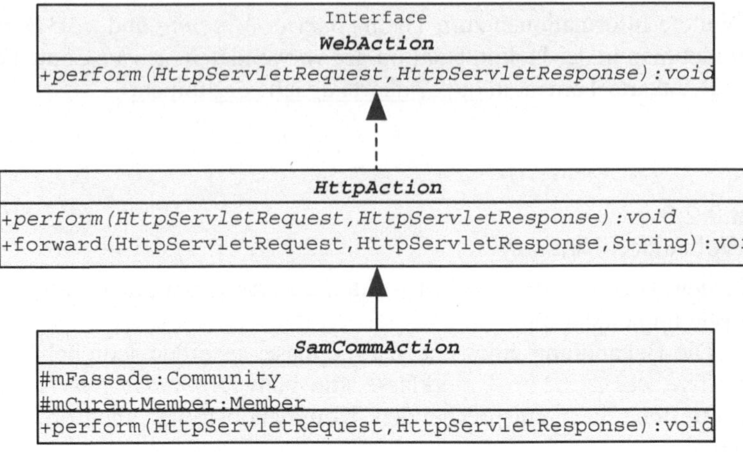

- **`WebAction`**
  Das *Interface* `WebAction` definiert die Schnittstelle, über die alle konkreten `WebAction`-Instanzen angesprochen werden können (Code 8.19). Die in ihr deklariert Methode `perform()` wird vom *Dispatcher* zur Behandlung von Ereignissen aufgerufen. Ihre Parameter ermöglichen den Zugriff auf alle in einer Webumgebung benötigten Objekte, insbesondere das *Request-* und das *Response*-Objekt.

Code 8.19: WebAction

```
public interface WebAction {
   public void perform(HTTPServletRequest req,
                       HTTPServletResponse resp,
                       HTTPServlet servlet,
                       ResourceBundle bundle)
                   throws ServletException, IOException;
}
```

- **`HTTPAction`**
  Da alle *Actions* innerhalb der Beispiel-Anwendung in der Regel mit einem *forward* enden, wurde eine entsprechende Methode in der abstrakten Klasse `HttpAction` implementiert (Code 8.20). Von dieser Klasse sollen keine Objekte instanziiert werden, da sie lediglich die „`forward()`"-Funktionalität in die Vererbungshierarchie einbringt[38].

38 Wie das *Forward* mit einem `RequestDispatcher` geschieht (Zeile 8-9), ist bspw. in [Berg01] genauer beschrieben.

```
:
public abstract class HTTPAction implements WebAction {
 protected void forward(HTTPServletRequest req,
                        HTTPServletResponse resp,
                        String path)
                  throws ServletException, IOException{

   RequestDispatcher rd=req.getRequestDispatcher(path);
   rd.forward(req, resp);
 }
}
```

Code 8.20: HTTPAction

- **SamCommAction**
  Die Klasse `SamCommAction` dient als abstrakte Oberklasse für alle Web-*Actions* von *SamComm*, in denen über Fassadenklassen auf die Geschäftslogik zugegriffen werden muss. In ihr werden die Attribute `mFassade` und `mCurrentMember` aus dem *Application* bzw. *Session Scope* gelesen und gesetzt. Einem Objekt der Klasse `HTTPServlet` steht die Methode `getServletContext()` zur Verfügung, die eine `ServletContext` liefert (Code 8.21, Zeile 11). Diese kann genutzt werden, um applikationsweit Schlüssel/Werte-Paare zu verwalten.

```
1  public abstract class SamcommAction extends HttpAction{
2    protected Community mFassade;
3    protected Member mCurrentMember;
4    ...
5    public void perform(HTTPServletRequest req,
6                        HTTPServletResponse resp,
7                        HTTPServlet servlet,
8                        ResourceBundle bundle)
9                 throws ServletException, IOException {
10      //--Fassade im Application-Scope?-----------------
11      mFassade =(Community)
             servlet.getServletContext().getAttribute("
                                            fassade");
12      //--Fassade nicht gefunden?----------------------
13      if (mFassade==null) throw
          new ServletException("Fassade nicht gefunden!");
14      //-- Member im Session-Scope?--------------------
15      mCurrentMember = (Member)
           req.getSession().getAttribute("currentMember");
16      //--Member nicht gefunden?-----------------------
```

Code 8.21: SamComm-Action

```
        if (mCurrentMember==null){
           //--MemberID im Request-Scope?-----------------
           mCurrentMember =
                      mFassade.findMember(req.getParameter(
                                                  "memberid"));
        }
    ...
```

8.4 Implementierung des Beispielsystems

In diesem Unterkapitel zeigen wir, wie die Weboberfläche für die Beispielanwendung entwickelt wird. Zunächst werden exemplarisch die *View*-Komponenten vorgestellt, anschließend die GUI-*Controller* in Form der `WebAction`-Klassen.

8.4.1 View-Komponenten

In den Abbildungen 8.11 bis 8.14 sind beispielhaft einige Webseiten der *SamComm*-Anwendung dargestellt. Abbildung 8.11 zeigt die Startseite der Applikation, von der aus man sich anmelden oder neu registrieren lassen kann.

Abbildung 8.11: Einstiegsseite patternMain

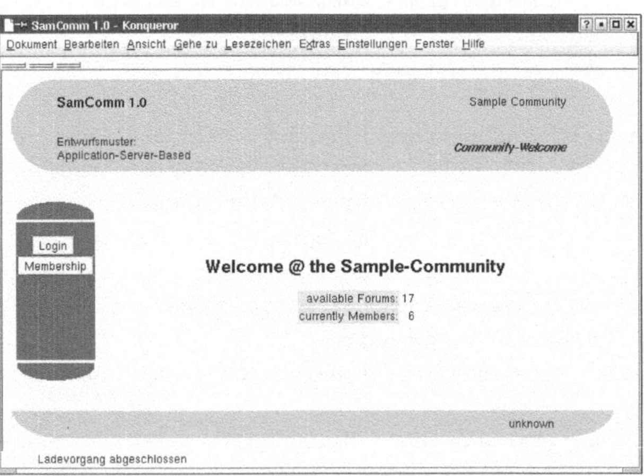

Die nächste Seite `userForum.jsp` (Abb. 8.12) wird angezeigt, nachdem sich ein registriertes Mitglied angemeldet hat. Sie zeigt eine Liste der abonnierten Foren und bietet die Möglichkeit, weitere Foren zu abonnieren oder nach Beiträgen zu suchen.

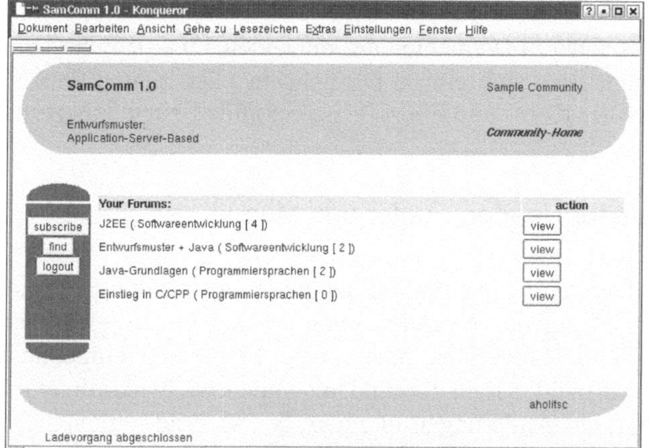

Abbildung 8.12: userForum-List.jsp

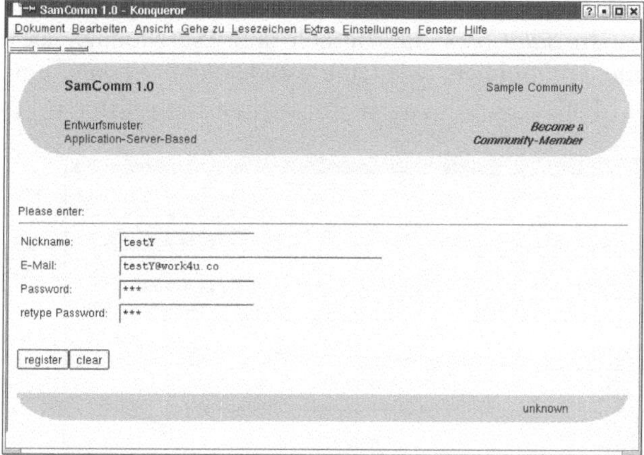

Abbildung 8.13: newMemberDlg

In der Seite `newMemberDlg.jsp` kann sich ein neues Mitglied in der *Community* anmelden (Abb.8.13). Abbildung 8.14 zeigt ein Suchfenster, um die Suche nach bestimmten Beiträgen im Forum zu starten.

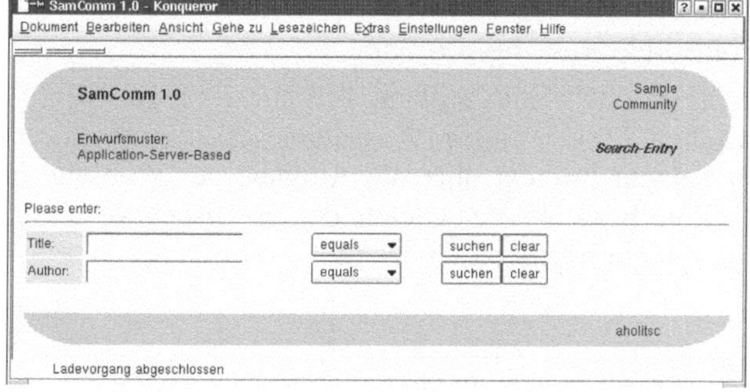

Abbildung 8.14: searchDlg.jsp

Beim genaueren Betrachten der einzelnen *View*-JSP lässt sich leicht erkennen, dass sich einige Bereiche in allen Seiten ähneln. Insbesondere die Kopf- und Fußzeile ist auf allen Seiten nahezu identisch.

8.4.1.1 Module für Header, Footer und Menüs

Module gemeinsamer Webseiten-Fragmente

Bildbereiche, die auf allen Seiten der Anwendung zu finden sind, werden in eigenen Modulen separiert und in die jeweilige Trägerseite mittels Direktiven oder *Action*-Elementen eingebunden. Dadurch vermeidet man Redundanz und erreicht damit eine bessere Wartbarkeit. Änderungen in einem der Module wirken sich auf alle Seiten aus, die dieses Seiten-Fragment inkludieren.

Abb. 8.15 zeigt den Aufbau der „Einstiegsseite" des Beispielprogramms. In *SamComm* lassen sich drei JSP-Module, die in jeder Webseite vorkommen, wiederverwenden: ein *Footer*, ein *Header* und ein Menü.

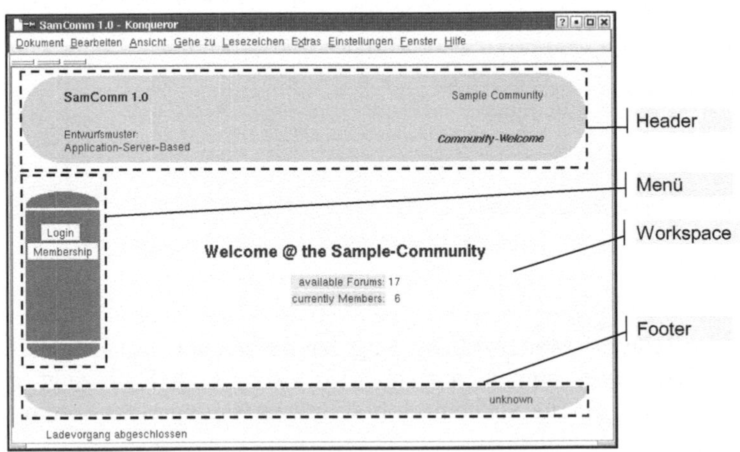

Abbildung 8.15: Beispiel für die Verwendung von Modulen

Der Seiten-Header: header.jsp

Der *Header* besteht zum größten Teil aus *Template*-Text (HTML), siehe Code 8.22. Die einzige Ausnahme ist die *Expression* in Zeile 13, mit der ein Infotext über die Aufgabe der Webseite eingefügt wird.[39]. Zum besseren Verständnis der JSP listen wir die genutzten Parameter zuvor in einer Tabelle auf.

[39] siehe auch Modularisierung / Wiederverwendbarkeit von JSP in Abschnitt 8.2

Verwendete Parameter:

Parameter	Beschreibung:
▪ pageInfo	Enthält den Text, der in der rechten/unteren Ecke des Headers ausgegeben werden soll.

```
<TABLE border='0' cellspacing='0' cellpadding='0'>
  <TR>
     <TD align='right' width='1%'>
            <IMG src='./images/corner_aqua_00.gif'></TD>
     <TD bgcolor='85d3cd'><h3>SamComm 1.0</h3></TD>
     <TD bgcolor='85d3cd' width='90%'> </TD>
     <TD align='right' bgcolor='85d3cd'>
                                     Sample Community</TD>
     <TD align='left' width='1%'>
            <IMG src='./images/corner_aqua_10.gif'></TD>
  </TR>
  <TR>
     <TD align='right' width='1%'>
            <IMG src='./images/corner_aqua_01.gif'></TD>
     <TD bgcolor='85d3cd' align='left'>
           Entwurfsmuster: Application-Server-Based</TD>
     <TD bgcolor='85d3cd' align='center' width='90%'>
                                               </TD>
     <TD bgcolor='85d3cd' align='right'><B><I>
           <%= request.getParameter("pageInfo")%>
      </I></B></TD>
     <TD align='left' width='1%'>
            <IMG src='./images/corner_aqua_11.gif'></TD>
  </TR>
</TABLE>
<P></P>
```

Code 8.22: header.jsp

Das JSP-Fragment ist wohlgeformt, d.h. für jedes Start-*Tag* existiert auch ein Ende-*Tag*. Dadurch kann das Modul relativ leicht in andere Seiten eingebunden werden, ohne dass der genaue Inhalt des Fragments bekannt sein muss.

Abb. 8.16 zeigt einen *Screenshot* des *Headers*. Der Text „Community-Welcome" in der rechten unteren Ecke der Abbildung wird über den Parameter pageInfo festgelegt.

Abbildung 8.16: SamComm Header

Der Seiten-Footer: footer.jsp

Auch diese Datei besteht zum größten Teil aus *Template*-Text. Die einzige Ausnahme sind zwei *Expressions* in Zeile 6 und 9.

Verwendete Parameter:

Parameter	Beschreibung:
■ `pageLink`	Enthält den Text/Link, der am linken Rand des *Footers* ausgegeben werden soll.
■ `userName`	Name des angemeldeten Benutzers.

Code 8.23: footer.jsp

```
1  <P></P>
2  <TABLE width='100%'  border='0' cellpadding='0'
                                        cellspacing='0'>
3   <TR>
4    <TD align='right' width='1%'>
4        <IMG src='./images/corner_aqua_01.gif' width="60"
                                        height='30'></TD>
5    <TD align='left' bgcolor='85d3cd'>
6     <font color='85d3cd'>
              <%= request.getParameter("pagelink")%></font>
7    </TD>
8    <TD align=right bgcolor='85d3cd'>
9      <%= request.getParameter("userName")%>
10   </TD>
11   <TD align='left' width='1%'>
        <IMG src='./images/corner_aqua_11.gif' width='60'
12                                      height='30'></TD>
13  </TR>
14 </TABLE>
```

Abbildung 8.17 zeigt einen *Screenshot* des *Footers*. Der Text am rechten Rand der Abbildung wird über den Parameter `userName` festgelegt, der Wert des Parameters `pageLink` wird am linken Rand angezeigt[40].

Abbildung 8.17: Screenshot des Footers

[40] Im abgebildeten Fall wird eine leere Zeichenkette angezeigt.

Die Menüs mainMenu.jsp

In der `mainMenu.jsp` sind alle Menüdefinitionen von *SamComm* definiert. Sie besteht ebenfalls größtenteils aus HTML-Code. Der Java-Anteil beschränkt sich auf die wenigen *Scriptlets* mit den `if()`-Statements (Code 8.24, Zeile 12, 22, 29). Durch sie wird bestimmt, welches Menü generiert werden soll. Das in einer JSP gewünschte Menü kann über den Parameter `menuName` gewählt werden.Abbildung 8.18 zeigt einige Screenshots des Menüs.

Verwendete Parameter:

Parameter	Beschreibung:
■ `menuName`	Bestimmt das darzustellende Menü.

Code 8.24: mainMenu.jsp

```
1  <TABLE width='20%' border='0' cellspacing='-1' cellpad-
2  ding='-1' >
3     <TR>
4       <TD width='100%'>
5               <IMG src='./images/top_grey.gif' height='20'
                                            width='100%'></TD>
6     </TR>
7     <TR>
8     <TD width='100%' height="150" bgColor='6b6b6b'
                                   valign='top' align='center'>
9       <p></p>
10      <font color='ffffff'>
11 <%-- Menü für das WillkommenFenster################ --%>
12      <% if (request.getParameter("menuName"
                                         ).equals("main")){%>
13         <form action='process' method='post'>
14         <input type='submit' value='Login' width='100'/>
15         <input type='hidden' name='action'
                                           value='logindlg'/>
16         </form>
17         <form action='process' method='post'>
18          <input type='submit' value='Membership'
                                                width='100'/>
19          <input type='hidden' name='action'
                                   value='Shownewmemberdlg'/>
20         </form>
21 <%-- Menü für das LoggedInFenster################## --%>
22   <%} else if (request.getParameter("menuName"
                                 ).equals("loggedin")) {%>
```

```
        <form action='process' method='post'>
         <input type='submit' value='subscribe'
                                              width='100%'/>
          <input type='hidden' name='action'
                                       value='showforumsdlg'/>
         <input type='hidden' name='memberid'
         value='<%=request.getParameter("memberid")%>'/>
        </form>
         ...
<%} else if (request.getParameter("menuName"
                            ).equals("forumcontent")){%>
...
```

Abbildung 8.18: Menü-Varianten

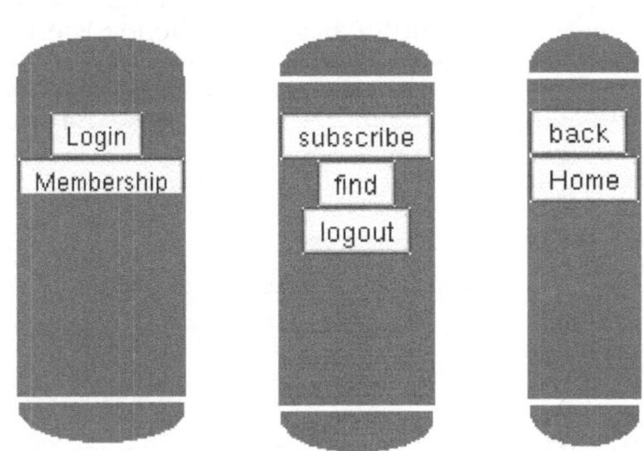

8.4.1.2 View-Komponenten

Die *View*-Komponenten der *SamComm*-Weboberfläche sollen exemplarisch anhand eines Formulars, einer Liste und einer einfachen Anzeige veranschaulicht werden. Die zugehörigen JSP nutzen die oben vorgestellten Module, um ggf. *Header*, *Footer* und Menüs einzubinden.

Anzeige: Die viewEntry-JSP

Die `viewEntry`-JSP (Abb. 8.19) hat die Aufgabe, einen ausgewählten Beitrag anzuzeigen. Zur Darstellung benutzt sie die drei Module `header.jsp`, `mainMenu.jsp` und `footer.jsp`.

Neben dem parametrisierten Inkludieren der verschiedenen Module beschränkt sich der eigentlich interessante Teil der JSP auf die Zeilen 8-32 in Code 8.25.

Zunächst wird aus dem *Request*-Objekt das Attribut `entry` ausgelesen, das durch die aufrufende `WebAction` gesetzt worden ist. Der Einfachheit wegen erfolgt dabei keine Fehlerüberprüfung. Ist die Referenz nicht gesetzt, tritt in Zeile 20 eine `NullPointer-Exception` auf und die JSP bricht ab.

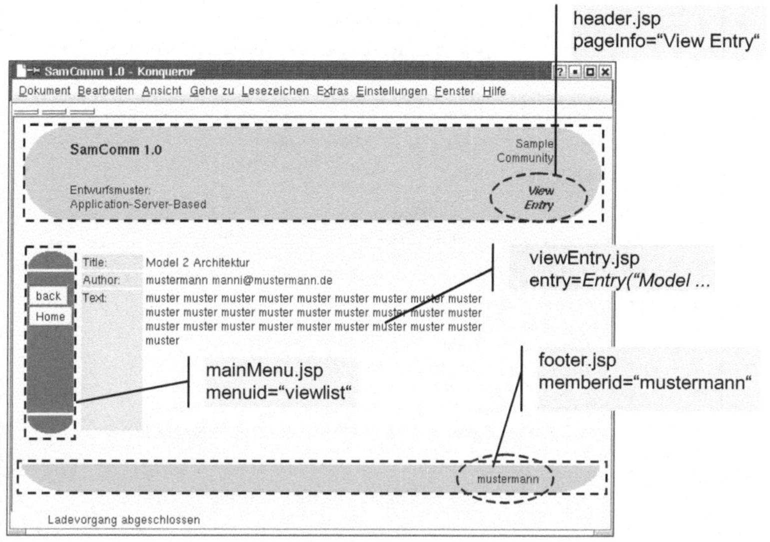

Abbildung 8.19: Die Fragmente der viewEntry-JSP

In den Zeilen 17 bis 36 wird eine HTML-Tabelle aufgebaut und mit den Werten des `entry`-Objekts gefüllt. Mit Hilfe der in der Tabelle aufgeführten Parameter wird die `viewEntry`-JSP konfiguriert.

Verwendete Parameter:

Parameter	Beschreibung:
■ `pageInfo`	Text in der Überschrift
■ `menuid`	Eindeutige ID des einzubindenden Menüs.
■ `entry`	Das darzustellende Objekt vom Typ `software.businesslogic.Entry`.
■ `memberid`	Der Nickname des aktuellen Benutzers.

```
1 <%@page contentType="text/html"%>
2 <%@page
      import="softwarearchitecture.businesslogic.Entry" %>
3  :
4 <body>
5 <jsp:include  page="header.jsp" flush="true">
6   <jsp:param name="pageInfo" value="View Entry"/>
7 </jsp:include>
8 <% Entry entry = (Entry)request.getAttribute("entry");%>
9 <TABLE width='100%'>
```

Code 8.25: viewEntry.jsp

```
<TR>
 <TD width='3%'>
   <jsp:include  page='mainMenu.jsp' flush='true'>
    <jsp:param name="menuName"
          value='<%=request.getParameter("menuid")%>'/>
   </jsp:include>
 </TD>
 <TD>
 <TABLE width="80%">
  <TR>
   <TD bgcolor='cfcfcf' width='15%'> Title: </TD>
   <TD  width='85%'> <%= entry.getTitle()%> </TD>
  </TR>
  <TR>
   <TD bgcolor='cfcfcf'> Author: </TD>
   <TD  width='85%'>
       <%= entry.getWrittenBy().getNickName()%>
    <a href='mailto:
                <%= entry.getWrittenBy().getEmail()%>'
                  method='post' enctype='text/plain'>
             <%= entry.getWrittenBy().getEmail()%></a>
   </TD>
  </TR>
  <TR>
   <TD bgcolor='cfcfcf' height='150' valign='top'>
                                            Text: </TD>
   <TD valign='top'  width='85%'>
                         <%= entry.getText()%></TD>
  </TR>
 </TABLE>
</TR>
</TABLE>
<jsp:include page="footer.jsp"  flush='true'>
 <jsp:param name="pagelink" value='<- Community-Home' />
 <jsp:param name="userName"
        value='<%=request.getParameter("memberid")%>' />
</jsp:include>
</body>
</html>
```

Formular: Die editEntry-JSP

Die editEntry-JSP (Abb. 8.20) stellt unter Verwendung der Module `header.jsp` und `footer.jsp` ein einfaches HTML-Formular zur Eingabe eines neuen Beitrags dar.

Die JSP besteht zum größten Teil aus HTML-Text. Die wenigen *Expressions* dienen wiederum dazu, den dynamischen Teil des Textes einzufügen. So wird beispielsweise in Zeile 7 der Name des aktuellen Forums ausgelesen und in den HTML-Text eingefügt.

Besonders wichtig sind die Zeilen 25 und 26. Damit bei der Erstellung eines Beitrags (in der entsprechenden `WebAction`) auch das passende Forum und der Autor verfügbar sind, werden diese als *Hidden*-HTML-Formularelemente übergeben, die eine `forenid` und `memberid` verwalten.

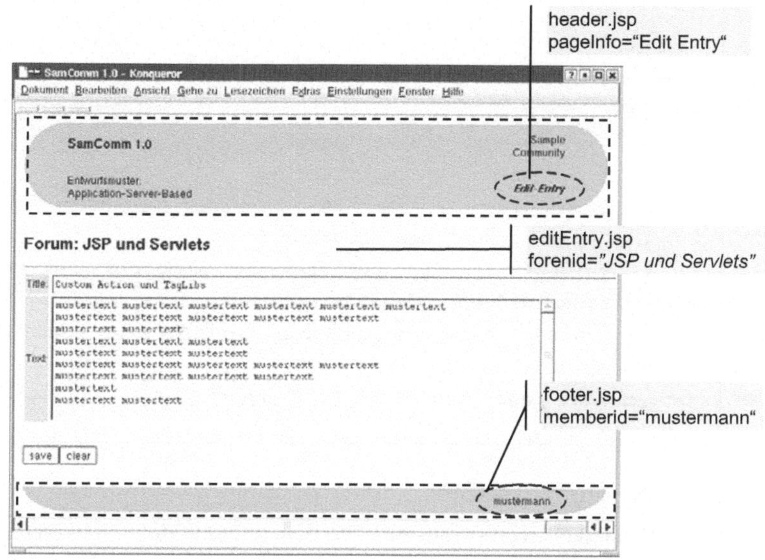

Abbildung 8.20: Die Fragmente der editEntry-JSP

Verwendete Parameter:

Parameter	Beschreibung:
■ `pageInfo`	Text in der Überschrift
■ `forenid`	Eindeutige Foren-ID des neu anzulegenden Eintrags
■ `memberid`	Eindeutige ID des aktuellen Benutzers

```
1  :
2  <body>
3  <jsp:include  page="header.jsp" flush="true">
4    <jsp:param name="pageInfo" value="Edit-Entry"/>
5  </jsp:include>
6  <FORM action='process' method='POST'>
7   <H2>Forum: <%=request.getParameter("forenid") %></H2>
8   <HR></HR>
9   <TABLE>
10   <TR>
```

Code 8.26: Die editEntry-JSP

```
    <TD bgcolor='cfcfcf'>Title: </TD>
    <TD> <input type=text name='title'
                    value='description' size='100'/> </TD>
  </TR>
  <TR>
    <TD bgcolor='cfcfcf'>Text: </TD>
    <TD>
      <TEXTAREA wrap=virtual name='tricktext' cols=80
                                 rows=10>text</TEXTAREA>
    </TD>
  </TR>
 </TABLE>
 <P></P>
 <input type='submit' value='save'/>
 <input type='reset' value='clear'/>
 <input type='hidden' name='action' value='saveentry'/>
 <input type='hidden' name='memberid'
        value='<%=request.getParameter("memberid") %>'/>
 <input type='hidden' name='forenid'
         value='<%=request.getParameter("forenid") %>'/>
</FORM>
<jsp:include page="footer.jsp"  flush='true'>
 ...
```

Liste: userForumList-JSP

Diese JSP ist das „Hauptfenster“ für den angemeldeten Benutzer. Sie zeigt eine Liste aller abonnierten Foren und bietet die Möglichkeit einzelne Foren zu öffnen, weitere Foren zu abonnieren oder nach bestimmten Beiträgen zu suchen (Abb. 8.21). Dazu werden auch hier die Module `header.jsp`, `footer.jsp` und `mainMenu.jsp` eingebunden.

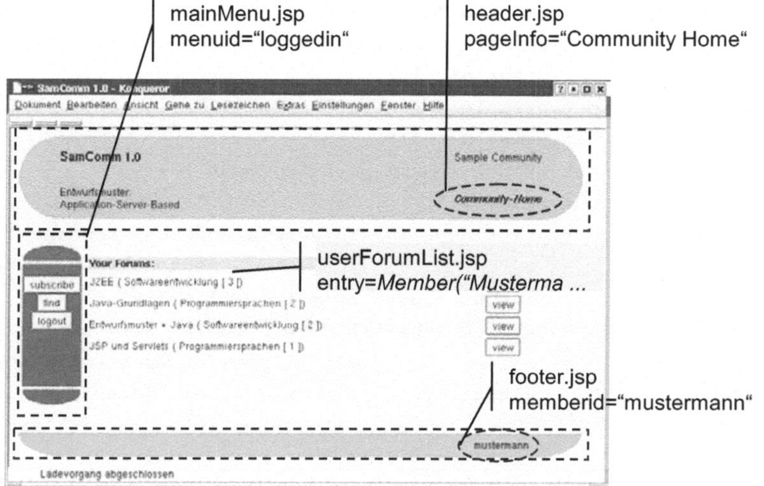

Abbildung 8.21: Die Fragmente der userForum-List-JSP

Verwendete Parameter:

Parameter	Beschreibung:
■ `pageInfo`	Text in der Überschrift.
■ `menuName`	Eindeutiger Name des einzubindenden Menüs.
■ `currentMember`	Der aktuelle Benutzer als Member-Objekt.

Code 8.27: Die userForum-List-JSP

```
:
<%@page import="softwarearchitecture.businesslogic.*,
                                          java.util.Vector"%>
:
<body>
<jsp:include  page="header.jsp" flush="true">
...
<jsp:include  page="mainMenu.jsp" flush="true">
...
    <%-- dynamische Tabellen-Generierung --%>
 <% Member currentMember =
          (Member)request.getAttribute("currentMember");
    Vector forenVector=currentMember.getSubscriptions();
    if (forenVector.size()>0){
      int forenCount = forenVector.size();
      Forum forum;
      for (int i=0;i<forenCount; i++){
        forum = (Forum)forenVector.elementAt(i);
        if (forum!=null){
```

```
18            out.println("<TR><TD >");
19            out.println(forum.getTitle());
20            out.println(" (");
21            out.println(forum.getCategory());
22            out.println(" [");
23            out.println(forum.getEntryCount());
24            out.println("])");
25            out.println("</TD><TD ><form action=\'process\'
                                          method=\'post\'>"+
26               "<input type=\'submit\' value=\'view\'/>"+
27               "<input type=\'hidden\' name=\'action\'
                              value=\'showforumcontent\'/>"+
28               "<input type=\'hidden\' name=\'forenid\'
                          value=\'"+forum.getTitle()+"\'/>"+
29             "<input type=\'hidden\' name=\'memberid\'
              value=\'"+currentMember.getNickName()+"\'/>"+
30             "</form></TD></TR>");
31          }//--if (forum!=null)---------------------------
32        }//--for (int i=0;i<forenCount; i++)--------------
33      }//--if (forenVector.size()>0)----------------------
34      else out.println("<TR><TD>empty</TD><TD></TD></TR>");
35     %>
36     </TABLE>
37    </TD>
38  </TABLE>
39  <jsp:include page="footer.jsp"  flush='true'>
40   ...
```

Die `userForumList`-JSP (Code 8.27) weist noch eine kleine Unschönheit auf. Der *Scriptlet*-Block (Zeile 10-35) dient dazu, die Liste abonnierter Foren zu durchlaufen und in der HTML-Seite in einer Tabelle anzuzeigen. In ihm wird Java und HTML-Code stark miteinander vermischt, was auf jeden Fall durch den Einsatz von *Custom-Tags* [Berg01] vermieden werden sollte.

Die „Träger-Seite" patternMain.jsp

Die `patternMain`-JSP (Abb. 8.15) ist die Einstiegsseite der Webanwendung. Wie zuvor werden die `header.jsp`, `footer.jsp` und `mainMenu.jsp` verwendet und um den fensterspezifischen Teil erweitert (Code 8.28).

In Zeile 3 wird das Fassadenobjekt aus dem impliziten Objekt `application` geladen, wo es unter dem Schlüssel „fassade" abgelegt ist[41]. Dieses Objekt dient als Fassade der Applikationsschicht. Innerhalb von `patternMain.jsp` werden darüber die Anzahl der Foren (Zeile 22) und der Benutzer (Zeile 26) abgefragt. Andere JSP nutzen weitere Fassadenmethoden, um auf die fachlichen Klassen zugreifen zu können, wie z.B. Benutzeranmeldung, Neuanmeldung, Foren-Listen-Abfrage usw.

Code 8.28: patternMain.jsp

```
1  <%@page contentType="text/html"%>
2  <%@page import="business.Forum" %>
3  <%Community fassade =
          (Communiy)application.getAttribute(“fassade”);%>
4  <html>
5  <head><title>SamComm 1.0</title></head>
6  <body>
7  <jsp:include  page=″header.jsp″ flush=″true″>
8    <jsp:param name=″pageInfo″ value=″Community-Welcome″/>
9  </jsp:include>
10 <TABLE width=′100%′ border=′0′ cellspacing=′-1′
                                        cellpadding=′-1′>
11  <TR>
12   <TD width=′10%′>
13       <jsp:include  page=″mainMenu.jsp″ flush=″true″>
14         <jsp:param name=″menuName″ value=″main″/>
15       </jsp:include>
16   </TD>
17   <TD align=′center′ valign=′center′ width=′95%′>
18     <H1>Welcome @ the Sample-Community</H>
19     <TABLE>
20       <TR>
21        <TD bgcolor=′cfcfcf′ align=′right′>available
                                                 Forums:</TD>
22        <TDalign=′right′>
                             <%=fassade.getForenCount()%></TD>
23       </TR>
24       <TR>
25        <TD bgcolor=′cfcfcf′ align=′right′>currently
                                                Members:</TD>
26        <TDalign=′right′>
                            <%=fassade.getMemberCount()%></TD>
27       </TR>
28     </TABLE>
```

[41] D.h. das fassade-Objekt ist in allen JSP der Anwendung als globales Objekt verfügbar.

```
  </TD>
</TABLE>
<jsp:include page="footer.jsp"  flush='true'>
 <jsp:param name="pagelink" value='.' />
 <jsp:param name="userName" value='.' />
</jsp:include>
</body>
</html>
```

8.4.2 Controller-Komponenten

Auf den `Action`-Basisklassen[42] aufbauend werden alle Kontrollflüsse der *SamComm*-Anwendung (Abb. 8.22) implementiert. Für jedes in den Webseiten ausgelöste Ereignis wird eine eigene `Action`-Klasse zu dessen Behandlung implementiert.

In Abhängigkeit vom Benutzerereignis wird die entsprechende `Action`-Klasse dynamisch vom Dispatcher-Servlet instanziiert und deren `perform()`-Methode ausgeführt. Einige `Action`-Klassen sollen exemplarisch genauer vorgestellt werden.

LoginDlgAction

Die `LoginDlgAction` wird angestoßen, wenn sich ein Benutzer anmelden möchte und im Hauptfenster den *Login*-Button drückt (Code 8.29). Die Action-Klasse leitet den *Request* lediglich an die JSP weiter, die für die Darstellung eines *Login*-Dialoges zuständig ist. Sie benutzt dazu die von der Oberklasse `HttpAction` geerbte Methode `forward()`.

Code 8.29: LogidlgAction. java

```
public class LogindlgAction extends HttpAction {
   public void perform(HTTPServletRequest req,
                          HTTPServletResponse resp,
                          HTTPServlet servlet,
                          ResourceBundle bundle)
                       throws ServletException, IOException{
     forward(req, resp,
                     bundle.getString("forms.path.login"));
   }
}
```

[42] `WebAction`, `HttpAction` und `SamcommAction`, vgl. 8.3.2

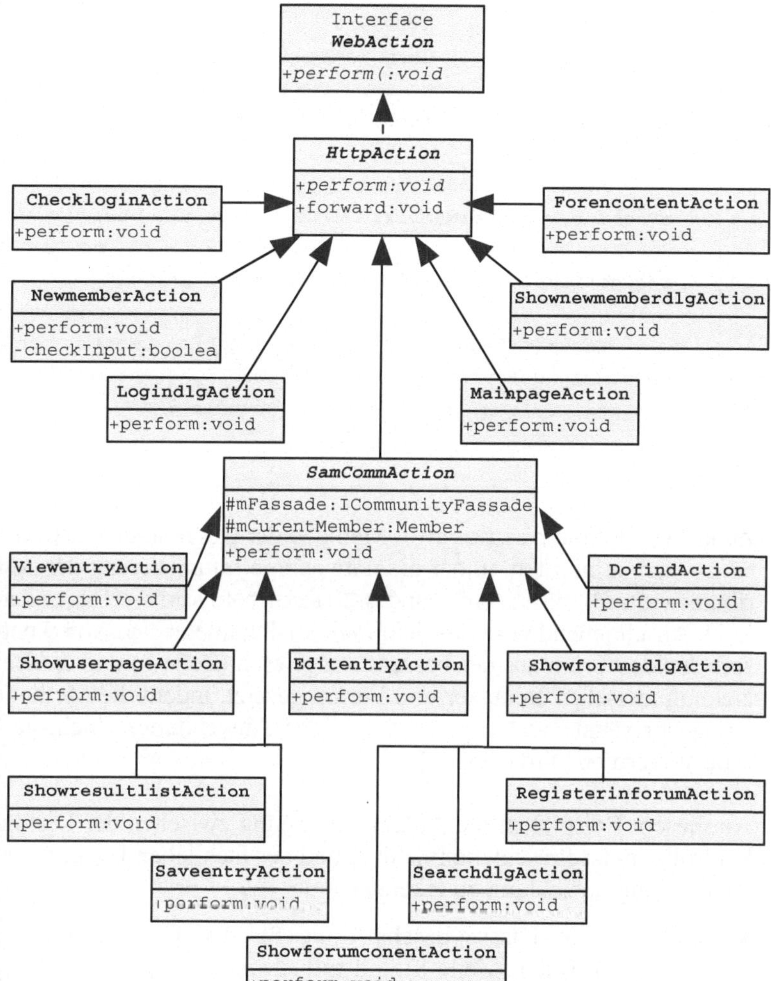

Abbildung 8.22: Die WebAction-Klassen in SamComm

RegisterinforumAction

Die `RegisterinforumAction` wird angestoßen, wenn ein Benutzer ein weiteres Forum abonnieren möchte (Code 8.30). Dies geschieht in einem Übersichtsfenster, das alle Foren anzeigt. Bei der Auswahl eines Forums wird dessen *Id* als Parameter `forenid` in das *Request*-Objekt gestellt[43].

Code 8.30: RegisterinforumAction.java

```
public class RegisterinforumAction
                                        extends SamcommAction{
  public void perform(HTTPServletRequest req,
                      HTTPServletResponse resp,
```

[43] bspw. als verstecktes Formular-Feld

```
4                               HTTPServlet servlet,
5                               ResourceBundle bundle)
6                           throws ServletException, IOException {
7      super.perform(req, resp, servlet, bundle);
8      Forum newOne =
            mFassade.findForum(req.getParameter("forenid"));
9      mFassade.registerMemberInForum(mCurrentMember,
                                                   newOne);
10     req.getSession().setAttribute("currentMember",
                                           mCurrentMember);
11     //-- Kontrollfluss an eine andere Action weitergeben-
12     ShowuserpageAction upa = new ShowuserpageAction();
13     upa.perform(req, resp, servlet, bundle);
14   }
15 }
```

Zunächst wird die `perform()`-Methode der Oberklasse `SamCommAction` aufgerufen, in der die notwendige Initialisierung der Attribute wie z.B. `mFassade` und `mCurrentMember` erfolgt (Zeile 7). Anschließend wird das dem *Request*-Parameter `forenid` entsprechende Forum aus der Fassade ausgelesen (Zeile 8) und die Beziehung zwischen Benutzer und Forum gesetzt, indem die Methode `registerMemberInForum(..)` der Anwendungsschicht-Fassade aufgerufen wird (Zeile 9).

An diesem Beispiel ist die Aufgabentrennung zwischen der Dialogkontrolle in der Präsentationsschicht und der fachlichen Logik in der Anwendungsschicht gut zu erkennen:

- Die `Action`-Klasse beschafft die für den Geschäftsprozess benötigten Daten (Zeile 8) und ruft für die weitere Behandlung eines Vorgangs Fassadenmethoden auf.
- Die Fassadenmethoden der Anwendungsschicht realisieren die fachlichen Abläufe, wie hier die Registrierung eines neuen Mitglieds in einem Forum.

Session Tracking

Das Setzen des *Session*-Attributes `currentMember` in Zeile 10 ist notwendig, um den aktuell angemeldeten Benutzer nicht zu „vergessen“[44]

Der für die anschließende Darstellung in einer neuen Webseite[45] notwendige Code wurde in einer weiteren *WebAction* implementiert. Diese wird abschließend instanziiert und ausgeführt (Zeile 12-13).

[44] vgl Session-Tracking in 8.1.2

[45] userForumList.jsp

DofindAction

Die `DofindAction` wird aus einem Suchfenster angestoßen, in dessen *Request*-Objekt die Suchkriterien eingestellt werden (Code 8.31). Ihre Aufgabe ist,

- die Such-Parameter aus dem *Request*-Objekt auszulesen,
- anhand dieser Werte nach entsprechenden Beiträgen in den Foren zu suchen
- und schließlich das Suchergebnis in das *Request*-Objekt zur weiteren Verwendung in Folgeseiten zu stellen.

Code 8.31: DofindAction .java

```
 1 public class DofindAction extends SamcommAction{
 2   public void perform(HTTPServletRequest req,
 3                       HTTPServletResponse resp,
 4                       HTTPServlet servlet,
 5                       ResourceBundle bundle)
 6                   throws ServletException, IOException {
 7      super.perform(req, resp, servlet, bundle);
 8      String how = req.getParameter("searchHow");
 9      String where = req.getParameter("where");
10      String what = req.getParameter("what");
11      Vector resultList = null;
12      if (where.equalsIgnoreCase("author"))
13           resultList
                = mFassade.findEntriesOfAuthor(what, how );
14      else
15           resultList
                = mFassade.findEntriesOfTitle(what, how);
16
17      req.setAttribute("resultList", resultList);
18         :
19      ShowresultlistAction srl
20              = new ShowresultlistAction();
21      srl.perform(req, resp, servlet, bundle);
22    }
23 }
```

Wiederum wird zur Initialisierung der Fassadenobjekte die `perform()`-Methode der Oberklasse aufgerufen (Zeile 7). Anschließend werden die Suchbedingungen aus dem *Request*-Objekt gelesen (Zeile 8-10):

Der Parameter searchHow legt fest, in welcher Weise die Suchkriterien verwendet werden sollen[46]. Mit dem where-Parameter wird entschieden, ob nach dem Autor oder dem Titel eines Beitrags gesucht werden soll. Im what-Parameter befindet sich schließlich der eigentliche Suchstring. Nun wird die Fassade mit der entsprechenden Suche beauftragt (Zeile 12-15) und das Suchergebnis wird unter dem Namen resultList in das *Request*-Objekt gestellt (Zeile 17). Der für die Darstellung der Ergebnisliste notwendige Code wurde in einer eigenen/weiteren *WebAction* implementiert. Diese wird im Abschluss (Zeile 19-21) instanziiert und ausgeführt.

8.4.3 Abläufe

In den folgenden Sequenzdiagrammen werden einige Benutzeraktionen durchgespielt, um die Zusammenhänge zwischen *WebActions*, *Dispatcher Servlet* und JSP zu verdeutlichen.

8.4.3.1 Anmeldung eines Benutzers

Ein Benutzer gelangt durch den Aufruf der entsprechenden URL auf die Seite patternMain.jsp (Abb. 8.23). Um sich anzumelden klickt er auf *login*. Der dadurch ausgelöste HTTP-*Request* geht an das *Dispatcher Servlet* und wird in der service()-Methode bearbeitet.

Hier wird zunächst der cmd-Parameter ausgewertet und anschließend eine WebAction vom Typ LogindlgAction erzeugt, deren perform()-Methode aufgerufen wird. Ihr werden die wichtigsten Objekte, wie z.B. *Request*- und *Response*-Objekt, übergeben.

Die perform()-Methode reicht den *Request* lediglich an die loginDlg-JSP weiter, die dem Benutzer nun angezeigt wird.

[46] mögliche Werte sind: *equals, startsWith, contains*

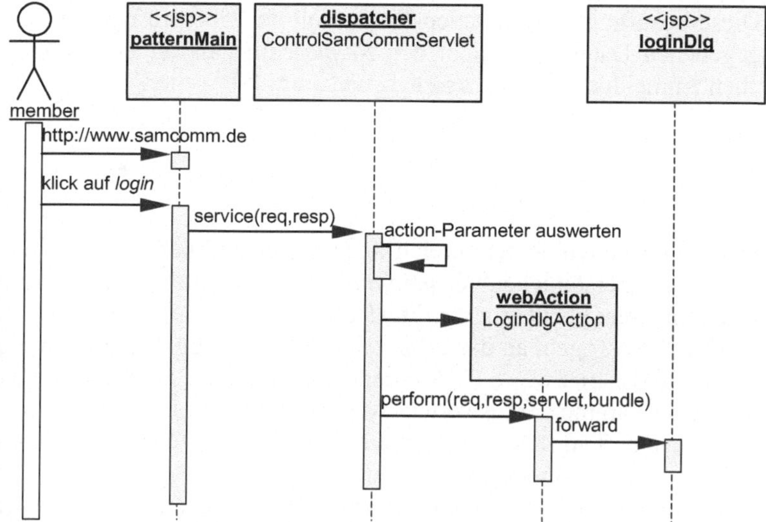

Abbildung 8.23: Anmeldung eines Benutzers – Anzeigen des Login-Dialogs

Hier trägt er seinen Namen und sein Kennwort ein und klickt auf *login* (Abb. 8.24). Der erneute HTTP-*Request* geht wiederum an das Dispatcher-Servlet und wird innerhalb der `service()`-Methode bearbeitet. Wieder wird zunächst der entsprechende `cmd`-Parameter ausgewertet und anschließend eine *WebAction* vom Typ `CheckloginAction` erzeugt.

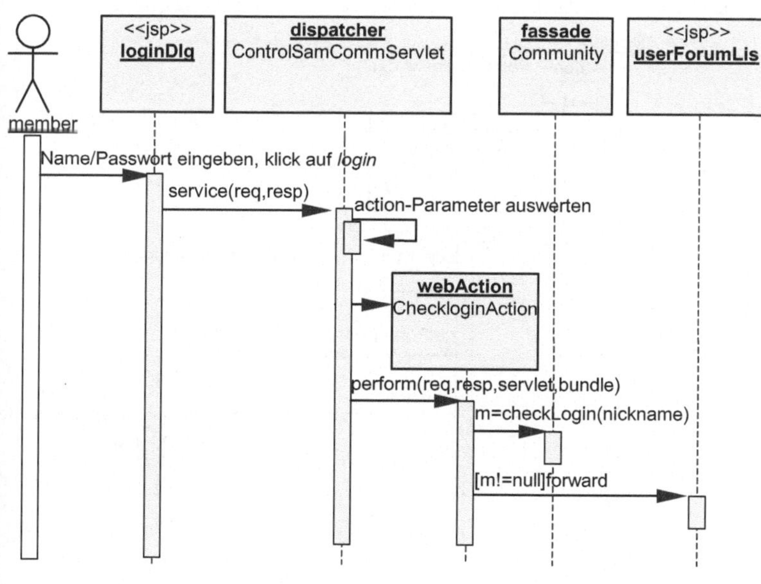

Abbildung 8.24: Anmeldung eines Benutzers – Anmeldung durchführen

Diese beauftragt die Fassaden-Klasse mit der Überprüfung der eingegebenen Daten und reicht den *Request* im Falle einer erfolgreichen Anmeldung an die `userForumList`-JSP weiter.

8.4.3.2 Abonnieren eines Forums

Der Benutzer wurde erfolgreich angemeldet und befindet sich nun auf seiner „persönlichen" *Community*-Seite. Um ein weiteres Forum zu abonnieren, klickt er auf *subscribe*.

Der *Request* geht an das *Dispatcher-Servlet* (Abb. 8.25) und wird innerhalb der `service()`-Methode bearbeitet, die zunächst wieder den `cmd`-Parameter auswertet. Anschließend wird eine `WebAction` vom Typ `ShowforumsdlgAction` erzeugt und deren `perform()`-Methode aufgerufen.

Diese `WebAction` beschafft über die Fassade eine Liste aller verfügbaren Foren und stellt sie in das *Request*-Objekt. Im letzten Schritt wird auf die `completeForumList`-JSP weitergeleitet.

Diese JSP liest die Liste aus dem *Request* und stellt sie als HTML-Tabelle dar.

Abbildung 8.25: Abonnieren eines Forums – Auswahlliste anzeigen

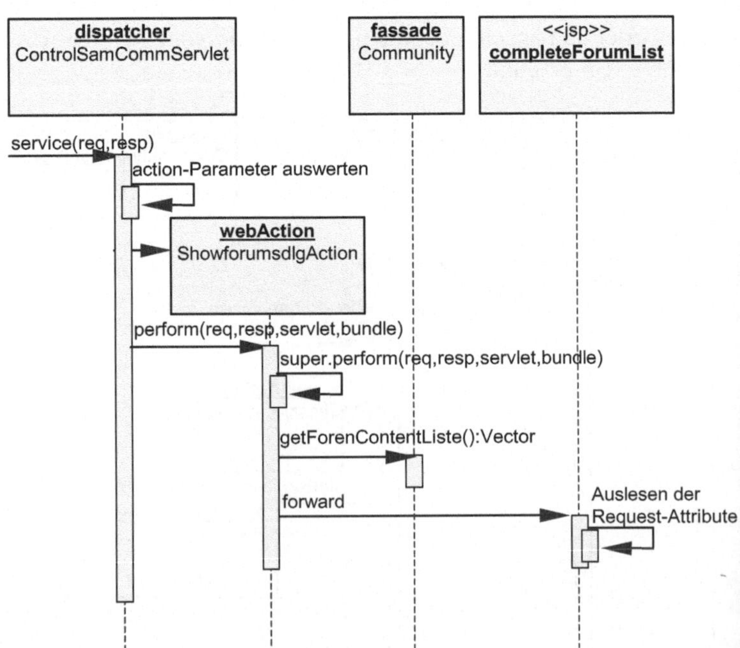

Aus der dargestellten Liste kann der Benutzer ein Forum aussuchen und dieses über einen Klick auf *subscribe* abonnieren (Abb. 8.26).

Der *Request* geht wie immer an das *Dispatcher Servlet* und wird innerhalb der `service()`-Methode bearbeitet. Die Auswertung des `cmd`-Parameters sorgt für die Instanziierung einer *WebAction* vom Typ `RegisterinforumAction` und den Aufruf ihrer `perform()`-Methode.

Diese greift auf die Fassade zu, um an eine Referenz auf das im *Request*-Parameter `forenid` angegebene Forum zu gelangen und setzt anschließend die Beziehung zwischen dem angegebenen Forum und dem aktuellen Benutzer.

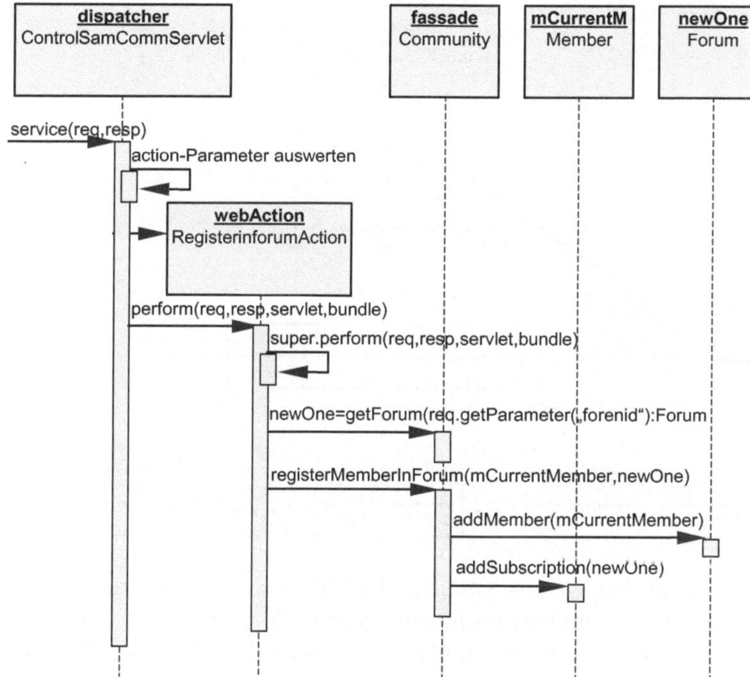

Abbildung 8.26: Abonnieren eines Forums – Forum abonnieren

8.5 Verwendete Entwurfsmuster

Von den in Kapitel 7 beschriebenen Einwurfsmustern kommen in der Server-Präsentationsschicht die folgenden zum Einsatz.

8.5.1 Befehl (*Command*)

Das Befehlsmuster ist in der *Action*-Klassenhierarchie umgesetzt, siehe Abb. 8.27. Das zentrale *Dispatcher-Servlet* nutzt Befehls-Objekte, die vom Typ `WebAction` sind, um die für ein bestimmtes Ereignis erforderlichen Aktionen anzustoßen. Das *Interface* `WebAction` definiert die Schnittstelle `perform()`, die von allen konkreten Befehlsklassen implementiert werden muss[47].

Abbildung 8.27: Umsetzung des Command-Patterns

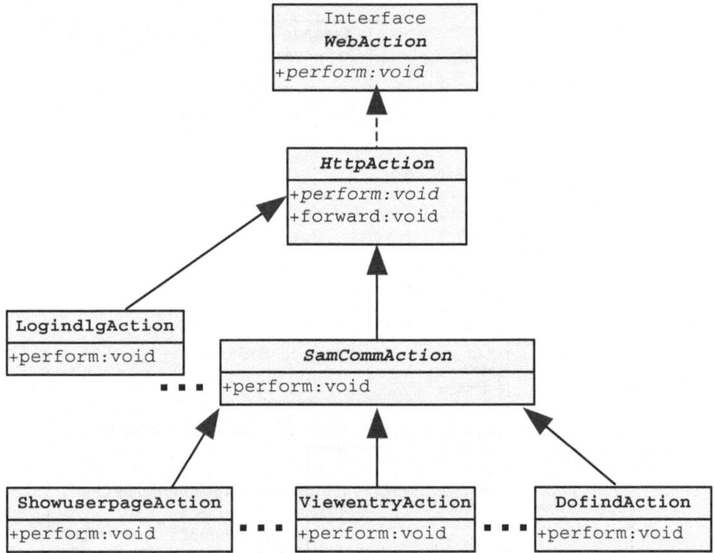

Der vom *Dispatcher* genutzte Befehl, also die konkrete *Action*-Klasse,wird – im Gegensatz zum Standardmuster – nicht durch eine `set`-Methode, sondern mithilfe des Java-*Reflection*-Mechanismus gewählt. Aus einem übergebenen Kommandostring wird der Name des Befehlsobjektes konstruiert, um daraus die Klasse zu instanziieren. Damit das gelingt, müssen Namenskonventionen eingehalten werden. Mögliche Fehler – wie ein falscher Klassenname – werden erst zur Laufzeit erkannt.

[47] Im Vergleich zu Kapitel 7 gibt es bei der Umsetzung des Musters keine *Receiver*-Klassen, die Implementierung des Befehls erfolgt bereits in den konkreten *Action*-Klassen.

8.5.2 Model View Controller (MVC)

Das MVC-Entwurfsmuster wird durch die Model-2-Architektur umgesetzt, die ausführlich in Abschn. 8.3 diskutiert wird. Abb. 8.28 stellt noch einmal dar, wo sich die Komponenten des Musters in der vorgestellten Architektur wiederfinden lassen.

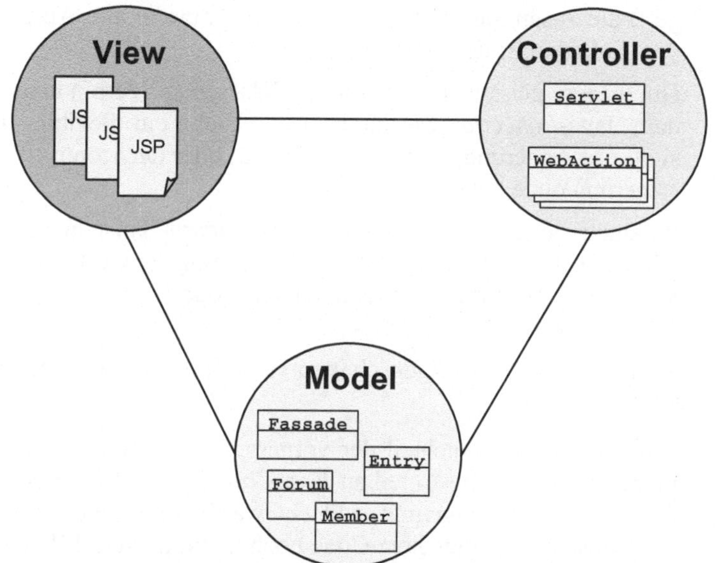

Abbildung 8.28: Umsetzung des MVC-Patterns

Die fachlichen Daten (*model*) werden durch die *JavaBeans* repräsentiert, die Darstellung der Daten (*view*) erfolgt in den JSP. Die Dialogkontrolle (*control*) wird durch das *Dispatcher Servlet* und die *Action*-Klassen übernommen.

8.6 Bewertung des Architektur

Zum Abschluss dieses Kapitels wollen wir die vorgestellten Konzepte zur Realisierung einer serverseitigen Präsentationsschicht rückschauend bewerten. Der gewählte Ansatz besitzt die folgenden Eigenschaften:

Vorteile

- Präsentations- und Anwendungsschicht sind voneinander entkoppelt. Die JSP und *Action*-Klassen der Präsentationsschicht nutzen nur die schmale Schnittstelle der Fassadenklassen, um auf die Anwendungsschicht zuzugreifen. Technologiebedingt können Geschäftsobjekte in keiner Weise auf die JSP zugreifen.

- Die vorgestellte *Model-2-Architektur* ermöglicht eine saubere Trennung der Verantwortlichkeiten innerhalb der Präsentationsschicht und damit ein kohärentes und flexibles Design. Die JSP dienen der Präsentation (*view*) der fachlichen Daten, die ihnen durch *JavaBans* (*model*) zur Verfügung gestellt werden. Sämtlicher Kontrollfluss ist aus den JSP in die *Action*-Klassen verlagert, die zusammen mit dem *Dispatcher Servlet* alle Aufgaben der Dialogkontrolle wahrnehmen.
- Durch den Einsatz der *WebAction*-Klassen in Verbindung mit dem Java-*Reflection*-Mechanismus entsteht ein flexibles Design, das Änderungen der Funktionalität oder der Kontrollflusssteuerung ohne hohen Aufwand ermöglicht.
- Parametrisierte *Module* werden als Standard-Bausteine in den JSP verwendet. Sie unterstützen eine homogene Gestaltung der Webseiten und reduzieren redundanten Code.

Nachteile

Neben diesen positiven Eigenschaften sind einige Teilaspekte noch nicht optimal gelöst.

- Ein wesentlicher Nachteil der vorgestellten Lösung ist der immer noch recht hohe Anteil an Java-Code in den JSP. Dies führt zu unübersichtlichem und schlecht wartbarem Code. Als Lösungsansatz sollte der Java-Code noch mehr aus den JSP ausgelagert werden. Dies gelingt durch den Einsatz von *Custom Actions*, die in *Tag Libraries* zusammengefasst werden [Berg01]. Sie ermöglichen es, eigene *Action*-Elemente zu definieren, deren Funktionalität in speziellen Java-Klassen implementiert wird.
- Darüber hinaus können natürlich noch weitere Standard-Bausteine definiert werden, bspw. parametrisierbare Formulare oder Mechanismen zum *Session Tracking*.

generelle Einschränkung

Die hier vorgestellte Lösung ist eine Individual-Entwicklung mit relativ kleinem Funktionsumfang, um die Konzepte einer Webarchitektur herauszuarbeiten. Mittlerweile gibt es aber bereits einige fertige Web-*Frameworks*, die sich im praktischen Einsatz bewährt haben, und teilweise deutlich mehr Funktionalität zur Verfügung stellen [NSSS03]. Über die Entwicklung von Weboberflächen hinaus bieten sie erweiterte Funktionalitäten, bspw. zur Benutzerverwaltung.

Häufig eingesetzt werden *Open-Source-Frameworks* wie *Struts*[48] oder *Turbine*[49], die ebenfalls *JavaServer Pages* für die Präsentation und *Servlets* für die Dialogkontrolle einsetzen. Diese *Frameworks* vereinfachen durch umfangreiche *Tag Libraries* die Erstellung von Formularen, Tabellen und das Fehlermanagement.

Mögliche Alternativen

Darüber hinaus gibt es auch spezialisierte Umgebungen, die auf die Entwicklung von Portalen oder *Content-Management-Systemen* (CMS) abzielen. Das auf *Turbine* basierende *Open-Source-Framework Jetspeed*[50] unterstützt die Implementierung eines *Enterprise-Information*-Portals. *Cocoon*[51] ist ein sogenanntes *Publishing Framework* und verwendet XML/XSLT zur Erzeugung dynamischer Web-Inhalte.

48 http://jakarta.apache.org/struts
49 http://jakarta.apache.org/turbine
50 http://jakarta.apache.org/jetspeed/site
51 http://xml.jakarta.org/cocoon

9 Fensteroberfläche mit Swing

In diesem Kapitel zeigen wir, wie man mit Hilfe der in Kapitel 7 vorgestellten Konzepte eine Benutzerschnittstelle (*Graphical User Interface* - GUI) für ein fensterbasiertes System entwickeln kann. Dabei wird schrittweise ein einfaches GUI-*Framework* realisiert. Darauf aufbauend entsteht die *Swing*[1]-Oberfläche für unser Beispielsystem.

Überblick

Zunächst diskutieren wir die Eigenschaften von Fensteroberflächen (Abschn. 9.1) und betrachten die Umsetzung der in Kapitel 7 definierten Anforderungen an die Präsentationsschicht. Anschließend werden die wichtigsten Grundlagen für die Entwicklung von *Swing*-Anwendungen vorgestellt (Abschn. 9.2). Darauf folgt die Implementierung eines GUI-*Frameworks* (Abschn. 9.3), das für die Realisierung einer fensterorientierten Variante unseres Beispiels eingesetzt wird (Abschn. 9.4). In Abschnitt 9.5 arbeiten wir die verwendeten Entwurfsmuster heraus. Abschließend werden die vorgestellten Konzepte bewertet und eingeordnet (Abschn. 9.6).

9.1 Fensteroberflächen

Fensteroberflächen nutzen das Fenstersystem eines Arbeitsplatzrechners[2], im Gegensatz zu Weboberflächen, die in einem Browser angezeigt werden.

Vorteile von Fensteroberflächen

Aktuell werden meistens fensterbasierte Benutzerschnittstellen eingesetzt, denn ihr besonderer Vorteil liegt in der großen Vielfalt der Darstellungsmittel (GUI *controls*). GUI-Bibliotheken wie Java-*Swing* bieten eine Vielzahl von Darstellungskomponenten, die bei Bedarf durch eigene Entwicklungen ergänzt werden können und im

[1] *Swing* ist die in Java enthaltene Bibliothek zur Entwicklung von Fensteroberflächen.

[2] Also beispielsweise *Microsoft Windows* oder *OSF/Motif*.

Vergleich mit Weboberflächen wesentlich mehr Gestaltungsmöglichkeiten bieten.

Mittlerweile gibt es viel Erfahrung in der Erstellung von ergonomischen Fensteroberflächen. Darüber hinaus sind die meisten Benutzer mit ähnlichen Oberflächen aus Standardprodukten, bspw. in *Office*-Paketen, vertraut.

9.1.1 Verantwortlichkeiten der Präsentationsschicht

Die Präsentationsschicht nimmt zwei grundlegende Verantwortlichkeiten wahr:

- Sie realisiert die eigentliche Benutzungsoberfläche, die dem Benutzer die Geschäftsobjekte in graphischer Form präsentiert und ihm ermöglicht, Änderungen durchzuführen.
- Neben der Darstellung von Objektdaten gehört die Dialogkontrolle zu den Aufgaben der Präsentationsschicht[3]. Sie nimmt Benutzerereignisse entgegen, stößt Geschäftsprozesse in der Anwendungsschicht an und verzweigt in Folgefenster.

9.1.1.1 Präsentation von Objektdaten

In den meisten Fenstern sollen den Benutzern Daten fachlicher Objekte in geeigneter Form angezeigt werden. Dazu besitzt ein Fenster Referenzen auf die darzustellenden Objekte und eine Menge von Darstellungskomponenten, wie Textfelder und *Radiobuttons*, die die Objektattribute anzeigen. Abb. 9.1 zeigt den Zusammenhang zwischen einem `Person`-Objekt und einem Fenster.

Abbildung 9.1: Person-Klasse und Personen-Dialog

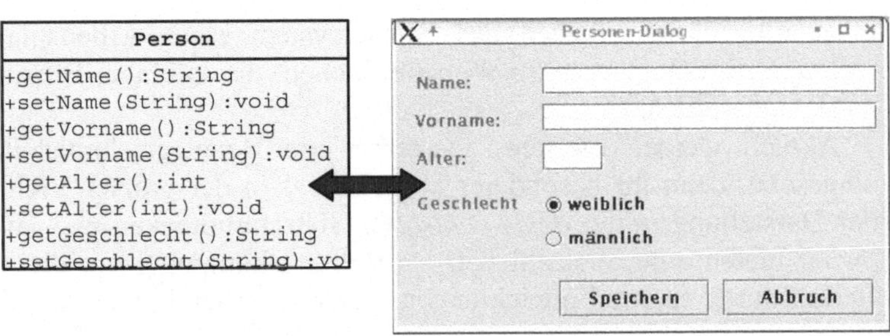

[3] Unter einem Dialog versteht man eine Folge von Fenstern, die zur Durchführung eines Arbeitsablaufes dienen.

Die Attribute der fachlichen Objekte müssen in geeigneter Weise auf die verwendeten Darstellungskomponenten abgebildet werden. Dabei sind unter Umständen Typ-Konvertierungen notwendig, wenn beispielsweise eine Darstellungskomponente nur mit bestimmten Datentypen (z.B. *Strings*) umgehen kann.

Diese Aufgabe übernimmt in jeder Fensterklasse eine gesonderte Methode (`fillWindow()`), die die für das jeweilige Fenster benötigten Daten aus einem oder mehreren fachlichen Objekten ausliest und den Darstellungskomponenten als Werte zuweist.

Code 9.1 zeigt die Implementierung der `fillWindow()`-Methode für das Fenster „Personen-Dialog“, das eine Referenz `mPers` auf ein `Person`-Objekt besitzt (Zeile 1).

- Die Namen und Vornamen einer Person können einfach als Zeichenkette mit der Methode `setText()` in ein Textfeld eingefügt werden (Zeile 3, 4).
- Der von der Methode `getAlter()` zurückgelieferte *Integer*-Wert wird zunächst in einen *String* umgewandelt[4], um in `setText()` verwendet werden zu können (Zeile 5).
- Schließlich muss das Attribut `geschlecht` mit dem Datentyp *String* auf einen `RadioButton` abgebildet werden. Zum Setzen des `RadioButton` werden Wahrheitswerte genutzt, die man per *String*-Vergleich erhält (Zeile 6-8).

```
1  private Person mPers;
2  public void fillWindow(){
3    textFeldName.setText(mPers.getName());
4    textFeldVorname.setText(mPers.getVorname());
5    textFeldAlter.setText("" + mPers.getAlter());
6    boolean male = mPers.getGeschlecht().equals("male");
7    radioButtonGeschl_w.setSelected(!male);
8    radioButtonGeschl_m.setSelected(male);
9  }
```

Code 9.1: Laden fachlicher Objekte in einem Fenster

9.1.1.2 Änderung von Objektdaten

Nimmt der Anwender Änderungen in den Eingabeelementen des Fensters vor, so müssen die Eigenschaften (Attribute) der dargestellten Objekte aktualisiert werden.

Diese Aufgabe wird in einer eigenen Fenster-Methode `flushWindow()` durchgeführt: sie liest die aktuellen Daten aus den Dar-

[4] Der *Integer*-Wert wird einfach mit einem leeren *String* konkateniert.

stellungskomponenten und schreibt diese in die Attribute der betroffenen Objekte. Die Methode wird aufgerufen, wenn der Anwender bspw. den *Speichern*-Knopf drückt.

Code 9.2 zeigt eine Implementierung der `flushWindow()`-Methode für den „Personen-Dialog“:

- Die `name`- und `vorname`-Attribute der `Person` werden durch Auslesen der entsprechenden Textfelder gesetzt (Zeile 3-4).
- Für das Setzen des Attributs `alter` muss zunächst die Zeichenkette im Textfeld in einen *Integer*-Wert umgewandelt werden, damit anschließend die `setAlter()`-Methode des `Person`-Objekts aufgerufen werden kann (Zeile 5-6).
- Um das Geschlecht setzen zu können, wird der Zustand eines Radiobuttons abgefragt (Zeile 7) und das Geschlecht auf den *String* `"female"` oder `"male"` gesetzt.

Code 9.2: Aktualisieren der fachlichen Objekte

```
1  private Person mPers;
2  public void flushWindow(){
3    mPers.setName(textFeldName.getText());
4    mPers.setVorname(textFeldVorname.getText());
5    int alter = Integer.parseInt(textFeldAlter.getText());
6    mPers.setAlter(alter);
7    if (radioButtonGeschl_w.isSelected())
8      mPers.setGeschlecht("female");
9    else mPers.setGeschlecht("male");
10 }
```

9.1.1.3 Dialogkontrolle

Die Dialogkontrolle muss sämtlichen fensterbezogenen Kontrollfluss realisieren:

Aufgaben der Dialogkontrolle

- In der Dialogkontrolle werden Ereignisse, die durch den Benutzer in den Fenstern ausgelöst werden, mit den Mitteln der jeweiligen Programmiersprache „aufgefangen“. In Java werden dazu sogenannte *Event Listener* verwendet, die wir nachfolgend genauer vorstellen.
- Auf jedes Benutzerereignis muss in geeigneter Form reagiert werden. Dazu werden Geschäftsprozesse in der Anwendungsschicht angestoßen, um dort bspw. Daten zu ändern oder abzufragen. Anschließend kann in ein anderes Fenster verzweigt werden, dem die anzuzeigenden Objekte übergeben werden.

Um ein übersichtliches und robustes Design zu gewährleisten, sollte die Dialogkontrolle stets in eigenen Klassen, den sogenannten GUI-*Controllern*, implementiert werden. Die Fenster selbst sollten kein weitergehendes Wissen über Dialogabfolgen besitzen, vgl. die Diskussion in 7.1.1.

Zusammenspiel zwischen Fenstern und GUI-Controller

Anhand eines Dialogfensters, das zur Eingabe von Personendaten dient, wollen wir die Zusammenarbeit zwischen Fenstern, *Event Listener* und GUI-*Controller* erläutern[5] (Abb. 9.2).

Die Verarbeitung der im Fenster eingegebenen Daten in der Anwendungsschicht wird durch einen *Button*-Klick eingeleitet, worauf die Fensterdaten aus den Darstellungselementen ausgelesen und an den GUI-*Controller* weitergereicht werden.

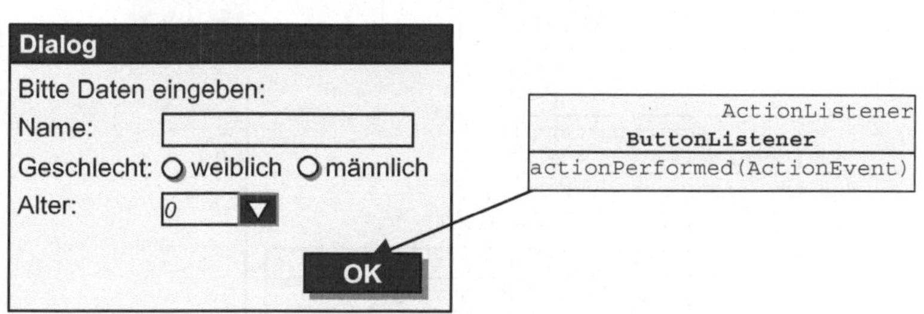

Abbildung 9.2: Dialogfenster registriert ActionListener

ActionListener

Zum „Einfangen" eines *Button*-Ereignisses benötigt man in Java ein Objekt der Klasse `ActionListener`, das bei einem `JButton`-Objekt registriert wird[6].

Aktionen im ActionListener

Nach erfolgter Eingabe löst ein Klick auf den OK-Button folgende Bearbeitungsschritte aus (vgl. Abb. 9.3):

1. Das durch den Button-Kick ausgelöste Ereignis führt automatisch zum Aufruf der Methode `actionPerformed()`[7] des registrierten `ActionListener`-Objekts.
2. Die `actionPerformed()`-Methode führt zunächst eine einfache und rein fensterbezogene Überprüfung der Fenstereingaben auf Vollständigkeit oder Konsistenz durch (vgl. Code 9.3, Zeile 3-5). Aufgetretene Fehler werden typischerweise in einem eigenen Fenster angezeigt. Wird ein solches Meldungsfenster durch einen Button-Klick geschlossen, so geht der

---

[5] und deshalb keine Referenz auf ein `Person`-Objekt besitzt.

[6] siehe nachfolgender Abschnitt.

[7] Hier lediglich in Pseudo-Code dargestellt, die Details einer Java-Implementierung werden in Abschnitt 9.2.2 vorgestellt.

Kontrollfluss an das Eingabefenster zurück.

Nach einer korrekten Eingabe wird zunächst die `flushWindow()`-Methode und anschließend die zugehörige Ereignisbehandlungsroutine `saveInput()` im GUI-*Controller* aufgerufen (Zeil 7-8). Dieser Methode wird eine Referenz auf das nunmehr veränderte `Person`-Objekt (`mPers`) als Parameter übergeben (vgl. Code 9.3, Zeile 8).

Abbildung 9.3: Zusammenspiel Listener/GUI-Controller

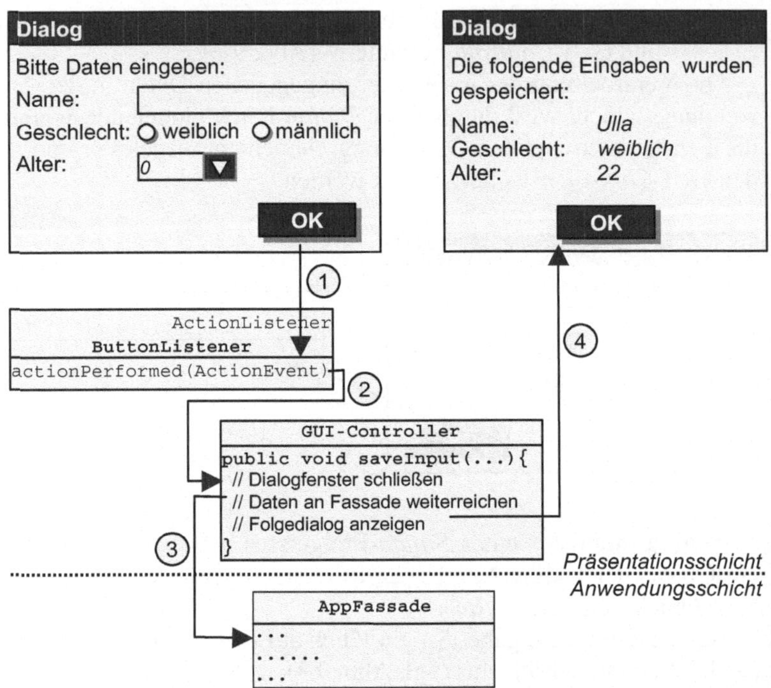

Aktionen im GUI-Controller

3. Die Ereignisbehandlungsroutine im GUI-*Controller* ruft eine Fassadenmethode der Anwendungsschicht auf, der wiederum das `Person`-Objekt als Parameter übergeben wird.

   Die Fassadenmethode gibt ggf. weitere Geschäftsobjekte der Anwendungsschicht, die in der Benutzeroberfläche angezeigt werden sollen, an den GUI-*Controller* zurück.

4. Die Ereignisbehandlungsroutine im GUI-*Controller* instanziiert nun ggf. ein Folgefenster, dem es die anzuzeigenden Objekte übergibt und das es anschließend anzeigt.

```
...
public void actionPerformed(ActionEvent e){
  if ((!geschlechtW && !geschlechtM)
      || getName()=="" ||...){
    showMessage("Bitte Eingabe vervollständigen!");
   } else {
    flushWindow();
    guiController.saveInput(mPers);
    this.closeWindow();
  }
}
```

Code 9.3: Ereignisbehandlung im ActionListener

9.2 Entwicklung von Fensteroberflächen mit Swing

In diesem Abschnitt wollen wir einen sehr kurzen Überblick über die wichtigsten *Swing*-Komponenten geben, der helfen soll, den vorgestellten Programmcode zu verstehen. Einen Einstieg für die Programmierung mit *Swing* bieten das *Swing Tutorial* von *Sun* oder [HoC99]. Detaillierte Darstellungen aller wichtigen *Swing*-Konzepte sind in [EcLW98], [Zuko00] und [Unte02] zu finden.

9.2.1 Präsentationskomponenten

Komponenten einer Swing-Benutzeroberfläche

Eine *Swing*-Benutzeroberfläche besteht aus den folgenden Komponenten:

- Die Benutzeroberfläche enthält eine Menge von elementaren GUI-*Controls*, wie Textfelder, *Radiobuttons* und Schaltflächen. Diese ermöglichen die Darstellung und Änderung von Daten sowie das Auslösen von Ereignissen.
- Fenster und andere Container nehmen die elementaren GUI-*Controls* auf, wobei mit sogenannten Layout-Managern deren Anordnung gesteuert werden kann.

Die einzelnen Elemente wollen wir jetzt etwas detaillierter vorstellen.

Fenster

In einer Swing-Anwendung werden Fenster durch Instanzen vom Typ `javax.swing.JFrame` realisiert. Innerhalb eines Fensters können verschiedene Darstellungskomponenten angezeigt werden.

Container

Zur Strukturierung der Fenster stellt *Swing* eine Reihe von GUI-*Containern* zur Verfügung, in denen die eigentlichen Darstellungselemente platziert werden.

Der am häufigsten verwendete *Container*-Typ zur einfachen Aufnahme der Darstellungskomponenten ist `JPanel`. Darüber hinaus gibt es weitere *Container* mit speziellem Aussehen und Eigenschaften.

Layout-Manager

Jeder *Swing Container* verfügt über einen sogenannten *Layout-Manager*, der für die automatische Platzierung von *Swing*-Komponenten[8] innerhalb des Containers sorgt. Die am häufigsten verwendeten *Layout-Manager* sind:

- `BorderLayout`
  Dieser *Layout-Manager* stellt fünf verschiedene Bereiche (NORTH, SOUTH, ...) zur Verfügung. In jeden dieser Bereiche kann genau eine Swing-Komponente eingefügt werden.

Abbildung 9.4: BorderLayout

<table>
<tr><td colspan="3">NORTH</td></tr>
<tr><td>WEST</td><td>CENTER</td><td>EAST</td></tr>
<tr><td colspan="3">SOUTH</td></tr>
</table>

- `FlowLayout`
  Der `FlowLayout`-Manager kann beliebig viele *Swing*-Komponenten verwalten. Diese richtet er in einer Reihe aus – ähnlich dem Text in einer Textverarbeitung. Gegebenenfalls wird ein Zeilenumbruch durchgeführt. Dabei kann die Ausrichtung der enthaltenen Komponenten links-/rechtsbündig oder zentriert erfolgen.

[8] Darstellungskomponenten, aber auch weitere *Container*.

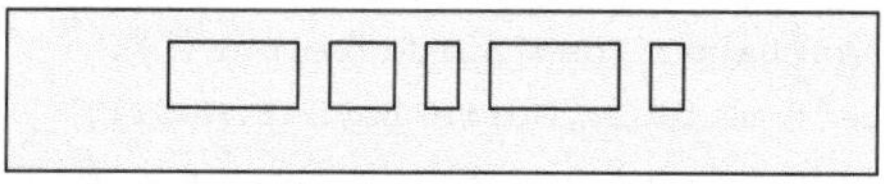

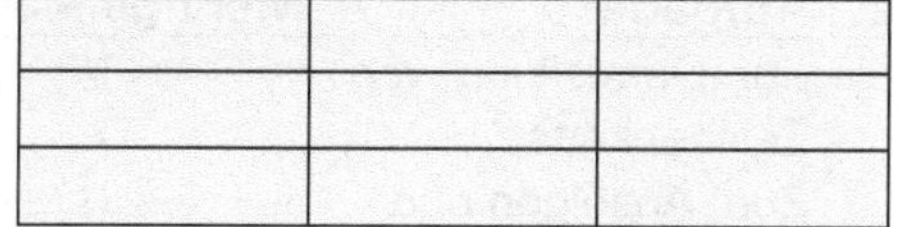

Abbildung 9.5: FlowLayout

- `GridLayout`
  Ein `GridLayout` ordnet *Swing*-Komponenten in einem Gitter mit *n* Spalten und *m* Zeilen an[9]. Dabei kann jede Zelle genau eine *Swing*-Komponente aufnehmen und alle Komponenten werden gleich groß – nämlich so groß, wie die größte Komponente im Gitter – dargestellt.

Abbildung 9.6: GridLayout

Darstellungskomponenten (GUI-Controls)

Swing liefert eine große Anzahl von Darstellungskomponenten. Neben einfachen Komponenten zur Darstellung und Editierung von Zeichenketten existieren weitere komplexere Elemente, beispielsweise zur Darstellung einer Liste, mehrzeiliger Textfelder, von Baumstrukturen, Menüs usw. Abbildung 9.7 nennt die wichtigsten Elemente im Überblick.

Beispiel

Das folgende Beispiel (Code 9.4) zeigt noch einmal den Aufbau einer Darstellungskomponente, bestehend aus einem *Panel*, zwei GUI-*Controls* und einem Layout-Manager.

In den Zeilen 1-3 werden zunächst die benötigten Klassen und Java-*Packages* importiert. Anschließend werden in den Zeilen 6 und 7 zwei GUI-Controls – eine *Label*-Komponente und ein Eingabefeld für Zeichenketten – deklariert und instanziiert.

Code 9.4: Beispiel-Panel

```
1 import javax.swing.*;
2 import java.awt.BorderLayout;
3 import java.awt.Color;
4
5 public class BeispielPanel extends JPanel {
6   private JLabel mLabel = new JLabel("Name: ");
7   private JTextField mTextfeld = new
                               JTextField("unbekannt");
8   public BeispielPanel(){
```

[9] Die Anzahl der Zeilen und Spalten ist beliebig wählbar.

```
9        this.setLayout(new BorderLayout());
10       this.add(mLabel, BorderLayout.WEST);
11       this.add(mTextfeld, BorderLayout.CENTER);
12   }
13 }
```

Im Konstruktor der Klasse `BeispielPanel` wird zunächst der Layout-Manager für das *Panel* gesetzt (Zeile 9, `BorderLayout`). Anschließend werden die beiden GUI-*Controls* an entsprechender Position in das *Panel* eingefügt (Zeile 10-11).

Abbildung 9.7: Swing-Komponenten im Überblick

Komponente	Aufgabe	wichtige Methoden
`JLabel`	Zur Darstellung von Zeichenketten.	`setText(String)`
`JTextField`	Zum Anzeigen und Editieren von Zeichenketten.	`setText(String)` `getText():String`
`JTextArea`	Zum Anzeigen und Editieren mehrzeiliger Zeichenketten.	`setText(String)` `getText():String`
`JCheckBox`	Darstellung und Änderung von Wahrheitswerten durch Ankreuzen.	`setSelected(boolean)` `isSelected():boolean`
`JComboBox`	Stellt eine Liste von Optionen in Form einer *Dropdown*-Liste dar.	`getSelectedItem():Object` `setSelectedItem(Object)`
`JTree`	Stellt Daten in hierarchischer Form dar.	`setModel(TreeModel)`
`JButton`	Stellt einen einfachen Knopf dar.	

9.2.2 Ereignisbehandlung

Event Listener

Die Ereignisbehandlung (*Event Handling*) erfolgt in *Swing* über Objekte spezieller Klassen, die sogenannten *Event Listener*.

Damit die *Event Listener* auf ein Ereignis reagieren, müssen sie bei der Darstellungskomponente, die das Ereignis auslösen kann, registriert werden. Findet ein Ereignis auf der GUI statt, werden in den registrierten *Listener*-Objekten entsprechende Methoden aufgerufen.

Für unterschiedliche Ereignisse, wie z.B. Tastatur- oder Mausereignisse, existieren unterschiedliche *Event Listener*.

Abbildung 9.8 zeigt als Beispiel ein Fenster mit einem Eingabefeld und einem *Button*. Der Anwender kann in das Eingabefeld eine Zeichenkette, die ein bestimmtes Format besitzen muss, eingeben und über den OK-*Button* die Eingabe beenden.

In diesem Beispiel sollen zwei Ereignisse berücksichtigt werden: Das Eingeben eines einzelnen Zeichens und das Drücken des *Buttons*. Für eine *Swing*-Realisierung sind folgende Schritte durchzuführen.

Registrieren der Listener

- Um sicherzustellen, dass der Anwender nur bestimmte Zeichen eingeben darf, wird ein `KeyListener` im Eingabefeld registriert (Code 9.5, Zeile 2-6). Dadurch wird bei jedem Tastendruck dessen `keyPressed()`-Methode aufgerufen und die eingegebenen Zeichen können validiert werden.
- An den OK- *Button* wird ein `ActionListener` gehängt (Zeile 7-11). Dessen `actionPerformed()`-Methode wird immer dann aufgerufen, wenn der *Button* gedrückt wurde.

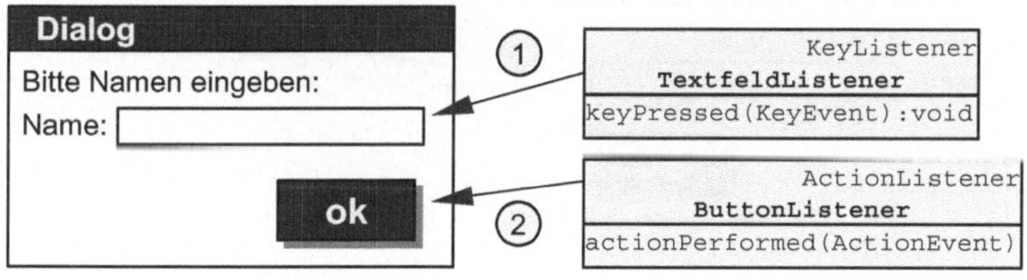

Abbildung 9.8: Event Listener

```
1  ...
2  mTextfeld.addKeyListener(new KeyAdapter(){
3    public void keyPressed(KeyEvent e){
4          textfeld_keyPressed(e);
5     }
6  });
7  btn.addActionListener(new ActionListener(){
8     public void actionPerformed(ActionEvent e){
9          btn_actionPerformed(e);
10     }
11 });
```

Code 9.5: Registrierung der Listener

```
private void textfeld_keyPressed(KeyEvent e){
  if (e.getKeyChar()=='?') ...
}
private void btn_actionPerformed(ActionEvent e){
  String s = mTextfeld.getText();
  showMessage(s);
}
...
```

Ereignisbehandlung: Tastaturereignis

1. Der Anwender drückt innerhalb des Textfeldes eine beliebige Taste (Abb. 9.9).
2. Die `keyPressed()`-Methode des `KeyListeners` wird aufgerufen. Dabei werden alle das Ereignis spezifizierenden Informationen[10] in einer Instanz vom Typ `KeyEvent` gekapselt und als Parameter übergeben.
3. In der `keyPressed()`-Methode findet die eigentliche Ereignisbehandlung statt. Im Beispiel wird überprüft, ob es sich bei dem Zeichen um ein '?' handelt und dem Ergebnis entsprechend reagiert.

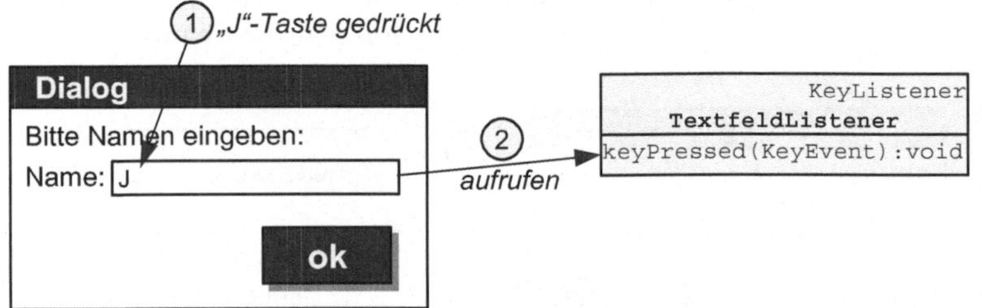

Abbildung 9.9: Behandlung eines Tastaturereignisses

Ereignisbehandlung: Knopfdruck

1. Nach einer Eingabe betätigt der Anwender den OK-*Button.*
2. Dadurch wird automatisch die `actionPerformed()`-Methode des `ActionListener` aufgerufen.
3. Innerhalb der `actionPerformed()`-Methode wird das Ereignis behandelt. Hier wird die eingegebene Zeichenkette aus dem Textfeld ausgelesen und in einem kleinen Dialogfenster (`showMessage()`) angezeigt (vgl. Code 9.5).

---

[10] z.B. welche Taste gedrückt wurde.

9.3 Architektur des GUI-Frameworks

Bei der Entwicklung der *Swing*-Benutzerschnittstelle sollen die in Kapitel 7 genannten Anforderungen umgesetzt werden:

Anforderungen

- Die Präsentationsschicht soll nur lose mit der Anwendungsschicht gekoppelt sein, was durch die ausschließliche Verwendung der Fassadenklassen erreicht wird.
- Die innere Struktur der Benutzerschnittstelle soll das MVC-Muster umsetzen und eine Trennung zwischen Präsentation und Dialogkontrolle gewährleisten.
- In der Benutzerschnittstelle sollen mehrfach auftretende Darstellungskomponenten und Standardabläufe durch ein GUI-*Framework* unterstützt und vereinheitlicht werden.

Überblick über das GUI-Framework

In diesem Kapitel realisieren wir ein einfaches GUI-*Framework* mithilfe von *Swing*, das auch für die Realisierung unseres Beispielsystems eingesetzt wird. Es ist recht einfach gehalten, um die grundlegende Konzeption eines solchen *Frameworks* zu zeigen. Im Überblick besteht das *Framework* aus folgenden Komponenten:

View-Komponenten

Das *Framework* stellt eine Reihe von GUI-Komponenten, die der Präsentation von Daten dienen, bereit, die Abb. 9.10 im Überblick zeigt.

Fensterklassen

- Es werden vier verschiedene Fensterklassen zur Verfügung gestellt, die in einer Vererbungshierarchie mit immer weiterer Funktionalität angereichert werden. Das Basisfenster bietet lediglich ein Systemmenü und eine Titelleiste. Die spezialisierteren Fenster des *Frameworks* können mit *Buttons* und Eingabefeldern konfiguriert werden oder bieten eine Baumdarstellung. Anwendungsspezifische Fenster erben von diesen Klassen und erweitern und konfigurieren sie gemäß den fachlichen Anforderungen.

Tabellen

- Weil fachliche Daten häufig in Tabellenform dargestellt werden sollen, enthält das Framework ein Panel mit einer Tabelle, die den jeweiligen Bedürfnissen angepasst werden kann.

Eingabefelder

- Oft sollen in Eingabefeldern spezielle Plausibilisierungen erfolgen. Das *Framework* bietet für diese Aufgaben eine eigene Textfeld-Klasse, mit der sich fachliche Überprüfungen durchführen lassen.

Abbildung 9.10: View-Komponenten des GUI-Frameworks

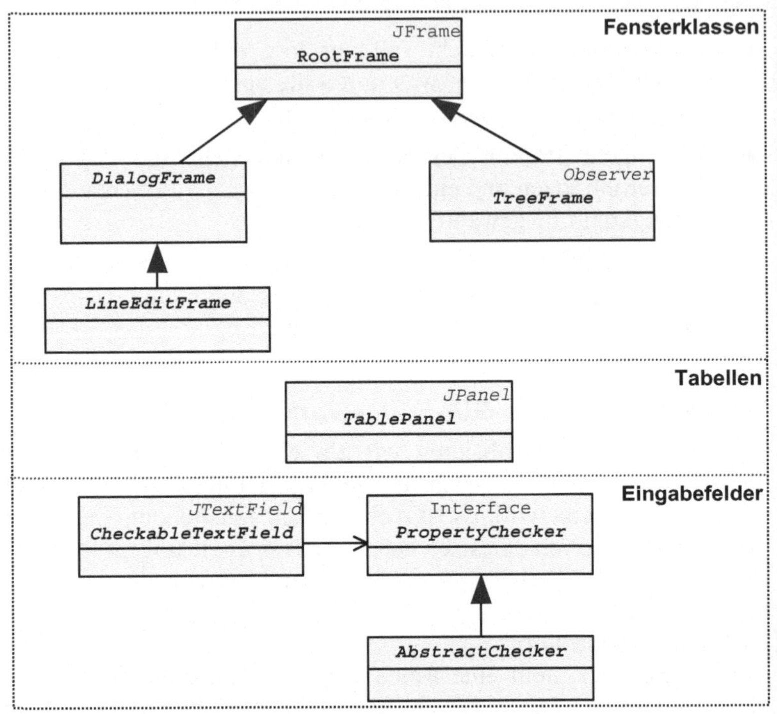

Dialogkontrolle

Für die Dialogkontrolle werden im *Framework* keine eigenen Klassen bereitgestellt, sondern es wird ausgiebig das in *Swing* integrierte Konzept der *Action*-Klassen genutzt. Befehle lassen sich als Objekte von *Action*-Klassen kapseln und in ereignisauslösenden Darstellungskomponenten, bspw. *Buttons*, registrieren.

Die *Action-Klassen* übernehmen in unserer Realisierung die Aufgabe der GUI-*Controller*.

Vorteile des Frameworks

Ein solches *Framework* bietet u.a. die folgenden Vorteile:

- Die von den *Framework*-Klassen abgeleiteten GUI-Komponenten besitzen ein einheitliches Aussehen. Dies ist eine wichtige Voraussetzung für eine einheitliche Benutzerführung und homogene Gestaltung der Dialoge. Insofern wird durch die *Framework*-Klassen ein GUI-*Styleguide* festgeschrieben.

- Der Programmcode weist weniger Redundanz auf. Beispielsweise bietet das *Framework* mächtige Methoden zum Erzeugen und zur Positionierung von *Buttons* mit entsprechenden *Event Listenern*. Der erforderliche Code muss nicht in jedem Fenster neu implementiert werden.
- Das Framework nimmt den Entwicklern Arbeit ab, denn sie werden von *Swing*-spezifischen Details befreit und müssen in der Regel nur wenige Methoden überschreiben oder zusätzlich implementieren.

9.3.1 View-Komponenten

Bevor wir Realisierungsdetails vorstellen, soll ein Überblick über die im GUI-*Framework* verwendeten Fenster-Typen gegeben werden.

9.3.1.1 Überblick

Dialogfenster

Allgemeine Dialogfenster (Abb. 9.11) stellen Informationen dar und bieten Editiermöglichkeiten. Sie können vom Anwender in ihrer Größe nicht verändert werden und besitzen am unteren Rand ein Panel mit 1 bis n *Buttons* (z.B. OK, CANCEL, SAVE).

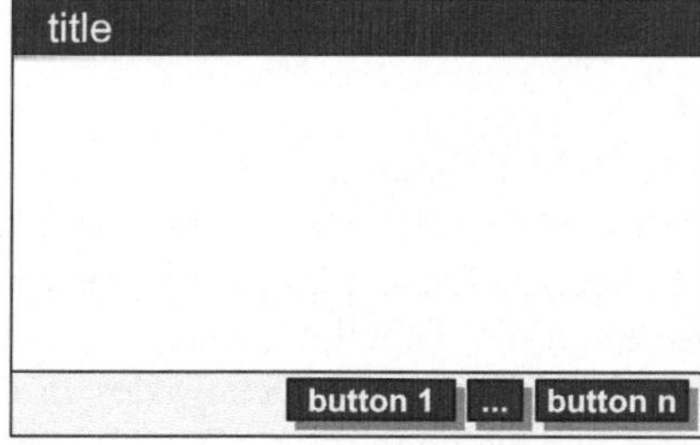

Abbildung 9.11: Typisches Dialogfenster

Eingabedialoge

Eingabedialoge erweitern allgemeine Dialogfenster zur Bearbeitung von Daten (Abb. 9.12). Dabei gilt die Besonderheit, dass zeilenweise ein Paar aus *Label* und Eingabeelement dargestellt werden kann. Mögliche Eingabeelemente sind Textfelder, *Checkboxen* und *Radiobuttons*. Beispiele für Eingabedialoge sind z.B. *Login*- und Suchmasken-Dialoge.

Abbildung 9.12: Eingabedialoge

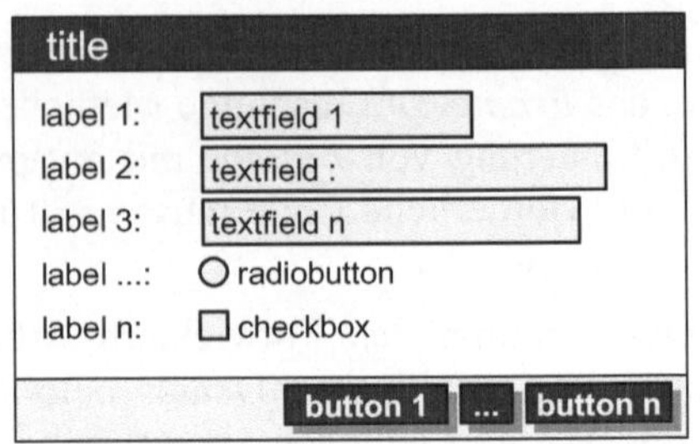

Baumstruktur-Fenster

Baumstruktur-Fenster zeigen Objekte, die in einer hierarchischen 1:N-Beziehung stehen (Abb. 9.13). Auf der einen Seite wird die grobe Struktur der Daten durch ein `JTree` repräsentiert, auf der anderen die Einzelheiten des im Baum selektierten Knotens. Solche Fenster sind bspw. von Dateisystem-*Browsern* bekannt.

Am oberen Rand befindet sich ein *Panel* mit 0 bis n *Buttons* (z.B. FIND, SUBSCRIBE). Am unteren Rand befindet sich ein weiteres *Panel* zum Anzeigen von Status-Informationen.

Abbildung 9.13: Baumstruktur-fenster

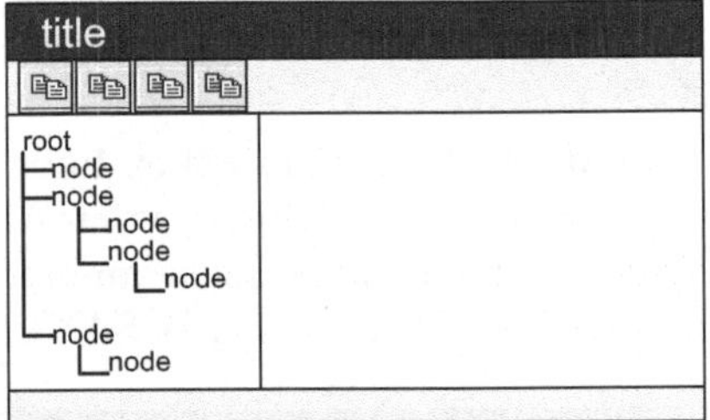

Tabellen-Panel

Ein Tabellen-*Panel* bildet Daten in einer Tabellen- oder Listenform ab, siehe Abb. 9.14. Eine solche Liste wird in einem *Panel* angezeigt, das in ein beliebiges Fenster eingebunden werden kann.

Beispielsweise kann ein Tabellen-*Panel* in einem Baumstruktur-Fenster eingesetzt werden, um die Details des in der Baumstruktur selektierten Knotens anzuzeigen (wie z.B. alle Dateien in einem selektierten Verzeichnis).

Spezielle Textfelder

Schließlich wird noch eine spezielle Textfeld-Klasse realisiert, die beim Verlassen automatisch die Eingabedaten mithilfe einer konfigurierbaren Methode überprüft.

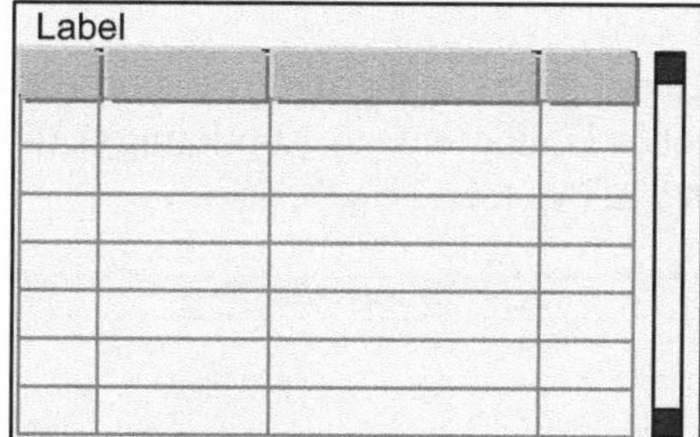

Abbildung 9.14: Tabellen-Panel

9.3.1.2 Realisierung der View-Komponenten

Basis-Fensterklasse

Als Ausgangsbasis für alle zu entwickelnden Klassen dient die Klasse `RootFrame`. Sie ist eine Erweiterung der *Swing*-Klasse `JFrame` und implementiert rudimentäre und in allen Fenstern benötigte Funktionen, wie beispielsweise das Beenden der Anwendung über das Systemmenü (vgl. Code 9.6, Zeile 6-10) und die Freigabe der Ressourcen.

```
1  public class RootFrame extends JFrame {
2    protected boolean mDispose=false;
3    ...
4    public AbrahamFrame(String title) {
5      super(title);
6      this.addWindowListener(new WindowAdapter(){
7        public void windowClosing(WindowEvent e){
8          exitWindow();
9        }
10     });
11   }
12  ...
13  protected void exitWindow(){
14    if (mDispose) quit(); else close();
15  }
16  ...
```

Code 9.6: RootFrame.java

DialogFrame

Die abstrakte Klasse `DialogFrame` realisiert die Basisfunktionalität für ein einfaches Dialogfenster. Abbildung 9.15 zeigt den Aufbau einer Instanz[11] vom Typ `DialogFrame`.

Abbildung 9.15: DialogFrame

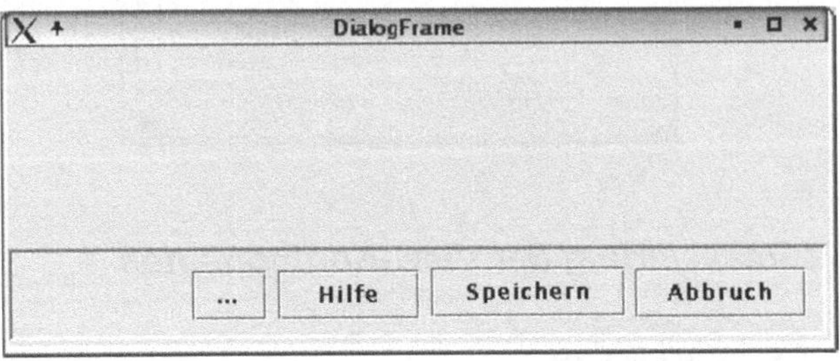

Die Klasse definiert zunächst ein *Panel* zur Aufnahme von *Buttons* am unteren Rand des Fensters (Code 9.7, Zeile 2).

Konfiguration von Buttons

Darüber hinaus bietet sie die Methode `addActionButton()`, mit der ein *Button* erzeugt und in das *Panel* eingefügt wird[12].

Die Methode besitzt als Parameter ein Objekt der Klasse `java.swing.Action`, das einem neu erzeugten *Button* mit `setAction(..)` übergeben wird (Zeile 6-8). Die in den `Action`-Klassen implementierte Funktionalität wird bei jedem *Button*-Klick ausgeführt.

Zusätzlich wird für jeden *Button* noch ein `ActionListener` registriert (Zeile 9-12), in dem die abstrakt deklarierte *Hook*-Methode `doActionPerformed()` aufgerufen wird (Zeile 28). Diese Methode wird also beim Klick auf einen beliebigen *Button* im *Panel* aufgerufen und dabei vor (!) der in einem `Action`-Objekt implementierten Funktionalität ausgeführt.

Sie dient typischerweise dazu, im `Action`-Objekt eines *Buttons* Parameter zu setzen, bspw. die Inhalte von Eingabefeldern zu übergeben. Wie das genau funktioniert, zeigen wir in Abschnitt 9.3.2.

Code 9.7: DialogFrame .java

```
1 public abstract class DialogFrame extends RootFrame{
2   protected JPanel controllPane = new JPanel();
3   protected FlowLayout flowLayout1 = new FlowLayout();
4   protected JButton mCancelButton;
5   public JButton addActionButton(Action action){
6     JButton jb = new JButton();
```

[11] Weil `DialogFrame` abstrakt deklariert ist, zeigt Abb. 9.15 das Fensterobjekt einer konkreten Unterklasse von `DialogFrame`.

[12] Die Konfiguration von *Buttons* ist eine der wichtigsten Fähigkeiten des GUI-*Frameworks* und für das Verständnis wesentlich.

```
7       jb.setAction(action);
8       controllPane.add(jb);
9       jb.addActionListener(new ActionListener() {
10       public void actionPerformed(ActionEvent e) {
11         doActionPerformed(e);
12       }
13      });
14      return jb;
15    }
16    ...
17    public void cancel(ActionEvent e){exitWindow();}
18    protected void createCancleButton() {
19      if (mCancelButton==null){
20        mCancelButton = new JButton("cancel");
21        mCancelButton.addActionListener(ActionListener() {
22         public void actionPerformed(ActionEvent e){
23          cancel(e);}
24        });
25        controllPane.add(mCancelButton);
26      }
27    }
28    public abstract void doActionPerformed(ActionEvent e);
29  }
```

Die Methode `createCancelButton()` erzeugt einen Knopf zum Schließen des Dialogfensters (Zeile 17-27) und positioniert ihn am rechten unteren Rand des Fensters. Es wird ein `ActionListener` registriert, der die Methode `cancel()`, mit der das Fenster verlassen wird, aufruft.

LineEditFrame

Die abstrakte Klasse `LineEditFrame` erweitert `DialogFrame` um Funktionalitäten zur Erzeugung von Eingabefeldern. Abbildung 9.16 zeigt ein Fensterobjekt vom Typ `LineEditFrame`.

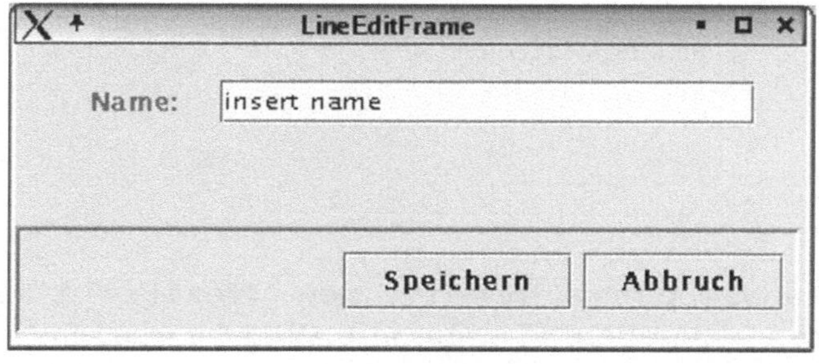

Abbildung 9.16: LineEditFrame

Zunächst verwaltet das Fenster zwei *Panel*, um die *Label* bzw. Eingabefelder aufzunehmen.

Die Methode `getTextField(...)` erzeugt Textfelder einer bestimmten Größe und mit einer gewünschten Vorbelegung (Code 9.8, Zeile 8-14).

Mit Hilfe der Methode `addProperty()` lassen sich *Label*/ Eingabekomponenten-Paare dem Dialogfenster hinzufügen und automatisch im Fenster positionieren (Zeile 16-27).

Code 9.8: LineEditFrame .java

```
1  public abstract class LineEditFrame
2  extends DialogFrame{
3    protected int mPropertiesCount=1;
4    JPanel controllPane = new JPanel();
5    JPanel labelPane = new JPanel();
6    JPanel editPane = new JPanel();
7    ...
8    protected JTextField getTextField(Dimension size,
                                         String value){
9      JTextField result = new JTextField(value);
10     result.setPreferredSize(size);
11     result.setMinimumSize(size);
12     result.setMaximumSize(size);
13     return result;
14   }
15   ...
16   public void addProperty(String label,
                              JComponent inputElement){
17     mPropertiesCount++;
18     //--Layout erzeugen und festlegen--------
19     ...
20     JPanel jpL = new JPanel(layout);
21     jpL.add(new JLabel(label));
22     labelPane.add(jpL);
23     ...
24     JPanel jp = new JPanel(layout);
25     jp.add(inputElement);
26     editPane.add(jp);
27   }
28   ...
29 }
```

Mit `addProperty("Name:", new JTextField("Bitte Namen eingeben"))` wird ein Textfeld mit initialem Inhalt erzeugt und als Beschreibung ein *Label* „Name“ davor gesetzt (vgl. Abb. 9.16).

Baumstruktur-Fenster

Die abstrakte Klasse `TreeFrame` definiert eine Schablone für ein Baumstruktur-Fenster. Dazu erzeugt sie die im Fenster benötigten *Panels* zur Anzeige des Objektbaums und der Detailansicht.

`TreeFrame` implementiert darüber hinaus die wichtigsten Methoden zur Ereignisbehandlung und zur Darstellung von Daten in einem `JTree`. Mithilfe der Methode `addActionButton()` können auch hier spezielle Action-Klassen (`java.swing.Action`) als Button am oberen Rand des Fensters dargestellt werden.

Abbildung 9.17 zeigt eine Erweiterung der Klasse `TreeFrame` mit zwei eingefügten *Buttons*.

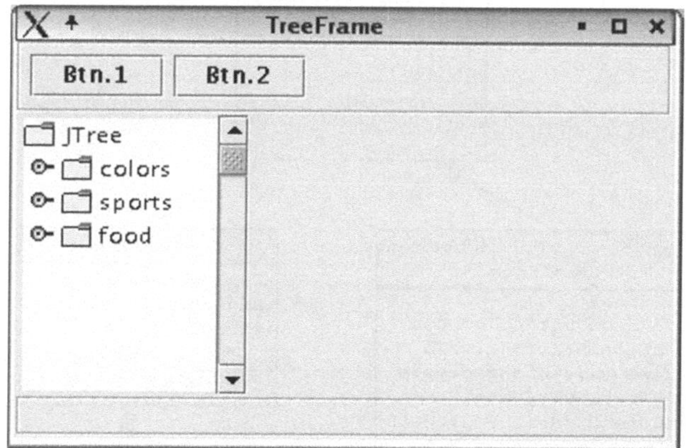

Abbildung 9.17: TreeFrame

Code 9.9 stellt die wichtigsten Methoden vor. Die *Hook*-Methode `doTree_valueChanged(..)` wird aufgerufen, wenn ein Baumknoten selektiert wird. Den aktuell selektierten Baumknoten liefert `getCurrentNode()` zurück.

Die Realisierung eines `JTree` erfordert einige Swing-Kenntnisse und soll deshalb hier nicht im Detail entwickelt werden. Einzelheiten findet man im Quellcode zum Buch sowie in [Zuko00] oder [EcLW98]. Wie `TreeFrame` verwendet wird, zeigen wir bei der Implementierung des Beispielsystems.

```
public abstract class TreeFrame extends RootFrame
                                implements Observer{
  protected JPanel mActionsPanel = new JPanel();
  protected JTree mTree = new JTree();
  ...
```

Code 9.9: TreeFrame.java

```
  protected JPanel mViewPanel = new JPanel();
  protected JPanel mStatePanel = new JPanel();
  ...
  public abstract void doTree_valueChanged(
                               TreeSelectionEvent e);
  public DefaultMutableTreeNode getCurrentNode() {...}
  public TreeModel getTreeModel() { ... }
  public void setTreeModel(TreeModel model) { ... }
  public JTree getTree(){ ... }
 ...
}
```

Abbildung 9.18 zeigt die Vererbungshierarchie der Fensterklassen des Frameworks im Überblick.

Abbildung 9.18: Fensterklassen des Frameworks

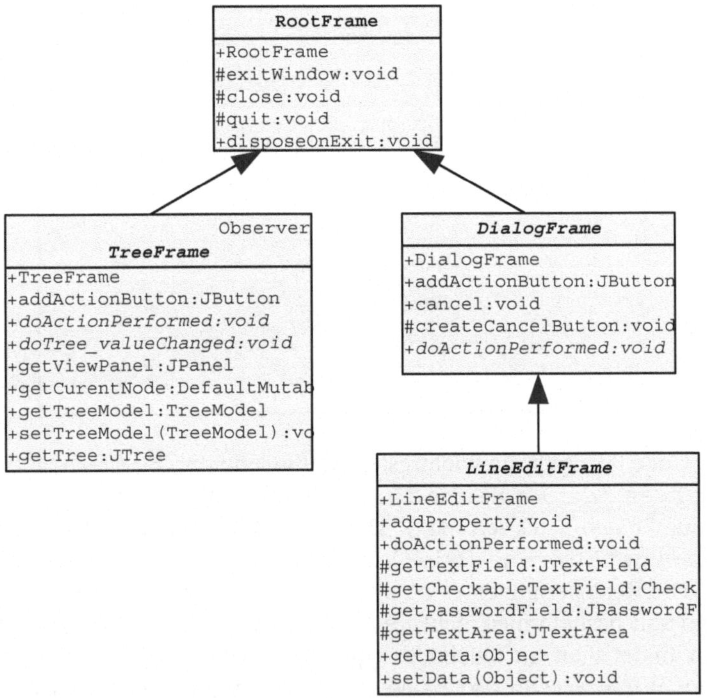

TablePanel

Die abstrakte Klasse `TablePanel` stellt eine `JTable` formatiert dar und verfügt bereits über Schnittstellen- und Ereignisbehandlungsroutinen. Abbildung 9.19 zeigt ein konkretes Beispiel.

Abbildung 9.19: TablePanel

Der dargestellten Tabelle wird zunächst ein `MouseListener` hinzugefügt, der bei jedem Mausklick die Schablonenmethode `contentTableMouseClicked(...)` aufruft (Code 9.10, Zeile 3-6). Die Methode prüft, ob ein Doppelklick stattgefunden hat und bestimmt die zugehörige Tabellenzelle. Anschließend wird die abstrakte *Hook*-Methode[13] `onDoubleClick()` aufgerufen, in der das Verhalten bei einem Klick auf eine Zelle implementiert wird.

Code 9.10: TablePanel.java

```
1 public abstract class TablePanel extends JPanel {
2   ...
3   protected void contentTableMouseClicked(MouseEvent e){
4     if (e.getClickCount()==2)
5       onDoubleClick(
                  mContentTable.columnAtPoint(e.getPoint()),
                    mContentTable.rowAtPoint(e.getPoint()));
6   }
7   public abstract void onDoubleClick(int col, int row);
8 ...
```

Das folgende Klassendiagramm zeigt die Klasse `TablePanel`. Die Schablonenmethode `showData()` ruft die abstrakten Methoden `configureCols()` und `fillTable()` auf, die in den Unterklassen von `TablePanel` implementiert werden müssen. Mit ichnen lassen sich die Spalten einer Tabelle definieren sowie die Tabelle befüllen.

[13] siehe Entwurfsmuster: Schablonenmethode.

Abbildung 9.20: Die Klasse TablePanel

```
JPanel
TablePanel
+TablePanel
#contentTableMouseClicked
+initCol:void
+showData:void
+onDoubleKlick:void
#configureCols:void
#fillTable:void
+setTableHeader(int,String)
+getTableModel:TableModel
+setTableModel(TableModel):
+setTableRowData(Vector):vo
+getRowObjectAt(int):Objec
+getSelectedRowIndex:int
```

CheckableTextField

Die Klasse `CheckableTextField` erweitert die *Swing*-Klasse `JTextField` und verwaltet über eine Referenz ein Objekt vom Typ `PropertyChecker`.

In diesem *Interface* sind zwei Methoden deklariert. Beim Verlassen des Textfeldes (`FOCUS_LOST`) werden die Eingabedaten automatisch mit der Methode `isValidProperty()` überprüft. Im Fehlerfall erscheint der durch `getErrorInfo()` gelieferte String im Textfeld. Die Klasse `AbstractChecker` implementiert bereits die Methode `getErrorInfo()` und liefert eine Standardfehlermeldung zurück.

Objekte vom Typ `PropertyChecker` realisieren einen konkreten Prüfalgorithmus und können in einem `CheckableTextField` mit der `set`-Methode registriert werden.

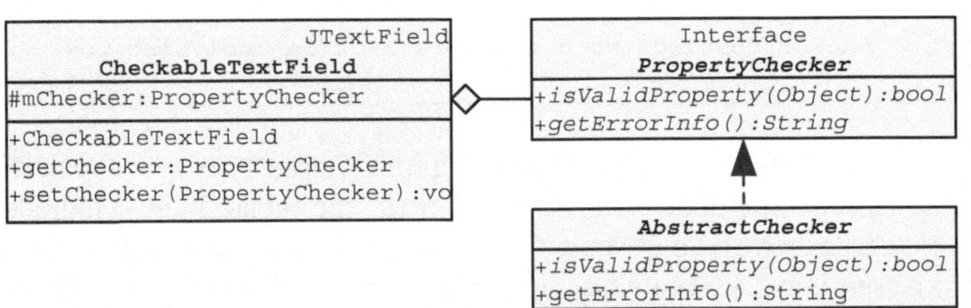

Abbildung 9.21: CheckableTextField

Code 9.11 zeigt die Implementierung von `CheckableTextField`. Im `FocusListener` des Textfeldes wird der Inhalt überprüft (Zeile 11). Bei einer fehlerhaften Eingabe soll das Textfeld mit einem Hinweis gefüllt werden. Darum wird in Zeile 12 der Rückgabewert der Methode `getErrorInfo()` zum Füllen des Textfeldes verwendet.

Um dem Anwender den Eingabefehler deutlich zu machen, wird anschließend der Inhalt des Textfeldes markiert und ein Signalton ausgegeben (Zeile 13-14).

```
1  public class CheckableTextField extends JTextField {
2    ...
3    protected PropertyChecker mChecker;
4    public void setChecker(PropertyChecker checker) {
                                mChecker = checker;}
5    public PropertyChecker getChecker(){return mChecker;}
6    ...
7    public CheckableTextField(String value) {
8      super(value);
9      this.addFocusListener(new FocusAdapter(){
10           public void focusLost(FocusEvent e){
11             if (!mChecker.isValidProperty(
                       CheckableTextField.this.getText())){
12                CheckableTextField.this.setText((
                                mChecker.getErrorInfo());
13              CheckableTextField.this.selectAll();
14              Toolkit.getDefaultToolkit().beep();
15             }
16           }
17     });
18   }
19  :
```

Code 9.11: CheckableTextField.java

Abb. 9.22 zeigt, wie von der Klasse `AbstractChecker` eigene Klassen für spezielle Überprüfungen abgeleitet werden.

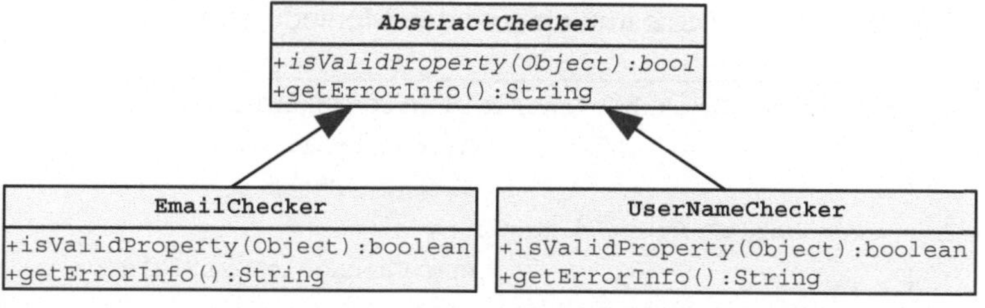

Abbildung 9.22: Spezielle Checker-Klassen

In Code 9.12 wird die Klasse `UserNameChecker` zur Überprüfung des Benutzernamens implementiert. Die Methode `isValidProperty()` beschränkt sich auf eine Längenprüfung (Zeile 9). Dazu wird vorher der Typ des Parameters *property* geprüft und, für den Fall dass es sich dabei nicht um einen String handelt, die Verarbeitung abgebrochen (Zeile 5-7).

Damit, im Falle eines negativen Überprüfungsergebnisses, eine spezifische Fehlerinformation geliefert werden kann, muss zusätzlich die von der Klasse `AbstractChecker` geerbte Methode `getErrorInfo()` entsprechend überschrieben werden (Zeile 13-15).

Code 9.12: UserName-Checker.java

```
1  public class UserNameChecker extends AbstractChecker{
2    :
3    public boolean isValidProperty(Object property) {
4      boolean result=true;
5      if (!(property instanceof String)){
6         result=false;
7      }else{
8       String userName = (String)property;
9       if (userName.length()<=3) result=false;
10     }
11    :
12   }
13   public String getErrorInfo(){
14     return "mindestens 4 Stellen notwendig";
15   }
16 }
```

Die Methode `getCheckableTextField()` in `LineEditFrame` liefert ein `CheckableTextField` (siehe Code 9.13). Dabei werden die Größe und die Vorbelegung des Textfeldes gesetzt.

Der Aufruf `getCheckableTextField(new Dimension(200,20)`[14]`, "bitte Namen eingeben", new UserNameChecker())` liefert dann ein Textfeld mit einer Breite von 200 *Pixel* und einer Höhe von 20 *Pixel*, dessen Inhalt mit der in `UserNameChecker` implementierten Methode geprüft wird.

Code 9.13: Erzeugung eines CheckableText-Field

```
protected CheckableTextField getCheckableTextField(
                         Dimension size, String value,
                         PropertyChecker checker){
  CheckableTextField result =
                         new CheckableTextField(value);
  result.setPreferredSize(size);
  result.setMinimumSize(size);
  result.setMaximumSize(size);
  result.setChecker(checker);
```

[14] siehe: `java.awt.Dimension`.

```
    return result;
}
```

9.3.2 Klassen zur Kontrollflusssteuerung

Zur Steuerung des Kontrollflusses wird im *Framework* das von *Swing* zur Verfügung gestellte *Action*-Konzept eingesetzt.

Action-Konzept in Swing

Idee

Eine *Swing-Action* bietet die Möglichkeit, eine in der GUI benutzte Funktionalität mit ihren erweiterten Eigenschaften (Image, Beschriftung der Darstellungskomponente usw.) in einer Java-Klasse zusammenzufassen.

Viele *Swing*-Komponenten, wie z.B. `JButton`, besitzen ein Attribut vom Typ `Action` und führen bei jedem Ereignis die im `Action`-Objekt realisierte Funktionalität aus. Darüber hinaus nutzen sie die dort angegebenen Werte für ihre eigene Darstellung. Beim `JButton` wird z.B. die Beschriftung durch ein Attribut des zugehörigen `Action`-Objekts festgelegt.

Das Konzept der `Action`-Klassen ermöglicht es, einen einmal implementierten Funktionsablauf in mehrere Menüs und Fenster einzubinden[15], und wird folgendermaßen realisiert:

Action-Interface

Das *Interface* `javax.swing.Action` erweitert das `ActionListener`-*Interface* und bietet u.a. die in Code 9.14 aufgeführten Methoden.

```
public interface Action extends ActionListener {
  ...
  public void actionPerformed(ActionEvent e) ;
  public Object getValue(String key);
  public void putValue(String key, Object value);
}
```

Code 9.14: javax.swing. Action.java

Registrieren von Action-Objekten

Meldet man ein `Action`-Objekt mit `setAction()` bei einer geeigneten Darstellungskomponente (bspw. *Button* oder Menü) an, so wird es dort als *Listener* registriert. Damit wird die von `ActionListener` geerbte Methode `actionPerformed()` immer auf-

[15] Ein ähnliches Konzept verfolgen auch die `WebAction`-Klassen in Kapitel 8.

gerufen, sobald ein passendes Ereignis in der zugehörigen Darstellungskomponente stattfindet.

Parameter in Action-Objekten

Damit `actionPerformed()` angemessen auf Ereignisse reagieren kann, müssen ihr Parameter, bspw. die Inhalte von Eingabefeldern, übergeben werden. Weil die Methode aber nur einen Parameter vom Typ `ActionEvent` vorsieht, müssen Parameterdaten auf andere Weise in das `Action`-Objekt gelangen.

Dies geschieht mit den Methoden `putValue()` und `getValue()`, mit denen man – wie bei einer Hashtabelle – Daten als Schlüssel/Werte-Paare einfügen und lesen kann. Im `Action`-*Interface* sind eine Reihe von Schlüsseln vordefiniert, bspw. `Action.Name` und `Action.SMALL_ICON`.

Parameter-Übergabe

Ein Problem besteht darin, die Parameter zum richtigen Zeitpunkt zu übergeben, denn `actionPerformed()` wird ja nicht explizit, sondern automatisch bei einem Ereignis aufgerufen. Man erreicht dies mit dem folgenden Trick: In dem *Button* wird ein zusätzlicher `ActionListener` registriert, dessen `actionPerformed()`-Methode ebenfalls bei einem Klick ausgeführt wird. In dieser Methode werden dann mit `putValue(`*`key`*`, `*`value`*`)` die Parameter des `Action`-Objekts gesetzt. Wie das funktioniert, zeigt das folgende Beispiel.

Beispiel

Die in Code 9.15 dargestellte `FindAction`-Klasse implementiert die Reaktion auf das Drücken eines Such-*Buttons* in einem Suchfenster. Sie erbt von der abstrakten Klasse `javax.swing.AbstractAction`, die eine Standard-Implementierung des `Action`-*Interfaces* ist und z.B. die Schlüssel/Werte-Paare in einer Liste verwaltet. `FindAction` implementiert in `actionPerformed()` die Reaktion auf einen *Button*-Klick. Dazu liest man mit `getValue("name")` den unter dem Schlüssel „name" abgespeicherten Parameter aus und reicht ihn an eine Suchmethode der Fassade weiter (Zeile 4). Die von der Fassade zurückgelieferte Ergebnismenge `result` wird dem Konstruktor eines Anzeigefensters übergeben, das anschließend angezeigt wird (Zeile 5-7).

Code 9.15: Action zur Durchführung einer Suche

```
1 public class FindAction extends AbstractAction {
2
3   public void actionPerformed(ActionEvent ae) {
4       Vector result = Facade.findPerson(getValue("name"));
5       ResultDialogFrame rDlg
6                   = new ResultDialogFrame(result);
7       rDlg.show();
8   }
9 }
```

Code 9.16 zeigt, wie im Suchfenster der *Button* konfiguriert wird. Der Konstruktor des Fensters registriert für den *Button* `jb1` ein `FindAction`-Objekt und einen `ActionListener` (Zeile 4-9).

Deren `actionPerformed()`-Methoden werden in der umgekehrten Reihenfolge ihrer Registrierung aufgerufen. Der anonyme `ActionListener` führt also zuerst seine Methode `doActionPerformed()` aus. Hier wird das `Action`-Objekt mit den Fensterdaten konfiguriert, bevor dessen `actionPerformed()`-Methode aufgerufen wird.

In `doActionPerformed()` wird zunächst das `Action`-Objekt des *Buttons* gelesen. Anschließend wird im `Action`-Objekt der Schlüssel „name“ mit dem Inhalt eines Eingabefeldes gesetzt (Zeile 13-15).

Code 9.16: Verwendung der Action-Klasse

```
 1 public class SearchDlgFrame extends LineEditFrame {
     protected JButton jb1;
 2   protected JTextField tf1;
 3   public SearchDlgFrame (){
 4       jb1.setAction(new DoFindAction() );
 5       jb1.addActionListener(new  ActionListener() {
 6         public void actionPerformed(ActionEvent e) {
 7           doActionPerformed(e);
 8         }
 9       });
10       ...
11   }
12   public void doActionPerformed(ActionEvent e) {
13      Object src = e.getSource();
14      Action action = ((JButton)src).getAction();
15      action.putValue("name", textfeld_1.getText() );
16   }
17 ...
```

Das folgende Sequenzdiagramm (Abb. 9.23) zeigt die Aufrufreihenfolge des *Action-Listener* und der *Action*-Klasse.

Abbildung 9.23: Sequenz-Diagramm „Suche starten"

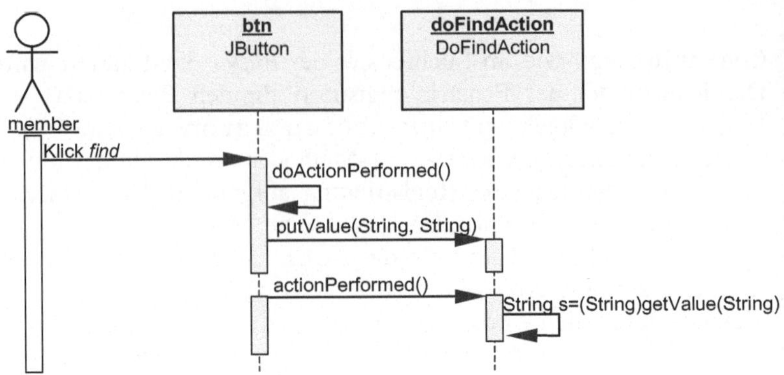

9.4 Implementierung des Beispielsystems

Mithilfe des *Frameworks* lassen sich nun mit relativ geringem Aufwand eigene Anwendungen entwickeln. Dazu müssen konkrete Unterklassen der *Framework*-Fensterklassen erstellt und die notwendigen GUI-*Controller*-Klassen implementiert werden.

In diesem Abschnitt werden wir eine *Swing*-Oberfläche für unsere Beispielapplikation *SamComm* erstellen.

9.4.1 Die View-Komponenten

Abbildung 9.24 zeigt im Überblick die in *SamComm* genutzten Fensterklassen mit ihren Abhängigkeiten zu den anwendungsunabhängigen *Framework*-Klassen.

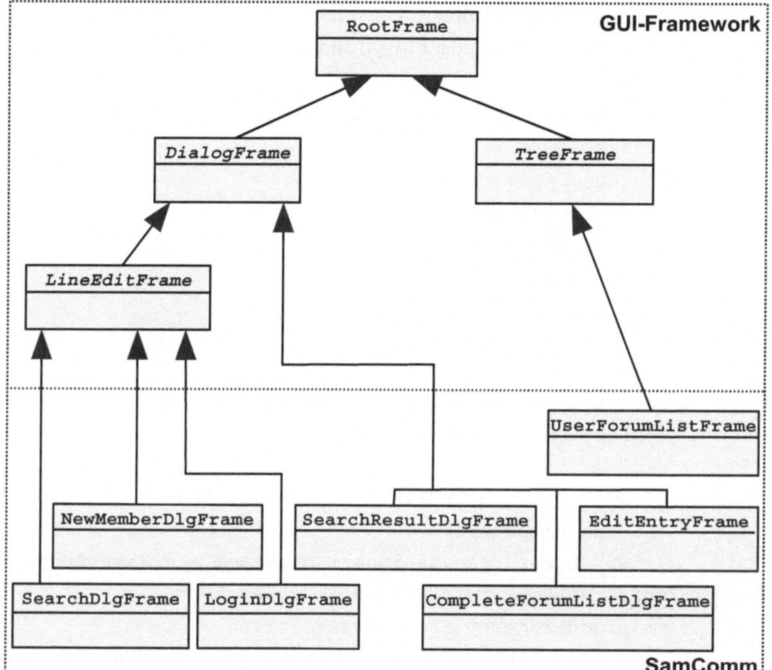

Abbildung 9.24: Fensterklassen von SamComm

Nun wollen wir die Implementierung ausgewählter Fenster detaillierter vorstellen.

9.4.1.1 Benutzeranmeldung

Die Anmeldung eines Mitglieds in der *Community* erfolgt in einem Dialog, in dem es seinen Namen und ein Passwort eingeben kann (Abb. 9.25).

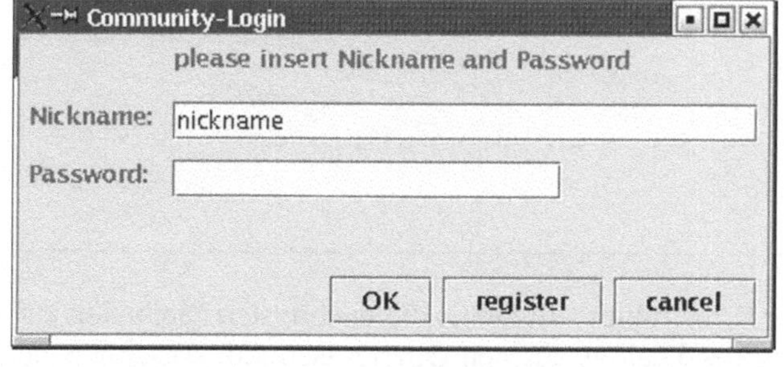

Abbildung 9.25: Benutzer-Anmeldung

Die Klasse `LoginDlgFrame` realisiert dieses Fenster. Sie erweitert die *Framework*-Klasse `LineEditFrame` und passt ihr Verhalten durch Überschreiben der in der Oberklasse abstrakt deklarierten Methoden an die gewünschte Funktionalität an (Code 9.17).

Code 9.17: LoginDlgFrame .java

```
1  public class LoginDlgFrame extends LineEditFrame {
2    private JTextField tfNickName;
3    private JPasswordField tfPwd;
4    public LoginDlgFrame(){
5      super("Community-Login");
6      super.disposeOnExit(true);
7     try{ initGUI();
8     }catch(Exception e){e.printStackTrace();}
9    }
10   protected void initGUI() throws Exception {
11    tfNickName = getTextField(
12                      new Dimension(300,20),"nickname");
      tfPwd = getPasswordField(new Dimension(200,20),null);
13    this.addProperty("",
14      new JLabel("please insert Nickname and Password"));
15    this.addProperty("Nickname:", tfNickName);
16    this.addProperty("Password:", tfPwd);
17    addActionButton(new CheckLoginAction(mFacade));
18    addActionButton(new ShowNewMemberDlgAction(mFacade));
19    createCancleButton();
20   }
21
22   public void doActionPerformed(ActionEvent e) {
23     Object src = e.getSource();
24     if (src instanceof JButton){
25       if (((JButton)src).getAction() instanceof
                                        CheckLoginAction){
26         ((JButton)src).getAction().putValue("nickname",
                                    tfNickName.getText());
27         ((JButton)src).getAction().putValue("pwd",
                         new String(tfPwd.getPassword()));
28         close();
29       }
30     }
31   }
32 }
```

Der Konstruktor ruft zuerst die wichtigsten Methoden zur Initialisierung des Dialogs aus den Oberklassen auf. Anschließend werden in `initGUI()` die Eingabefelder mithilfe der Methode `getTextField()` aus `LineEditFrame` erzeugt (Zeile 11-12).

Der Aufruf von `addProperty()` aus `LineEditFrame` platziert nun *Label* und *Label*/Eingabekomponenten-Paare im Fenster (Zeile 13-16).

Anschließend werden noch zwei `Action`-*Buttons* mit entsprechenden `Action`-Objekten eingefügt, über die der Anwender sich entweder anmelden oder registrieren kann (Zeile 17-18).

Schließlich erzeugt und platziert der Methodenaufruf von `createCancelButton()` aus `DialogFrame` noch einen Abbrechen-Knopf.

Die Methode `doActionPerformed()` ist in der Oberklasse `LineEditFrame` abstrakt deklariert und muss darum hier überschrieben werden. Die Methode prüft, ob sie durch einen Klick auf den *Login*-Knopf aufgerufen wurde (Zeile 25). Trifft dies zu, werden der eingegebene Name und das dazugehörige Passwort aus den Eingabeelementen gelesen und an die `Action`-Klasse übergeben[16] (Zeile 27-28). Anschließend wird der Dialog geschlossen.

9.4.1.2 Neuanmeldung eines Benutzers

Registrierung

Bevor ein Benutzer die *Community* nutzen kann, muss er zunächst bei ihr Mitglied werden. Aus diesem Grund wird ein Dialog angezeigt, in den er alle für eine Registrierung notwendigen Daten eingeben kann (Abb. 9.26). Zur Realisierung dieses Dialogs wird ebenfalls die Klasse `LineEditFrame` entsprechend erweitert.

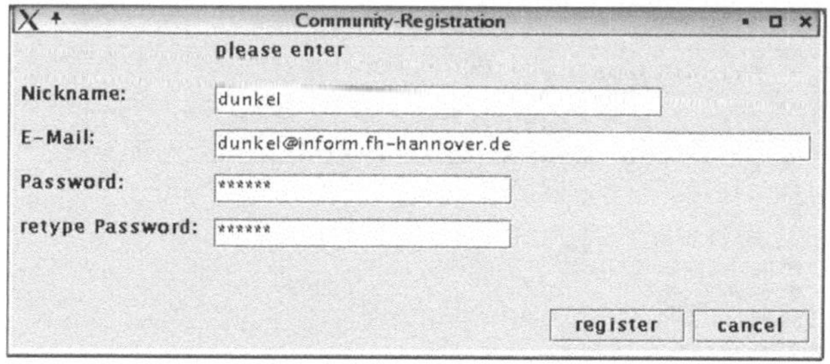

Abbildung 9.26: Neues Mitglied registrieren

[16] Bei einem `JPasswortField` erhält man keinen *String*, sondern ein `char`-Feld, das in einen *String* umgewandelt werden muss.

9.4.1.3
Suche nach Beiträgen

Suche starten

Ein angemeldetes *Community*-Mitglied kann nach bestimmten Beiträgen suchen(Abb. 9.27). Die Klasse `SearchDlgFrame` erweitert `LineEditFrame` und stellt den Dialog zur Eingabe der Suchoptionen und dem Start der Suche dar.

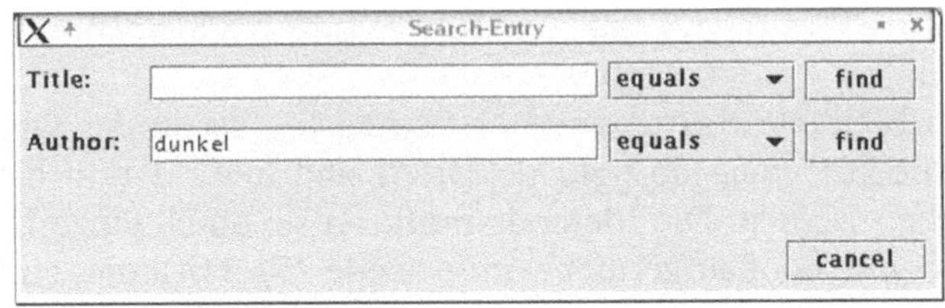

Abbildung 9.27: Beiträge suchen

9.4.1.4
Personalisierte Forenübersicht

Nach der Anmeldung erhält der Benutzer eine Übersicht über alle von ihm abonnierten Foren, siehe Abb. 9.28. Über den `JTree` kann er einzelne Foren öffnen und sich die entsprechenden Beiträge anzeigen lassen.

Das Fenster realisieren wir in der Klasse `UserForumListFrame`. Sie erweitert die Framework-Klasse `TreeFrame` und implementiert die dort definierten *Hook*-Methoden, um die *SamComm*-spezifische Funktionalität zu erhalten.

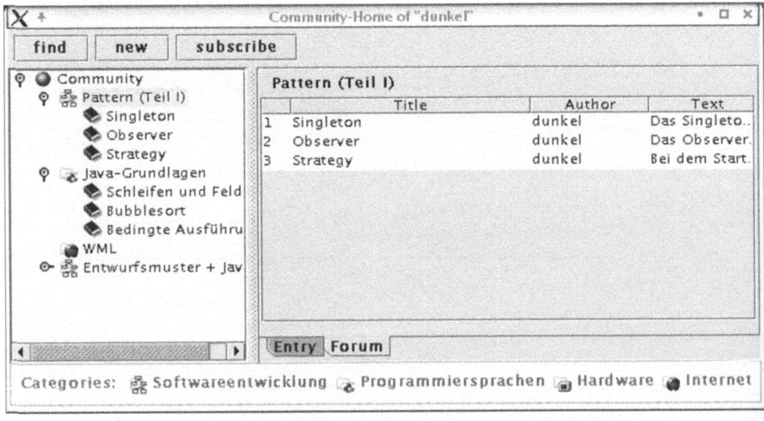

Abbildung 9.28: Community-Home mit Forenübersicht

`UserForumListFrame` nutzt verschiedene Panels (vgl. Abb. 9.29): Das Panel `mForumContentPanel` ist ein bereits im *Framework* definiertes `TablePanel` und zeigt alle Einträge eines selektierten Forums an (wie in Abb. 9.28). Ein selektierter einzelner

Forumbeitrag wird hingegen in mEntryPanel mit allen Attributen dargestellt. Schließlich gibt es ein JTabbedPane, um die Registerkarten zu implementieren, und das von TreeFrame geerbte *Panel* mStatePanel zur Darstellung der Kategorien.

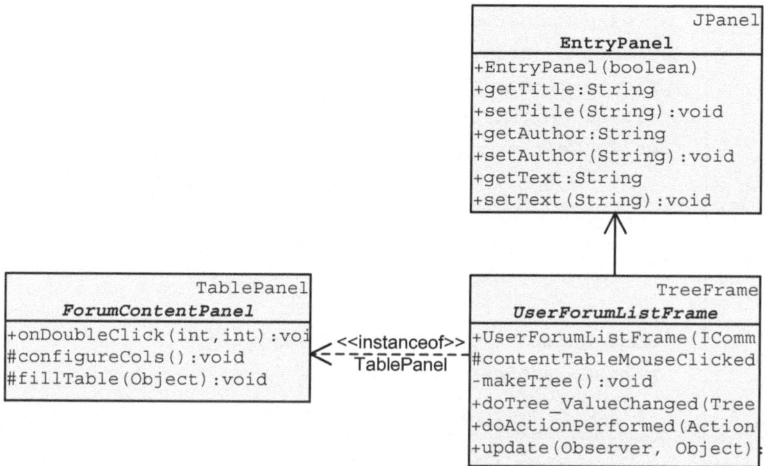

Abbildung 9.29: UserForumList Frame

Zugriff auf die Anwendungsschicht

Damit das Fenster die Foren-Objekte eines Benutzers anzeigen kann, muss es sich Informationen aus der Anwendungsschicht beschaffen. Deshalb werden dem Konstruktor zwei fachliche Objekte übergeben: Referenzen auf den angemeldeten Benutzer und auf die Fassadenklasse vom Typ Community, die in entsprechenden Attributen verwaltet werden.

Darüber hinaus wird das Fenster als Beobachter der beiden Objekte registriert, damit es bei Änderungen über den *Notification*-Mechanismus benachrichtigt werden kann. Die Referenz zur Fassadenklasse wird den Action-Klassen übergeben, damit sie Geschäftsprozesse in der Anwendungsschicht anstoßen können.

Alle Objekte der Präsentationsschicht verwenden ausschließlich die technologie-unabhängigen *Interfaces*, die unterschiedlich implementiert sein können, bspw. mit EJB oder dem Persistenz-*Framework.*

Code 9.18 zeigt die Implementierung von UserForumListFrame: Zunächst ruft der Konstruktor die wichtigsten Methoden zur Initialisierung des Dialogs auf und setzt die fachlichen Objekte: das Fassadenobjekt sowie das Member-Objekt, dessen abbonierte Foren angezeigt werden sollen (Zeile 8-16). Außerdem meldet sich das Fenster als Beobachter bei den fachlichen Objekten an.

Anschließend werden in initGUI() die notwendigen Darstellungs-Elemente erzeugt und im Fenster platziert.

Code 9.18: UserForumListFrame.java

```
public class UserForumListFrame extends TreeFrame{
  private EntryPanel mEntryPanel = new EntryPanel(true);
  private TablePanel mForumContentPanel = new
                                      ForumContentPanel();
  private Member mCurrentMember;
  private JTabbedPane mContent = new JTabbedPane();
  private JLabel mInfoLabel = new JLabel();
  private Community mFacade;
  public UserForumListFrame(Community facade,
                            Member currentMember){
   super("Community-Home of
                \""+currentMember.getNickName()+"\"");
   mFacade=facade;
   mCurrentMember = currentMember;
   mCurrentMember.addObserver(this);
   mFacade.addObserver(this);
   initGUI();
  }
  private void initGUI(){
    //-- Panels erzeugen ----------------------------
    ...
    makeTree();
    //--Action-Bar aufbauen---------------------------
     JButton btn;
     btn=addActionButton(new SearchDlgAction(mFacade));
     btn.setToolTipText("find Entry by Author or Title");
     btn = addActionButton(new EditEntryAction(mFacade));
     ...
  }
 ...
}
```

Erzeugung der Baumstruktur

Die angezeigte Baumstruktur listet alle vom Benutzer abonnierten Foren und die dort enthaltenen Beiträge auf.

Zum Aufbau des Baumes wird zunächst eine Referenz auf das `TreeModel` in der Variablen `treeModel` gespeichert (Code 9.19, Zeile 2); anschließend werden alle von dem Benutzer abonnierten Foren abgefragt (Zeile 3).

```
1 private void makeTree(){
2   DefaultTreeModel treeModel =
                      (DefaultTreeModel)getTreeModel();
3   Vector foren = mCurrentMember.getSubscriptions();
4   int forenCount = foren.size();
5   try{
6     CommunityTreeNode root = new EmptyNode("Community");
7     for (int i=0; i<forenCount; i++){
8       CommunityTreeNode forumNode =
                    new ForumNode(foren.elementAt(i));
9       root.addChild(forumNode);
10      treeModel.insertNodeInto(forumNode,
          (DefaultMutableTreeNode)treeModel.getRoot(), i);
11      int entryCount = ((Forum)foren.elementAt(i))
12                                  .getEntryCount();
13      Vector entries = ((Forum)foren.elementAt(i))
                                  .getAllEntries() ;
14      for (int j=0; j<entryCount; j++){
15        CommunityTreeNode entryNode =
                  new EntryNode(entries.elementAt(j));
16        forumNode.addChild(entryNode);
17        treeModel.insertNodeInto(entryNode,forumNode, j);
18      }
19    }
20    ...
21  }
22  mTree.setShowsRootHandles(true);
23 }
```

Code 9.19: Erzeugen der Baumstruktur

Dann erzeugt man den Wurzelknoten des Baums (Zeile 6) und durchläuft die Foren-Liste (Zeile 7-19). Dabei wird für jedes einzelne Forum ein neuer Knoten erzeugt und in den Baum direkt unter den Wurzelknoten gehängt (Zeile 8-10).[17]

Das gleiche geschieht für die Beiträge eines Forums: für jeden Beitrag wird ein neuer Knoten angelegt und als Kindknoten des Forums in den Baum eingefügt (Zeile 13-18).

Ereignisbehandlung

Ein Überschreiben der in `TreeFrame` definierten Hook-Methode `doActionPerformed()` bestimmt das Verhalten des Fensters

[17] `ForumNode` ist eine Unterklasse von `DefaultMutableTreeNode` zur Darstellung eines `Forum`-Objekts im Baum.

beim Drücken eines der drei `Action`-Buttons („*find*", „*new*", „*subscribe*") (vgl. Abb. 9.28 und Code 9.20).

Falls die das Ereignis auslösende Komponente vom Typ `JButton` ist, wird die dazugehörende `Action` ausgelesen und geprüft, ob es sich dabei um eine Instanz vom Type `EditEntryAction` handelt. In diesem Fall will der Anwender einen Eintrag editieren und es werden dann die notwendigen Verarbeitungsschritte vorgenommen (Zeile 4, 5).

Ist die `action` vom Typ `ShowForumsDlgAction`, wird der aktuelle Benutzer der `Action` unter dem Schlüssel „`member`" übergeben (Zeile 8).

Man sieht an dieser Stelle, wie fachliche Objekte an die *Actions* weitergereicht werden. Die Behandlungsroutinen in den *Action*-Klassen benötigen diese Informationen, um angemessen reagieren zu können. Im Beispiel muss sie das Mitglied kennen, dessen Foren angezeigt werden sollen.

Code 9.20: Ereignisbehandlung in UserForumListFrame.java

```
1  public void doActionPerformed(ActionEvent e) {
2    Object src = e.getSource();
3     if (src instanceof JButton){
4       Action action = ((JButton)src).getAction();
5       if (action instanceof EditEntryAction){
6         ...
7       }else
        if (action instanceof ShowForumsDlgAction){
8         action.putValue("member", mCurrentMember) ;
9       }
10    }
11 }
```

Auf Selektionen im Baum reagieren

Die in `TreeFrame` deklarierte *Hook*-Methode `doTree_valueChanged()` wird in einem `TreeSelectionListener` aufgerufen, wenn ein Knoten im Baum selektiert wird.

Ihre Implementierung in `UserForumListFrame` speichert zunächst eine Referenz des selektierten Knotens in der Variablen `node` (Code 9.21, Zeile 2).

Zunächst wird das Datenobjekt aus dem ausgewählten Knoten ausgelesen und geprüft, ob es sich um einen Beitrag (Zeile 6) oder ein Forum (Zeile 13) handelt.

Für einen Eintrag zeigt man dessen Details im `mEntryPanel` an (Zeile 8-11), für ein Forum die Liste aller Beiträge (Zeile 14-16).

```java
public void doTree_valueChanged(TreeSelectionEvent e){
  DefaultMutableTreeNode node = getCurrentNode();
  if (node!=null){
    if (node instanceof CommunityTreeNode){
      Object data =((CommunityTreeNode)node).getData();
      if (data instanceof Entry) {
       ...
       mEntryPanel.setTitle(((Entry)data).getTitle());
       mEntryPanel.setAuthor(((Entry)data)
                           .getWrittenBy().getNickName());
       mEntryPanel.setText(((Entry)data).getText());
       }else
       if (data instanceof Forum) {
        mForumContentPanel.showData(data);
        mContent.setSelectedIndex(1);
        mContent.setVisible(true);
       }
    ...
    }
  }
}
```

Code 9.21: Ereignisbehandlung einer Selektion im Baum

Implementierung des `Observer`-Interfaces

Da die Klasse `UserForumList` das Interface `Observer` implementiert, muss sie die Methode `update(Observable, Object)` realisieren. Diese wird immer dann aufgerufen, wenn sich die Eigenschaften der beobachteten und im Konstruktor registrierten Objekte ändern[18].

In der Implementierung von `update()` erzeugt man zunächst ein neues `TreeModel` und füllt es anschließend per `makeTree()` mit den fachlichen Daten. Durch den Aufruf von `doTree_valueChanged()` werden die *Panels* aktualisiert (Code 9.22).

```java
public void update(Observable source, Object data){
 ...
   mTree.setModel(
        new DefaultTreeModel(new DefaultMutableTreeNode(
                                         "Community",true)));
   makeTree();
  ...
  doTree_valueChanged(null);
}
```

Code 9.22: update() in UserForumList

[18] siehe Beobachter-Muster.

9.4.1.5
Anzeige aller Foren

Damit der Anwender ein weiteres Forum abonnieren kann, wird ihm eine Liste aller verfügbaren Foren angezeigt (Abb. 9.30).

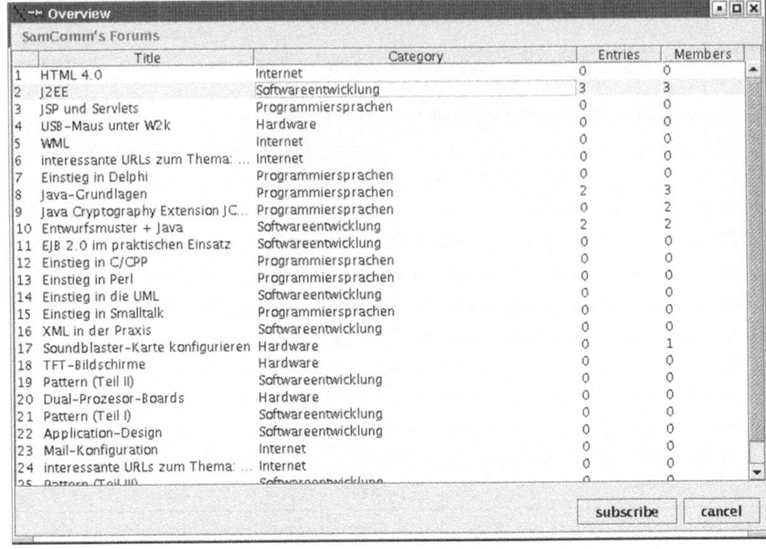

Abbildung 9.30: Forenliste

Das Fenster `CompleteForumListDlgFrame` stellt diese Anzeige dar. Es erbt von der *Framework*-Klasse `DialogFrame` und benutzt eine Instanz vom Typ `CompleteForumListPanel` zur Darstellung der `Forum`-Objekte (Abb. 9.31).

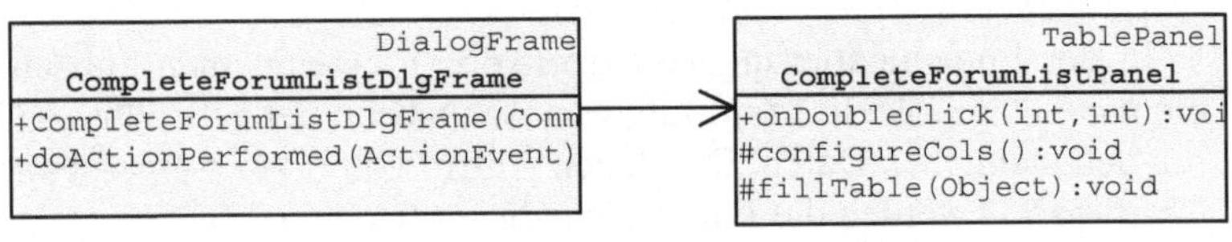

Abbildung 9.31: CompleteForumListDlgFrame.java

Code 9.23 zeigt die Implementierung: Im Konstruktor werden wiederum die Referenzen auf die Fassade und auf den aktuellen Benutzer an das Fenster übergeben und in Instanzvariablen gespeichert (Zeile 2-10).

Danach wird die Methode `initGUI()` aufgerufen, die zunächst ein *Panel* vom Typ `CompleteForumListPanel` erzeugt, mit den notwendigen Daten versieht und in das Dialogfenster aufnimmt (Zeile 13-18). Anschließend werden noch ein „Registrieren"- und ein „Abbrechen"-Knopf in das Fenster eingefügt (Zeile 20-22).

Nun muss noch die *Hook*-Methode doActionPerformed() implementiert werden, die immer dann aufgerufen wird, wenn der Anwender auf einen der Knöpfe im Dialog klickt.

Handelt es sich bei dem Ereignisauslöser um den „Registrieren“-Knopf, dann werden der entsprechenden Action Referenzen auf den aktuellen Benutzer und auf das ausgewählte Forum (Zeile 29-31) übergeben. Anschließend wird das Fenster geschlossen.

Code 9.23: CompleteForumListDlgFrame.java

```
 1 public class CompleteForumListDlgFrame
                                        extends DialogFrame{
 2   private Community mFacade;
 3   private Member mCurrentMember;
 4   private CompleteForumListPanel mListe;
 5   public CompleteForumListDlgFrame(
                Community facade, Member currentMember) {
 6    super("Community-Forums");
 7    mFacade=facade;
 8    mCurrentMember = currentMember;
 9    initGUI();
10   }
11   private void initGUI(){
12     ...
13     mListe = new CompleteForumListPanel() ;
14     try{
15      mListe.showData(mFacade);
16      mListe.setTableRowData(mFacade.getForenListe());
17     }catch(Exception e){ ... }
18     this.getContentPane().add(
                              mListe, BorderLayout.CENTER);
19     try{
20       this.addActionButton(
                     new RegisterInForumAction(mFacade));
21     }catch(Exception e){ ... }
22     this.createCancleButton();
23     this.disposeOnExit(false);
24     this.setSize(700,480);
25   }
26   public void doActionPerformed(ActionEvent e) {
27     Object src = e.getSource();
28     if (src instanceof JButton){
29       if (((JButton)src).getAction() instanceof
                                   RegisterInForumAction){
30         ((JButton)src).getAction().putValue("member",
                                          mCurrentMember);
```

```
31            ((JButton)src).getAction().putValue("forum",
                                       mListe.getRowObjectAt(
                                  mListe.getSelectedRowIndex()));
32            exitWindow();
33          }
34        }
35      }
36    }
```

Schließlich wollen wir noch einen Blick auf die oben verwendete Klasse `CompleteForumListPanel` werfen (Zeile 4 und 15-16). Bei ihr handelt es sich um eine Erweiterung der abstrakten Klasse `TablePanel`, wie in Abb. 9.32 dargestellt ist.

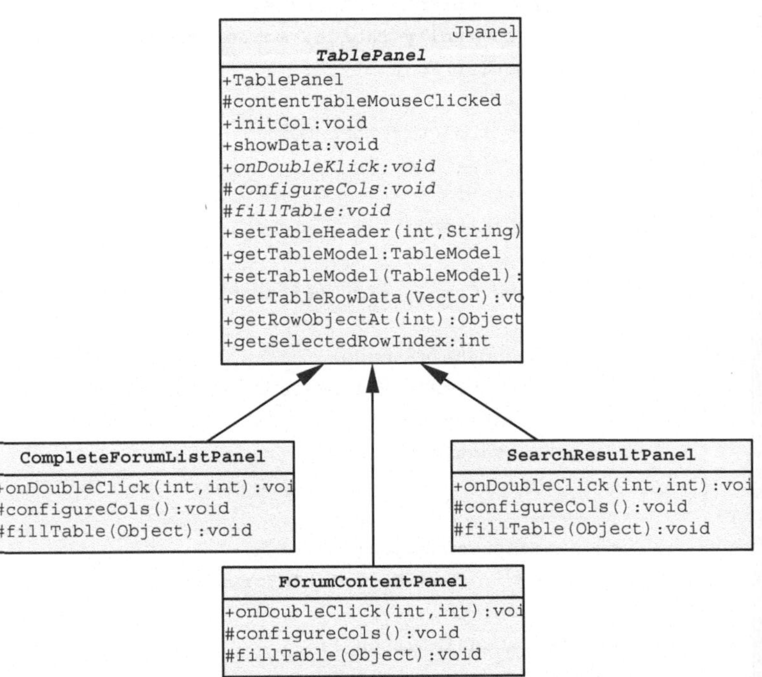

Abbildung 9.32: Unterklassen von TablePanel

Die Klasse ruft alle vorhandenen Foren der *Community* von der Fassade der Anwendungsschicht ab und listet sie in Tabellenform auf (vgl. Code 9.24). Zu diesem Zweck müssen lediglich die drei in `TablePanel` deklarierten *Hook*-Methoden überschrieben werden.

In `configureCols()` (Zeile 2-8) werden die Eigenschaften der fünf Tabellenspalten (Breite, Titel usw.) definiert. Die Methode `fillTable()` holt die Liste und Anzahl der Foren über die Fassade, erzeugt und setzt ein neues Tabellenmodell (Zeile 12-15). Das

Tabellenmodell wird anschließend mit den Daten der `Forum`-Objekte gefüllt (Zeile 16 – 19).

Code 9.24: CompleteForumListPanel.java

```
1  public class CompleteForumListPanel extends TablePanel{
2    protected void configureCols() {
3      initCol(0, 25, 25, 25, false,"");
4      initCol(1, 200, 200, 200, true,"Title");
5      initCol(2, 300, 300, 300, false,"Category");
6      initCol(3, 50, 50, 100, true,"Entries");
7      initCol(4, 50, 50, 100, true,"Members");
8    }
9    protected void fillTable(Object facade)
                                       throws Exception{
10     if (!(facade instanceof Community))
11       throw new Exception(ERROR_NOFACADE);
12     Vector forumList =
                   ((Community)facade).getForenListe();
13     int forumsCount =
                   ((Community)facade).getForenCount();
14     TableModel tm = new DefaultTableModel(forumsCount,5);
15     setTableModel(tm);
16     for (int i=0;i < forumsCount; i++){
17       Forum forum = (Forum)forumList.elementAt(i);
14       tm.setValueAt(new Integer(i+1), i, 0);
15       tm.setValueAt(forum.getTitle(), i, 1);
16       tm.setValueAt(forum.getCategory(), i, 2);
17       tm.setValueAt(new Integer(
                         forum.getEntryCount()), i, 3);
18       tm.setValueAt(new Integer(
                         forum.getMemberCount()), i, 4);
19     }
20     setHeaderLabel("SamComm\'s Forums");
21   }
22   ...
23 }
```

9.4.1.6 Suchergebnis anzeigen

Nachdem der Benutzer eine Suchanfrage gestellt hat, bekommt er die Ergebnisliste der Suche in einem Fenster angezeigt (Abb. 9.33). Dieses Fenster wird durch die Klasse `SearchResultDlgFrame` realisiert. Bei ihr handelt es sich – wie bereits bei `CompleteForumListDlg` – um eine Erweiterung der Klasse `DialogFrame`. Und auch sie verwendet wieder eine spezielle

Und auch sie verwendet wieder eine spezielle Erweiterung von `TablePanel`[19] zur Darstellung der Daten.

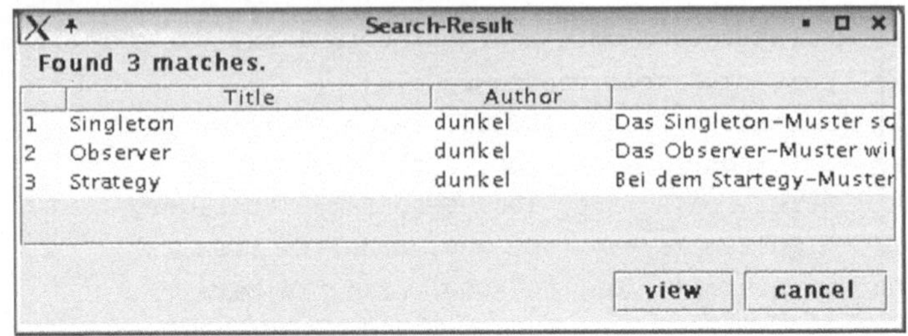

Abbildung 9.33: Suchergebnis-Dialog

9.4.2 Die Controller-Komponenten

Wie in Abschnitt 9.3.2 vorgestellt, wird in unserem GUI-*Framework* das in *Swing* integrierte Konzept der *Action*-Klassen verwendet. Zur Implementierung von *SamComm* müssen nun spezielle *Action*-Klassen realisiert werden, um auf bestimmte Benutzerereignisse zu reagieren. Die *Action-Klassen* übernehmen in unserer Realisierung die Aufgabe der GUI-*Controller*.

Das Klassendiagramm in Abb. 9.34 gibt einen Überblick über die verschiedenen in *SamComm* realisierten `Action`-Klassen.

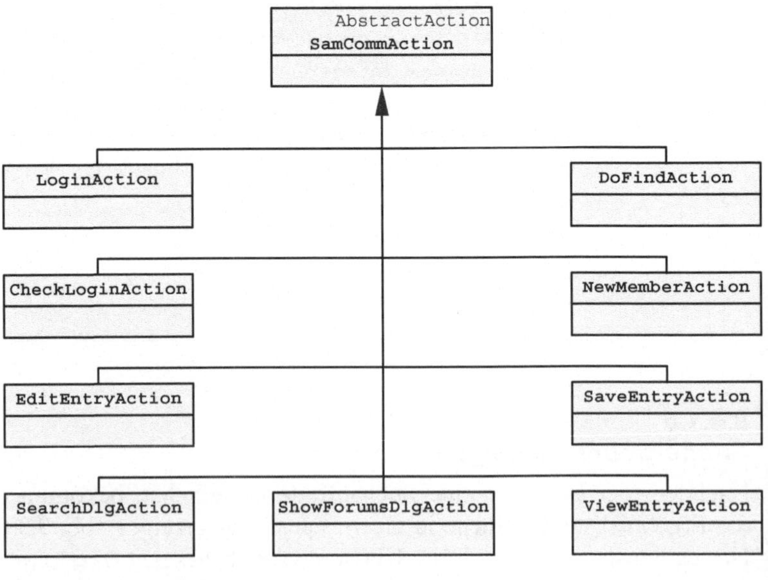

Abbildung 9.34: Action-Klassen der Swing-Variante

[19] `SearchResultPanel`.

9.4.2.1
Klasse SamCommAction

Die abstrakte Klasse `SamCommAction` erweitert `javax.swing.AbstractAction` und verwaltet lediglich eine von den konkreten *SamComm*-`Action`-Klassen benötigte Referenz auf die Anwendungsfassade. Mit dieser Referenz können die konkreten Ereignisbehandlungsroutinen Geschäftsprozesse anstoßen.

```
abstract public class SamCommAction
                                    extends AbstractAction {
 protected Community mFacade;
 public SamCommAction(String title,
                       Community facade) throws Exception{
    super(title);
    mFacade=facade;
    if (mFacade==null)
     throw new Exception("Fassaden-Klasse darf nicht
                                              null sein!");
  }
}
```

Code 9.25: SamComm-Action.java

9.4.2.2
Klasse CheckLoginAction

Die Klasse `CheckLoginAction` ist eine Erweiterung von `SamCommAction`. Sie wird für den OK-Button im Fenster `LoginDlgFrame` (Abb. 9.25) benutzt. Dort werden auch der eingegebene Name und das Passwort dem *Action*-Objekt übergeben (vgl. die Beschreibung des *Action*-Konzepts in 9.3.2).

Im Konstruktor wird zunächst der Oberklassen-Konstruktor aufgerufen, um `CheckLoginAction` vollständig zu initialisieren. Die übergebenen Parameter sind die Beschriftung des Buttons und eine Referenz auf die Fassadenklasse.

```
public class CheckLoginAction extends SamCommAction {
  public CheckLoginAction(Community facade)
                                    throws Exception{
   super("OK", facade);
  }
  public void actionPerformed(ActionEvent ae) {
   String nickname = (String)getValue("nickname");
   String pwd      = (String)getValue("pwd");
   Member currentmember=null;
```

Code 9.26: CheckLogin-Action.java

```
9     try{
10      currentmember = mFacade.checkLoginData(nickname,
                                                   pwd);
11    }catch (Exception e){
12      JOptionPane.showMessageDialog(null,
13             e.getClass().getName()+"\n"
14             + e.getMessage(),"FEHLER",
15             JOptionPane.ERROR_MESSAGE);
16     }
17     if (currentmember!=null)
18        loginOK(currentmember);
19     else loginFailed();
20   }
21   private void loginOK(Member currentMember) {
22     UserForumListFrame ufl =
23         new UserForumListFrame(mFacade, currentMember);
24     ufl.disposeOnExit(true);
25     ufl.show();
26   }
27   private void loginFailed() {
28     System.out.println(
29         "Login failed! Program will be terminated ...");
30     System.exit(-1);
31   }
32 }
```

Die `actionPerformed()`-Methode liest zuerst den Namen und das Passwort aus und überprüft es mit der Fassadenmethode `checkLoginData()` (Zeile 6-10). Eine möglicherweise ausgelöste *Exception* wird in einem `try`/`catch`-Block aufgefangen und dem Anwender über einen Dialog mitgeteilt (Zeile 11-16).

Ist die Anmeldung korrekt, wird `loginOK()` aufgerufen (Zeile 17-18) und das Fenster mit den abonnierten Foren des Benutzers geöffnet, andernfalls gibt es eine Fehlermeldung.

9.4.2.3 Klasse RegisterInForumAction

Die Klasse `RegisterInForumAction` wird hinter den „subscribe"-Button im Fenster `CompleteForumDlgFrame` (Abb. 9.30) gehängt und erweitert ebenfalls `SamCommAction`. Auch hier wird über den Konstruktor der Oberklasse eine vollständige Initialisierung erreicht (Code 9.27, Zeile 2-4).

Die `actionPerformed()`-Methode beschafft zunächst die aktuellen `Member`- und `Forum`-Objekte (6-7) und ruft anschließend die fachliche Methode der Anwendungsschicht-Fassade auf (Zeile 9), welche die bidirektionale Beziehung zwischen den beiden Objekten setzt. Eine dabei möglicherweise auftretende *Exception* wird dem Anwender durch einen Dialog mitgeteilt (Zeile 11-15).

Kontrollflusssteuerung vs. fachlicher Logik

An diesem Beispiel lässt sich die Aufgabentrennung zwischen der Kontrollflusssteuerung in der Präsentationsschicht und der fachlichen Logik in der Anwendungsschicht gut erkennen:

- Die `Action`-Klasse sorgt für die notwendigen Daten und kennt die für die Behandlung eines Vorgangs geeignete Fassadenmethode.
- Die Registrierung eines neuen Mitglieds in einem Forum ist hingegen die Aufgabe der Fachlichkeit und wird auch in der Anwendungsschicht implementiert.

Code 9.27: RegisterInForumAction.java

```
1  public class RegisterInForumAction
                                   extends SamCommAction {
2    public RegisterInForumAction(Community
                                 facade)throws Exception {
3      super("subscribe", facade);
4    }
5    public void actionPerformed(ActionEvent e) {
6      Member member = (Member)getValue("member");
7      Forum  forum  = (Forum)getValue("forum");
8      try{
9        mFacade.registerMemberInForum(member, forum);
10     }catch (Exception e){
11       JOptionPane.showMessageDialog(null,
12                   e.getClass().getName()
13                   +"\n"+e.getMessage(),
14                   "FEHLER",JOptionPane.ERROR_MESSAGE);
15     }
16   }
17 }
```

9.4.2.4 Klasse DoFindAction

Die Aufgabe der Klasse `DoFindAction` ist es, die Fassadenklasse mit der Suche nach bestimmten Beiträgen zu beauftragen und diese anschließend in einem neuen Dialogfenster darzustellen (Code 9.28). Sie wird von den beiden *„find"-Buttons* im Fenster `SearchDlgFrame` aufgerufen (Abb. 9.27).

Neben dem obligatorischen Konstruktor-Aufruf der Oberklasse wird in der Methode `actionPerformed()` die oben beschriebene Funktionalität implementiert. Dazu wertet sie zunächst die entsprechenden in `SearchDlgFrame` gesetzten Suchbegriffe (*what*, *where* und *how*) aus und übergibt sie an die `findEntriesOfAuthor()`- oder `findEntriesOfTitle()` Methode der Fassadenklasse. Diese führen die eigentliche Suche durch und liefern als Ergebnis einen `Vector` mit den gefundenen Beiträgen zurück.

Abschließend wird eine Instanz der Klasse `SearchResultDlgFrame` erzeugt und dieser die Liste mit dem Suchergebnis übergeben. Der Aufruf der `show()`-Methode zeigt das entsprechende Dialogfenster an.

Code 9.28: DoFindAction.java

```
public class DoFindAction extends SamCommAction {
  public DoFindAction(Community facade)
                                    throws Exception {
   super("find", facade);
  }

  public void actionPerformed(ActionEvent ae) {
   try{
      String searchType = (String)getValue("where");
      Vector resultList;
      if (searchType.equalsIgnoreCase("author"))
        resultList
            = mFacade.findEntriesOfAuthor(
                           (String)getValue("what"),
                           (String)getValue("how") );
      else
        resultList
           = mFacade.findEntriesOfTitle(
                           (String)getValue("what"),
                           (String)getValue("how") );
      SearchResultDlgFrame srDlg
        = new SearchResultDlgFrame(mFacade, resultList);
      srDlg.show();
    }catch (Exception  e){
      JOptionPane.showMessageDialog(null,
                            e.getClass().getName()+"\n"
                           +e.getMessage(),
                       "FEHLER",JOptionPane.ERROR_MESSAGE);
    }
  }
}
```

9.4.3 Abläufe

Die folgenden Sequenz-Diagramme zeigen das Zusammenspiel der einzelnen Objekte für einige Basis-Anwendungsfälle.

9.4.3.1 Anmeldung eines Benutzers

Nach dem Starten des Programms wird dem Benutzer zunächst ein Anmeldedialog angezeigt. Er trägt dort seinen Namen und sein Passwort ein und klickt auf *login*, vgl. Abb. 9.35.

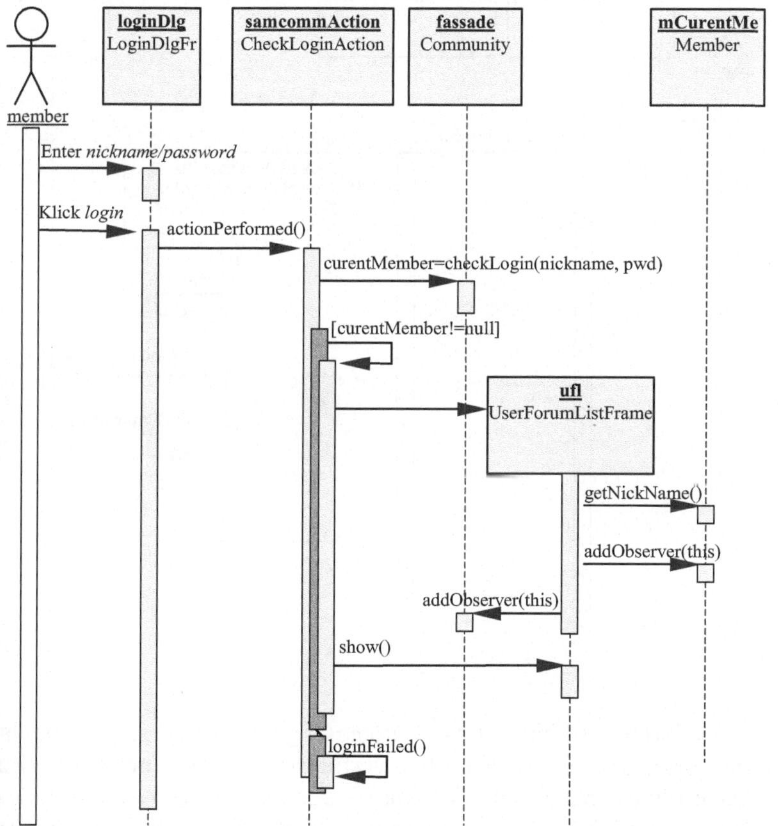

Abbildung 9.35: Anmeldung eines Benutzers

Dadurch wird eine *Action* vom Typ `CheckLoginAction` aufgerufen. Sie benutzt eine Fassadenmethode, um die Eingaben zu überprüfen, und startet im Erfolgsfall eine Instanz der Klasse `UserForumListFrame`.

Während ihrer Initialisierung trägt sich dieses Fenster als Beobachter für den aktuellen Benutzer und die Fassade ein, damit es über Änderungen der fachlichen Objekte informiert wird und sich aktualisieren kann.

9.4.3.2 Abonnieren eines Forums

Nachdem sich der Benutzer erfolgreich angemeldet hat, sieht er seine „persönliche" Community-Seite. Um ein weiteres Forum zu abonnieren, klickt er auf *subscribe*, siehe Abb. 9.36.

Abbildung 9.36: alle Foren anzeigen

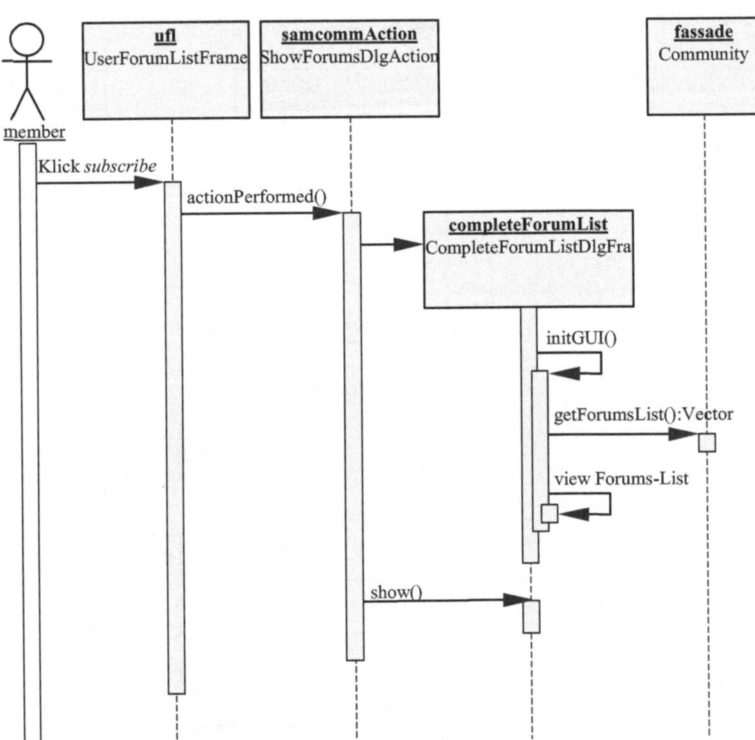

Dadurch wird eine `ShowForumsDlgAction` gestartet, die dafür sorgt, dass eine Liste aller verfügbaren Foren angezeigt wird. Dazu dient eine Instanz der Klasse `CompleteForumListDlgFrame`, welche im Zusammenspiel mit der Fassadenklasse die gewünschte Liste in einem eigenen Dialogfenster darstellt.

Abbildung 9.37 zeigt die weiteren Schritte. In der Liste aller verfügbaren Foren wählt der Benutzer ein einzelnes Forum aus und abonniert dieses über einen Klick auf *subscribe*.

Dadurch wird eine `RegisterInForumAction` gestartet, die daraufhin mithilfe der Fassadenklasse die bidirektionale Beziehung zwischen dem ausgewählten Forum und dem aktuellen Benutzer setzt.

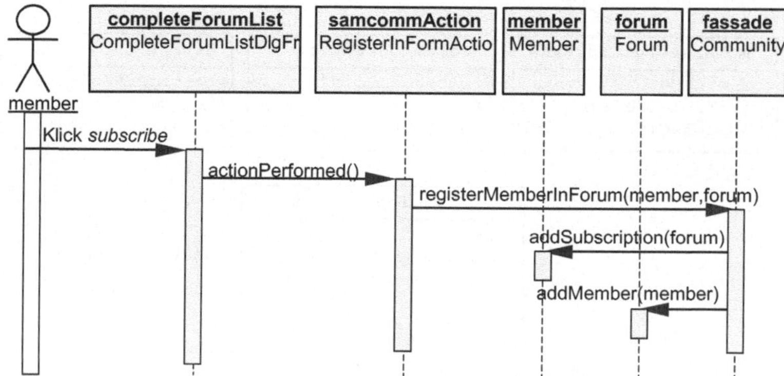

Abbildung 9.37: Abonnieren eines Forums

9.5 Anwendung der Entwurfsmuster

In diesem Abschnitt wollen wir noch einmal zeigen, wo die in Kapitel 7 vorgestellten Entwurfsmuster im GUI-*Framework* eingesetzt werden.

9.5.1 Schablonenmethode (*Template Method*)

Das Schablonenmethoden-Muster ist das vielleicht am meisten eingesetzte Entwurfsmuster im GUI-*Framework*. Abb. 9.38 und 9.39 zeigen, wo überall im *Framework* Schablonen- und Einschubmethoden verwendet werden. In den Klassendiagrammen sind die im *Framework* implementierten Schablonen- oder *Template*-Methoden grau hinterlegt. Die abstrakten Einschub- oder *Hook*-Methoden werden in den konkreten GUI-Klassen implementiert.

Abbildung 9.38: Einsatz des Schablonenmusters im Framework (1)

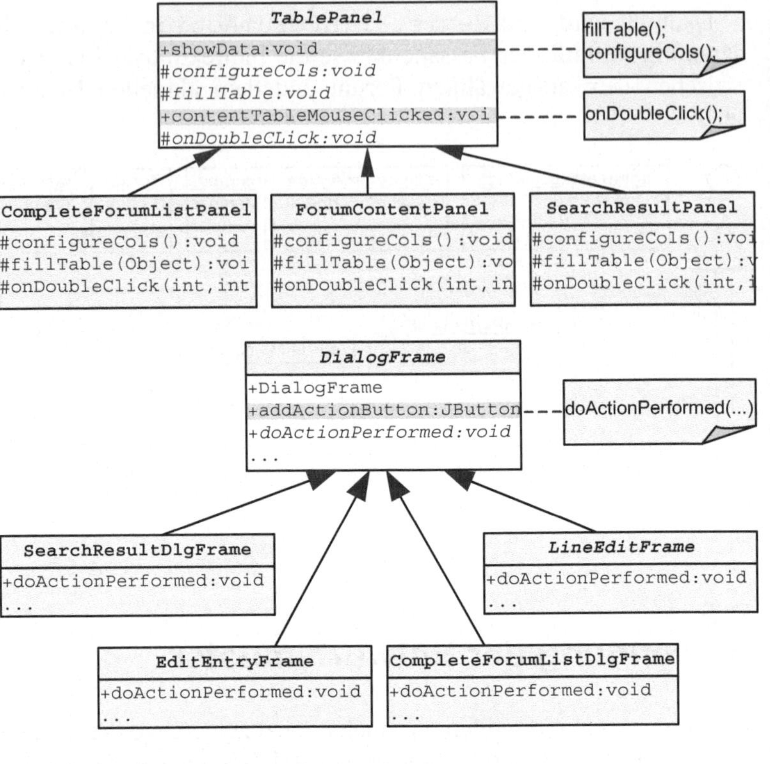

Abbildung 9.39: Einsatz des Schablonenmusters im Framework (2)

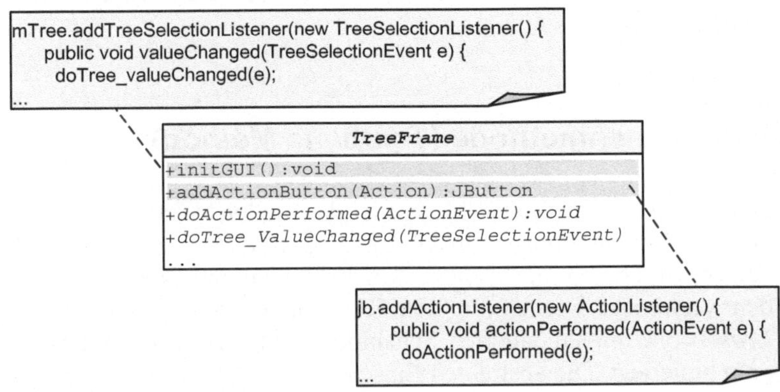

9.5.2 Befehl (Command)

In *Swing* erfolgt die Umsetzung des Befehlsmusters durch das Interface `javax.swing.Action` und die abstrakte Klasse `javax.swing.AbstractAction`.

Eine `Action`-Klasse kapselt in ihrer Methode `actionPerformed()` die Funktionalität, die bspw. bei einem *Button*-Ereignis ausgeführt werden soll. Übergibt man mit `setAction()` einem *Button* ein `Action`-Objekt, so wird es dort als *Listener* registriert.

Die gesamte Kontrollflusssteuerung des *Frameworks* ist in einzelne, die Klasse `AbstractAction` erweiternde, Klassen ausgelagert, vgl. Abbildung 9.40.

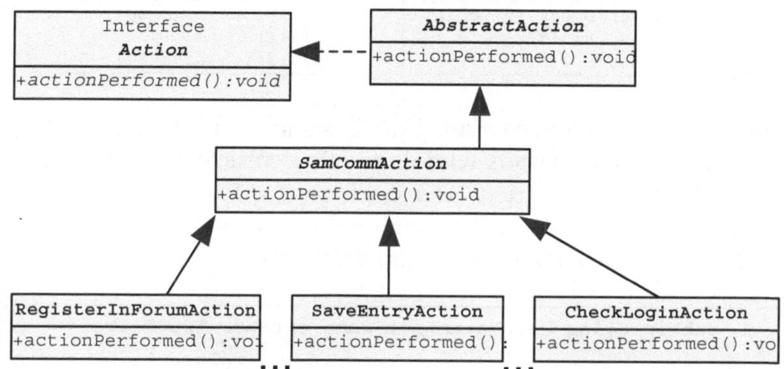

Abbildung 9.40: Umsetzung des Command-Patterns

9.5.3 Beobachter (Observer)

Das *Observer*-Pattern wird ebenfalls durch *Swing* unterstützt, wozu in Java das *Interface* `java.util.Observer` und die Klasse `java.util.Observable` zur Verfügung gestellt werden.

In *SamComm* implementiert die Fensterklasse `UserForumListFrame` das `Observer`-Interface. Somit kann sie sich als Beobachter bei Objekten der fachlichen Klassen (`Forum`, `Member`, `community`, ...). registrieren lassen. Mithilfe des *Notification*-Mechanismus wird im Fenster die Darstellung des `JTree` automatisch aktualisiert, wenn zum Beispiel ein neuer Beitrag in ein Forum gestellt wird.

Abbildung 9.41 zeigt das zugehörige Klassendiagramm, in dem das Fensterobjekt `Observer` ist und die Methode `update()` implementieren muss. Die fachlichen Objekte erben von `Observable` und bieten die Methoden zum Registrieren der `Observer`.

Abbildung 9.41: Umsetzung des Observer-Patterns

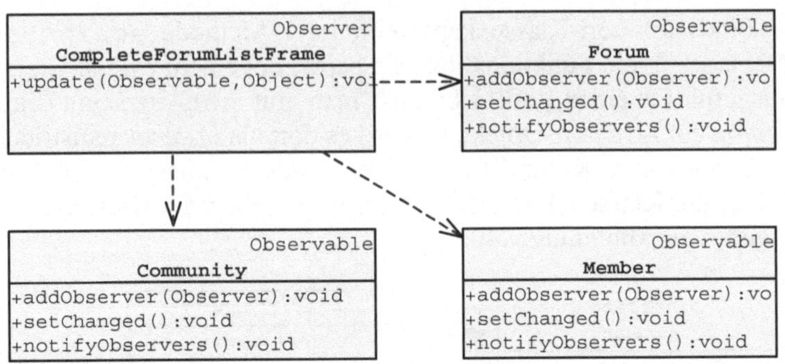

In Code 9.29 sind noch einmal die Zusammenhänge dargestellt. Im Konstruktor des Fensters wird dieses als Beobachter bei den fachlichen Objekten registriert. Die `update()`-Methode enthält dann den Quellcode zur Aktualisierung des Fensters, vgl. dazu auch Code 9.29 und die Diskussion in Abschnitt 9.4.1.5.

Code 9.29: Observer Pattern

```
public class UserForumListFrame extends TreeFrame
                                  implements Observer{

  public UserForumListFrame(Community f, Member m) {
     ...
     m.addObserver(this) ;
     f.addObserver(this) ;
  }
  public void update(Observable source, Object data){
      ...
      makeTree();
  }
...
```

9.5.4 Kompositum (Composite) [GoF95]

In der Baumstruktur des Startfensters wird das Kompositum-Entwurfsmuster verwendet, um die hierarchischen Beziehungen zwischen den Foren und Beiträgen zu realisieren.

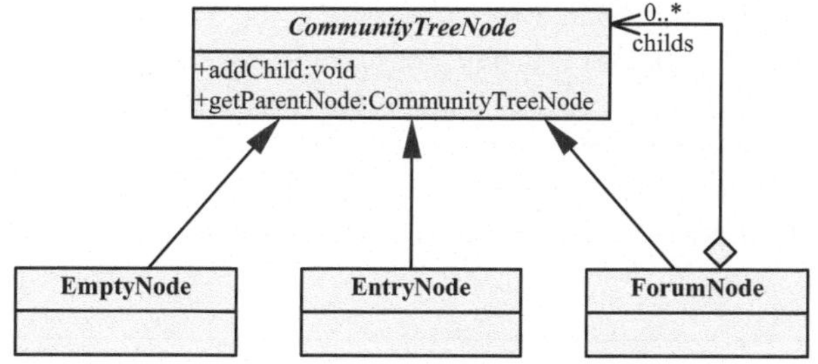

Abbildung 9.42: Verwendung des Kompositum-Musters

Die Abbildungen 9.42 und 9.43 zeigen das auf das Beispielsystem angepasste Klassendiagramm, sowie die Darstellung der Baumstruktur im Fenster.

Abbildung 9.43: Darstellung der Baumstruktur im Fenster

9.5.5 Singleton

Die Darstellung des Baums als `JTree` und die Fußleiste des Fensters `UserForumList` verwenden verschiedene Symbole, die von der Klasse `IconServer` bereitgestellt werden. Von dieser Klasse wird nur ein Objekt benötigt, weshalb an dieser Stelle das Singleton-Muster eingesetzt wird. `IconServer` sorgt dafür, dass jedes Symbol, unabhängig von der Häufigkeit seiner Darstellung, nur einmal in den Arbeitsspeicher geladen werden muss.

```
public class UserForumListFrame extends TreeFrame{
 :
 private void initGUI(){
    :
  IconServer is = IconServer.getInstance();
  mStatePanel.add(new JLabel("Categories: "));
```

Code 9.30: Verwendung der Klasse IconServer.java

```
mStatePanel.add(new
        JLabel(is.getIcon(IconServer.SE_FORUM_ICON)));
mStatePanel.add(new JLabel(Categories.LISTE[0]));
mStatePanel.add(new
        JLabel(is.getIcon(IconServer.PL_FORUM_ICON)));
mStatePanel.add(new JLabel(Categories.LISTE[1]));
...
:
```

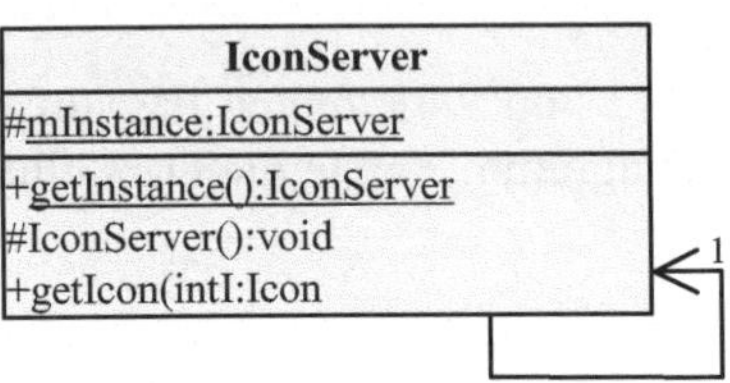

Abbildung 9.44: Singleton-Pattern

9.5.6 Strategie (*Strategy*)

Das *Framework* nutzt das Strategie-Muster in der Klasse `CheckableTextField`. Der Algorithmus zur Überprüfung des Textfeld-Inhaltes ist in Klassen vom Typ `PropertyChecker` gekapselt.

Abb. 9.45 zeigt spezielle `Checker`-Klassen für die Überprüfung der Eingabe von Email-Adressen und Benutzernamen.

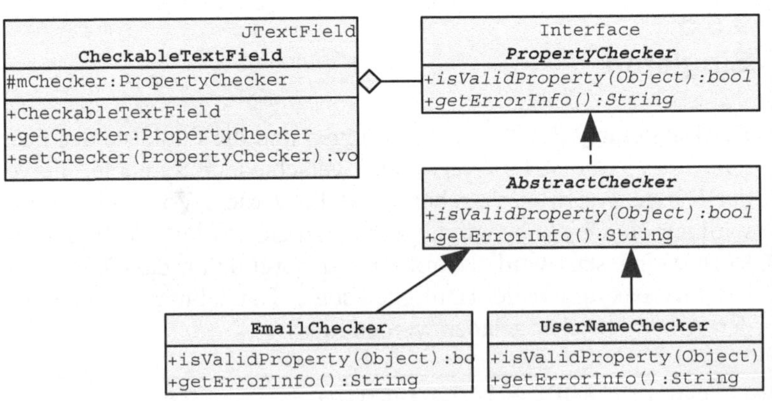

Abbildung 9.45: Umsetzung des Strategy-Pattern

9.6 Bewertung des GUI-Frameworks

Zum Abschluss dieses Kapitels wollen wir das GUI-*Framework* noch einmal rückschauend bewerten. Es zeichnet sich durch folgende Eigenschaften aus:

Vorteile

- Die Präsentationsschicht ist mit der Anwendungsschicht nur lose über die Fassadenklassen gekoppelt. Dabei ist das Beobachtermuster umgesetzt, mit dem die Fensterklassen über fachliche Änderungen informiert werden. Die fachlichen Klassen kennen dabei nur ihre Beobachter, aber keine konkreten Klassen der Präsentationsschicht.
- Innerhalb des Frameworks wird eine Aufteilung zwischen Darstellungsaspekten in den Fensterklassen und Dialogkontrolle in den *Action*-Klassen vorgenommen und so das MVC-Paradigma umgesetzt.
- Die von den *Framework*-Klassen abgeleiteten GUI-Komponenten besitzen ein einheitliches Aussehen und sorgen damit für eine einheitliche Bennutzerführung und homogene Gestaltung der Dialoge.
- Der Programmcode besitzt ein hohes Maß an Redundanzfreiheit. Beispielsweise bietet das *Framework* mächtige Methoden zum Erzeugen und zur Positionierung der *Buttons* mit entsprechenden *Event Listenern*. Der erforderliche Code muss nicht in jedem Fenster neu implementiert werden.
- Das Framework nimmt den Entwicklern Arbeit ab, denn sie werden von *Swing*-spezifischen Details befreit und müssen in der Regel nur wenige Methoden überschreiben oder zusätzlich implementieren.
- Im Vergleich mit Weboberflächen lässt sich eine fensterbasierte Oberfläche wesentlich einfacher realisieren, weil der Java-Code nicht mit HTML-Anteilen vermischt ist.

Das hier vorgestellte GUI-*Framework* soll die grundlegenden Konzepte für die Entwicklung einer Präsentationsschicht herausarbeiten. In seinem Funktionsumfang ist es jedoch recht eingeschränkt und bietet Raum für eine Reihe von Erweiterungen:

mögliche Erweiterungen

- Es könnten weitere Fenstertypen und Darstellungskomponenten ins *Framework* aufgenommen werden, die noch mehr Funktionalität bieten und eine bessere Unterstützung bei der Systementwicklung bieten.

- Bisher existiert noch keine Unterstützung von Menüs und *Popup*-Menüs. Auch eine Steuerung per Tastenkombination ist nicht möglich. Weitere mächtigere GUI-Controls, z.B. Auswahllisten, wären ebenfalls wünschenswert.

Das hier vorgestellte GUI-*Framework* ist eine Individualentwicklung. Es gibt aber auch eine Reihe von Produkten, die bei der Realisierung von fensterbasierten Oberflächen helfen und sich in der Praxis bewährt haben.

mögliche Alternativen

Am häufigsten werden die in vielen Entwicklungsumgebungen integrierten GUI-Bibliotheken genutzt, die eigene Darstellungskomponenten anbieten, bspw. das *Standard Widget Toolkit* aus der *Open-Source*-Umgebung *Eclipse*[20].

Allerdings muss man darauf achten, dass diese den eigenen Anforderungen angepasst werden können und die hier vorgestellten Architekturkonzepte einhalten.

Oftmals bieten solche Bibliotheken bspw. Tabellenfenster, die sich durch direkten Datenbankzugriff füllen können. Das ist vielleicht auf den ersten Blick bequem, führt aber nicht zu einer tragfähigen Architektur.

---

[20] http://eclipse.org/

Abkürzungen

API	Application Programming Interface
BMP	Bean Managed Persistence
CMP	Container Managed Persistence
CORBA	Common Object Request Broker Architecture
DAO	Data Access Objects
DB	Datenbank
DBMS	Database Management System
E/R	Entity/Relationship
EJB	Enterprise JavaBeans
EJB-QL	EJB Query Language
ERM	Entity Relationship Model
ERP	Enterprise Resource Planning
GP	Geschäftsprozess
GUI	Graphical User Interface
HTML	Hypertext Markup Language
HTTP	Hypertext Transfer Protocol
IIOP	Internet Inter-ORB Protocol
ISO	International Organization for Standardization
J2EE	Java 2 Platform, Enterprise Edition
J2SE	Java 2 Platform, Standard Edition
JDO	Java Data Objects
JDBC	Java DataBase Connectivity
JMS	Java Message Service
JNDI	Java Naming and Directory Interface
JSP	JavaServer Pages
JVM	Java Virtual Machine
MDA	Model Driven Architecture
MDI	Multiple Document Interface
MVC	Model View Controller
O/R	Object/Relational
ODBC	Open Database Connectivity
Oid	Object-Identifier
OMA	Object Management Architecture

OMG	Object Management Group
ORB	Object Request Broker
PDA	Personal Digital Assistant
PIM	Platform Independent Model
PSM	Platform Specific Model
RDBMS	Relational Database Management System
RMI	Remote Method Invocation
SQL	Structured Query Language
UML	Unified Modeling Language
WAP	Wireless Access Protocol
WML	Wireless Markup Language
XML	Extensible Markup Language
XSLT	Extensible Stylesheet Language Transformation

Literatur

[AlCM01] Alur, D., Crupi, J. Malks, D.: Core J2EE Patterns – Best Practices and Design Strategies, Prentice Hall, 2001.

[Beck00] Beck, K.: Extreme Programming Explained, Addison Wesley, 2000.

[Berg01] Bergsten, H.: JavaServer Pages, O'Reilly, 2001.

[Beus02] Beust, G.: EJBGen – An EJB 2.0 Code Generator, www.beust.com/cedric/ejbgen, 2002.

[BMRS98] Buschmann, F., Meunier, R., Rohnert, H., Sommerlad, P., Stal, M.: Pattern-Orientierte Software-Architektur, Addison Wesley, 1998.

[Boge99] Boge, M.: Java in verteilten Systemen – Nebenläufigkeit, Verteilung, Persistenz, dpunkt. verlag, 1999.

[BrDH02] Bruns, R., Dunkel, J., Holitschke, A.: JavaServer Pages oder XSLT – Ein Vergleich aus Sicht des Software-Engineering, JavaSpektrum, Ausgabe April, 2002, S. 60-66.

[BrDu03] Bruns, R., Dunkel, J.: Ein eLearning-Portal unter Einsatz von XML und XSLT. In P. Mertens: XML-Komponenten in der Praxis, Springer Verlag, 2003, S.85-111.

[BrWh96] Brown, K., Whitenack, B.: Crossing Chasms: The Static Patterns. In J. Coplien et al.: Pattern Language of Program Design Vol. 2, Addison Wesley, 1996.

[CoMa99] Coad, P., Mayfield, M.: Java Design, Building better Apps & Applets, Prentice Hall, 1999.

[Date99] Date, C.: An Introduction to Database Systems, 7th edn, Addison Wesley, 1999.

[DuMu02] Dunkel, J., Müller-Steding, T.: Performanzsteigerung durch EJB-Entwurfsmuster, OBJEKTspektrum, 2/2002, S. 39 – 48.

[EcLW98] R. Eckstein, M. Loy, D. Wood: Java Swing, O'Reilly, 1998

[EJB01] Sun Microsystems: Enterprise JavaBeans Specification, Version 2.0, Proposed Final Draft 2, www.javasoft.com/products/ejb/docs.html, 24.4.2001.

[Fish00] Fisher, M.: JDBC-Database Access: http://java.sun.com/series/tutorial/, 2000.

[FisSa99] Fischer, S., El Saddik, A.: Open Java, Springer Verlag 1999.

[FoSc97] Fowler, M., Scott, K.: UML Distilled: Applying the Standard Object Modeling Language, Reading, MA, Addison Wesley, 1997.

[Fowl96] Fowler, M.: Analysis Patterns: Reusabel Object Models, Reading, MA, Addison Wesley, 1996.

[Fowl99] Fowler, M.: Refactoring – Improving the Design of Existing Code, Reading, MA, Addison Wesley, 1999.

[GoF95] Gamma, E., Helm R., Johnson R., Vlissides, J.: Design Patterns, Reading, MA, Addison Wesley, 1995.

[GSOS92] Garlan, D., Shaw, M., Okasaki, C., Scott, C., Swonger, R.: Experiences with a Course on Architectures for Software Systems, Proceedings of the 6th SEI Conference on Software (auch als Bericht: CMU//CS-92-176), 1992.

[Haas02] Haase, K.: Java Message Service API Tutorial, Sun Microsystems, www.java.sun.com/products/jms 2002.

[HaCF95] Hamilton, G., Catell, R., Fisher, M.: JDBC Database Access with Java, MA, Addison Wesley, 1995.

[HaTW95] Hahn, W., Toenniessen, F., Wittkowski, A.: Eine objektorientierte Zugriffsschicht zu relationalen Datenbanken, Informatik-Spektrum 18, 143-151, Springer Verlag, 1995.

[HeSa00] Heuer, A., Saake, G.: Datenbanken – Konzepte und Sprachen, 2. Auflage, International Thomson Publishing, 2000.

[Heue97] Heuer, A.: Objektorientierte Datenbanken, Addison-Wesley, 1997.

[HoCo00] Horstmann, C.S., Cornell, G.: Core JAVA 2 – Volume 2 – Advanced Features, Prentice Hall, 2000.

[HoCo99] Horstmann, C.S., Cornell, G.: Core JAVA 2 – Volume 1 - Fundamentals, Prentice Hall, 1999.

[Hube02] Hubert, R.: Convergent Architecture – Building Model-Driven J2EE Systems with UML, OMG Press, Wiley, 2002.

[HuCr98] Hunter, J., Crawford, W.: Java Servlet Programming, O'Reilly, 1998.

[J2EE99] Sun Microsystems: Simplified Guide to the J2EE Platform, http://java.sun.com/j2ee/j2ee_guide.pdf, 1999.

[JaBR99] Jacobson, I., Booch, G., Rumbaugh, J.: The Unified Software Development Process, Addison Wesley, 1999.

[JCA 02] Sun Microsystems: J2EE Connector Architecture Specification, Version 1.5, Proposed Final Draft 2, www.javasoft.com/products/ejb/docs.html, 2002.

[JCJÖ92] Jacobson, I. Christerson, M., Jonsson, P., Övergaard, G.: Object-Oriented Software Engineering – A Use Case DrivenApproach, Addison Wesley, 1992.

[JDO 02] JavaTMDataObjects, JSR12, Version1.0, Java Data Objects Expert Group, SunMicrosystems Inc., April 15, 2002

[Koch02] Koch, T.: Model Driven Architecture: Eine Einführung, OBJEKTspektrum, 2/2002, S. 34–38.

[Larm98] Larman,C.: Applying UML and Patterns, Prentice Hall 1998.

[Meye97] Meyer, B.: Object Oriented Software construction. 2nd edn, Prentice Hall 1997.

[Mons01] Monsom-Haefel: Enterprise JavaBeans, 2nd edn, O'Reilly, 2001

[Münz01] Münz, S.: SELFHTML 8.0, http://selfhtml.teamone.de/, 2001.

[NSSS03] Neumann, S., Seese, D., Steinbach, J., Stümpert, T.: JSP und Servlet-basierte Frameworks, JavaSpektrum, Ausgabe Januar, 2003, S. 48-51.

[Oest97] Oestereich, B.: Objektorientierte Softwareentwicklung mit der Unified Modeling Language, Oldenbourg Verlag, 1997.

[Olse98] Olsen, D.: Developing User Interfaces, Morgan Kaufmann 1998.

[OrHa9a] Orfali, R., Harkey, D.: Client/Server Programming with Java and Corba, Wiley, 1998.

[OrHE96] Orfali, R., Harkey, D., Edwards, J.: The Essential Client/Server Survival Guide, Wiley, 1996.

[POSA00] Schmidt, D., Stal, M., Rohnert, H., Buschmann, F.: Pattern-oriented Software Architecture. Volume 2: Patterns for Concurrent and Networked Objects, Wiley, 2000.

[POSA96] Buschmann, F., Meunier, R., Rohnert, H., Sommerlad, P., Stal, M.: Pattern-oriented Software Architecture. A System of Patterns, Wiley, 1996.

[Pree97] Pree, W.: Komponentenbasierte Softwareentwicklung mit Frameworks, dpunkt Verlag, 1997.

[Roma02] Roman, E., Mastering Enterprise JavaBeans, 2nd edn, Wiley, (auch unter http://www.theserverside.com), 2002.

[Saue98] Sauer, H.: Relationale Datenbanken – Theorie und Praxis, 4. Auflage, Addison-Wesley, 1998.

[SaUh02] Sams, B., Uhlig, M.: JDO vs. EJB, Javamagazin, 5/2002, S. 75-79.

[Shne98] Shneiderman, B.: Designing the User Interface, 2nd edn, Addison-Wesley, 1998.

[Somm01] Sommerville, I.: Software Engineering, 6th edn, Addison-Wesley, 2001.

[Tann92] Tanenbaum, A.: Modern Operating Systems, Prentice Hall, 1992.

[Tann96] Tanenbaum, A.: Computer Networks, Prentice Hall, 1996.

[Tidw01] Tidwell, D: XSLT, O'Reilly, 2001.

[Unte02] Unterweger, W.-D.: Java Swing, O'Reilly, 2002.

[VoNe98] Voss, J., Nentwig, D.: Graphische Benutzungsschnittstellen, Hanser Verlag, 1998.

[Wann95] Wanner, G.: Objektorientierte Anwendungsentwicklung mit relationalen Datenbanken, HMD, Heft 183, Hüthig Verlag, 1995, Seite 101-119.

[Wess98] Ivo Wessel: GUI-Design, Richtlinien zur Gestaltung ergonomischer WindowsApplikationen, Hanser Verlag, 1998.

[West02] Westphal, R: .NET kompakt, Spektrum Verlag, 2002.

[WiWW90] Wirfs-Brock, R., Wilkerson, B., Wiener, L.: Designing Object-Oriented Software, Prentice Hall, 1990.

[XDoc02] Xdoclet – Attribute oriented Programming, http://Xdoclet.sourceforge.net, 2002.

[ZiBe00] Zimmermann, J., Beneken, G.: Verteilte Komponenten und Datenbankanbindung, Addison Wesley, 2000

[Zuko00] Zukowski, J., Definite Guide to Swing for Java 2, Apress, 2000

Index